유럽연합체제의 이해

김계동
김명섭
박래식
이수형
이재원
이호근
진시원
최진우
홍익표

2005
백산서당

Understanding of the European Union System

Kim, Gye-Dong
Kim, Myung-Sub
Park, Rae-Sik
Lee, Soo-Hyung
Lee, Jae-Won
Lee, Ho-Geun
Jin, Siwon
Choi, Jin-Woo
Hong, Ickpyo

2005
BAIKSAN Publishing House

유럽연합체제의 이해

이 책은 한국학술진흥재단의 지원(KRF-2002-072-BM2016)에 의해 출판되었음.

머리말

　유럽은 다양한 측면에서 사회과학도들에게 깊은 흥미를 주고 있다. 20세기 전반 두 차례의 세계대전을 경험한 유럽이 이후 냉전이라는 혹독한 대립과정을 거쳤으면서도 어떻게 탈냉전의 평화와 번영의 질서를 수립할 수 있었는지에 대한 의문과 교훈은 우리가 머나먼 '그곳'으로만 생각하던 유럽에 다가가는 계기가 되고 동기를 부여하고 있다. 아시아의 냉전질서는 같은 시기에 같은 뿌리를 공유하며 형성됐지만, 아직도 끝을 보지 못하고 혼돈스럽고 낙후된 수준에서 벗어나지 못하고 있다.

　본 연구는 그와 같은 유럽의 위대한 현대질서가 어떻게 형성됐는가에 대한 답을 찾는 것이라기보다는 구조적이고 제도적인 분석, 즉 유럽의 체제를 연구하는 것을 목적으로 하고 있다. 유럽체제는 통합이라는 명제하에 경제, 정치, 안보 등을 망라하면서 점진적 연결을 모색하는 특성을 가졌기 때문에 다양한 수준의 연구를 필요로 하고 있다. 따라서 유럽연구는 다른 어느 지역에 대한 연구보다 시공간을 넘나드는 역동적이고 복합적인 학제간 연구의 성격을 띨 수밖에 없다.

　최근까지 유럽에 대한 연구는 일부를 제외하고는 학자들의 관심 밖에 있었다. 정치·경제·사회·문화적으로 유사한 점이 거의 없는 유럽이라는 '그곳'은 당장 필요로 하는, 당장 개선하고 발전시켜야 하는 우리의 '이곳'과는 모든 차원에서 너무나 거리가 멀었기 때문이다. 따라서 한국의 지역연구는 대체로 한반도 주변국가나 동아시아 지역연구가 주를 이루었다. 지정학적으로 한반도는 주요 강대국의 중심에 자리잡고 있어 이들과 교류하며 평화관계를 유지하기 위해서는, 또 이들의 잠재적 위협을 극복하면서 국가의 생존과 안위를 유지하기 위해서는 이들 강대국을 알아야 하기 때문에 이 지역에 대한 연구가 보다 활성화돼 왔던 것이다.

그러나 최근 들어 한반도 주변을 위협의 대상으로만 보는 것이 아니라 우리가 동북아의 중심이 되고 동북아를 평화롭게 만드는 데 한국이 주도적 역할을 하고 동북아의 번영을 공동체적 의식과 구조로 발전시켜 나아가야 한다고 생각하게 되면서 유럽의 경험과 교훈을 면밀히 분석하기 시작했다. 동북아의 평화와 안보에 대해서는 유럽의 다자안보체제의 경험에서 찾으려 하고 있고, 동북아 경제협력에 대해서는 단일화폐 사용까지 나아간 유럽의 경제통합 과정에서 교훈을 얻으려 하고 있다.

대내적 측면에서 보면 해방 이후 서구 민주주의를 도입해 국가체제와 정치제도를 운영한 지 60년이 됐지만 아직도 체제와 제도의 측면에서 시행착오를 벌이고 있는 혼란스럽고 척박한 환경에서 벗어나, 이제는 안정된 민주주의를 모색하고 유지하기 위해서 보다 선진화된 유럽 정치체제에 대한 연구가 활성화되고 있다. 가장 민주적이고 평등하고 합리적인 정치·경제·사회체제를 완성하기 위해서는 수백 년의 역사적 과정에서 다듬고 발전시켜 온 유럽 정치체제를 분석하고 여기에서 교훈을 얻을 필요가 있는 것이다.

국제지역연구소에서는 2002년부터 유럽지역에 대한 다양한 차원의 연구를 진행하고 있다. 학술진흥재단의 지원하에 3년에 걸쳐 진행하고 있는 본 연구의 대주제는 '유럽의 질서와 체제에 대한 다원적 연구'이다. 1년차 연구의 주제는 '유럽질서의 변화와 지속: 구조적 동인과 배경'이었으며, 그 결과는 2003년 9월 '유럽질서의 이해: 구조적 변화와 지속'이라는 제목으로 출판돼 시판되고 있다. 이번에 백산서당에서 출판하는 2년차 연구의 주제는 '유럽체제의 구조와 발전과정에 대한 다원적 고찰'이다. 광의 차원에서 유럽체제에 대한 연구로부터 시작해 협의 차원의 유럽연합 연구에 초점을 맞추었다.

유럽연합의 확대, 헌법채택 등 유럽은 어느 시기보다 역동적으로 변해 가고 있다. 따라서 유럽연합에 대한 책을 출판한다는 것은 시기적으로 모험일 수도 있다. 왜냐하면 책이 출판되자마자 상황이 변해 있을 수도 있기 때문이다. 이번에 출판하는 서적은 현안문제보다는 유럽연합의 흐름을 다루었기 때문에 유럽연합 체제를 기초부터 고차원적인 과정까지 공부하는 데 많은 도움이 되리라 생각한다.

아직 완결되지 않은 통합의 심화와 확대의 과정에 있음에도 책을 출판하기로 결심해 주신 백산서당 사장님 이하 임직원들께 감사를 드린다. 항상 당장의 이익보다는 한국사회의 학문적 발전을 우선시하는 백산서당에 경의를 표한다. 항상 뒤에서 격려해 주시는 한국국제정치학회 간부와 회원 여러분들도 우리 연구의 가장 큰 후원자라고 생각한다.

우리 국제지역연구소 연구진 모두 고생한 점에 대해서는 다시 강조해도 지나치지 않을 것이다. 이호근, 최진우, 김명섭 공동연구원, 박래식, 이수형, 이재원, 이현경 전임연구원, 박선영, 배수현, 이재환, 홍순식, 장유진, 곽원섭, 이상화, 최진웅, 오연정 조교 등 국제지역연구소 식구들의 지난 1년간의 고생에 대해 책임자로서 무한한 감사의 말씀을 드린다. 특히 출간 책임을 맡아 고생한 홍익표 박사와 양준석 조교에게 전체 필진을 대표해서 치하의 말씀을 드린다. 그리고 우리 연구결과를 학회에서 발표할 때 사회를 맡고 토론을 해 주시며 직·간접적으로 도움을 준 유럽을 연구하는 학자들 모두에게 감사의 말씀을 드리고 싶다. 마지막으로 유럽에 관해 연구할 기회를 제공해 서적을 두 권이나 발간할 수 있게 한 공은 학술진흥재단과 재단 관계자 여러분들께 돌리고 싶다.

2005년 3월
집필진을 대표하여
김 계 동

유럽연합체제의 이해 / 차 례

제1장 **서 론** / 김계동 ··· 15

제2장 **유럽체제의 역사와 특징** / 박래식 ······················· 21
  1. 머 리 말 · 21
  2. 유럽질서와 체제: 개념과 관계 · 23
    1) 질서에 대한 이해 · 23
    2) 체제에 대한 이해 · 26
    3) 질서와 체제의 관계 · 29
  3. 근대유럽체제의 형성과 발전 · 31
    1) 근대유럽체제의 형성 · 31
    2) 근대유럽체제의 발전 · 34
    3) 유럽체제의 분열과 통합 · 41
  4. 유럽체제의 변화: 유럽연합체제의 등장과 구조적 특징 · 43
    1) 유럽연합체제의 기원 · 43
    2) 정부간주의와 초국가주의 · 46
    3) 사회적 차원의 유럽연합체제 · 50
    4) 지역적 차원의 유럽연합체제 · 53
  5. 맺 음 말 · 55

제3장 유럽연합체제에 대한 이론적 고찰 / 진시원 ·········· 61
  1. 머 리 말 · 61
  2. 국제정치이론과 유럽통합 · 63
    1) 합리주의 접근의 비합리성 · 63
    2) '국가의 유럽': 현실주의 통합이론 · 68
    3) 초국가기구로서 유럽연합 혹은 국가간 협력제도로서 유럽연합: 자유주의 통합이론 · 75
  3. 거버넌스장으로서 유럽정체 · 77
    1) 국제정치이론의 한계와 비교정치이론의 등장 · 77
    2) 신제도론과 정책망분석 · 79
    3) 다층거버넌스 · 83
  4. 구성주의와 성찰주의: 통합이론 지평의 심화와 확대 · 86
    1) 상호주관성과 비물질적 접근: 사회구성주의 · 86
    2) 이론적 풍부성과 사례연구의 빈곤: 성찰주의 · 89
  5. 맺 음 말 · 98

제4장 다층거버넌스로서의 유럽연합체제 / 이수형 ·········· 105
  1. 머 리 말 · 105
  2. 유럽연합체제의 다층거버넌스: 정의와 등장배경 · 107
    1) 거버넌스의 개념정의 · 107
    2) 다층거버넌스의 등장배경 · 109
  3. 다층거버넌스로서의 유럽연합체제 · 113
    1) 다층거버넌스의 구성요소 · 113
    2) 다층거버넌스와 정책결정 · 116
    3) 다층거버넌스와 경계 · 119
  4. 맺 음 말 · 121

제5장 유럽연합과 국민국가 관계의 변화 / 홍익표 ·········· 125
  1. 머 리 말 · 125
  2. 유럽연합체제에서 국민국가 · 127
  3. 복합압력과 권력이동: 국민국가·유럽연합 관계의 변화 · 133
    1) 다원적 지구화와 복합압력의 대두 · 133
    2) 권력이동과 국민국가·유럽연합 관계의 변화 · 136

4. 갈등·협력의 동학과 새로운 권력관계의 모색 · 140
      1) 거버넌스로의 전환과 다중심적 권력분할체제의 등장 · 140
      2) 협력과 갈등의 동학 · 142
   5. 맺음말 · 149

제6장 **유럽연합체제와 시민사회: '관계의 동학'을 중심으로** / 홍익표 ········ 155
   1. 문제의 제기 · 155
   2. 유럽연합체제, 시민사회, 관계의 동학 · 157
   3. 통합의 진전과 유럽 시민사회의 확대 · 162
      1) 유럽통합의 진전과 '다중심적 세계'로의 이전 · 162
      2) 시민사회의 확대와 '네트워크 사회'의 등장 · 164
   4. 새로운 유럽연합·시민사회 관계: 특징과 유형 · 167
      1) 다원적 상호작용과 새로운 유럽연합·시민사회 관계 · 167
      2) 관계의 유형: 갈등, 협력과 포섭 · 169
   5. 유럽연합체제의 민주주의와 유럽 시민사회 · 173
      1) 유럽연합의 민주주의 결핍과 시민사회 · 173
      2) 유럽 시민사회: 민주적 유럽연합체제의 촉진자 혹은 제약자? · 174
   6. 맺음말 · 176

제7장 **다층거버넌스의 정책결정과정: 유럽연합의 지역정책을 중심으로** / 이재원 181
   1. 머리말 · 181
   2. 지역정책의 대두와 발전 · 184
      1) 공동체적 지역정책의 전개 · 185
      2) 구조기금과 지역정책 · 188
   3. 지역정책의 주체 · 192
      1) 유럽공동체의 기구 · 192
      2) 중앙당국 · 197
      3) 지방·지역정부 · 198
   4. 지역정책을 통해서 본 다층거버넌스 · 202
      1) 집행위원회, 지방정부의 권한강화 · 203
      2) 다층거버넌스와 국민국가 · 205
   5. 맺음말 · 209

제8장 유럽연합과 민주주의: 제도적 개혁과 국가주권의 강화 / 최진우 ········ 213
　1. 머 리 말 · 213
　2. 민주성의 결손 · 218
　3. 유럽의회의 강화와 유럽연합의 민주성 · 222
　4. 보조성의 원칙: 유럽연합의 민주주의를 위한 대안? · 230
　5. 맺 음 말 · 232

제9장 유럽통합의 심화와 제도적 결속력의 강화 / 박래식 ····················· 237
　1. 머 리 말 · 237
　2. 통합에 관한 역사적·이론적 논쟁 · 239
　　1) 유럽통합의 필요성에 대한 역사적 전개과정 · 239
　　2) 통합반대와 소극적 통합론: 국가주권의 불가침성 · 241
　　3) 적극적 통합론: 초국가주의와 연방주의를 통한 통합의 심화 · 244
　3. 제도개혁을 통한 민주적 정통성 확보 · 246
　　1) 민주적 정통성의 문제: 추진력과 신뢰성의 약화 · 246
　　2) 유럽의회의 위상과 역할에 관한 논쟁 · 248
　　3) 제도개혁을 통한 운영의 투명성과 효율성 강화 · 250
　4. 결속력 강화와 통합의 심화 · 252
　　1) 하위정치의 통합과 결속력의 문제: 부분적 결속력 강화 · 253
　　2) 상위정치에서 통합과 결속력의 문제: 표면적 진전, 실질적 정체 · 259
　5. 맺 음 말 · 263

제10장 유럽연합의 확대와 그 함의에 관한 고찰 / 이수형 ····················· 269
　1. 머 리 말 · 269
　2. 유럽연합 확대에 대한 역사적 고찰 · 270
　　1) 제1차 확대: 영국, 아일랜드, 덴마크 · 270
　　2) 제2·3차 확대: 그리스, 스페인, 포르투갈 · 272
　　3) 제4차 확대: 오스트리아, 스웨덴, 핀란드 · 274
　3. 유럽연합의 중·동유럽 확대: 도전과 기회 · 275
　　1) 중·동유럽 확대의 배경과 과정 · 275
　　2) 유럽연합의 확대전략 · 278
　　3) 유럽연합의 확대에 따른 도전과 기회 · 282

4. 유럽연합 확대에 따른 역내외적 함의 · 287
      1) 초국가적 성격강화에 따른 유럽연합의 정체성 · 287
      2) 공동외교안보정책 강화 필요성의 대두 · 289
   5. 맺음말 · 291

제11장 **유럽체제의 다원적 평가** / 이재원 ················· 295
   1. 유럽체제에 대한 다차원적 연구의 필요성 · 296
      1) 기존 연구의 한계 · 296
      2) 유럽체제에 대한 새로운 접근 · 299
   2. 유럽연합체제의 다원적 접근 · 306
      1) 구조 및 제도적 접근 · 307
      2) 기능적 접근 · 308
      3) 행위자적 접근 · 310
   3. 통합의 진전과 유럽체제의 변화방향 · 312
      1) 다층거버넌스의 지속 혹은 변화 가능성 · 312
      2) 유럽통합의 심화와 확대에 따른 유럽체제의 변화에 대한 전망 · 315
   4. 맺음말 · 318

제12장 **결 론** / 김계동 ················· 323

■ 부 록
   1. 유럽통합 연표 · 346
   2. 유럽연합 기구표 · 348
   3. 유럽헌법 요약문 · 349

제1장 서 론

김계동

다양성과 복합성을 특징으로 하는 유럽은 시간적으로나 공간적으로 독특한 질서와 구조를 형성해 왔다. 특히 이념과 정체성의 변화는 새로운 유럽체제를 등장시키는 주요 변수의 역할을 했다. 20세기 들어 유럽에 퍼져 나간 이데올로기는 유럽 내부에서 '우리'(us-ness)와 '타인'(other-ness)을 구분짓는 정체성 정치학의 등장을 예고했다.[1]

20세기 들어 유럽으로 확산된 현대의 이데올로기 중 민족주의 이데올로기는 이탈리아와 독일이라는 새로운 국가를 탄생시켰고, 그때까지 유럽의 수많은 '내전'(civil war) 중 가장 파괴적인 1914~18년의 제1차 세계대전을 야기했다. 전간기(inter-war period) 파시즘의 탄생은 또 다른 대결의 형태인 1939~45년의 제2차 세계대전을 불러일으켰다. 이 전쟁은 세계가 경험한 것 중 가장 파괴적이었고, 유럽을 공산주의를 채택한 중·동부 국가와 대서양 너머 미국이 보호를

---

1) 김계동, "서문," 김계동 외, 『유럽질서의 이해: 구조적 변화와 지속』(오름, 2003), 6쪽.

받게 된 서부 대륙으로 양분시키며 종료됐다.

20세기 유럽의 형성은 세계사적 역동성과 인간 선택의 불예측성이 생성한 부산물로 평가될 수 있다. 두 차례의 세계대전과 극한대립의 냉전을 거치면서 영국, 프랑스, 포르투갈, 벨기에, 네덜란드 등 과거 식민지를 보유했던 제국주의국가들은 보통국가로 회귀했고, 미국과 소련이 초강대국으로 등장하면서 유럽은 냉전의 중심에 있으면서 세계에서 가장 중무장된 지역으로 자리잡게 됐다. 경쟁적인 이념체계는 정치·경제·사회적 차별성을 유발했고, 이에 따라 서유럽의 민주적 복지국가와 동유럽의 공산 계획경제가 자리잡았다.

20세기 전반에 발생한 두 차례의 세계전쟁으로 유럽은 새롭게 태어났다. 기존의 질서와 체제로는 유럽의 평화와 안전을 이룩할 수 없을 것이라는 명제하에 유럽국가들은 새로운 생존의 틀을 모색하게 됐다. 더구나 전후처리도 채 끝나지 않은 상태에서 시작된 냉전에 의한 이데올로기적 대립은 유럽의 새로운 질서를 형성케 했으며, 생존·번영·발전을 위해 유럽국가들은 다양한 형태, 특히 정치·경제·군사적 측면에서 화합과 조화를 담보할 수 있는 새로운 체제를 모색하게 했다.

20세기의 유럽사는 유럽 스스로가 생존과 번영에 적응할 수 있는 체제를 모색하도록 다양하고 고통스러운 경험을 제공했다. 특히 20세기 후반의 반세기 동안 유럽의 정치는 미·소 초강대국의 영향과 그들에 대한 의존, 미·소를 중심으로 한 연합된 블록, 그들이 신봉한 대립된 이데올로기 사이에서 정체성의 위기를 맞이했다. 구소련이 15개 국가로 갈라지며 맞은 1989~91년의 냉전종식으로 유럽 내부의 투쟁과 혼란, 위기는 종식됐고, 유럽은 자신의 운명을 스스로 개척할 수 있는 통제력을 갖춘 체제를 구축하기 위해 노력하게 됐다. 이 과정에서 유럽의 특성과 의미가 새로운 논의의 대상이 됐으며, 국제정치와 국내정치의 역동성이 새로운 관심의 대상으로 부각됐다.[2]

역사적으로 유럽은 국민국가 단위로 구성된 유럽체제의 구조와 그로부터 발생한 가치관에 대한 반성과 고찰을 거듭하면서 새로운 체제와 규범을 생성

---

2) Richard Sakwa, "Introduction: The many dimensions of Europe," in Richard Sakwa and Anne Stevens (eds.), *Contemporary Europe* (New York: Palgrave, 2000), p.xii.

해 왔다. ECSC(유럽석탄철강공동체)와 NATO(북대서양조약기구)로부터 시작되는 전후 유럽체제는 서유럽에서나마 하나된 유럽을 위해 제도뿐 아니라 정책적인 부분에서도 초국가적인 유럽의 건설을 추구했다. 전후 유럽에는 냉전체제라는 거시적 구조하에 동유럽과 서유럽에 다양한 측면의 하위체제가 경쟁과 대립을 틀로 하면서 존재했으며, 20세기 말 냉전이 종식되면서 유럽연합체제가 거대한 유럽통합을 실현하기 위해 모험적인 도전을 하고 있다.

이는 기존의 유럽질서와 체제를 추동하는 중요한 행위자였던 국민국가가 소유했던 권한이 초국가성을 띤 유럽연합으로 이전되고 있다는 것을 의미한다. 국가가 주된 행위자였던 유럽체제는 다양한 행위와 층위들이 상호 작용하는 다중심 또는 다층체제로 전환되고 있다고 평가된다. 이러한 추세 속에서 유럽연합체제에 대한 다각적인 연구가 활발하게 진행되고 있다. 이러한 연구는 유럽통합의 중요성에 대한 인식을 새롭게 부각시켰으며, 유럽차원에 대한 초국가적인 기구의 기능과 역할, 정책결정과 실행에 대한 이해와 유럽연합과 국민국가, 시민사회, 지방정부간의 이해관계에 대한 관심을 확대시키는 결과를 가져왔다.

본 연구는 현대유럽의 중심체제라 할 수 있는 유럽연합체제와 관련해서 다음과 같은 이슈에 대한 해답을 구하는 데 초점을 맞출 것이다. 첫째, 유럽통합은 누구에 의한, 누구를 위한 통합인가 하는 문제이다. 유럽시민들은 유럽통합을 어떻게 보고 있는지, 혹시 정치엘리트들에 의한 또한 그들만을 위한 통합이 아닌지, 국가가 아닌 지방 또는 시민사회는 통합에서 어떤 역할을 해야 하는지에 대한 의문점을 해소해야 한다. 둘째, 초국가주의를 바탕으로 통합이 추진되고 점차 관료화돼 갈 때 유럽의 통합과정을 어떻게 민주적으로 관리하는가 하는 문제이다. 최근 들어 유럽통합 과정의 민주성 결핍문제가 많이 제기되는데, 이 문제를 어떻게 해소하느냐 하는 것이 유럽통합의 미래와 성공에 관건이 된다고 할 수 있다. 민주성 문제뿐 아니라 확대 이후 결속력의 문제도 크게 대두되고 있다. 셋째, 유럽통합은 실질적으로 지역간 수준 및 격차를 해소하면서 모든 국가와 지역이 동등한 입장에서 통합과정에 참여할 수 있을까 하는 문제이다. 지역격차를 해소하지 못할 경우 이는 통합에 큰 장애요인으로 등장할 가능성이 높다. 이 문제는 다층거버넌스의 접근에 의해 분석될 것이다.
　본 연구의 본론은 총 10개의 장으로 구성돼 있다. 전체적인 흐름은 유럽체제를 유럽연합체제와 동의화하면서, 유럽연합체제를 초국가주의, 정부간주의, 그리고 이들을 총괄하는 다층거버넌스의 관점에서 분석하는 방식을 택했다. 처음 두 장은 유럽체제가 어떤 배경하에 등장했는지, 유럽체제와 유럽연합체제를 어떻게 구분하고 연결시키는지 설명했으며, 유럽통합을 배경으로 등장한 통합이론을 구체적으로 살펴봤다. 다음 장부터는 유럽연합체제를 다층거버넌스의 관점에서 분석하는 이유와 절차 및 과정에 초점을 맞추었다. 다층거버넌스의 등장배경과 개념을 분석하고 유럽연합체제를 다층거버넌스 접근법으로 분석하는 방법론을 소개했다.
　유럽통합 초기에는 초국가주의와 정부간주의에 따른 초국가기구와 국민국가 양자에 관심이 집중됐으나, 다층거버넌스에 의해 새로운 하위국가층에 관심이 증대되면서 이 3자에 대한 연구가 필요하게 됐다. 이에 따라 본 연구의 핵심부인 제5장과 6장에서 유럽연합과 국민국가, 유럽연합과 시민사회의 관계를 분석했다. 초국가기구, 국민국가, 하위국가간의 복합적 관계와 동학을 살펴볼 것이다.
　다층거버넌스의 핵심은 초국가기구, 국민국가, 하위국가의 관계를 다루는 것인데, 이를 보다 구체화시키면 이들 사이에 이루어지는 정책결정과정과 새로운 하위국가에 대한 정책을 기본으로 한다. 따라서 본 연구의 제7장에서는 다층거버넌스의 정책결정과정을 분석하면서, 유럽연합체제를 형성해 가는 과정에서 가장 큰 걸림돌이 될 수 있는 지역간 격차를 해소하기 위한 지역정책을 유럽연합 정책 중 가장 중요한 정책이라는 차원에서 심층분석을 한다.
　제8장부터는 최근 유럽통합에 있어서 현안이 되고 있는 문제들을 심층분석하였다. 유럽통합의 심화와 확대는 민주성의 문제와 연결되어 제도적이고 구조적인 개혁의 논쟁을 수반하고 있다. 제도정비를 한 후에 확대를 해야 하느냐, 확대를 한 후에 제도정비를 해야 하느냐의 논쟁은 유럽통합의 해묵은 논쟁인 민주성의 결핍과 직접적으로 연관되어 있어, 통합의 민주성, 심화, 확대를 연결하여 분석하였다.
　이 연구의 목적이 다층거버넌스를 연구하기 위한 것이 아니라 유럽연합체제를 연구하는 방법론으로 다층거버넌스를 제시할 것이다. 따라서 현재 유럽연합이 체제를 형성하는 과정에서 가장 중요한 현안으로 떠오르고 있는 유럽통합의 심화와 확대에 대한 분석을 포함했다. '하위정치'에서 시작된 통합이 '상위권위체'에 어떤 방식으로 어떤 귀결점을 향해 나아가느냐를 분석하고, 회원국 숫자의 확대가 유럽연합체제를 형성하는 데 어떤 의미를 갖는지, 어떤 제도적 개혁을 수반할지에 대한 연구도 이루어질 것이다. 마지막으로 이러한 유럽연합체제의 형성과정에서 대두될 이슈에 대한 입체적으로 분석한 후 유럽체제를 구조, 제도, 기능, 행위자의 측면에서 다원적으로 평가할 것이다.

제2장 유럽체제의 역사와 특징

박래식

1. 머리말

한 세기 동안 세계적 규모의 전쟁을 두 번이나 경험한 유럽은 국민국가 단위로 구성된 유럽체제의 구조와 그로부터 발생한 가치관에 대해 반성과 고찰을 거듭한 결과 새로운 체제와 규범을 고안해 냈다. 유럽석탄철강공동체에서 비롯된 유럽체제는 하나된 유럽을 위해 제도뿐 아니라 정책적인 부분에서도 유럽차원의 협력을 강화함으로써 초국가적인 유럽의 건설을 추구하고 있다. 이러한 변화는 기존의 유럽질서와 체제를 추동하는 중요한 행위자였던 국민국가가 소유했던 권한이 초국가성을 띤 유럽연합으로 이전되고 있다는 것을 의미한다. 국가가 주된 행위자였던 유럽체제는 여러 층위에서 다양한 행위와 층위가 상호 작용하는 다중심체제로 전환되고 있다고 평가된다. 이러한 추세 속에서 유럽연합에 대한 다각적인 연구가 활발하게 진행되고 있다. 이를 통해 유럽통합의 중요성에 대한 인식을 새롭게 부각시켰으며 유럽차원에 대한 초국가적인 기구의 기능과 역할, 정책의 결정과 실행에 대한 이해와 유럽연합과 개별국가간의 이해관계에 대한 관심을 확대시키는 결과를 가져왔다.[1]

최근에는 유럽연합의 통치구조와 관련해서 국민국가가 중요 행위자였던 유럽체제가 초국가적이고 다층적인 유럽연합체제로 변해 가는 과정을 관찰하는 것이 중요한 연구의 대상으로 떠오르고 있다. 이러한 작업은 개별국가를 개체단위로 한 유럽체제의 형성과 진행과정, 변화요인에 대한 이해를 높이고, 초국가성을 띤 유럽연합 통치체제에서 나타나는 새로운 현상을 이해하는 데 필요하다.

그리하여 본 연구는 유럽체제가 어떻게 변하고 발전했는가를 역사적인 분석방법을 통해서 재조명하고 있다. 즉 유럽체제는 어떠한 배경에서 탄생하게 됐고, 그 구조와 특성은 어떠하며, 이를 추동시킨 힘은 무엇인지를 다루고자 한다. 유럽체제는 역사적인 경로를 통해서 형성되고 발전해 왔기 때문에 '지속과 변화'라는 맥락에서 근대유럽체제에서 나타난 구조와 특성이 현재의 유럽연합체제에서 어떤 형태로 변하고 있는지를 분석할 것이다.

여기에서는 유럽체제를 자본주의체제, 자유민주주의체제, 세력균형에 의한 베스트팔렌체제를 기본축으로 형성되고 발전한 체제로 보고자 한다. 근대 이후의 유럽사를 돌이켜보면 이러한 세 틀 속에서 유럽의 정치, 경제, 외교질서가 구축돼 왔다고 볼 수 있다. 이 중에서도 국민국가는 이러한 세 축을 움직이는 추동인자의 역할을 했다. 그러나 제2차 세계대전 이후 새로 등장한 유럽연합체제는 국민국가에 기초한 정부간주의를 넘어 초국가기구, 시민사회 행위자, 지방과 지역까지 그들의 역할과 활동영역을 넓혀 나가고 있다.

이 장의 구성은 다음과 같다. 우선 2절에서는 유럽체제가 역사적으로 형성되고 발전해 온 과정을 체계적으로 분석하고 있다. 즉 유럽체제의 개념을 살펴보고, 나아가 체제에 대한 이해를 증진시키기 위해 비교적인 방법에 기반을 두고 질서와 비교·설명하고 있다. 또한 체제와 질서의 상호작용에 의해 역사

---

1) 단일유럽의정서 이후 유럽공동체의 정치구조와 정체성, 정책결정과정, 입법과정에 대한 연구가 이루어졌고 1990년대 중반 이후부터는 유럽연합의 정체(polity)와 통치체제에 대한 관심이 높아졌다. 체제라는 관점에서 유럽체제의 변화를 고찰하는 것 또한 의미 있는 작업이라 할 수 있다. Hagen Schulze, "Europa: Nation und Nationastaat im Wandel," in Werner Weidenfeld (ed), *Europa-Handbuch* (Gütersloh: Bertelsmann Stiftung, 2002), pp.41-64.

가 발전하고 있다고 보고 이에 입각해 질서와 체제의 상관관계를 고찰할 예정이다.

3절에서는 근대유럽체제를 구성하는 요소인 자본주의체제, 자유민주주의체제, 국민국가체제의 등장과정과 이들을 통해 형성된 유럽체제가 영역별로 유럽의 질서와 구조에 어떤 영향을 미쳤는지를 살펴보고자 한다. 그리고 국민국가가 중심이 됐던 유럽체제의 모순점에서 발생한 체제위기를 고찰하고 민족주의에 의거한 국민국가의 행태와 분단으로 인한 유럽의 헤게모니 상실과 그에 따른 문제점도 분석하려고 한다.

4절에서는 국민국가 중심의 유럽체제의 한계를 살펴보고자 한다. 나아가 이를 대체하는 방안으로 유럽통합을 추진한 결과 초국가적인 유럽연합체제가 발전해 가는 과정을 분석할 예정이다. 구체적으로 유럽에서 초국가기구의 필요성에 대한 시대적 논의를 살펴보고 유럽연합체제에 나타난 정부간주의와 초국가체제를 살펴보려고 한다. 또한 유럽이 통합을 통해 지역과 계층간 격차를 해소하려는 시도를 사회적 차원과 지역적 차원으로 구분해서 설명하고자 한다. 이 글에서는 그것이 국민국가 중심의 배타적인 경쟁체제가 아니라 유럽 공동의 목표를 설정하여 결속력을 강화하고 자기 안정을 기하고 있는 체제라는 것을 구체적으로 규명하려고 한다.

2. 유럽질서와 체제: 개념과 관계

1) 질서에 대한 이해

사회란 무한한 욕망과 야심을 가진 인간으로 구성돼 이들에 의해 작동하고 있기 때문에 일정한 규범과 가치판단에 의한 통제력을 가하면서 발전하고 있다. 질서는 사회를 움직이는 메커니즘으로 역사의 진행과정에서 스스로 형성되는 추상적인 것으로서, 사회구성원간의 행위를 조정하는 기능을 가지고 있으며, 정치·경제·사회·문화적 영역에서 개별적으로 또는 집합적으로 상호

작용하는 틀을 제공한다. 이들의 활동은 일정한 형식을 유지하면서 자체적으로 여과하는 역할과 기능을 가지고 있다. 인간의 무한한 욕심에도 불구하고 질서가 존재하기 때문에 사회가 유지되고, 인간은 사회에서 자신의 목적을 달성하게 된다. 질서는 고정된 것이 아니라 역동적으로 움직이는 틀로서 불규칙적인 변화의 주기를 갖고 있지만, 때로는 순환주기를 갖고 일정하게 움직이기도 한다.

유럽의 질서는 동적으로 갈등과 협력, 대결과 공존, 통합과 분열 등의 대립적이고 복합적인 상호작용 속에서 형성되고 발전하는 것이라고 할 수 있다. 16세기 이후 유럽에서 발생한 일련의 변화를 고찰해 보면, 복합적 사회균열과 이를 둘러싼 투쟁과 대립의 지속적인 전개가 나타나는데, 이를 통해 우리는 유럽의 질서가 상반된 개념의 충돌과 대립에 의해 발전해 왔음을 알 수 있다. 즉 분열과 통합, 진보와 쇠퇴, 전쟁과 평화, 독자성과 의존성, 배제와 포용, 집중과 분산, 지역화와 세계화 등이 그것이다.

유럽의 질서가 대립적 관계 속에서도 유지될 수 있었던 것은 구조와 행위의 상호작용 때문이라고 할 수 있다. 거시적 수준에서 구조를 창출하고 파괴하는 과정은 국가의 형성과 자본주의의 발전, 전쟁, 혁명의 발발, 이주, 도시화, 인구변화 등에서 찾을 수 있다. 행위자는 국가와 계급, 집단, 가족, 개인 등이 있는데, 이들은 상호유인과 구속 같은 상호작용을 통해 갈등이나 협력적 관계를 형성하면서 질서의 변화에 영향을 미치는 것으로 평가된다. 유럽질서의 형성과 변화가 구조와 행위간의 지속적이고 복합적인 상호작용을 통해서 이루어졌다면 다양한 사상과 시대정신 역시 행위를 추동하고 구조의 형태를 규정짓는 데 많은 영향을 행사했다고 볼 수 있다. 이러한 사상과 시대정신은 기존 질서의 안정과 존속을 위해서 기능했고, 새로운 질서를 구축하기 위한 변혁의 도구로도 이용됐다.[2]

이러한 복합적인 요소의 상호작용에 의해 형성된 유럽의 질서를 부분적으로 고찰해 보면 정치질서는 '포함의 정치'(politics of inclusion)를 향한 긴 여정이

---

2) 홍익표, "유럽질서의 동학과 사상," 김계동·김명섭 외 편, 『유럽질서의 이해: 구조적 변화와 지속』(오름, 2003), 116-130쪽.

라는 특징이 있다고 할 수 있다. 전체 사회구성원을 포괄하는 선거제도와 다양한 계층과 집단 및 지역의 권리와 이익을 반영하는 정당제도, 그리고 민주적인 권력분립과 분산을 내용으로 하는 정부형태 등도 이러한 범주에서 설명할 수 있다. 이러한 전제 아래서 유럽의 정치질서는 '포함의 정치'라는 큰 맥락에서 일탈된 흐름의 정치를 극복하고 외연적 확대와 내재적 심화를 진행하고 있는 과정인 것으로 평가된다.[3] 이에 비해 유럽의 안보질서는 민족과 국가간의 다양한 이해와 관심이 표출된 결과 이합집산적인 안보협력과 동맹이 다양하게 이루어졌고, 평화와 안정에 기초한 세력균형이라는 틀 속에서 진행돼 왔다고 볼 수 있다.[4]

한편 유럽의 경제질서는 자본주의 질서로 세계적인 차원에서 분석할 필요가 있다. 예를 들어 세계체제론자들은 유럽경제의 위계적 질서가 역사적이고 구조적으로 유럽경제 내에서 지속돼 왔고, 현재도 유럽연합이라는 틀 속에서 그러한 형태가 지속되고 있다고 보고 있다. 유럽의 경제질서는 유럽의 역사에서 형성된 경제구조인 핵심부, 주변부, 준주변부라는 위계적 경제구조를 구조적 지속성과 변화의 동력으로 삼고 있으며, 이러한 국가의 위계적 구조는 상대적이고 상호 밀접한 관계를 갖고 있으며 역사적으로도 변화를 계속하고 있다.[5]

다원화된 유럽의 사회질서는 대립과 투쟁, 타협의 과정을 거치면서 형성됐다. 유럽사회에서 수직적·수평적 갈등을 조장한 노동운동은 협상과 타협을 통해 사회발전의 원동력으로 발전시킬 수 있었으며, 계급과 지역적 갈등에 의한 사회적 균열은 자율적이고 민주적인 시민사회의 성장으로 극복할 수 있었다. 유럽의 사회질서를 '동의의 질서'로 설명할 수 있는데, 이는 정치와 경제의 발전에 따라 배태된 지역과 계급, 종교 등의 영역에서 나타난 복합적 사회균열을 역사적인 조절과정에서 투쟁보다는 타협적 해결책을 찾으면서 유럽의

---

[3] 홍익표(2003), 103-144쪽.
[4] 이수형, "유럽 안보질서의 변화," 김계동·김명섭 외 편,『유럽질서의 이해: 구조적 변화와 지속』(오름, 2003), 235-262쪽.
[5] 진시원, "유럽 경제질서의 구조적 지속성과 변화, 근대 세계체제론적 접근," 김계동·김명섭 외 편,『유럽질서의 이해: 구조적 변화와 지속』(오름, 2003), 267-297쪽.

사회질서를 형성했다고 할 수 있다.[6] 문화의 개념을 특정 집단의 고유한 생활방식의 총체로 정의한다면 유럽은 지역과 민족에 따라 상이한 문화를 간직하고 있어 문화가 다양하다. 그러나 유럽이라는 큰 틀에서 유럽문화를 고찰해 보면 그리스·로마문화에서 그 원류를 찾을 수 있는 휴머니즘 전통과 보편성으로서 기독교문화에 비롯되고 있음을 알 수 있다. 이러한 유럽문화는 지리상의 발견 이후 타문화와의 비교에서 그 특징을 부각시킬 수 있다.[7] 유럽의 역사에서 형성된 이와 같은 부분질서는 고립돼 존재하는 배타적인 질서가 아니라 상호작용을 통해 다른 질서에 영향을 미치며 발전적 단계로 나아가면서 질서의 안정화에 기여하고 있다.

2) 체제에 대한 이해

질서가 안정적으로 유지되기 위해서는 다양한 체제가 서로 상호 작용하면서 균형적이고 조화로운 관계를 유지해야 한다. 체제는 인간의 행동을 통제하고 조절함으로써 질서를 유지하기 위해 보다 완전한 이성을 가진 인간에 의해 계획되고 구체적인 목표를 실현하기 위해 의식적으로 설정된 것이다.[8] 체제는 상호 의존관계에 있는 부분요소의 집합체로서 자기존속의 필요성에 의해 공통적인 기능을 수행하는 것으로, 다양한 국가와 지역을 기반으로 구성되며 이들 관계를 조정하는 일련의 구조화의 원리와 조직방식을 가지고 있다. 체제는 고정된 구조와는 구별되는 것으로 변동하고 움직이는 동태적인 것이기 때문에 어느 체제라도 모순을 갖고 있고, 또한 자체의 힘에 의해 스스로 움직이고 있다. 체제는 도전적 요인과 내부갈등이 심화되면 위기상황에 직면해 변동요인이 발생하게 된다.[9] 체제는 구성요소가 변하고 그 동질성이 사라

---

6) 이수형(2003), 301-333쪽.

7) 이재원, "유럽의 문화질서," 김계동·김명섭 외 편, 『유럽질서의 이해: 구조적 변화와 지속』(오름, 2003), 337-376쪽.

8) E. Hofmann, *Wirtschaftsordnung und Wettbewerb* (Baden-Baden: Klett-Cotta, 1988), pp.347-351.

9) Howard Davis and Richard Scase, 『체제비교사회학, 서구자본주의와 국가사회주의』,

지면 다른 조직에 의해 움직이게 되는데, 하버마스는 이것을 사회진화라고 정의한다. 사회진화의 주된 추진력은 생산력의 발달과 체제 자율성으로, 이는 어느 한 사회의 구조 안에서만 일어나는 것이 아니라 다른 사회구조에서도 동시에 일어나기도 한다. 체제의 위기는 사회가 요구한 것을 체제가 수용하지 못하거나 해결하지 못할 때 발생하는데 이는 내부적 요인이고, 체제의 구조가 견고하지 못할 때 외부의 압력과 영향에 의해 위기에 직면하게 되는데 이것은 외부적 위기이다.[10]

모든 체제가 추구하는 것은 질서안정, 형평성, 복지, 경제성장, 자유, 평화 등으로, 이러한 목적이 실현될 때 체제가 안정적으로 기능하며 질서가 유지되는 것이다. 그러나 체제의 관점에서 정치위기란 정치세력이 정책결정의 합리성과 정당성을 찾지 못하고 당면한 문제를 해결하지 못할 때 나타나는 것으로, 이것은 집권세력에 대한 도전이 심화돼 질서유지와 체제유지가 어렵게 되는 것을 말한다. 또한 사회·경제적 근대화로 전통사회의 기반과 연대성이 파괴돼 전통적 가치와 신념의 급격한 변화와 대중의 기대상승에 효율적으로 대처하지 못하면 사회위기가 발생하게 된다. 그리고 경제체제가 재화와 용역을 충분히 공급하지 못하고 노동자의 요구가 누적돼 경제가 효율적으로 작동하지 못하면 경제위기가 발생하게 된다.[11]

체제란 사회에서 인간의 생활규범을 규정하는 것으로 국가형태의 출범과 함께 시작됐다. 체제란 용어의 의미는 역사적으로 고대 그리스·로마시대에서 유래하는데, 그 당시에는 부분적 개체단위를 전체로 결속시키기 위해 결합하는 것으로 이해했다. 근대에 들어와 체제개념은 그로티우스(Hugo Grotius)가

한상진 역(느티나무, 1990), 7쪽.

10) 이홍균, "하버마스의 이론적 전략, 의사소통이론으로의 패러다임 전환에 대하여," 한상진 외 편, 『하버마스 이성적 사회의 기획, 그 논리와 윤리』(나남, 1997), 146-147쪽.

11) Gabriel A. Almond and G. Bingham Powell, Jr., *Comparative Politics* (Boston: Little Brown and Co., 1978), pp.12-14; Jürgen Habermas, *Legitimation Crisis* (Boston: Bacon Press, 1973), pp.33-94; Samuel P. Huntington, *Political Order in Change* (New Haven: Yale University Press, 1968), pp.47-48.

외교적 의미에서 인용한 바 있고, 현재는 자연과학과 사회과학에서 인간의 구조와 세계를 이해하는 데 널리 이용하고 있다.12) 근대유럽체제는 국민국가라는 개체 기본단위의 결합에 의해 형성됐으며, 물적 재화의 규칙적 교환이 이루어지는 영토적 연결망에 의해 정치적, 경제적, 외교·안보적, 문화적, 규범적 관계로 구성된 하나의 전체적 사회체제이다. 월러스틴은 사회체제란 그 속에서 이루어지는 생활이 자기 충족적이어야 하고, 발전의 동인이 내재적이어야 한다고 정의하고 있다. 이는 하나의 체제가 다른 체제와 고립됐더라도 내적 동인에 의해 생존을 지속할 수 있어야 한다는 것이다. 이러한 조건을 충족시키는 체제단위는 오직 국민국가, 민족공동체, 종족과 집단이다. 이러한 체제를 상호 연결하고 상호 작용할 수 있는 작동의 원리는 자본주의체제로, 이 틀 안에서 정치체제가 존속하고 발전하고 있다고 보고 있다. 이러한 관점 아래서 근대유럽체제는 16세기 초반 이후 형성되기 시작했으며, 지속적으로 팽창한 결과 오늘날 세계체제의 모태가 됐으며 또한 세계체제의 구성요인으로 작동하고 있다고 할 수 있다. 16세기 이후 존재해 온 유럽체제는 자본주의체제를 축으로 자유민주주의와 세력균형에 의한 베스트팔렌체제가 주요한 구성요인이다.13)

유럽체제는 베스트팔렌조약에서 제2차 세계대전까지를 근대유럽체제로, 그 이후부터 현재까지를 현대유럽체제로 구분할 수 있다. 근대유럽체제에서는 국민국가가 유일한 행위자로 활동했지만 현대에는 비국가적 행위자가 등장해 그들의 역할을 점점 더 확대해 가고 있다. 근대유럽체제에서 국민국가는 주권에 의해 형성된 영토주권을 바탕으로 지리적으로 상호 배타적인 국제관계를 유지해 왔다. 그러나 국민국가의 주권에 의해 이루어진 베스트팔렌체제는 다양한 형태의 도전을 받으면서 재조정되는 국면에 들어섰다. 오늘날 국민국가는 자본, 상품, 정보, 기술, 범죄, 질병, 공해 등의 흐름에 의해 활동영역을 제한받고 있다. 국민국가는 이러한 도전적 요소를 수용해 개별국가의 역할을 확

---

12) Manfred Riedel, "System, Struktur," in Otto Brunner, Werner Conze, Reinhart Koselleck (eds.), *Geschichtliche Grundbegriffe* (Stuttgart: Klett-Cotta, 1990), pp.285-287.

13) 이수훈, 『세계체제론』(나남, 1999), 91-95쪽.

대하기보다는 오히려 영토주권적 권위의 일정부분을 초국가기구에 양도하고 있는 추세이다. 현재 유럽에서 진행되고 있는 통합은 과거의 국민국가 중심의 유럽체제에서 탈피해 현대적 의미의 초국가적 유럽체제를 형성하고 있다.[14]

3) 질서와 체제의 관계

질서와 체제의 관계는 서로 독립적인 것이 아니라 상호 보완적 관계에 있다. 질서는 사회를 움직이는 틀로서 역사의 진행과정에서 스스로 형성되는 추상적인 것으로, 사회구성원의 행위와 규범을 외연적으로 조정하는 기능을 가지고 있다. 따라서 질서는 정치·경제·사회·문화적 영역에서 개별적 또는 집합적으로 상호 작용하는 틀을 제공하고, 이러한 활동은 일정한 형식을 유지하면서 자체적으로 여과하는 역할과 기능을 가지고 있다. 16세기 이후 형성되기 시작한 근대유럽의 질서는 집단주체들간에 중층적이고 다차원적인 관계로 지속적으로 발전했다.[15] 질서는 영속적인 것으로서 내재적 자생력을 가지고 있지만 행위자들이 잘 운용하지 못할 경우 위기에 직면하는데, 이것을 극복하기 위해서 새로운 체제나 구조가 등장하게 된다. 1930년대 유럽에서 등장한 나치나 파시즘체제는 유럽의 기존질서를 총체적으로 위협하는 요소로 등장했고, 1945년 이후 동유럽에 나타난 공산주의체제 또한 유럽질서에서 일탈한 현상이었지만 기존질서로 회귀하는 속성을 그대로 보여주고 있다.[16]

질서는 영속적이고 자생력이 강하지만 체제는 단선적 측면이 강하고 자생력이 약해 인위적이라고 볼 수 있다. 체제는 질서를 유지하기 위해 행위자들이 계획하고 목표실현을 위해 의식적으로 설정한 것이다. 체제는 고정된 구조와는 구별되는 것으로 변동하고 움직이는 동태적인 것이지만, 자체모순이나

---

14) 김상배, "정보화시대의 거버넌스: 탈집중 관리양식과 국가의 재조정,"『한국정치학회보』제35집 4호(2001년 겨울), 368-369쪽.

15) 홍익표(2003), 105-107쪽.

16) 1930년대에 나타난 유럽의 위기와 독일의 나치주의, 이탈리아의 파시즘에 대해서는 Stephen J. Lee, *European Dictatorships 1918-1945* (London & New York: Routledge, 2000), pp. 100-222 참조.

외부저항에 직면하게 되면 변동요인이 발생하게 된다. 체제는 구성요소가 변하고 그 동질성이 사라지면 새로운 체제에 의해 움직이기 때문에 자생력이 약화된 체제는 역사가 진보하는 과정에서 사라지게 된다. 유럽역사에 나타난 절대주의체제나 나치체제 또는 동유럽의 사회주의체제 등이 그 대표적인 사례라 할 수 있다.[17]

유럽의 체제는 하위의 체제로 자본주의체제와 자유민주주의체제, 세력균형에 의한 평화체제 등으로 구성되고 있지만, 주요한 행위자인 국민국가에 의해서 체제가 변하기도 한다. 유럽의 국민국가는 역사에서 상호 배타적인 경쟁관계를 유지한 결과 자기 충족적인 상위체제가 위협에 노출됐는데, 이러한 문제를 극복하기 위해 오늘날 유럽은 유럽연합체제를 출범시켜 초국가적이고 다층적인 체제로 전환하고 있는 과정에 있다.[18]

유럽체제는 타 지역과 비교해 고도로 발전된 체제를 갖추었다고 볼 수 있는데, 현재 유럽연합체제에서 나타난 다중심적인 다층통치체제를 통해 과거의 국민국가 중심의 유럽체제가 변하고 있다는 것을 이해할 수 있다. 유럽연합체제는 현재 완성돼 공고화된 것이 아니라 진행과정에 있다. 체제의 공고화는 다양한 주체간에 공유된 정체성을 기초로 이루어지며, 공유된 정체성은 체제의 발전을 가속화시키는 속성을 가지고 있어 체제와 정체성은 서로 상호작용에 의해 영향을 미치고 있다고 볼 수 있다. 따라서 유럽연합체제가 성공적 단계로 진입할 수 있었던 것은 다양한 주체가 수준 높은 정체성을 공유하고 있기 때문이었다.[19]

한편 현재 부각되고 있는 유럽질서의 지역적 정체성은 한 축으로는 유럽과 다른 지역의 상호 주관적인 접촉을 통해서, 또 다른 한 축은 유럽 내에서 지방과 국민국가, 지역, 그리고 유럽을 포함하는 다양한 집단이 상호 교류하고 작용하는 상호 주관적인 역사적 과정을 통해서 현재 진행중이다. 미래 지향적

---

17) Wolfgang Schmale, Geschichte Europas (München: UTB, 2001), pp.233-237; Stephen J. Lee (2000), pp.227-234.

18) 노명환, "유럽 연합의 형성과 세계체제론," 한국서양사학회 편, 『근대 세계체제론의 역사적 이해』(까치, 1996), pp.244-269.

19) 김상배(2001), 368-369쪽.

이고 내재적으로 지속성을 계속하고 있는 중인 것이다.

3. 근대유럽체제의 형성과 발전

1) 근대유럽체제의 형성

근대유럽체제는 자본주의와 국가주권, 세력균형의 등장과 함께 형성되고 발전해 왔다. 국제관계 측면에서 본 근대유럽체제는 1648년 베스트팔렌체제에 서부터 형성됐다고 볼 수 있다. 유럽체제는 16세기 초에 시작해서 17세기에 개략적인 윤곽이 나타나지만, 유럽사회에서 그 관념이 강하게 인식되거나 틀 속에서 유지됐던 것은 아니다. 당시의 국민국가는 일반적으로 주권의 확보와 독립성을 주장하며, 대내적 측면에서는 모든 계급과 계층에게 충성심과 애국 심을 매개체로 국가의 통합을 추구하는 한편, 대외적 측면에서는 외국과의 관계에서 대등한 또는 월등한 존재로서 국가이성을 추구했다. 이러한 상황하에서 절대주의시대 유럽체제는 투쟁과 경쟁 속에서 전개됐다.[20]

근대 국민국가는 영토에 대한 새로운 개념을 등장시켜 과거의 소유지 의미에서 자국 영토에 대한 합법적 권위를 주장할 수 있었고, 이를 효과적으로 통치하기 위해 통치제도를 고안했다. 국가권력의 소유자인 군주는 자신의 영토에 대한 독점적 지배를 한층 강화하기 위해 통치권이 미치는 전 영역에서 군대, 관료제, 조세, 무역, 외교분야에서 제도적 틀을 갖추기 시작했다. 국가간의 국경선이 확정됨으로써 국가의 지배권은 절대군주에게 집중됐고, 국가는 영토권, 국경 내에서 독점적 관할권, 그리고 경쟁하는 국민국가간에 관계를 규율하는 국제질서를 규정하기 시작했다. 또한 주권과 영토를 보호하기 위해 군대조직을 새로 갖추기 시작했다. 당시 지방과 변방지역은 중앙의 통치력이 약

---

20) Walther Hubatsch, *Das Zeitalter des Absolutismus 1600-1789* (Braunschweig: Westermann 1965), pp.1-10.

하게 미치는 지역이었지만, 중앙정부는 군사적 경제적 필요에 따라 관심을 갖게 됐으며 상황에 따라 자치권을 허용해 협력적인 관계를 유지했다.21)

국가적 단위가 형성됨에 따라 타국과의 관계에서 군사적 개념 못지 않게 경제적 부 또한 중요한 요소로 등장했다. 자본주의체제의 출현은 유럽의 정치, 경제 및 이데올로기에서 변화를 가져왔을 뿐 아니라 근대유럽체제 형성에 큰 영향을 미쳤다. 자본주의에 대한 다양한 측면의 고찰은 근대유럽체제에서 개별 국민국가의 정치와 경제 및 이데올로기의 상호관련 작용을 이해하는 동시에 개별 국민국가와 여러 국가와의 관계를 이해하는 데도 도움이 된다.

자본주의체제의 등장은 근대국민국가의 출현과 함께 무역의 확산, 세계적 규모의 지배, 운송과 생산기술의 발달, 새로운 생산양식의 도입을 가져왔다. 16세기 초반부터 전개된 식민지 쟁탈전은 자본의 비약적인 축적을 가져와 유럽에서 자본주의가 시작되고 해외에서 치열한 경쟁이 전개되게 했다. 스페인, 포르투갈, 영국, 프랑스, 네덜란드를 중심으로 유럽 강대국 사이 각축이 시작됐다. 유럽에서 강대국간의 경쟁과 각축은 해외 식민지지역에서 우월권을 확보할 수 있는 전제조건으로 개별국가들은 국내에서 절대주의라는 강력한 왕권을 수립해 국가를 효율적으로 운용할 수 있는 통치체제를 갖추도록 했다. 그래서 국가적 통일을 달성해 타국과의 관계에서 국가주권을 주장하고 서로 경쟁·견제해 국가간 차이가 발생하게 됐다.22)

그 결과 근대유럽체제는 핵심부와 주변부, 반주변부로 위계적 질서를 형성했다. 핵심부사회는 경제적으로 분화돼 부유하고 강력한 사회를 구축하고, 외부의 통제로부터 비교적 자유스러운 편이다. 그러나 주변부는 경제적으로 과도하게 전업화돼 비교적 가난한 지역으로 핵심부국가의 직접 통제 또는 조정을 받게 된다. 반주변부는 핵심부와 주변부의 중간에 위치하고 있으며, 경제

---

21) Otto Hinze, Der *Commisarius und seine geschichtliche Bedeutung für die allgemeine Verwaltungsgeschichte in Staat und Verfassung* (Göttingen: Vandehuck & Ruprecht, 1962), pp.264-275; Leonhard Bauer·Herbert Matis, *Geburt der Neuzeit, Vom Feudalsystem zur Markt gesellschaft* (München: DTV, 1989), pp.190-195; Christopher Pierson, 『근대국가의 이해』, 박형신·이택면 옮김(일신사, 1997), 28-31쪽.

22) Walther Hubatsch (1965), pp.46-49.

의 산업화가 일어나고 있어 주변부국가처럼 외부의 조정에 종속돼 있지는 않다.23)

자본주의적 유럽체제는 스페인과 포르투갈이 닦아 놓은 해외식민지와 유럽 여러 지역에서 나타나는 다양한 노동통제방식과 국가기구의 강약 정도에 따라 위계적 질서를 형성했다. 16세기 스페인과 포르투갈은 라틴아메리카 지역에서 해외영토를 확보해 유럽체제에서 우위권을 점했으나, 17세기 이후 프랑스가 강력한 국가로 등장함에 따라 이들 국가의 영향력은 약화됐다. 그 대신 영국과 프랑스, 네덜란드가 유럽의 핵심부로 등장해 자본주의체제인 세계체제를 20세기 초반까지 유지하게 된다.24) 북서유럽에 위치한 이러한 국가들은 노동통제양식으로 소작농과 임금노동에 적합한 보다 높은 기술수준의 농업을 특화하고, 여러 지방집단의 이해가 수렴돼 강력한 국가체제를 구축했다. 반면 반주변부에 해당하는 서남부유럽은 금, 은, 곡물, 목재, 면화, 설탕 등 식민지에서 생산되는 환금작물을 노예제와 노동통제를 수단으로 하여 국가이익을 증대했다. 또한 유럽의 주변부에 해당되는 동유럽은 국가의 상업적 이익이 토착세력과 결탁했다. 귀족은 서유럽과 무역을 위한 물품을 확보하기 위해 주민들로부터 잉여농산물을 강탈하고 농민의 농노화를 강요했다.25) 근대 이후 자본주의체제 내에서 서유럽의 핵심부국가들이 자본주의체제로 전환하고 국가경쟁력을 강화하기 위해 통치체제를 재정비할 때, 동유럽의 국가들은 중세적이고 강압적인 노동통제에서 벗어나지 못했던 까닭에 역내의 지역간 차이가 발생했다고 할 수 있다.

---

23) Daniel Chirot, 『세계체제와 사회변동』, 최영선 옮김(풀빛, 1984), 28-30쪽.
24) J. M. Roberts, *History of Europe* (London: Penguin, 1996), pp.233-239.
25) Daniel Chirot, 최영선 역(1984), 36-40쪽; Immanuel Wallerstein, 『세계자본주의체제와 주변부사회구성체』, 김영철 역(인간사랑, 1987), 32-35쪽.

2) 근대유럽체제의 발전

(1) 민주주의체제

상업의 발달로 농촌중심의 경제가 도시로 이동하면서 통치체제도 변화를 겪게 된다. 유럽에서 의회민주주의의 발달은 각 나라마다 상이하게 나타나지만 산업혁명과 프랑스혁명을 기점으로 빠른 속도로 진행됐다. 산업혁명은 신흥계급인 부르주아가 성장하고 경제의 중심이 농촌에서 도시로 이동함으로써 이후 선거권확대를 통해 부르주아계급이 주된 정치세력으로 등장하는 계기를 마련했다.[26]

프랑스혁명은 근대민주주의가 발달하는 과정에서 큰 이정표를 제시했는데, 이는 자유와 평등을 보장하고 이를 정치제도로 체계화할 수 있었기 때문이다. 특히 프랑스혁명에서 보장한 자유권은 다원화사회를 이루는 구성요인이 됐다. 이어서 평등개념이 도입돼 인민주권의 원칙에 의한 선거제를 가져왔고, 권력분립에 의한 대의제를 실시했으며, 공공재정과 행정에 대한 시민의 감독권이 도입됐다. 평등의 원칙은 귀족의 특권을 박탈하고 시민이 도시와 농촌에서 해방을 이룩해 균등한 기회를 확보함으로써 시민이 권력을 장악하게 했다. 여기에서 주장한 평등은 처음에는 법적 권리, 평등을 의미했으나 한층 진보해 사회적이고 경제적인 평등을 포함하게 됐다.[27]

프랑스혁명은 전쟁을 통해 유럽국가에 자유주의와 개혁의 변화를 몰고 왔다. 당시의 전쟁은 국민국가간의 전쟁이자 상이한 체제간의 전쟁양상을 띠게 됐다. 프랑스와 다른 국가간의 전쟁은 혁명과정에서 대두한 자유주의와 절대주의의 대결로 나타나게 됐으며, 절대주의체제에 머물러 있는 독일과 이탈리아는 정치적 변화를 겪게 된다. 전쟁이 초래한 결과는 국가의 위로부터의 동

---

26) 김수진,『민주주의와 계급정치: 서유럽정치와 정치경제의 역사적 전개』(백산서당, 2001), 24-33쪽; 김수진, "서유럽 의회민주정치 발달과정: 비교사적 조망," 최장집 편,『유럽민주주의와 노동정치』(법문사, 1997), 33-38쪽.

27) 최갑수, "프랑스혁명," 배영수 편,『서양사강의』(한울, 2002), 293-295쪽.

원을 강화하고 경제를 활성화했는데, 상비군의 정착, 군수공업의 활성화, 그리고 재정융자를 통해 민간경제는 활황의 시대를 맞이하게 됐다. 영국은 전쟁으로 초래된 경제적 호황의 결과 19세기 동안 계속 유럽의 패권을 유지할 수가 있었다.[28]

제1차 세계대전 후 유럽 대부분의 지역에서 왕정이 붕괴되면서 의회민주주의는 공간적 팽창과 제도적 발전을 이루게 된다. 19세기 때 의회민주주의가 확고하게 자리잡은 영국과 프랑스는 물론, 벨기에, 네덜란드, 스위스도 민주주의체제를 유지하고, 유럽의 중부에 있는 독일과 오스트리아도 의회민주주의를 채택하게 됐다. 동유럽에서는 폴란드, 체코, 루마니아, 유고, 북유럽에서는 스웨덴, 덴마크, 핀란드, 스웨덴 등이 의회민주주의를 수용하게 된다.

이 무렵 의회민주주의 제도는 19세기 때 선거권에 접목됐던 재산소유의 제한이 없어지고, 남녀평등의 보통선거가 실행됨으로써 유산계급에만 제한됐던 민주주의가 일반국민을 상대로 대중화가 이루어졌다. 정치권에 대한 대중의 발언권 강화는 시민사회 내 부르주아계급의 영향력 증대를 가져와 유럽체제는 물론 국민국가 통치체제를 더욱 강화했다.[29]

19세기에 나타난 자유주의는 대의제민주주의를 발달시키는데 크게 기여했는데, 특히 경제적 측면에서 강하게 나타났다. 1929년 세계 경제공황은 자유경쟁을 바탕으로 한 자유방임주의 경제원칙을 대폭 수정하거나, 생산과 분배에 대한 국가의 통제와 조정 기능을 대폭 강화함과 동시에 계획경제의 개념을 등장시키는 계기를 마련했다. 뿐만 아니라 빈곤에 대한 사회적 인식도 변

---

28) Eric Hobsbaum, 『혁명의 시대』, 정도영·차명수 옮김(한길사, 1999), 48-50쪽.
29) 의회민주주의가 발달한 영국은 1918년 21세 이상의 모든 성인남자에게 투표권을 부여했고, 1928년 선거에서는 30세 이상으로 제한된 여성의 투표권을 남녀 모두에게 평등한 보통선거를 실시했다. 선거권의 확대는 노동당에게 유리하게 작용해 의회 진출의 기회를 높여 주었다. 그 결과 노동당은 기존의 자유당과 보수당체제의 정치질서를 변화시켜 보수당과 노동당의 양당 정치질서를 확립했다. 제1차 세계대전에 패한 독일은 자유민주주의체제를 수용해 20세 이상의 남녀에게 투표권을 부여한 선거에 의해 바이마르공화국을 출범시켰다. 그러나 건강한 시민계급이 성장하지 못한 독일의 자유민주주의는 리더십 부재와 세계공황으로 큰 고초를 경험하게 됐다.

해 빈곤은 개인의 무능이나 태만에 기인하는 것이 아니라 사회와 국가가 책임을 져야 하는 복지국가 개념이 등장하게 됐다. 복지정책은 19세기 후반 독일에서 부르주아계급을 국가정책으로 포섭하기 위한 수단으로 가장 먼저 수용했지만, 그후 사회계층의 융합을 위해 국가의 가장 핵심적인 정책으로 자리잡았다. 그리하여 민주주의는 정치의 민주화를 넘어 사회, 경제의 민주화로 진행되기 시작했다. 유럽의 민주주의는 질적·양적 발전에도 불구하고 제1차 세계대전과 제2차 세계대전 사이에 중요한 시행착오를 경험하게 되는데, 이는 개별국가의 부르주아계급의 공고성, 민족주의의 강약, 국가경제의 경쟁력과 같은 변수에 따라 큰 영향을 받게 됐다.[30]

(2) 자본주의체제

유럽에서 일어난 산업혁명과 시민혁명은 자본주의체제를 공고히 하는 데 기여했다. 이 두 역사적 사건은 서로 다른 혁명이었지만 유럽의 정치·경제체제에 큰 변화를 가져왔기 때문에 홉스봄은 이것을 이중혁명이라 정의하고 있다. 산업혁명이 영국에서 먼저 일어나 자본주의체제로 전환을 가능하게 했다면, 프랑스혁명은 경제적 자유와 소유권개념을 등장시켜 부르주아계급의 이해를 대변하고 사유재산의 가치를 인정해 자본주의를 지탱하는 시민계급의 성장을 촉진한 동인이 됐다.[31]

산업혁명이 유럽에서 먼저 일어날 수 있었던 것은 유럽은 단일 제국이 아니라 여러 민족국가로 이루어져 상호간에 치열한 경쟁이 전개됐고, 사회경제적으로는 아시아와 아프리카로 진출해 광대한 식민지를 보유했기 때문이다. 게다가 자본주의 경제체제가 발전하고 사기업의 자유로운 영업활동이 보장됐

---

30) 바이마르공화국의 헌법은 대통령에게 막강한 권한, 즉 내각조직 해산권과 군통수권, 국회해산권을 부여해 경제공황이라는 대암초를 만나 민주주의를 좌초시키는 불행한 역사를 경험하게 된다. 그렇지만 사회민주당이 정권을 담당한 결과, 기업의 국유화는 인정하나 사유재산권과 상속권을 인정하고, 국민의 노동권을 확인해 노동자의 단결권과 단체교섭권을 인정했다.

31) Eric. Hobsbaum, *The Age of Revolution* (London: Weidenfeld & Nicolsen, 1962), pp.2-8.

으며, 여기에 종사하는 상공업자, 금융업자, 기업가 계층이 전례 없이 정치적·경제적으로 활력을 누리고 있었다. 유럽에서 영국이 산업혁명을 먼저 경험하고 자본주의로 빨리 진입할 수 있었던 것은 세계체제 안에서 쟁취한 지배력 때문이었다.32)

영국은 산업혁명을 먼저 경험한 결과 정치·경제·군사력에서 우위권을 19세기까지 유지했다. 산업혁명은 사회에 질적 변화를 초래한 분기점으로, 기계적 원리를 생산에 적용하고 공장노동자 계급을 창출해 사회의 총체적 변화를 가져왔다.33) 유럽국가들의 자본주의체제로의 진행과정은 각 나라마다 상이했는데, 독일은 프로이센 귀족들의 강력한 영향하에 고이윤의 농업을 발전시켜 초기 산업자본주의체제를 확립했고, 프랑스는 국가가 주도했으며, 네덜란드와 영국은 식민지를 통한 대외무역이 산업화의 방향과 유형을 결정했다. 산업자본주의는 국가별로 다양한 차이점에도 불구하고, 이윤을 위한 상품생산, 해외 판매시장의 확보, 공장제 출현, 도시화 및 노동자계급 출현 등 공통점을 가지고 있다.34)

공장제는 산업사회를 조직하는 핵심축으로 자본가에게는 이윤을, 노동자계급에게는 생활의 터전을 제공해 전통적인 사회질서의 변화를 초래했다. 18~19세기 유럽의 노동과 삶의 양식 변화는 전통적인 제도, 행위 및 가치유형 등에서 나타나기 시작했다. 산업자본주의체제 아래서 재화와 용역은 중상주의체제와는 달리 자본가들의 이익을 얻기 위한 수단으로 작용했으며, 자본가들은

---

32) 영국은 식민지를 통해 상품교환을 위한 국제무역시장을 확보했고, 모직물공업을 중심으로 근대적 산업이 발전했으며, 농업기술 개량과 경영합리화를 통해 농업생산의 증대를 이룩했다. 그리고 엔클로저운동은 소농의 몰락을 가져와 이들을 산업노동자로 전락하게 했고, 내국관세나 봉건적 통행세가 사라졌으며, 도로와 운하가 발달해 건전한 국내시장을 가지고 있었다. 그 외에도 상업자본가의 자본축적으로 근대적 금융제도와 재정구조가 발전했으며, 정치·사회가 안정되고, 부유한 상인층의 정치적 발언권이 증대하고, 석탄과 철강 등 공장제공업에 필요한 자원이 풍부했다.

33) 이영석, "산업혁명과 세계체제론," 한국서양사학회 편, 『근대세계체제론의 역사적 이해: 브로델과 월러스틴을 중심으로』(까치, 1996), 208-211쪽.

34) Howard Davis and Richard Scase, 한상진 옮김(1990), 56-57쪽.

상품생산을 통해 이익을 획득하고 자본을 축적하면서 새로운 노동형태를 창출했다. 노동형태는 고용주와 피보호자간의 관계, 새로운 기술의 도입, 업무의 전문화 및 상품생산을 위한 전반적인 조건의 향상을 가져왔다. 공장제 생산방식은 고이윤 창출을 위해 임노동자를 통제하고 생산의 효율성을 가져왔지만, 노동에 대한 통제 및 관리, 노동분업과 기계화를 통해 새로운 규율체제를 확립했다. 공장제는 특정지역에 노동력을 집중시켜 대규모 도시화를 촉진시켰으며, 도시의 노동자는 필요한 생활수단을 얻기 위해 노동의 판매에 의존하게 됐다. 그 결과 노동자계급은 자본가에 의존하는 종속적 사회질서가 형성됐고, 노동자의 어려움은 작업현장과 일상생활에서 나타나 이 계급을 대변하기 위한 단체로 노동조합이 등장하게 됐다. 노동자는 자신의 권익보호를 위해 단결권, 단체교섭권, 단체행동권을 확보해 자본가와 대결 또는 협상을 통해 자신들의 이익을 관철했다. 정치분야에서는 각 나라마다 이름은 다르지만 사회당, 사민당, 노동당이 등장해 자본가 중심의 사회체제가 구성되고 작동되는 것에 제동을 걸고, 공정하고 평등한 수익분배를 바탕으로 법적 평등을 위한 사회적·경제적 평등을 위해 복지제도 정착의 필요성을 주장했다.[35]

(3) 베스트팔렌체제

근대로 접어들면서 유럽국가간의 관계도 역동성을 띠기 시작하는데 국민국가의 등장은 유럽의 국제질서 변화를 추동하는 주요한 요인으로 작용해 유럽의 세력판도에 지대한 영향을 미치게 됐다. 국민국가를 개체단위로 구성된 베스트팔렌체제는 개별국가의 이익과 주권보호에 초점을 맞춘 근대 국제관계를 형성하는 기본틀을 제시했다는 점에서 중요한 의미를 갖는다. 베스트팔렌체제는 유럽 국가들이 로마교황청 중심의 가톨릭세계에서 벗어나 개별국가 단위의 국가주권을 바탕으로 국제관계를 유지하고 국가간의 평등권을 실현했다. 그 결과 유럽의 국제질서는 다극화현상을 초래하고 자국의 주권보호를 위한 수단이 됐다. 이때 평화체제 유지를 위한 방법으로 협상의 원칙이 등장하

---

35) Howard Davis and Richard Scase, 한상진 옮김(1990), 53-56쪽.

기도 했다. 주권에 토대를 둔 근대국가는 사적 소유권과 영토적 경계 안에서 절대적 권위를 주장하는 국가였다. 국가의 절대적 권위는 사적재산권의 보호와 공공선의 제공을 바탕으로 이루어진다. 주권국가로 구성되는 국제체제는 중세 기독교세계를 대체했고, 정치적 활동공간이 영토적으로 제한되면서 근대외교는 영토국가의 상호교류를 위한 초영토적 면책특권을 제도화했다.36)

유럽체제의 본질적인 변화는 19세기 초반 산업혁명과 프랑스대혁명, 그리고 유럽협조체제를 경험하면서 이루어졌다. 절대주의시대의 위계적이고 권위적인 체제는 18세기 원자화된 개인관의 등장과 프랑스혁명에 의해서 효력을 상실하고, 산업혁명에 의한 경제적·사회적 변화는 전통적 인식론의 전환을 가져와 국가 및 국제관계에서 국가간 회의를 통한 협조체제를 확립했다.37) 유럽협조체제는 나폴레옹전쟁 이후 프랑스의 패권을 제약하기 위해 영국, 오스트리아, 프로이센, 러시아가 구축한 유럽의 평화·안보체제로서 전쟁방지와 평화유지에 많은 기여를 했다. 이러한 체제 아래서 유럽은 상호간에 배타적인 경쟁이 완화됐고, 강대국간 갈등을 완화시킬 수 있는 완충지대가 형성됐다.

유럽협조체제 아래서 19세기는 각국이 자국의 이익을 추구하기 위해 직접 행동을 취하기보다 협상을 통해 이해관계를 조정한 결과 전쟁은 현저히 감소했다. 유럽협조체제 아래 국제관계는 다자주의적이고 협력적인 것으로 강대국간에는 자발적 의사에 따라 동등한 협력이 유지된 반면, 강대국과 약소국의 관계는 강대국이 주축이 되고 약소국은 강대국의 결정에 따라 협력을 강요당하는 결과를 초래했다. 빈회의로 규정되는 유럽협조체제는 영국, 러시아, 오스트리아, 프로이센이 동맹을 통해 프랑스의 재팽창을 저지하고, 패권국으로 등

---

36) Pim den Boer, "Europe to 1914: the Making of an Idea," in Kevin Wilson (eds.), *The History of the Idea of Europe* (London and New York: Routledge, 2002), pp.41-43; Richard K Ashley, "The Poverty of Neorealism," in Robert O. Keohane (ed.), *Neorealism and Its Critics* (New York: Columbia University Press, 1986), pp.265-275.

37) 이혜정, "웨스트팔리아와 국제관계의 근대성, 러기의 비판적 이해,"『국제정치논총』제42집 2호(2002년 여름), 37-39쪽; 전재성, "19세기 유럽협조체제에 대한 국제제도론적 분석: 현실주의와 구성주의 제도론의 시각에서,"『한국과 국제정치』15권 2호(1999), 45-50쪽.

장한 영국의 패권을 인정했다. 그리고 동맹국간에 세력분배 구조를 반영해 모든 국가가 이익의 조화를 추구했다. 나폴레옹 이후의 유럽협조체제는 상호간의 권리에 대한 존중, 국제법 준수, 상호협력에 의한 정치적 평형을 통해 구축됐다고 볼 수 있다.[38]

협조적인 국제관계를 유지했던 빈체제는 프로이센과 러시아가 부상하면서 혼란의 시작을 예고하게 된다. 독일을 통일한 비스마르크는 유럽을 독일중심의 동맹체제로 묶으면서 중심국가로 등장하려는 야심을 드러내게 된다. 유럽대륙 중심에 위치한 독일의 팽창은 주도권 장악을 위해 주변국가와 물리적 충돌을 초래했다. 독일의 유럽지배 야망으로 시작된 제1차 세계대전에서는 유럽열강이 연합국을 결성해 독일의 패권야욕을 저지했다. 자유민주주의 정치체제와 자유시장 경제원칙에 의해 구성된 베르사유체제에서 영국, 미국, 프랑스는 우위를 점하게 되지만, 상호 협조적인 질서를 구축하지 못하고 자국의 이익에 몰두한 나머지 전쟁에 패한 독일에게 가혹한 전쟁 배상비와 외교적 압박을 가했고, 이로 인해 독일은 유럽에서 약자로 전락하게 됐다. 불안정하게 유지되던 베르사유체제는 경제공황과 함께 자유시장 경제체제가 위기에 직면하게 되면서 유럽이 총체적 위기에 직면하게 된다. 독일에서 나치주의의 등장은 베르사유체제의 붕괴와 독일의 유럽 패권에 대한 재도전을 의미한다.

히틀러와 무솔리니의 등장은 서유럽 핵심부국가간의 노골적인 대립을 의미했는데, 이는 이들의 무리한 목표설정 때문이다. 히틀러 통치체제 아래서 독일은 생활공간을 주변부에 해당하는 동유럽으로 확대하고, 이러한 정책을 추진하는 데 장애가 되는 유태인을 배척하게 된다. 독일과 이탈리아는 유럽에서 헤게모니 장악을 위해 협력을 필요로 했고 이들 국가의 도전은 유럽 정치질서의 대위기를 예고하고 있었다. 1930년대 나타난 전체주의는 약탈과 노예화, 정복을 통한 팽창, 강압적 인구이동, 노동세력의 탄압, 전통적 계층집단의 해체, 중앙집권화된 국가권력의 강화를 수단으로 했다. 전체주의체제는 계급투쟁과 자본축적을 가져오고 국가간의 경쟁을 조장했다. 이들은 국가에 대한 충성의 대상으로 민족주의를 강조하고, 국가간에 극단적 경쟁을 조장해 자본

---

38) 전재성(1999), 34-42쪽.

주의체제에 큰 위협을 주었다. 그리고 사회질서의 혼란을 야기해 유럽을 파국으로 몰고 갔으며, 영국의 쇠퇴에 따라 유럽의 헤게모니가 손상되기 시작했다. 그 결과 유럽이 소유한 세계 헤게모니가 미국과 소련으로 분할됐다. 1917년 이후 자본주의체제를 거부하고 사회주의체제를 추구하는 소련의 등장은 자본주의국가에 위협요소로 등장했고, 제2차 세계대전 이후 유럽은 미소 양극체제에 종속되게 됐다.[39]

3) 유럽체제의 분열과 통합

제2차 세계대전 이후 세계체제는 양극체제로 전환하게 됐고, 유럽은 이데올로기에 의해 동서로 분단됨과 동시에 미국과 소련 중심의 양극체제에 편입됐다. 유럽은 분단된 상황이었지만, 다수의 강대국이 존재하는 까닭에 긴장관계만 유지됐을 뿐 전쟁을 경험하지는 않았다. 양극체제 아래서 힘에 의한 양극화와 군사력의 균등함, 전쟁의 파괴력과 핵무기에 대한 위험 등은 전쟁도발을 저지하고 평화체제를 유지시키는 요인으로 작용했다.[40]

냉전체제 아래 서유럽에서 탄생한 북대서양조약기구(NATO)와 유럽공동체는 여러 국민국가에서 나타나는 다양한 형식을 하나의 공동체로 결집해 상호 통제하고 조정하는 역할을 했다. 그 결과 서유럽국가들은 더 이상 서로를 위협하는 국가로 인식하지 않았으며, 지정학적 · 경제적 경쟁관계에 의한 세력 균형의 원리에서 벗어나게 됐다. 서유럽국가는 개별 단위체의 소모적 경쟁체제에서 벗어났다. 국가적 권위와 주권의 일부를 기존의 단일한 구조에서 초국가적 실체로 이양했다. 국가간 위협이 사라진 자리에 자유주의사상이 만연하게 됐고, 의회민주주의의 성숙, 자유시장체제의 확립과 확장에서 유래한 횡국가적 사회 · 경제의 상호 의존성의 심화, 개방적이고 관용적인 시민사회와 국

---

39) Andreas Hillgruber, 『국제정치와 전쟁전략: 제2차 세계대전』, 류제승 역(한울, 1996), 15-18쪽; Immanuel Wallerstein, 『세계체제론, 자본주의 사회변동의 이해』, 김광식 · 여현덕 옮김(학민사, 1985), 78-82쪽.

40) Jaak Donelly, *Realism and International Relations* (Cambridge: Cambridge University Press, 2002), pp.107-108.

가간의 대화체제, 다자주의적 제도의 등장, 그리고 공유된 일련의 자유민주주의적 가치와 규범이 새로 자리하게 됐다.[41]

서유럽에서 만연된 자유주의사상과 개방적 민주정치 제도의 동유럽지역으로의 확산은 시·공간적으로 한계점을 가지고 있었다. 스탈린은 서구자본주의의 동유럽 침투를 저지하기 위한 수단으로 외부세계에 대해 배타적이고 폐쇄적인 태도를 보였다. 사회주의체제의 안보망 구축과 경제적 결속 시도는 바르샤바조약(Warschauer Pakt)과 사회주의경제협력체(COMECON)를 구성해 동유럽 사회주의국가들을 소련체제에 예속시켰다. 소련은 동유럽에 사회주의를 강요한 나머지 위계적이고 동질적인 체제를 구축해 동유럽에서 헤게모니를 장악했고, 이를 토대로 자본주의국가와 대립적 관계를 유지했다. 외부로부터 형성된 위협과 긴장요인은 국내 통치체제를 강화하는 요인과 수단으로 작용했다. 이때 동유럽의 정치는 경쟁과 경합에 의한 질서가 배제된 획일적이고 폐쇄적인 것이었으며, 경제는 사유재산이 금지된 국가의 조정에 의한 계획과 통제체제였다.

양극체제에서 강대국간의 전쟁은 파국을 의미하기 때문에 이들은 문제를 대화나 협상을 통해 해결하려고 했다. 1963년 쿠바사태 이후 냉전적 극한대립은 완화됐다. 1970년 이후 동서관계는 협조체제를 유지하고 구체적인 협상의 시대를 맞이하게 되는데, 대표적인 예가 군축협상과 독일의 동방정책이다. 냉전체제에서 협조체제는 쌍방간 또는 다자간 대화를 통해 서로를 인정하고 상대방의 관심사항에 배타적이지 않으며 현실주의 입장에서 자국의 이익과 연결시키게 됐다. 이러한 협조체제 속에서 상대방에 대한 인식이 고양되고 신뢰가 형성됐다.[42]

---

41) Adrian Hyde-Price, "The European Security in the Twenty-first Century: Towards a Stable Peace Order," in Andrew Cottey and Derek Averre (eds.), *New Security Challenges in Postcommunist Europe: Securing Europe's East* (Manchester and New York: Manchester University Press, 2002), pp.191-194.

42) Werner Link, "Der Ost-West-Konflikt: Die Organisation der internationalen Beziehungen im 20," *Jahrhundert* (Stuttgart · Berlin · Köln · Mainz: Kohlhammer, 1988), pp.46-50; Jaak Donelly (2002), pp.112-114.

탈냉전체제 아래서 국가간의 대립과 충돌에 의한 군사적 이데올로기는 사라진 대신 사회적 안보개념이 새로이 등장하고 있다. 중동부유럽의 사회적·정치적·경제적 곤경에서 유래한 인종분규와 영토분쟁, 난민과 이민, 인권유린, 환경오염 등은 군사적 방어를 기초로 하는 전통적 안보보다 포괄적 안보(comprehensive security)라는 새로운 안보개념을 부각시켰다. 탈냉전시대 유럽체제에서 안보와 경제·사회영역의 하부체제를 유지하는 중요한 행위자는 협력과 경쟁을 통해 다자주의적 연결 망을 구축하고 있는 북대서양조약기구(NATO), 유럽연합(EU), 유럽안보협력기구(OSCE) 등이라 할 수 있다. 탈냉전체제에서 안보유지는 위계적 억압보다는 협상과 조정, 참여를 통해 이루어지고 있다.[43]

4. 유럽체제의 변화: 유럽연합체제의 등장과 구조적 특징

1) 유럽연합체제의 기원

유럽은 작은 대륙에 수많은 국민국가가 존재하고 있기 때문에 주권과 자유, 독립을 위해 끊임없이 전쟁을 일으킨 불행한 역사를 간직하고 있다. 국민국가 단위로 형성된 근대유럽체제는 자국의 이익에 집착한 나머지 타국과 배타적이고 폐쇄적인 관계를 맺었고 그 결과 대립과 충돌을 통해 위기를 맞게 됐다.[44] 그 대표적인 경우가 제1, 2차 세계대전이다. 두 번의 전쟁을 경험한

---

43) Auswärtiges Amt der BRD (ed.), *20 Jahre KSZE, Eine Dokumentation* (Köln: Auswärtiges Amt der BRD, 1993), pp.270-319.

44) 국민국가시대 각 국가는 왕실간 결혼정책과 지식인의 교류로 의사소통 기회를 확대해 상대방에 대한 이해를 도모했지만, 국가이익과 관련될 때는 전쟁이라는 파국적인 상황을 피하지 못했다. 위기극복을 위해 유럽의 지식인들은 평화체제 구축차원에서 유럽통합의 필요성을 언급했다. 정치가로는 16세기 초 프랑스 하인리히 IV세 때 재무장관이었던 슐리(Herzogs von Sully)와, 사상가로는 칸트(Immanuel Kant)가 유럽의 이념을 제시했다. Gerhard Brunn, *Die Europäische Einigung* (Stuttgart: Reclam,

유럽은 자유민주주의와 자본주의가 위기에 직면했고, 국가발전의 차이에 따라 계층간 또는 지역과 지방간에 불균형과 불협화음이 존재하고 있었다. 체제는 언제나 위기에 직면했을 때 변화의 필요성을 절감하게 되는데, 국민국가를 구성단위로 형성된 유럽체제의 문제점을 인식하고 새로운 패러다임을 구축해야 한다는 의견이 제1차 세계대전을 겪고 유럽의 헤게모니가 약화됐을 때 나타나기 시작했다.

독일이 일으킨 두 차례의 세계전쟁은 자유민주주의체제와 자본주의체제를 위협하고 주변국가들에게 공포감을 조장해 유럽통합의 필요성을 피부로 느끼게 했다. 유럽통합에 대한 논의는 1920년대에 세계의 중심부라고 자부하던 유럽이 제1차 대전으로 쇠퇴하고 미국과 소련이 유럽의 헤게모니를 위협하면서 논의되기 시작한다. 소련의 공산주의가 동유럽에서 확장될 때 쿠텐호프-칼레르기는 범유럽통합의 필요성을 역설했다. 그는 세 가지 측면에서 유럽통합의 필요성을 주장했는데, 첫째, 유럽에서 민족주의를 극복해 평화를 실현하고, 둘째, 소련의 공산주의 팽창으로부터 서양의 헬레니즘과 기독교문화를 수호하고, 셋째, 미국 물질문명의 공세로부터 서유럽을 보호해야 한다고 했다. 칼레르기의 제안은 그 당시의 국제적 현실을 반영한 것으로 지금까지 지식인들 사이에서만 논의돼 왔던 통합운동이 현실정치가들에게도 확대돼 폭넓은 지지기반을 확보했다.45)

1920년대 활발하게 논의됐던 통합운동은 파시즘의 등장과 제2차 세계대전의 폭풍에는 무기력할 수밖에 없었다. 파시즘이 유럽 전역을 위협할 때 이에 대항한 저항주의자들은 유럽위기의 원인을 왜곡된 민족주의와 자본주의에서 찾았고, 이를 극복하기 위해 민족 또는 국민국가로 구성된 유럽체제를 재구성해야 한다고 생각하기에 이르렀다. 각국에서 일어난 저항운동가들은 유럽연

2002), pp.20-21; 조홍식, "유럽통합의 사상과 정치세력," 『국제정치논총』 제35집 1호 (1995), 337-339쪽.

45) Peter Bugge, "The Nation Supreme the Idea of Europe 1914-1945," in Kevin Wilson (eds.), *The History of the Idea of Europe* (London and New York: Routledge, 2002), pp.96-99; 노명환, 『역사와 문화의 차원에서 본 유럽통합의 제문제』(한국외국어대학교, 2001), 41-44쪽.

방만이 유럽의 자유와 문화를 보호하고 경제적 부흥을 가능케 하며 독일민족이 민주적으로 새로운 유럽체제에 동참할 수 있게 할 것이라고 보았다.46)

양차대전 사이 유럽통합의 필요성과 실현방법을 두고 구체적인 정책이 등장했는데, 정치세력들에게 유럽 내부에서는 평화체제를 구축하고 외부세계와의 관계에서는 유럽의 위상제고가 현실로 다가왔다. 저항운동에 참가한 정치세력이 전후 각국에서 집권세력으로 등장하자 통합을 실현하기 위한 기본조건이 마련됐다. 그러나 전쟁 직후 유럽의 모든 국가는 국가재건과 전쟁피해 극복에 전념해야 했기에 유럽통합이라는 초국가적인 문제를 해결할 여력이 없었다. 게다가 제2차 세계대전 후 미국과 소련의 유럽정책이 서로 대립·충돌하는 과정에서 유럽은 동서로 분단되는 운명을 맞이했다. 그 결과 미국의 영향력 아래 편입된 서유럽만이 반공과 다자간 무역정책 실현을 위해 통합이 추진됐다.47)

서유럽 재건을 위해 실행된 미국의 마셜플랜은 서독 건국과 서유럽 통합의 기틀을 제공했다. 미국은 통합된 서유럽을 소련의 팽창에 대항할 파트너로, 미국이 추구하는 세계 다자무역구도의 초석으로 삼으려고 했다. 마셜원조를 받는 서유럽국가들은 유럽경제협력체(Organization of European Economic Cooperation: OEEC)를 결성해 서유럽 통합의 단초를 마련했다. 미국의 도움을 받으며 서유럽의 통합을 본격적으로 창설된 기구가 유럽석탄철강공동체(ECSC)이다. 이 기구에 의해 서유럽은 석탄과 철강의 생산과 판매를 공동으로 관리하고 경제적 통합과 정치적 통합을 추구했다.48)

유럽석탄철강공동체는 고위관청(High Authority), 각료이사회(Council of Ministers), 유럽재판소(Court), 유럽총회(Assembly)로 구성됐다. 고위관청은 집행기구로서 회원국의 석탄과 철강산업을 통제하고 가격, 근로조건에 대한 정책을 위임받았다. 최고관청은 석탄철강공동체의 주도적 역할을 했다. 고위관청의

---

46) Peter Bugge (2002), pp.106-109; 노명환(2001), 44-45쪽; 조홍식(1995), 341-342쪽.

47) Ole Wæver, "Europe since 1945: Crisis to Renewal," in Kevin Wilson (eds.), *The History of the Idea of Europe* (London and New York: Routledge, 2002), pp.161-162; 노명환(2001), 44-46쪽; 조홍식(1995), 342-346쪽.

48) Wilfried Loth, *Der Weg nach Europa* (Göttingen: Vandenhoeck &Ruprecht, 1966), pp.85-90.

직원은 회원국에서 보낸 대표로 국가의 이익을 대변하는 것이 아니라, 공동체의 이익을 위해 중요한 정책결정에 참여하게 된다. 유럽석탄철강공동체는 초국가적 성격과 연방주의적 요소가 강하게 자리잡았다. 초국가적 연방주의체제는 유럽통합 과정에서 국민국가의 영향력을 약화시키고 초국가기구의 역할과 중요성을 인정해 기존의 민족국가 단위로 이루어진 유럽체제의 문제점을 극복해 갔다.[49]

유럽에서 초국가적 협력기구가 출범할 수 있었던 것은 강대국인 프랑스와 독일의 이해관계가 일치했기 때문이다. 프랑스는 거대한 시장형성으로 원자재 조달과 산업을 보다 능률적으로 운영할 것으로 생각했고, 미국의 도움 아래 빠른 속도로 성장하는 독일을 견제할 장치로 초국가기구가 필요했던 것이다. 그리고 초국가기구를 통해 독일의 일방적인 행보에 제약을 가하고, 독일의 석탄과 철강을 유럽의 이익을 위해 사용할 수 있으며, 독일의 민족주의적 야망을 유럽주의로 전환할 수 있을 것으로 보았다. 또한 독일이 미국의 일방적 요새가 되는 것과 소련으로의 접근을 저지할 수 있었다. 프랑스의 제안에 서독의 아데나워 수상은 적극적인 관심을 가지고 있었다. 아데나워는 서독의 자유민주주의체제 안정을 위해 서방국가와 협력이 필요하다고 인식했고, 이를 위해 친서방정책을 통해 과거의 만행을 사죄하고 독일의 주권과 국가적 위신을 회복할 수 있었다.[50]

2) 정부간주의와 초국가주의

다양한 국가와 다양한 관심이 상존하고 있음에도 불구하고 유럽통합이 진척될 수 있었던 것은 초국가성에 의한 통합전략과 정부간 협력에 기초한 협상전략이 마련됐기 때문이다. 유럽연합은 초국가성 원칙에 의해 국가주권의 일부를 초국가적 기구에 단계적으로 양도한 결과 경제통합을 이룩하고 개별

---

49) Derek Erwin, 『유럽통합사』, 노명환 옮김(대한교과서, 1996), 83-86쪽; Ole Wæver(2002), pp.167-168; 조홍식(1995), 346-347쪽.
50) Frank R. Pfetsch, *Die Europäische Union, Eine Einführung* (München: UTB, 1997), pp.28-32; Wilfried Loth (1996), pp.52-60.

국가의 업무를 수행하고 있다. 유럽석탄철강공동체의 고위관청은 초국가기구의 모태로 유럽연합이 초국가성을 강화하면서 발전하는 중추적 역할을 했다. 유럽공동체가 개별국가 개념에서 벗어나 자유공동시장을 설립하고 유럽통합이 한 단계 높은 차원으로 진전할 수 있었던 것은 합법적인 집행과 통치권한을 보유하고 있는 초국가기구를 통해서였다. 고위관청은 최고기관으로 개입주의적인 산업의 생산, 유통, 관리를 담당하면서 초국가적 연방주의형태로 기반을 마련했다.[51]

회원국은 초국가기구를 창설했지만 주권의 양도를 원하지 않았고, 중요한 산업에 대한 정부의 통제력 상실을 우려해 고위관청이 합법적 권한을 행사하는 것을 주저했다. 이러한 주장을 한 대표적인 국가는 프랑스로 통합이 초국가적 유럽연방으로 가게 될 경우 자국의 주권이 침해되는 것을 우려했다. 프랑스의 드골 대통령은 유럽의회의 예산권 강화, 각료이사회의의 특별가중다수결방식, 공동농업정책의 협상실패와 유럽공동체 주재 프랑스대사의 소환, 각료이사회의 불참으로 공동체의 위기를 초래했다. 드골 대통령은 유럽에서 프랑스의 위상을 고려해 유럽통합이 초국가적으로 진행되는 것을 방해했다.[52]

유럽통합이 초국가적으로 빠른 속도로 진행되게 된 계기는 1979년 유럽의회의 직선제 도입과 1987년 유럽단일의정서 체결이다. 이로부터 유럽은 초국가적 단일시장을 형성할 수 있는 기틀을 마련했다. 1993년 출발한 유럽연합은 유럽단일시장 건설을 위한 초국가적 사회·경제정책을 제시하고 실천을 위한 수단으로 기술연구, 단일통화를 강구했다. 그 결과 유럽에서는 상품, 인력, 서비스 및 자본이 자유롭게 왕래하는 공동시장을 건설했다. 그리고 공동체 내에서 자유로운 왕래, 금융의 조화, 부가가치세율의 접근에만 만장일치를 적용했고, 다른 부분은 다수결의 원칙을 적용했다. 그 결과 로마조약 개정을 위해 다수결원칙을 적용해 내부시장을 실현했다.[53]

1993년 유럽연합이 탄생했을 때 유럽역내시장은 사회정책과 함께 유럽공동

---

51) Frank R. Pfetsch (1997), pp.185-205; Wilfried Loth (1996), p.126.
52) Frank R. Pfetsch (1997), pp.38-43.
53) Frank R. Pfetsch (1997), pp.54-59.

체의 기둥에 포함됐다. 유럽연합은 정책분야에서 세 개의 축으로 형성됐는데, 유럽공동체와 외교·안보정책, 내무 및 사법정책이다. 유럽공동체는 단일경제권 실현을 위한 인력, 재화, 용역의 자유로운 왕래를 실현하는 것으로 초국가성이 깊숙이 내재돼 있다. 반면 국가의 주권 및 질서유지에 중요한 영향을 미치는 외교·안보, 내무·사법정책은 정부간주의적 요소가 두드러진다. 이러한 요인에 의해 안보 및 외교와 관련된 부분은 유럽연합조약 24조에 의해, 내무 및 사법과 관련된 권한은 유럽연합조약 38조에 의해 개별국가에서 유럽연합으로 이양하지 않는다고 규정하고 있다. 회원국가들은 외교·안보분야에서 중요하고 유럽의 위상과 관련된 사건을 국가수반과 외무부장관의 권한으로 협력체제를 유지하고 있으며, 만약 표결로 결정할 경우 만장일치제를 채택함으로써 개별국가의 의견을 최대한 존중하는 정부간주의의 전형을 나타낸다.[54]

유럽연합의 기구 중에서 초국가성이 강하게 나타나는 조직은 유럽집행위원회와 유럽의회이다. 유럽집행위원회는 이사회가 결정하도록 안건을 제안하고 결정된 사항을 집행하기 때문에 유럽연합의 행정부 역할을 하고 있다. 유럽집행위원회는 유럽이사회처럼 자국의 이익을 대표하는 것이 아니라 전체 공동체의 이익을 대변하기 때문에 초국가성이 강하게 내포돼 있다. 유럽집행위원회의 정당성과 신뢰성은 회원국 정부의 지시와 통제권 밖에 있고, 집행위원회의 위원과 여기에 근무하는 공무원의 신분은 유럽연합의 직무규정에서 정하고 있다. 각 국가에서 파견된 공무원과 위원은 민족국가의 전통 속에서 양성됐기 때문에 조직 내에서도 다양한 양상이 존재하지만, 유럽집행위원회가 초국가성에 기초하고 있기 때문에 공동체 전체를 위해 집행하고 있다.[55]

현재 브뤼셀에 상주하고 있는 유럽집행위원회는 유럽석탄철강공동체(ECSC), 유럽경제공동체(EEC), 유럽원자력공동체(Euratom)의 위원회를 통합해 이루어졌다. 위원회는 20명으로 구성됐는데 영국, 프랑스, 독일, 이탈리아, 스페인이 두 명의 위원을 파견하고 그 외의 국가에서는 각각 한 명씩 파견하고

---

54) Jan Bergmann and Christofer Lenz (eds.), *Der Amsterdamer Vertrag: Eine Kommentierung der Neuerungen des EU-und EG-Vertrages* (Köln: OMNIA, 1998), pp.237-248; Frank R. Pfetsch (1997), pp.60-65.

55) Jan Bergmann and Christofer Lenz (1998), pp.305-310.

있다. 유럽위원회의 행정구조는 25개 총국으로 현재 약 3만 명의 공무원이 근무하고 있다. 유럽위원회의 권한은, 첫째, 유럽연합의 정책과 입법에 대해 독점적 제안권을 가지고 있는데, 이를 준비하는 과정에서 공동체 발전을 위한 임무를 부여받았다. 둘째, 유럽이사회에서 채택된 결정을 집행함으로써 공동체 운영의 중심적 역할을 한다. 셋째, 통제기능을 행사해 공동체 내에서 조화를 도모하고 있다.[56]

초국가적 성격의 두드러진 유럽의회는 석탄철강공동체 총회를 모태로 출발해 1979년 회원국 유권자들의 직접선거로 의회 대표를 선출하게 됐다. 유럽의회는 유럽연합의 대표적 대의기관으로 통합의 상징적 기구로 등장했다. 유럽의회는 초국가적 민주주의제도 실현을 위한 최초의 실험이라고 할 수 있는데, 다양한 회원국에서 다양한 민족이 직접선거로 선출하며 국민국가를 초월해 정당 별로 원이 구성돼 그 권한과 결정범위가 회원국가를 초월해 존재하는 초국가적 기구이다. 그러나 운영과 내용 면에서는 각국의 선거제도에 의해 국민국가 단위로 대표를 파견하기 때문에 많은 문제점을 안고 있다.[57]

유럽연합의 기구 중에서 정부간주의의 대표적인 기관은 각 국가의 수반과 각료로 구성되는 각료이사회와 유럽이사회이다. 각료이사회는 가장 강력한 기구로 실질적인 정치권력이 집중된 기구이다. 이 기구는 각 회원국가 대표로 이루어지고 회원국가의 이익을 대표하고 있다. 그래서 유럽공동체의 결속과 유럽을 대표하는 집행위원회나 유럽의회와는 달리 국가 중심적 색채가 강하게 작용하고 있다. 이사회의 실제 업무는 각국에서 브뤼셀에 파견된 대사급 상주대표부로 구성된 상임대표위원회(COREPER)와 회원국의 관료와 전문가로 구성된 전문위원회가 담당하고 있다. 이들은 다양한 회원국가의 이해가 교차하고 있어 회원국간에 또는 회원국과 집행위원회간의 협상과 타협을 통해서 문제를 해결하고 있다. 그리고 유럽각료이사회의 의사결정 방법은 단순과반수, 만장일치, 특정가중다수결 원칙을 채택하고 있으나 암스테르담조약에서 대부분의 결정은 특정가중다수결을 따르도록 하고 있다.[58]

---

56) Frank R. Pfetsch (1997), pp.141-146.
57) Jan Bergmann and Christofer Lenz (1998), pp.277-295; Frank R. Pfetsch (1997), pp.147-158.

3) 사회적 차원의 유럽연합체제

유럽연합은 초국가기구와 정부간주의를 통해 하나된 유럽을 건설하기 위해 균형적인 사회와 삶의 질 향상, 결속력 강화에 주력하고 있다. 현재 유럽연합은 암스테르담조약에서 사회적 유럽의 건설을 위해 의정서와 협정을 채택해 유럽적 차원의 사회정책이 본궤도에 진입할 수 있는 기반을 마련했다. 유럽공동체가 등장하기 전까지 유럽차원의 사회정책은 국민국가 단위의 협력수준에서 이루어졌으나 유럽통합이 본격화되면서 다층적 또는 초국가적 공동체로 전환하고 있는 추세이다.

유럽석탄철강공동체가 출범할 무렵 사회적 유럽에 대한 중요성은 정치와 경제에 밀려 언급되지 못했지만, 유럽경제공동체(EEC)조약에서 근로자의 고용환경과 생활조건 개선을 목표로 유럽사회기금(European Social Fund: ESF)이 조성되면서 논의가 시작됐다. 유럽사회기금은 정부 대표, 노동조합, 고용주 대표가 참가하는 유럽위원회 전문위원회에서 운영방침을 결정하는데, 이 기금의 공동운영을 통해 사회계층간의 균형적 발전과 상호 협력관계를 구축하고 있다.[59]

사회적 유럽의 건설을 위한 진전은 1968년 좌파중심의 학생운동에서 사회적 조화와 균형적 발전에 대한 요구, 소외계층에 대한 관심을 표명함으로써 탄력을 받게 됐다.[60] 단일유럽의정서(Single European Act: SEA)는 경제·사회통합의 실현을 위해 공동정책을 강화하고 제도적 절차(투표방식, 유럽의회와의 절차방식)를 마련해 유럽통합의 심화를 가져왔다. 이때 사회적 유럽에 대한 정책으로 가중다수결제도, 구조기금, 사회적 대화 등이 마련됐다. 사회적 대화는 유럽 사회정책 중에서 가장 특징 있는 것으로 고용주, 노동조합, 공공기업간에 이루어지며, 공동체의 권한강화와 중요한 정책의 결정은 가중다수결제도

---

58) 유럽연합이사회에 관한 자세한 설명은 Jan Bergmann, Christofer Lenz (1998), pp.297-304 참조.

59) Jan Bergmann and Christofer Lenz (1998), pp.93-98.

60) Ronald Fraser, 『1968년의 목소리』, 안효상 옮김(박종철출판사, 2002), 296-306쪽.

를 채택하고 있다. 이러한 방법으로 경제와 사회의 결합이라는 공동체정신을 강조하고, 유럽차원에서 사회적 파트너간에 대화의 기회를 확대했다.[61] 사회적 유럽은 새로운 통합전략으로 상호인정과 보조성 원칙을 수용해 통합의 속도를 높이고, 국가간의 차이를 해소하는 데 기여했다. 상호인정은 회원국가와 공동체의 차이점이 통합을 방해한다는 취지하에 실행됐다. 예를 들면 한 회원국가에서 합법적으로 제조된 제품은 특별한 사유에 저촉되지 않는 한 공동체에서 판매할 수 있도록 허용한다.

사회적 유럽은 1990년대 초 마스트리히트조약의 발효로 큰 진척을 이루게 되는데, 의회, 위원회 및 이사회가 사회정책 발전의 주 행위자로 자리를 잡았고, 비정부기구(NGO)인 시민단체도 중요한 역할을 담당하게 됐다. 유럽적 사회건설이 빠르게 진전 될 수 있었던 것은 개별국가의 사회정책에만 머물러 있던 무역협회와 좌파정당들이 유럽차원의 사회정책을 적극적으로 추진했고, 역내시장이 강화되면서 제도적 변화가 사회정책 발전에 도움이 됐기 때문이다.

마스트리히트조약은 공동체에게 공동시장 확대와 공동체의 완성을 위해 회원국간의 경제·사회통합과 결속, 삶의 질과 수준향상, 고용안정과 사회보호 증진을 임무로 부여했다. 마스트리히트조약은 사회적 유럽을 위해 집합적 합의를 위한 기틀을 마련했다. 유럽집행위원회는 정책제안서를 작성할 때 사회적 파트너의 자문을 받을 수 있는 제도를 두고 있다. 각료이사회는 정책결정의 가중다수결 처리방식과 전원일치제 처리방식을 겸하고 있어 이견이나 권고안을 제안할 수 있다. 그리고 이것은 사회적 유럽을 위해 정책결정과정에서 공동체권한을 확대했고, 보조성 원칙에 의해 개별국가의 고유성을 존중했으며, 가중다수결제도를 채택해 합의제를 강화했다.[62]

그러나 개별국가 단위의 사회정책은 유럽차원 사회정책의 기본틀을 유지하면서 균형적 발전을 위해 초국가적 협력과 네트워크를 구축하는 것을 기본으로 하고 있다. 초국가적 차원에서 이루어진 사회정책은 인종, 혈족, 성차별

---

61) Jan Bergmann and Christofer Lenz (1998), pp.98-109.
62) Jan Bergmann and Christofer Lenz (1998), pp.100-111.

금지, 종교와 가치관의 차이 때문에 생기는 불이익을 지양하고 있다. 또한 노동시장 개방으로 국적에 따라 차별을 받지 않도록 구체화하고 있다.63) 유럽연합 이후 유럽차원의 사회정책은 비정부기구(NGO)의 역할과 좌파정당의 초국가적 정책 덕택에 큰 진전을 이루게 됐다. 또한 암스테르담조약에서 사회적 기본권을 위한 공동체헌장이 명문화돼 구속력은 없지만 공동체 내에서 사회적 유럽을 위한 통합의 귀중한 규정을 마련했다. 이 헌장에 나타난 정신은 유럽사회 모델을 제시하는데, 역사적으로 나타난 동질성을 보존하고 사회적 대화로 공동체사회를 위한 다층적인 초국가적 모델을 보여주고 있다.64)

이러한 추세 속에서 공동체는 조정자, 중재자, 제재자의 역할을 하게 된다. 암스테르담조약 이전까지는 유럽시민의 사회정책은 노동력에 집중된 결과 사회정책이 경제정책의 범주 내에서 이루어지게 됐다. 암스테르담조약은 사회정책의 수혜자를 노동문제로 제한하지 않고 범위를 개인의 생명과 사유재산, 삶의 질 향상까지 확대했다. 유럽차원으로 사회정책 영역이 확대됨으로써 집행위원회는 정책을 결정할 때 다양한 사회단체와 조직의 의견을 수렴하고 최대한 반영할 수 있게 됐다. 과거 시민사회의 활동은 주로 국가와의 관계로 국한돼 이루어졌지만 현재는 국가는 물론이고 초국가적인 유럽연합과의 관계로 확대되고 있는 추세이며, 행동양식에서는 적대적 대립구도보다는 정책의 파트너로 협력적 관계로 전환하면서 개인의 권리보호와 복지국가 체계를 유럽적 차원에서 수립할 수 있는 기틀을 마련했다.65)

유럽연합에서 결정한 정책은 개별 국민국가의 정책결정에 직·간접적으로 개입해 각 회원국에게 준수의무를 부과하고, 초국가기구에 의해 수립되는 정

---

63) Europäische Kommission (ed.), *Die Regelung der Arbeitsbedingungen in den Mitgliedstaaten der Europäischen Union*, Bd., I (Lumxemburg: Europäische Kommission, 1999), pp.8-13. Jan Bergmann and Christofer Lenz (1998), pp.93-94.

64) 이호근, "유럽통합과정과 사회정책," 『한국정치학회보』 제34집 3호(2000년 여름), 282-283쪽.

65) 함재봉, "국가-시민사회의 관계에 관한 정치사상적 기반과 개념," 안병준 외 편, 『국가, 시민사회, 정치민주화』(한울아카데미, 1995), 12-17쪽; Jan Bergmann and Christofer Lenz (1998), pp.96-99; 이호근(2000), 284-285쪽.

책은 국경을 초월한 다양한 이익집단, 조직화된 단체 또는 지역적 수준의 로비와 참여가 증대했다.

4) 지역적 차원의 유럽연합체제

유럽의 특징 가운데 하나는 지역적 다양성이다. 유럽은 작은 대륙에 상이한 여러 정치집단이 존재하는 까닭에 지역과 국가에 따라 소득, 사회간접자본, 생활수준, 인적자원 등 사회·경제적 부분에서 차이가 크게 나타나고 있으며, 이러한 차이는 유럽의 결속력과 통합에 장애물로 작용하고 있다. 더욱이 2004년 5월 1일부터 정치·경제적 수준이 낮은 주변부에 해당하는 중동부 유럽의 10개국이 유럽연합에 가입함으로써 지역간 격차는 더 커질 전망이다. 유럽연합은 지역적 차원에서 존재하는 여러 가지 문제점을 극복하기 위해 지역의 정치·사회·문화적 특성을 보존하는 가운데 지역간의 경제적 격차를 줄이고 균형적인 발전을 위해 다양한 정책을 펼치고 있다.[66]

공동체 출발 당시부터 각 지역간 격차문제는 안고 출발했지만, 지역정책에 관심을 갖기 시작한 것은 로마조약 때부터이고 적극적으로 정책을 실행한 것은 1972년 파리에서 열린 유럽이사회에서 구조기금의 한 종류인 유럽지역개발기금(European Regional Development Funf: ERDF)을 마련하면서부터다. 유럽 지역정책의 적극적인 필요성은 남부유럽 국가들이 EC회원국이 되면서 지역간 격차가 크게 나타나면서 제기됐다. 단일유럽의정서는 유럽시장 통합을 1992년 말까지로 규정하면서 지역간 격차해소를 위해 경제적·사회적 결속이라는 새로운 조항을 추가했고, 지역적 측면에서는 회원국간의 정책협력 강화, 경제적 낙후지역에 대한 경제적 지원을 명문화했다. 1998년 집행위원회는 지역불균형을 방치한 가운데 단일시장을 추진한다면 주변지역의 취약산업 도산으로 실업문제가 발생하고, 지역간 격차가 커지는 것을 방지하기 위해 지역정책의 청사진을 제시했다. 여기서 제시된 개혁안은 구조정책을 영향력 있는 정책으로

---

66) Ulrich Brasche, *Europäische Integration, Wirtschaft, Erweiterung und regionale Effekte* (München, Wien: Oldenbourg, 2003), pp.213-214.

전환하고, 회원국에 대한 EC의 지원을 미리 계획하는 다년도 재정계획 제도를 도입하며, 구조정책의 실제 행위자인 지방정부와 제휴(파트너십)를 강화하는 것이었다.[67]

유럽연합의 지역정책은 균형적인 삶의 질 향상을 위해 지역간 불균형 해소를 위한 방법으로 유럽연합 내에서 균등하고 동질적인 발전의 단위를 국민국가의 하위단위인 지역을 중심으로 실행하고 있다. 오늘날 유럽 지역정책과 관련해서 국민국가의 행위는 여전히 중요한 위치를 차지하고 있는 가운데 지방정부의 영향력 또한 계속 확대하고 있는 추세인데, 이로 말미암아 유럽은 집행위원회라는 초국가적 통치기구, 개별국가의 정부, 그리고 지방정부라는 서로 상이한 차원의 통치체제를 갖추게 됐다. 유럽연합은 정책을 결정하고 집행하는 데 다층통치체제의 원칙을 도입하고 있는데, 이는 정치적 권위가 하나의 중심축에 집중되는 것이 아니라 여러 층으로 나누어지고 개별 행위자가 지닌 정치적 자원의 상호 의존적 협력관계를 강화하는 체제로 이해할 수 있다. 이는 유럽연합의 지역정책의 결정과 집행에서 유럽집행위원회, 유럽의회 등 초국가기구와 개별 국민국가의 정부, 지방정부로 권한을 분산했는데, 이를 통해 유럽은 지역적 차원에서 한 국가의 국경을 넘어 다른 국가 내에서 동일한 이해관계를 갖고 협력을 추구하게 됐다. 지역적 차원에서 유럽연합의 관리체제를 고찰해 봤을 때 다층통치체제의 도입은 국민국가의 위상과 독점적 지위 약화를 가져왔고, 지역주의의 확산에 따라 지방적 차원의 관리체제를 강화하고 있는 과정에 있다.[68]

구조기금의 집행과정에서 유럽연합의 집행위원회와 지방정부의 역할이 크게 증가했지만, 이는 통합의 심화과정에서 나타날 수 있는 자연스런 현상으로 볼 수 있다. 그러나 다층통치체제가 도입돼 집행위원회와 지방정부의 역할과 권한이 강화됐지만, 정책결정권은 해당 국민국가의 권한이기 때문에 개별국가의 정부를 배체한 지역정책을 결정할 수 없는 한계를 가지고 있다. 1988~93

---

67) Ulrich Brasche (2003), pp.229-230; Wolfgang Schmale (2001), pp.272-274.

68) 강원택, "유럽통합과 다층통치체제: 지역의 유럽 혹은 국가의 유럽," 『국제정치논총』 제40집 1호(2001), 7-8쪽.

년 집행된 구조기금, 특히 유럽지역기금의 사용과 집행과정에서 파트너십을 강조함으로써 유럽연합 집행위원회와 지역·지방정부의 권한은 강화됐지만, 이는 정책결정이 아닌 정책실행에 제한돼 있는 것이다.[69]

유럽통합의 심화로 회원국가의 동질성과 결속력이 강화되고, 구조기금 집행에 대해 집행위원회의 영향력은 확대됐으며, 지방정부의 활동공간이 확대됐다는 것 또한 부인할 수 없는 사실이다. 지방정부의 참여기회 확대는 정치체제의 권력분할 구도에서 국민국가로부터 지방정부로 실질적인 권한이 이양됐다기보다는 정책의 효율적 집행을 위해 취한 선택으로 이해할 수 있다.

5. 맺음말

유럽체제는 자유민주주의체제, 자본주의체제, 베스트팔렌체제라는 하위의 세 축이 서로 상호 작용하는 가운데 형성되고 발전했다. 자본주의발전은 계급과 구조를 변화시켰고, 이 과정에서 노동자 및 중간계급이 조직적 역량을 확대하면서 비록 제한된 수준이나마 민주주의제도가 수립됐다. 새로운 계급으로 부상한 도시 부르주아지도 나름의 시민적·정치적 권리를 확보하기 위한 노력을 전개했는데, 이는 사회적 불평등에 대항한 노동계급의 투쟁으로 확대되면서 보편주의적이고 민주적인 원리에 기반을 둔 민주주의제도의 성립에 기여했다.

베스트팔렌체제는 유럽의 대외관계를 구성하는 기본틀로서 발전의 이념을 제공했다. 베스트팔렌체제가 제시한 세력균형 이념은 유럽의 평화와 질서유지에 기여했다. 세력균형에 의한 베스트팔렌체제는 유럽국가들이 위기에 직면할 때마다 새로운 변화를 겪게 되는데, 그것은 나폴레옹전쟁의 결과 등장한 유럽협조체제, 비스마르크의 독일통일을 계기로 형성된 동맹체제, 그리고 제1, 2차 세계대전을 겪은 후 탄생한 베르사유체제와 냉전체제 등이다.

---

69) Wolfgang Schmale (2001), pp.275-277.

자유민주주의, 자본주의, 베스트팔렌체제는 유럽체제를 구성하는 기본축이고, 이러한 축을 작동하는 추동인자는 바로 국민국가였다. 유럽의 근대체제에서 국민국가는 영토적 주권을 바탕으로 자국의 이익을 추구한 결과 타국과는 폐쇄적이고 배타적인 관계를 유지했다. 이러한 위기상황이 유럽에서 전개될 때마다 유럽체제는 총체적 위기에 직면했고 또한 체제변화의 요인이 되기도 했다.

두 차례 세계대전을 겪으면서 세력균형에 기반을 둔 베스트팔렌체제는 사라지고 힘에 의한 헤게모니 쟁탈전이 치열하게 전개됐다. 그 결과 유럽인들은 국가 외의 다른 권위가 존재하지 않는 주권국가로 이루어진 질서구도에 대해 문제점을 인식하고, 유럽의 전쟁방지와 평화유지를 위해 국가간 국경선을 철폐하고 유럽을 하나의 공동체로 만들어야 한다는 결론에 도달했다. 개별국가의 주권을 초국가기구에 일부 이양하면서 유럽체제는 점차 초국가성을 띠게 됐다. 현재 유럽연합체제는 다차원적 정책결정과정과 다층거버넌스를 소유하고 있는 체제라 할 수 있다. 국민국가는 정책결정권을 유럽연합의 초국가기구와 공유하고 있다. 나아가 국가와 초국가단위, 지역단위는 상호 보완적 기능을 행사하고 있으며 중복되는 권한을 보유하고 있다고 할 수 있다. 복잡성과 통일성이 공존하는 이러한 유럽연합체제는 보다 나은 자본주의체제와 자유민주주의체제를 지향하면서 기존의 배타적인 국민국가간 경쟁구도를 지양하고 협력 지향적인 초국가적 체제로 전환하고 있는 중이다.

유럽연합체제는 초국가성을 띠는 유럽연합과 국민국가뿐 아니라 시민사회 행위자, 지방정부에게도 정책결정 참여의 권한을 부여함으로써 역내에서 통합과 결속, 삶의 수준 향상, 고용안정과 사회보호 증진, 균형적인 발전을 모색하고 있다. 이 중에서도 초국가적 차원에서 이루어지는 사회정책과 지역정책은 응집과 연대를 모토로 계층, 민족과 지역간 불평등을 지양함으로써 원활한 유럽의 통합을 도모하려는 정책이라 할 수 있다.

참고문헌

강원택, "유럽통합과 다층통치체제: 지역의 유럽 혹은 국가의 유럽," 『국제정치논총』 제40집 1호(2001).

김상배, "정보화시대의 거버넌스: 탈집중관리양식과 국가의 재조정," 『한국정치학회보』 제5집 4호(2001년 겨울).

김수진, 『민주주의와 계급정치: 서유럽 정치와 정치경제의 역사적 전개』, 백산서당, 2001.

_____, "서유럽 의회민주정치 발달과정: 비교사적 조망," 최장집 편, 『유럽민주주의와 노동정치』, 법문사, 1997.

노명환, 『역사와 문화의 차원에서 본 유럽통합의 제문제』, 한국외국어대 출판부, 2001.

민병국, 『시장경제의 법과 질서: 질서경제학과 주류경제학』, 자유기업센터, 1997.

심상필, 『유럽연합(EU): 제도와 경제』, 홍익대 출판부, 1996.

이수형, "유럽 사회질서의 변화와 지속," 김계동·김명섭 외 편, 『유럽질서의 이해: 구조적 변화와 지속』, 오름, 2003.

_____, "유럽 안보질서의 변화," 김계동·김명섭 외 편, 『유럽질서의 이해: 구조적 변화와 지속』, 오름, 2003.

이수훈, 『세계체제론』, 나남, 1999.

이영석, "산업혁명과 세계체제론," 한국서양사학회 편, 『근대세계체제론의 역사적 이해: 브로델과 월러스틴을 중심으로』, 까치, 1996.

이재원, "유럽의 문화질서," 김계동·김명섭 외 편, 『유럽질서의 이해: 구조적 변화와 지속』, 오름, 2003.

이종원, 『최신 EU(유럽연합)론: 유럽화와 EU 확대, 그리고 비즈니스』, 해남, 2001.

이혜정, "웨스트팔리아와 국제관계의 근대성: 러기의 비판적 이해," 『국제정치논총』 제42집 2호(2002년 여름).

이호근, "유럽통합 과정과 사회정책," 『한국정치학회보』 제34집 3호(2000년 여름).

이홍균, "하버마스의 이론적 전략: 의사소통이론으로의 패러다임 전환에 대하여," 한상진 외 편, 『하버마스: 이성적 사회의 기획, 그 논리와 윤리』, 나남, 1997.

임문영, 『유럽연합의 사회정책』, 계명대 출판부, 2003.

전재성, "19세기 유럽협조체제에 대한 국제제도론적 분석: 현실주의와 구성주의 제도론의 시각에서," 『한국과 국제정치』 제15권 2호(1999).

조홍식, "유럽통합의 사상과 정치세력," 『국제정치논총』 제35집 1호(1995).

진시원, "유럽 경제질서의 구조적 지속성과 변화, 근대 세계체제론적 접근," 김계동 · 김명섭 외 편, 『유럽질서의 이해: 구조적 변화와 지속』, 오름, 2003.

최갑수, "프랑스혁명," 배영수 편, 『서양사강의』, 한울, 2002.

함재봉, "국가시민사회의 관계에 관한 정치사상적 기반과 개념," 안병준 외 편, 『국가, 시민사회, 정치민주화』, 한울아카데미, 1995.

홍익표, "유럽질서의 동학과 사상," 김계동 · 김명섭 외 편, 『유럽질서의 이해: 구조적 변화와 지속』, 오름, 2003.

Almond, Gabriel A. and G. Bingham Powell, Jr., *Comparative Politics*, Boston: Little Brown and Co., 1978.

Ashley, Richard K, "The Poverty of Neorealism," in Robert O. Keohane (ed.), *Neorealism and Its Critics*, New York: Columbia University Press, 1986.

Auswärtiges Amt der BRD(ed), *20 Jahre KSZE, Eine Dokumentation*, Köln: Auswärtiges Amt des BRD, 1993.

Bauer, Leonhard und Herbert Matis, *Geburt der Neuzeit, Vom Feudalsystem zur Marktgesellschaft*, München: DTV, 1989.

Bergmann, Jan and Christofer Lenz (eds.), *Der Amsterdamer Vertrag, Eine Kommentierung derNeuerungen des EU-und EG-Vertrages*, Köln: OMNIA, 1998.

Boer, Pim den, "Europe to 1914: the making of an Idea," in Kevin Wilson (eds.), *The History of the Idea of Europe*, London and New York: Routledge 2002.

Brunn, Gerhard, *Die Europäische Einigung*, Stuttgart: Reclam, 2002.

Bugge, Peter, "The nation supreme the idea of Europe 1914-1945," in Kevin Wilson (eds.), *The History of the Idea of Europe*, London and New York: Routledge, 2002.

Chirot, Daniel, 최영선 역, 『세계체제와 사회변동』, 풀빛, 1984.

Davis, Howard and Richard Scase, 한상진 역, 『체제비교사회학: 서구 자본주의와 국가 사회주의』, 느티나무, 1990.

Donelly, Jaak, *Realism and international Relations*, Cambridge: Cambridge University Press, 2002.

Erwin, Derek, 노명환 역, 『유럽통합사』, 대한교과서, 1996.

Europäische Kommission (ed.), *Die Regelung der Arbeitsbedingungen in den Mitgliedstaaten der Europäischen Union*, Bd., I, Lumxemburg: Europäische Kommission, 1999.

Fraser, Ronald, 안효상 역, 『1968년의 목소리』, 박종철출판사, 2002.

Habermas, Jürgen, "Jenseits des Nationalstaats? Bemerkungen zu Folgeproblemen der wirtschaftlichen Globalisierung," in Ulrich Beck (ed.), *Politik der Globalisierung*, Frankfurt/M.: Suhrkamp, 1988.

Habermas, Jürgen, *Legitimation Crisis*, Boston: Bacon Press, 1973.

Hagen Schulze, "Europa: Nation und Nationastaat im Wandel," in Werner Weidenfeld (ed.), *Europa-Handbuch*, Gütersloh: Bertelsmann Stiftung, 2002.

Hillgruber, Andreas, 류제승 역,『국제정치와 전쟁전략, 제2차 세계대전』, 한울, 1996.

Hinze, Otto, *Der Commisarius und seine geschichtliche Bedeutung für die allgemeine Verwaltungsgeschichte in Staat und Verfassung*, Göttingen: Vandehuck & Ruprecht, 1962.

Hobsbaum, Eric. *The Age of Revolution*, London: Weidenfeld & Nicolsen, 1962.

Hofmann, E., *Wirtschaftsordnung und Wettbewerb*, Baden-Baden: Klett-Cotta, 1988.

Hubatsch, Walther. *Das Zeitalter des Absolutismus 1600-1789*, Braunschweig: Westermann, 1965.

Huntington, Samuel P., *Political Order in Change*, New Haven: Yale University Press, 1968.

Brasche, Ulrich, *Europäische Integration, Wirtschaft, Erweiterung und regionale Effekte*, München, Wien: Oldenbourg, 2003.

Hyde-Price, Adrian, "The European Security in the twenty-first century: towards a stable peace order?," in Andrew Cottey and Derek Averre (eds.), *New security challenges in postcommunist Europe: Securing Europe's East*, Manchester and New York: Manchester University Press, 2002.

Lee, Stephen J., *European Dictatorships 1918-1945*, London, New York: Routledge, 2000.

Link, Werner. "Der Ost-West-Konflikt," *Die Organisation der internationalen Beziehungen im 20. Jahrhundert*, Stuttgart · Berlin · Köln · Mainz: Kohlhammer, 1988.

Loth, Wilfried, *Der Weg nach Europa*, Göttingen: Vandenhoeck &Ruprecht, 1966.

McIntyre, Robert, "Globalization and the Role of the State: Lessons from Central and Eastern Europe," *The Ecumenical Review* (Oct, 2001).

Pfetsch, Frank R., *Die Europäische Union*, Eine Einführung, München: UTB, 1997.

Pierson, Christopher, 박형신 · 이택면 옮김,『근대국가의 이해』, 일신사, 1997.

Riedel, Manfred, "System, Struktur," in Otto Brunner, Werner Conze, Reinhart Koselleck (eds.), *Geschichtliche Grundbegriffe*, Stuttgart: Klett-Cotta (1990).

Roberts, J.M., *History of Europe*, London: Penguin, 1996.

Schmale, Wolfgang, *Geschichte Europas*, München: UTB, 2001.

Wæver, Ole, "Europe since 1945: crisis to renewal," in Kevin Wilson (eds.), *The History of the Idea of Europe*, London and New York: Routledge (2002).

Wallerstein, Immanuel, 김영철 역, 『세계자본주의 체제와 주변부 사회구성체』, 인간사랑, 1987.

Wallerstein, Immanuel, 김광식·여현덕 옮김, 『세계체제론, 자본주의 사회변동의 이해』, 학민사, 1985.

Weidenfeld, Werner (ed.), *Europa-Handbuch*. Gütersloh: Bertelsmann Stiftung, 2002.

키워드: 국민국가체제(System of national State), 자본주의체제(System of Capitalism), 유럽체제(European System), 세력균형(Balance of Power), 유럽연합체제(System of European Union), 초국가성(Supra-Nationality)

제3장 유럽연합체제에 대한 이론적 고찰*

진시원

1. 머리말

유럽지역에서 지난 반세기간 추진되고 있는 국민국가간 통합이라는 역사상 초유의 현상은 유럽통합의 추진동력과 배경, 유럽연합(EU)의 특징과 구조 및 궁극적인 미래 지향점과 그것의 함의에 대한 해석과 설명을 둘러싸고 다양한 이론간 경합을 생산해 왔다. 적합한 이해와 해석을 위한 이론간의 경쟁은 유럽통합 진전의 발전과 침체 같은 역사적 굴곡에 따라 이론적 분출과 후퇴를 경험해 오기도 했지만, 이론이 통합을 촉진하고 주도해 오기도 했다. 즉 유럽통합과 유럽연합에 대한 이론은 이론과 실천의 변증법적인 관계를 형성해 온 것이다.

예를 들어 1950년대 유럽석탄철강공동체(ECSC)와 유럽경제공동체(EEC), 유럽원자력공동체(EURATOM)의 등장과 1967년 유럽공동체(EC)의 건설을 통해 유럽통합이 활발하게 추진된 배경은 기능주의와 신기능주의가 통합추진의 이론

---

* 이 글은 『한국정치학회보』 제38집 2호(2004)에 게재된 논문인 "유럽연합에 대한 이론적 고찰: 경쟁이론들의 장단점 연구"를 수정·보완한 것임.

적 기반을 제공해 준 점에서 찾을 수 있으며, 1970년대 유럽통합의 위축은 통합에 대한 이론적 접근 또한 동시에 위축시켜 통합이론의 진공상태로 귀결되기도 했다. 그러나 1987년 단일유럽의정서(SEA)의 조인으로 다시 촉발된 유럽통합 활성화는 이론적 영역에서 신기능주의와 정부간협상론의 팽팽한 경쟁을 불러왔으며, 1993년 유럽연합의 탄생과 경제통화동맹(EMU)과 공동외교안보정책, 공동내무치안정책의 도입을 통해 유럽통합의 제도화가 더욱 공고해지면서 아래서 살펴볼 다양하고 새로운 이론이 통합이론 경쟁에 가세하고 있다.

통합이론사적 관점에서 살펴볼 때, 유럽통합과 유럽연합에 대한 이론적 접근은 자유주의이론(특히 기능주의, 신기능주의, 그리고 신자유주의 제도론)과 현실주의이론(특히 신현실주의와 정부간협상론)간의 경쟁이 주류를 형성해 왔다고 평가할 수 있다. 그러나 1990년대 들어 자유주의와 현실주의이론간의 양자구도 경쟁에 자유주의적 정부간주의라는 자유주의와 현실주의이론의 절충이 도입되고, 구성주의와 성찰주의이론도 함께 가세함으로써 제반 국제정치이론이 자신들 이론의 핵심 가정을 기반으로 다양하고 경쟁적인 유럽통합과 유럽연합 이론을 양산해 내기 시작했다.

또한 위와 같은 국제정치 이론간의 경쟁에 비교정치적 접근과 거버넌스 접근 등 타 학문으로부터 다양한 이론이 유입돼 유럽통합과 유럽연합에 대한 이론적 설명은 학제간 연구를 통한 외연확장과 질적 성장을 경험하고 있다. 한마디로 유럽통합과 유럽연합에 대한 이론적 접근은 백가쟁명의 시기에 접어들었다고 볼 수 있다.[1]

---

[1] 유럽연합에 대한 다양한 이론적 접근은 국내에서 이미 광범위하게 진행됐고 이론적 성과가 축적돼 있는데, 이러한 연구성과 중 대표적인 것은 다음과 같다. 김계동, "지역통합이론 연구: 유럽통합을 중심으로,"『세계정치연구』1-2(2002); 구갑우, "지역통합 이론의 재검토: 국가중심주의와 탈국가중심주의,"『한국과 국제정치』14-1(1998); 조홍식,『유럽통합의 이론』, 세종연구소 연구논문 98-02(1998); 최영종, "현실주의 지역통합 이론: 그 가능성과 한계,"『한국정치학회보』35-2(2001), 구춘권, "유럽연합의 통합양식 변화와 비판적 통합이론의 도전,"『한국정치학회보』35-3(2001); 방청록, "유럽연합 연구의 현황과 과제: 정치경제학적 분석을 중심으로,"『국제지역연구』6-4(2003). 본 연구의 기존 연구와의 차이점은 합리적 접근보다는 구성주의와 성찰주의 접근이 유럽연합의 제도화 심화와 다양한 행위자의 등장, 다

본 연구의 주된 목적은 다음과 같은 세 가지 점에서 찾을 수 있다. 첫째, 합리주의 접근(rationalistic approach)으로 대변되는 신현실주의와 신자유주의 제도론은 이론의 인식론과 존재론 및 방법론적 측면에서 유럽통합과 유럽연합이 추동하고 있는 다행위자(multi-actors)의 등장과 복잡한 정책결정과정, 그리고 다층거버넌스(multi-level governance) 구조를 설명하기에는 커다란 한계가 있음을 지적하고자 한다. 둘째, 비교정치와 거버넌스 중심의 접근은 복잡한 유럽연합의 행위자와 구조를 있는 그대로 설명하는 데는 적합한 미시적 이론으로서 그 이론적 기여점을 찾을 수 있으나, 이론으로서의 철학적 기반이 없는 현상 기술적 이론임과 동시에 미래 예측성에서 크나큰 제약을 노출하고 있는 이론이라는 점을 밝혀 내고자 한다. 셋째, 따라서 본 연구는 구성주의(constructivism)와 성찰주의(reflective approach)가 유럽통합과 유럽연합을 이해하는 데 보다 높은 설득력과 설명력을 제시하고 있음을 밝혀내는 데 주목적이 있다.

2. 국제정치이론과 유럽통합

1) 합리주의 접근의 비합리성

합리주의 접근은 미시경제학의 원자화돼 있으며 합리적이고 이기적인 경제행위자 개념을 국제정치이론에 접목한 것으로 신현실주의와 신자유주의 제도론을 의미한다.[2] 사회과학에서 이론이란 몇 가지 핵심적 가정에 기반해 있으며, 그러한 핵심가정이 위협받고 옹호되지 못한다면 이론도 함께 폐기된다고 볼 수 있다. 신현실주의 이론 역시 몇 가지 기본가정에 기반해 있는데, 그것은 국가가 국제체제에서 가장 중요한 행위자라는 점, 국가는 합리적이고 이

층거버넌스의 등장 등을 보다 적합하게 설명할 수 있다고 주장하는 점에서 찾을 수 있다.

2) Robert O. Keohane, "International Institutions: Two Approaches," *International Studies Quarter- ly,*" Vol.32 (1988).

기적인 행위자라는 점, 국가는 통일된 하나의 행위자라는 점, 이기적인 국가간의 협력은 어렵다는 점, 그래서 국제체제에서 협력은 어렵고 국제체제는 무정부상태라는 점, 무정부상태인 국제체제에서 국가에게 가장 중요한 목적은 자구적으로 국가안보를 확보해야 한다는 점, 국가는 서로간의 교류와 협력에서 상대적 이익을 절대적 이득보다 더 중시한다는 점, 국가의 행위와 정체성은 국제체제에서 힘의 배분상태와 그에 따른 국제체제에서 국가의 구조적 지위에 의해 규정된다는 점 등이다. 한마디로 현실주의는 국가간의 관계를 영합게임(zero sum game) 차원에서 이해하고 있는 것이다.[3]

반면 자유주의이론의 핵심가정[4]은 전통적으로 현실주의와 대조되는 주장에 기반해 있다. 국제체제에서는 국가뿐만 아니라 국제기구나 비국가 행위자도 중요한 행위자라는 점, 국가는 단일하고 통합된 행위자가 아니라는 점, 그래서 국가 내의 부처간 갈등과 이해집단의 이해관계 갈등이 존재하고, 그 결과 국가는 합리적 행위자가 아니라는 점, 국가간 협력은 가능하다는 점, 그래서 국제체제는 무정부상태가 아니라는 점, 국가에게는 안보뿐 아니라 경제와 같은 하위정치도 중요하다는 점, 국가간 협력은 국가가 절대적 이익을 중시하기 때문이라는 점 등이 바로 그것이다. 자유주의 세계관은 상호이익게임(positive sum game)에 기반해 있다고 할 수 있다.

자유주의와 현실주의의 이러한 이론적 평행선은 신자유주의 제도론을 도입한 코헤인과 나이에 의해 절충이 이뤄지게 된다. 즉 신자유주의 제도론은 전통적 현실주의이론의 기본가정 중에서 국가가 국제체제에서 가장 중요한 행위자라는 국가중심론과 국제체제를 관리할 하나의 권위체가 없다는 점에서

---

3) 국제관계이론의 핵심가정에 대한 논의는 다음을 참조. Steve Smith, "International Theory and European Integration," in Morten Kelstrup and Michael C. Williams (eds.), *International Relations Theory and the Politics of European Integration: Power, Security and Community* (London: Routledge, 2000); John Baylis and Steve Smith, *The Globalization of World Politics* (Oxford: Oxford University Press, 2001); 최영종, 『Regionalism: 동아시아 지역통합과 한국의 선택』(고대아연출판사, 2003); 김학성, 『한반도 평화체제에 대한 이론적 접근: 현실주의, 자유주의, 구성주의의 비교』, http://www.kinu.or.kr//content/xml.asp?did=4629(검색일: 2003. 8. 23).

4) Steve Smith (2000), p.35.

인식을 같이하고 있는 것이다. 그러나 신자유주의 제도론은 국가간 협력은 국제제도를 통한 거래비용 감소와 국가간 신뢰구축을 통해 이루어질 수 있고, 따라서 국제체제의 무정부성도 극복될 수 있다고 주장하고 있음은 주지의 사실이다.

따라서 신현실주의와 신자유주의 제도론의 이론적 합일점은 양자가 국가중심론(국가가 가장 중요한 국제관계 행위자이고 국가는 이기적이고 합리적이라는 가정에 기반한 이론)을 공유하고 있다는 점이다. 그러나 이러한 핵심적 가정은 세계화와 지역주의가 확산되고 유럽통합과 유럽연합의 제도화가 심화되면서 거세게 도전받고 있는 게 사실이다. 세계화와 지역주의의 확산은 국민국가의 주권중심 거버넌스와 국가자율성에 심각한 제약을 가하고 있으며, 유럽통합과 유럽연합의 제도화가 가일층 심화되면서 회원국간 협력이 공고화되고 이와 동시에 회원국의 주권이 점진적으로 유럽연합의 초국가기구로 이양되고 있는 것이다. 이러한 현상은 합리주의 접근의 핵심가정인 국가중심론과 국제체제의 무정부성에 대한 심각한 도전인 것이다.

더욱이 유럽연합의 제도화와 통합의 심화는 국민국가뿐 아니라 지방정부와 초국가기구, 그리고 시민사회 운동과 다양한 이익집단의 상호작용을 강화하고 있으며, 이에 따라 가장 중요한 행위자로서 국가의 지위를 급격하게 약화시키고 있다. 유럽통합에서 다양한 행위자의 역할증가는 유럽의 거버넌스 구조가 다층거버넌스 구조로 이행했다는 것을 의미한다.[5] 유럽연합에서 다층거버넌스의 등장 또한 신현실주의와 신자유주의 제도론의 두 가지 핵심가정에 치명적인 도전으로 작용하고 있는 것이다.

우리는 위에서 합리주의적 접근의 이해나 예측과는 정반대로 배치되는 유럽연합의 현재적 현상의 변화(즉 이기적인 국가의 협력이 장기적이고 제도적으로 이루어지고 있으며, 국민국가 외의 다양한 행위자의 영향력이 확장됐으며, 다층통치체제가 등장한 점 등)를 중심으로 합리주의적 접근의 핵심가정에 간단치 않은

---

5) 유럽의 다층거버넌스에 대한 연구는 다음을 참조. 강원택, "유럽통합과 다층통치체제: 지역의 유럽 혹은 국가의 유럽?,"『국제정치논총』40집 1호(2000); 이호근, "유럽 통합과정과 사회정책,"『한국정치학회보』34집 3호(2000).

문제가 있다는 것을 지적했다. 물론 국가의 협력이 유럽연합이라는 초국적 제도를 통해 이루어지고 있다는 점에서 신현실주의보다는 신자유주의 제도론의 설득력이 훨씬 높다고 할 수 있다. 그러나 신현실주의와 신자유주의 제도론이 함께 공유하고 있는 심각한 문제점은 이들 이론의 인식론적이고 존재론적이며 방법론적인 측면에서 더 확실하게 부각된다.

우선 인식론적 차원에서 합리주의 접근은 몰역사성(ahistoricism)과 몰사회성(asociologism)을 노정하고 있다. 주지하다시피 현재의 '국민국가 주권중심의 거버넌스[6])'에 기반한 국제체제의 역사적 기원은 1648년 베스트팔렌조약에서 찾을 수 있다. 따라서 현재의 국제체제는 350년 정도의 역사를 가지고 있는 것이다. 이렇게 역사적으로 살펴보면, 국민국가 주권중심의 거버넌스는 역사상 존재하는 다양한 거버넌스 중에서 하나의 거버넌스로서 미래적 관점에서 살펴봤을 때 그 구조와 형태가 변할 수도 있다는 것이다. 역사사회학자들은 실제로 중세가 붕괴되고 근대 절대주의국가 중심의 거버넌스로 이행한 것은 필연이 아니라 우연에 가깝다고 주장하고 있다.[7])

좀더 구체적으로 언급해 보면, 16세기까지만 해도 유럽의 거버넌스는 근대국가 중심의 거버넌스 외에 연방제, 제국, 가톨릭신정, 자치도시 중심의 무역공동체, 혹은 중세 봉건제의 지속 등으로 귀결될 가능성이 열려 있었다.[8]) 또한 현재적 관점에서도 국민국가 주권중심의 거버넌스는 유럽연합에서 다층거버넌스가 등장함으로써 심각하게 약화되고 위협받고 있는 상황인 것이다.

그러나 합리주의 접근은 이러한 역사성을 무시하고 베스트팔렌 이후 존재해 온 국민국가 주권중심의 거버넌스를 마치 영원한 것으로 인식하고 있다는

---

6) '국민국가 주권중심의 거버넌스'는 명확한 영토의 확정 내에서 국가(혹은 정부)가 국가기구를 통해 자국 내 이해관계의 충돌을 조정·해결하고, 외부로부터의 침략에 국민을 보호하는 동시에 국제체제에서 국익을 추구하고 국민을 대변하는 관리체제 혹은 통치체제를 의미한다.

7) Jean Baechler, John A. Hall and Michael Mann (eds.), *Europe and the Rise of Capitalism* (Oxford: Basil Blackwell, 1988).

8) 전상인, "국제정치학을 위한 역사사회학적 비전," 김달중 외, 『국제정치학의 새로운 영역과 쟁점』(나남출판, 1999), 286쪽.

점에서 인식론적 한계를 드러내고 있는 것이다. 홉슨은 합리주의 접근의 이러한 몰역사성을 역사공포증(historophobic)이라고 지칭하며 명쾌하게 다음과 같이 네 가지를 지적한다.9) 첫째, 합리주의 접근은 현재를 과거로부터 차단함으로써 현재의 역사성과 사회성을 애매하게 만들고, 그 결과 현재를 정적이고 자율적이고 신성하게 여기게 한다. 둘째, 현재의 구조를 자연스러운 것으로 여김으로써 사회적 권력과 이를 둘러싼 사회적 포함과 배제를 동반하는 역사적 과정을 무시한다. 셋째, 현재를 자연시함으로써 현재를 영원한 것으로 인식한다. 넷째, 자연시되고 신성시된 현재를 과거에 외삽시켜 과거를 이해함으로써 모든 역사적 체제를 동일한 것으로 이해하고 현재의 독특한 성격을 이해하지 못한다. 이 중 두 번째 것을 제외한 주장은 합리주의 접근의 몰역사성을 주장하는 것인 반면, 두 번째 주장은 합리주의 접근이 사회적 관계를 배제한 몰사회적 이론임을 보여주는 것이라 할 수 있다.

위와 같은 홉덴의 주장은 합리주의 접근이 국제체제의 무정부성과 국가중심론을 핵심가정으로 삼고 있으면서 행하고 있는 인식론적 오류의 배경을 정확하게 지적해 주고 있다. 달리 표현하면, 국가가 국제체제의 중심 행위자로 부상한 것은 1648년 이후의 역사에 한정되므로 그 이전의 역사와 미래의 역사는 국가중심 체제와는 달랐고 다를 수 있다는 것이다. 국제체제의 무정부성도 근대국가의 형성기에 벌어진 국가간의 전쟁과 갈등이 낳은 역사적 산물로서 미래에도 그러리라고 자연시하는 것은 명백한 인식론적 오류인 것이다.

존재론적 측면에서 합리주의 접근은 국가의 원자성에 기반해 있다. 국가중심론은 국가의 개별성과 원자성(소위 당구공 모델)을 기정사실로 인식하고 이러한 국가간의 관계에만 연구의 초점을 맞추고 있는 것이다. 그러나 세계화와 지역화의 급속한 진전으로 국제관계는 원자화된 국가만의 관계에서 벗어나 다양하고 복합적인 행위자와 관계망을 형성시키고 있다. 이러한 국제관계의 변화를 이해하는 데 원자화된 국가에 기반한 합리주의 존재론은 커다란 제약

---

9) Hohn M. Hobson, "What's at Stake in 'Bringing Historical Sociology Back into International Relations'? Transcending Chronofetishism and Tempocentrism in International Relations," in Stephen Hobden and John M Hobson (eds.), *Historical Sociology of International Relations* (Cambridge: Cambridge University Press, 2002), p.7.

을 주고 있는 것이다. 합리주의 접근의 방법론상 문제점은 합리주의 접근이 기반하고 있는 실증주의적 방법론의 문제와 직접적으로 연계돼 있다. 실증주의는 우선 있는 그대로의 현상과 사실을 가치와 분리해 연구함으로써 기존 질서와 구조에 대한 근본적인 회의와 비판 및 대안제시에 취약하다. 콕스(Cox)는 합리주의 접근을 문제해결이론(problem solving theory)으로 지칭하고 이들의 세계를 있는 그대로 받아들이고 현존하는 관계와 제도가 제대로 작동하는 데 집착하게 함으로써 기존 질서를 그대로 유지시키는 현상유지적 기능을 수행한다고 지적한 바 있다.10)

2) '국가의 유럽': 현실주의 통합이론

지금까지 살펴본 바와 같이 합리주의 접근, 특히 신현실주의 이론은 유럽통합과 유럽연합의 제도화를 설명하는 데는 치명적 한계를 드러내고 있다. 그러나 현실주의 이론의 유럽연합에의 적용은 냉전기와 냉전 붕괴 이후로 나누어 살펴볼 필요가 있다.11) 냉전기에 추진된 유럽통합에 대한 현실주의적 접근은 상당한 정도의 설득력을 가지고 있었다. 예를 들어 냉전기 유럽국가에 대한 소련의 위협은 유럽국가간의 협력을 더욱 촉진시켰다는 주장12)과 양극진영에서 같은 진영에 속한 국가간의 협력은 더욱 심화된다는 주장,13) 그리고 냉전기에 유럽통합이 촉진된 배경은 유럽경제공동체(EEC) 회원국이 나토(NATO)의 회원국이기도 했기 때문이라는 주장14) 등은 현실주의의 핵심가정인

---

10) Robert W. Cox, "Social Forces, States, and World Orders: Beyond International Relations Theory," in Robert O. Keohane (ed.), *Neorealism and Its Critics* (New York: Columbia University Press, 1986), pp.208-209.
11) 여기에 관한 논의는 최영종(2001)을 참조할 것.
12) Kenneth N. Waltz, *Theory of International Politics* (Reading: Addison-Weslley, 1979), p.70.
13) Joanne Gowa, "Bipolarity, Multipolarity and Free Trade," *American Political Science Review* 83-4 (1989).
14) Caporaso, James A, "Global Political Economy," in A. W. Finifter (ed.), *Political Science: The State of the Discipline* (Washinton D.C.: American Political Science Association, 1993), p.463.

국가안보의 최우선성에 충실하면서도, 왜 국가끼리 협력에 나섰는지를 현실주의식으로 설득력 있게 설명한 것으로 평가할 수 있다.

그러나 냉전질서의 붕괴는 현실주의 유럽통합 이론에 커다란 장애와 한계로 다가왔다. 미어샤이머(Mearsheimer)는 냉전질서가 종식되고 미국이 나토에서 철수하면, 유럽지역은 다시 다극체제로 돌입하게 되고 국가는 상대적 이익에 민감하게 반응하게 되는데, 이러한 다극체제의 등장은 유럽국가간 세력균형에 압력으로 작용하고 그 결과 유럽은 다시 긴장과 갈등의 지역으로 되돌아 갈 것이라고 예측한 것이다.15) 미어샤이머는 또한 제도를 통한 국가간 협력 또한 어렵다고 주장하고, 따라서 포스트 냉전기에 유럽지역의 불안정성은 회피하기 어려울 것이라고 전망하기도 했다.16) 미어샤이머의 이러한 인식은 국가간 권력의 배분은 수시로 변하고 국가는 상대적 이익에 민감하게 반응하기 때문에 제도는 장기적이고 안정적으로 유지되기 힘들다는 현실주의적 판단에 기반한 것이었다.

그러나 미어샤이머의 예측은 빗나갔고, 유럽통합은 마스트리히트조약을 통해 유럽연합을 출범시키면서 더욱 협력을 제도화해 오고 있다. 미어샤이머의 논문은 현실주의이론의 핵심가정에 충실했지만, 현실의 실재와는 거리가 먼 것이었다. 즉 미어샤이머는 현실과 괴리된 이론을 견지했다는 지적과 '이론을 위한 이론'을 주장했다는 비판에서 자유로울 수 없게 된 것이다.

이러한 이론적 한계에 대한 현실주의의 대응은 대략 세 가지 정도로 정리될 수 있다.17) 첫째는 현실주의이론의 핵심적 가정을 폐기하고 신자유주의적 제도론으로 돌아서는 것이고, 둘째는 현실주의이론의 핵심가정 중 일부를 수정하고 자유주의이론의 핵심가정을 도입하는 것이며, 마지막으로 세 번째는 현실주의의 적용지역에서 유럽지역을 제외하고 여타지역, 즉 자본주의와 민주주의가 유럽만큼 진보하지 못한 지역에만 현실주의 이론을 적용하는 것이

---

15) John Mearsheimer, "Back to the Future: Instability in Europe after the Cold War," *International Security* 19-1 (1990).

16) John Mearsheimer, "The False Promise of International Institutions," *International Security* 19-3 (1995), p.7.

17) 최영종(2001), 415-416쪽.

다. 위의 세 가지 전략은 모두 현실주의 핵심가정의 일부 폐기 혹은 전부 폐기라는 측면에서 유럽연합에 대한 현실주의의 이론적 접근은 그 효용성이 크게 훼손됐음을 의미한다고 할 수 있다. 위에서 지적한 두 번째 전략은 국가의 선호나 정체성 및 이해관계는 국내정치 차원에서 발생한다는 자유주의적 관점을 현실주의에 도입한 것으로서 밑에서 살펴볼 자유주의적 정부간협상론을 의미한다.

이러한 비관적 입장에도 불구하고 현실주의자들은 유럽통합의 심화와 제도화를 설명하기 위한 노력을 지속적으로 경주해 왔는데, 여기서는 호프만(Hoffman)의 정부간협상론과 그리코(Grieco)의 발언권확대(voice opportunities) 논리, 그리고 현실주의의 국가중심론을 지켜 내면서도 유럽의 통합을 설명할 수 있는 이론으로 등장했던 모래브칙(Moravcsik)의 자유주의적 정부간협상론을 중심으로 살펴보고자 한다. 호프만의 정부간협상론은 신기능주의에 대한 현실주의의 대응차원에서 본격적으로 이론화됐다. 호프만은 신기능주의가 정확하다면 정치는 죽어야 한다[18]고 역설하면서, 유럽연합의 정책결정과정과 제도화는 유럽의 초국가기구가 주도하는 것이 아니라 국가들이 주도하는 것으로 이해해야 한다고 주장했다. 즉 유럽통합의 진전은 초국가기구나 비국가행위자가 아니라 국가들이 자국의 이익을 추구하며 상호 작용한 결과물이라는 입장인 것이다.

호프만은 경제적 통합과 정치적 통합을 분리해서 접근하고 있으며 경제적 통합을 통해 참여국들이 항구적 이익을 얻게 된다면 경제통합은 지속될 수 있는 반면, 정치분야의 통합은 불가능하다고 주장했다.[19] 국가간의 정치적 통합이 어려운 배경은 국가가 국제정치경제 체제에서 서로 다른 위치를 가지고 있는 관계로 서로간의 이해관계가 상이하고, 초국가기구의 강화는 국가에 위협으로 작용해 국가가 통합 거부를 추진하기 때문이라는 것이다.[20] 정부간주

---

18) Stanley Hoffmann, "Europe's Identity Crisis: Between the past and America," *Daedelus* 93 (1964), p.1276.

19) Stanley Hoffman, "Obstinate or Obsolete? The Fate of Nation State and the Case of Western Europe," *Daedalus* 95 (1966).

20) Ben Rosamond, *Theories of European Integration* (London: Macmillan, 2000), pp.77-78.

의자들은 단일유럽의정서(SEA)도 정부간 협상의 결과물이고 각국의 국회가 비준함으로써 이루어졌다고 강조하며 정부간회의(intergovernmental conference)의 지속과 각료이사회 및 유럽정상회의 등을 통해 개별국가의 영향력이 유럽연합의 제도화에 가장 중요한 요소로 작용하고 있다고 주장했다.[21]

위에서 살펴본 정부간협상론은 그러나 다음과 같은 문제점을 내포하고 있다. 즉 정부간협상론은 유럽의 초국가기구가 국민국가와 동등한 권력과 권위를 가지고 있지 못하다는 사실을 국민국가의 권력과 권위가 대체되거나 약화되지 않고 지속되고 있다는 주장으로 바로 연결시키는 잘못을 범하고 있다. 이와 동시에 비국가행위자들을 통한 초국적 네트워크의 등장 역시 국가와 같은 권위와 권력을 소유하고 있지 못하다는 이유만으로 이들의 영향력을 단순하게 무시해 버리는 오류를 범하고 있다.[22] 한마디로 초국가기구와 비국가행위자의 영향력이 강화·확대됐지만 국가와 같은 권위와 권력에 도달하지 못했기 때문에 단순하게 그 영향력을 무시해 버리는 논리적 비엄밀성을 드러낸 것이라 할 수 있다.

그리코는 국가가 유럽통합에 개입하면 할수록 자신의 주권이 약해지고 제약되는 결과로 귀결될 수 있다는 것을 직시하고 있으면서도, 유럽통합과 유럽연합의 제도화에 개입하는 이유로 발언권확대 논리를 제시했다. 독일을 제외한 프랑스와 이탈리아 같은 유럽의 이등국가는 유럽연합의 제도화에 참여함으로써 자신의 국익과 요구가 반영될 수 있는 제도 내의 규칙과 절차를 만들어 냄과 동시에 강대국의 일방적인 권력행사를 제어할 수 있기 때문에 유럽통합의 제도화에 적극적으로 가담한다는 것이다.[23]

좀더 구체적으로 살펴보면, 그리코는 유럽통합 참여는 이등국가에게 두 가지 측면에서 이득을 제공한다는 것이다. 첫째는 회원국의 공동행동을 통한 실질적 이익이 증가하는 것으로, 예를 들어 가격안정, 환율안정, 보다 효율적인

---

21) 김계동(2002), 26쪽.
22) Rosamond (2000), p.154.
23) Joseph M. Grieco, "Understanding the Problem of International Cooperation: The Limits of Neoliberal Institutionalism and the Future of Realist Theory," in David A Baldwin (ed.), *Neorealism and Neoliberalism* (New York: Columbia University Press, 1993), p.331.

역내 자본이동 같은 이익에 참여할 수 있다는 것이고, 둘째는 위에서 살펴본 바와 같이 발언권을 확대하고 강대국의 이해관계가 일방적으로 관철되는 것을 막아낼 수 있는 효율적인 방안으로 제도가 작동하기 때문이라는 것이다.24)

그리코의 발언권확대 논리는 그러나 몇 가지 문제가 있다. 첫째, 그리코가 견지하고 있는 국가중심 가정은 현재 유럽연합에서 행사되고 있는 초국적제도 회원국의 이해관계와 행위에 대한 영향력을 이해하는 데는 장애물로 기능하고 있으며,25) 둘째, 그리코는 프랑스와 이탈리아 같은 이등국가의 유럽연합 제도화 참여는 설명하고 있으나 독일 같은 지역 패권국가는 왜 유럽제도에 참여하고 있는지 설명하지 못하는 한계를 가지고 있는 것이다.

신현실주의는 국가는 단일하고 통합된 행위자이고, 국가의 정체성과 이해관계 및 행위는 국제체제 내의 힘의 분배상황과 그 국가의 위치에 의해 외부적으로 주어지거나 규정된다고 주장한다. 그 결과 신현실주의는 국가의 이해관계와 정체성 및 선호가 어떻게 형성되는지에 대해서는 설명할 수 없는 한계가 있다고 할 수 있다. 이러한 한계를 극복하기 위해 모래브칙은 국가의 선호가 내생적으로 형성되는 국내정치 영역을 국가중심적 통합이론에 도입했는데, 이것은 자유주의적 정부간협상론의 등장을 알리는 것이었다.26) 국내정치 영역을 통한 국가선호의 형성과정을 다룬다는 측면에서 자유주의적이고, 국가가 통합을 둘러싼 전략적 협상을 주도한다는 측면에서 정부간주의적이라고 할 수 있다. 이 경우 국가는 국내적 이해관계와 권력관계, 그리고 유럽연합의 정책결정과정과 제도 사이에서 중재자 역할을 수행하는 것으로 이해된다. 국제관계이론에서 신자유주의 제도론의 등장이 자유주의의 현실주의로 수렴화

---

24) Joseph M. Grieco, "State Interests and Institutional Rule Trajectories: A Neorealist Interpenetration of the Maastricht Treaty and European Monetary Union," *Security Studies* 5-3 (1996), pp.287-289.

25) Steve Smith (2000), p.45.

26) 자유주의적 정부간협상론에 관해서는 다음을 참조. Andrew Moravcsik, "Preferences and Power in the European Community: A Liberal Intergovernmentalist Approach," *Journal of Common Market Studies* 31 (1993); Andrew Moravcsik, "Liberal Intergovernmentalism and Integration: A Rejoinder," *Journal of Common Market Studies* 33 (1995).

였다면, 통합이론에서 자유주의적 정부간협상론의 등장은 현실주의의 자유주의로의 수렴화였던 것이다.

따라서 자유주의적 정부간협상론은 유럽연합의 정책결정과정과 제도화의 정도는 회원국 각국의 국가선호의 강도와 회원국의 협상능력, 그리고 다른 주요한 이슈와의 연계 가능성에 따라 결정적 영향을 받는다고 판단할 수 있는 것이다.27) 모래브칙은 1987년 단일유럽의정서(SEA)가 발효된 배경을 설명하면서, 당시 영국, 프랑스, 독일의 국내적 선호가 신자유주의 경제관에 기반을 두고 있었으며, 따라서 3국간 선호의 일치와 수렴화가 단일유럽의정서 발효의 중요한 배경이라고 설명한다.28)

더 흥미로운 점은 모래브칙이 유럽차원의 정부간협상과 국가의 유럽연합 가입은 실질적으로는 국가의 약화가 아니라 국가의 강화로 귀결된다고 주장한다는 점인데, 이러한 주장은 모래브칙이 신현실주의 원칙에 보다 충실하게 입각해있다는 것을 보여주는 것이라 할 수 있다. 유럽연합으로부터 비국가행위자들은 쉽게 얻기 어려운 정보를 직접 공급받고 있고 국가지도자들은 국내 반대세력에게 불리한 정책을 유럽연합 차원의 합의를 통해 국내로 도입함으로써 이들을 약화시킬 수 있는데, 이는 결과적으로 국가의 자율성을 강화시켜 준다는 것이다.29)

모래브칙의 자유주의적 정부간주의는 유럽연합을 통한 국가의 협력이 제도화되고 장기화되면서 궁지에 몰리기 시작한 현실주의이론을 단번에 구제해낸 의미 있는 이론이었지만, 다음과 같은 문제점을 노정하고 있다.30) 첫째, 자유주의적 정부간협상론이 상정하는 국내정치와 국가의 관계는 너무나 단순하다는 것이다. 특히 웬트는 자유주의적 정부간협상론은 합리주의 접근에 기반해 왔다고 지적하면서 모래브칙은 국가와 국내정치의 상호작용을 통한(즉 상호 주관적 과정을 통한) 국가의 선호형성 과정을 단순화해 국가의 선호를 국내

---

27) 방청록(2003), p.30.
28) Andrew Moravcsik, "Negotiating the Single European Act: National Interests and Conventional Statecraft in the European Community," *International Organization* 45-1 (1991).
29) Moravcsik (1993), p.138.
30) Smith (2000), pp.46-47.

정치의 이해관계와 역학관계를 단순하게 수동적으로 반영하는 것으로 인식한 다고 비판한다.[31]

둘째, 모래브칙은 유럽통합 참여가 국가자율성을 강화한다고 주장했으나, 이러한 주장은 국내적 이해관계와 권력관계가 국가의 선호를 규정한다는 모래브칙 자신의 또 다른 주장과 모순되는 것이다. 국가의 선호가 국내정치의 반영이라는 것은 국가가 국내정치에 종속돼 있고 국가자율성 또한 제약받고 있다는 것을 의미하기 때문이다.[32] 셋째, 자유주의적 정부간협상론으로는 국가의 선호와 국내 정치세력의 선호를 구분해 내기 어려운데, 이는 모래브칙이 국가와 이익집단간의 상호작용을 무시한 결과라는 것이다.[33] 마지막으로 자유주의적 정부간협상론은 유럽연합 제도의 영향력을 너무 과소평가한 측면이 있는데, 이는 모래브칙이 유럽통합을 통해 기존에 존재해 온 초국적 조건이 국가간 협상이 발생하는 환경과 정도를 미리 규정할 수 있다는 점을 묵과한 결과물이라는 것이다.[34]

정리해 보면, 신현실주의 통합이론은 국가중심론에 기반한 것으로서 현실주의자들은 유럽통합의 주체는 국가이고, 따라서 유럽연합은 정부간기구이거나 국제기구 혹은 국제레짐 정도로 이해한다. 즉 현실주의자들에게 유럽지역의 통합은 '국가의 유럽'이라는 슬로건으로 대표되는 것이다. 비록 국가의 권위가 예전과 다르게 약화된 것은 사실이지만, 통합과정에서 국가의 역할을 완전하게 부정하기 어렵고 350년 정도의 역사를 지닌 국민국가 주권중심의 국제체제가 가지고 있는 역사의 관성과 생명력을 고려해 볼 때 신현실주의 통합이론은 이론적 설득력과 생명력을 보유하고 있다고 판단할 수 있다. 더욱이 국가의 최고결정권자와 외교관 및 고위급 군인사들의 세계관이 현실주의에

---

31) Alexander Wendt, "Collective Identity Formation and the International State," *American Political Science Review* 88-2 (1994), p.384.

32) D. Wincott, "Institutional Interaction and European Integration: Towards an Everyday Critique of Liberal Intergovernmentalism," *Journal of Common Market Studies* 33-4 (1995).

33) K. O. Fioretos, "The Anatomy of Autonomy: Interdependence, Domestic Balance of Power, and European Integration," *Review of International Studies* 23-3 (1997), p.301.

34) Wincott (1995), p.602.

기반할 수밖에 없는 현재의 국제관계 상황에서 신현실주의 설명의 적실성은 더욱 부각된다고 할 수 있다.

3) 초국가기구로서 유럽연합 혹은 국가간 협력제도로서 유럽연합: 자유주의 통합이론

우리는 위에서 현실주의에 기반한 이론의 한계를 지적해 보았는데, 다음으로 자유주의 전통에 서 있는 통합이론으로 등장한 신기능주의와 신자유주의 제도론의 합리주의 접근의 특징과 한계를 지적해 보고자 한다. 신기능주의 이론[35]은 1960년대 유럽통합이 급속도로 추진되고 제도화되면서 유럽통합을 대변하는 이론으로 작동해 왔다. 그러나 1970년대 들어 브레튼우즈체제의 붕괴와 유럽지역에서 포디즘적 케인즈주의의 자본주의 축적모델이 위기를 경험하면서 유럽통합도 답보상태에 놓이게 됨으로써 신기능주의 이론도 하스(Haas) 스스로의 폐기선언을 통해 침체에 들어갔다. 그러나 1987년 단일유럽의정서가 조인돼 공동시장(common market)이 추진되고 완성되면서 이것이 다시 통화통합의 필요성 증가와 경제통화동맹의 등장으로 귀결되면서 신기능주의의 이론적 예측과 부활이 이루어졌다. 즉 신기능주의의 파급효과(spillover)가 현실화된 것이며, 유럽연합 제도에 근무하는 전문관료와 초국적 이익집단과 전문가집단 같은 비국가행위자의 영향력이 강화되면서 신기능주의의 설명력은 다시금 주목받기 시작한 것이다.

더욱이 신기능주의는 초국가기구를 통한 정치적 권위체의 창조가 통합을 추진하기 위한 필요조건이라고 주장하기도 했는데, 현재 유럽연합 제도의 자율성과 권위의 강화는 신기능주의의 주장과 일치하는 측면이기도 한 것이다. 즉 신기능주의자들은 파급효과의 확산과 초국가기구 권위의 강화, 그리고 비국가행위자의 초국적인 연계와 교류의 확대는 결과적으로 국민국가 구성원의

---

[35] 신기능주의 이론에 대한 Hass의 주요저서는 다음과 같다. Ernst B. Haas, *Beyond the Nation State: Functionalism and International Organization* (Stanford: Stanford University Press, 1964); Ernst B. Haas, *The Uniting of Europe; Political, Social and Economic Forces 1950-1957* (Stanford: Stanford University Press, 1968).

충성심이 초국가기구로 이전될 것이라고 예측하기도 했다.

신기능주의의 이론적 장점은 유럽통합이 불러오고 있는 다행위자의 등장과 초국가기구의 역할강화, 파급효과를 통해 통합과정을 잘 설명하고 있다는 점에서 찾을 수 있다. 그러나 신기능주의의 한계점은 우선 신기증주의가 통합의 심화는 국민국가 구성원 충성심의 초국가기구로의 이전을 통해 정치통합으로까지 연계된다고 주장한 단순한 판단에서 찾을 수 있다. 유럽연합이 공동체의 정체성을 인위적으로 창조하기 위한 노력을 행사하고 있음에도 불구하고,[36] 그리고 유럽차원의 교류와 상호작용이 증가했음에도 불구하고 유로바로미터의 설문조사는 전혀 유럽연합 초국가기구로의 충성심 이전을 보여주지 않는다. 둘째, 신기능주의는 국가중심론에 심각하게 도전하는 탈국가중심론의 대표적인 이론이다. 따라서 신기능주의는 국가의 약화를 주장하고 있으나 현실은 이와 다르게 펼쳐지고 있다. 즉 국가의 영향력은 유럽통합의 심화에도 불구하고 아직도 지속되고 있는 것이다. 현재 국민국가 중심의 거버넌스는 350년 정도의 역사성을 가지고 있는 구조로서 역사의 관성과 지속성을 볼 때 국가의 후퇴나 약화를 너무 단시간에 이뤄지는 현상으로 인식하는 신기능주의의 주장에는 무리가 있는 것이다.

신기능주의가 탈국가중심론을 주도하고 있는 반면, 같은 자유주의 패러다임에 속해 있는 신자유주의 제도론은 국가중심론을 견지하고 있다. 신자유주의 제도론은 국가중심론에 대해서는 신현실주의와 인식을 공유하고 있으나, 국가간 제도를 통한 협력이 가능하다고 주장하는 점에서, 그리고 국제체제의 무정부성과 상대적 이득개념에 대해 부정적 인식을 가지고 있다는 측면에서 신현실주의보다는 유럽통합을 설명하는 데 유용한 이론이라 할 수 있다. 신현실주의자들은 무역의 외부효과(즉 상대국이 무역에서 이득을 보면, 그 이득은 자국에 대한 상대국의 안보적 위협에 이용될 수 있는 효과)와 상대적 이득개념을 내세우면서 국가간 협력은 장기화될 수 없다고 주장한다.

그러나 신자유주의 제도론은 국가가 서로간에 물리력을 사용할 위협이 사

---

[36] 유럽연합의 정체성과 인위적인 공동의 정체성 창조노력에 대해서는 진시원, "사회 구성주의를 통하여 본 유럽의 정체성," 『국제정치논총』 43-3(2003) 참조.

라진다면, 국가는 상대적 이득에 대한 걱정보다는 절대적 이득을 추종하게 되고, 이에 따라 국제협력과 제도화는 가능하다고 주장한다.37) 즉 동맹국이나 우방국간에는 군사적 위협이 없고, 따라서 상대적 이득보다는 절대적 이득을 통한 장기적 협력의 제도화가 가능하다는 것이다. 이러한 논리는 유럽연합이 현재 회원국간에 군사적이고 안보적인 적대관계가 없고, 따라서 회원국간의 절대적 이득에 기반한 협력이 활성화되고 있다는 주장으로 귀결될 수 있는 것이다.

신자유주의 제도론은 위와 같이 유럽통합의 활성화와 유럽연합의 제도화를 적절하게 설명할 수 있는 이론적 기반을 소유하고 있다고 평가할 수 있다. 그러나 국가를 협력의 가장 중요한 행위자로 인식한다는 점에서 이론적 한계가 있다고 할 수 있다. 위에서 살펴본 것과 같이 신자유주의 제도론의 한계는 합리주의 접근의 한계(즉 몰역사성과 몰사회성)를 그대로 공유하고 있기 때문이다.

3. 거버넌스장으로서 유럽정체

1) 국제정치이론의 한계와 비교정치이론의 등장

유럽통합과 유럽연합에 대한 국제정치적 접근은 위에서 살펴본 바와 같이 다양한 이론적 한계를 노정하고 있다. 특히 우리는 위에서 합리주의적 국제정치이론은 유럽통합이 야기하고 있는 다양한 행위자의 증가와 그들의 영향력 확대 및 유럽연합 정책결정과정의 복잡성과 다층거버넌스의 등장, 그리고 유럽통합의 제도화를 설명하기 어려운 태생적 한계를 가지고 있음을 살펴보았다. 또한 현재 유럽연합이 '국가의 유럽'단계와 '유럽연방의 완성'단계의 중간 정도 어디에 포진해 있다고 판단할 때, 국가의 유럽을 강조하는 합리주의 접

---

37) R. Powell, "Absolute and Relative Gains in International Theory," in D. A. Baldwin (ed.), *Neo-realism and Neo-liberalism* (New York: Columbia University Press, 1993), p.229.

근에 기반한 국제정치이론의 한계는 더욱 증폭된다고 할 수 있는 것이다.

다시 말해 현재 유럽연합은 초국가기구도 아니고 정부간기구도 아니며, 국제기구도 아니고 하나의 정체(polity)도 아닌 양자의 중간단계에 있다고 볼 때, 국제정치적 접근만으로는 잘해야 절반의 스토리를 해석하고 이해할 수밖에 없다는 문제에 봉착하게 된다는 것이다. 따라서 잃어버린 나머지 절반에 대한 이해를 추진하는 움직임이 등장했는데 그것은 유럽연합을 하나의 정체 혹은 하나의 거버넌스의 장으로 이해하고자 하는 접근이다.

유럽연합을 하나의 정체와 하나의 거버넌스 영역으로 이해하는 접근은 힉스(Hix)의 연구를 통해 촉발됐다.[38] 힉스는 유럽연합 내의 정치가 회원국간의 정치보다 중요하다고 강조해 국제정치적 접근 무용론을 주장함과 동시에 유럽연합이 국내정치와 유사한 정치체제를 드러내고 있다고 설명하고 있는데, 그 배경으로는 유럽연합이 권위의 할당과 배치, 자원의 배분(누가 언제 무엇을 어떻게 획득했는가에 대한 문제)에 대해 자체의 구조를 가지고 있고 더욱이 이해관계의 표출과 집합 및 대변과 이해관계의 절충이 이루어지는 영역이라는 측면에서 하나의 정체로 이해될 수 있다고 했다.

힉스의 주장은 유럽통합에 대한 잃어버린 반쪽에 대한 연구를 촉발시켰다는 점에서 크게 기여했다는 평가를 받을 수 있으나, 다음과 같은 몇 가지 점에서는 비판으로부터 자유롭지 못하다. 우선 지적될 수 있는 점은 힉스가 촉발시킨 유럽연합에 대한 비교정치적 접근은 유럽연합의 정책결정과정과 거버넌스 구조의 복잡성과 다행위성을 설명하는 데는 유용하지만, 유럽에 대한 연구를 '통합' 중심에서 '유럽정체' 중심으로 옮겨 놓음으로써 통합에 대한 이론적 접근의 약화 및 정지를 초래했다는 점이다.[39] 또한 힉스는 유럽연구에서 통합에 대한 연구(국제정치이론의 유용성이 있는 영역)와 유럽정체와 유럽정치(비교정치 접근이 유용한 영역)에 대한 연구는 분리될 수 있는 성격이 아님에도

---

[38] S. Hix, "The Study of European Community: The Challenge to Comparative Politics," *West European Politics* 17-1 (1994); S. Hix, "CP, IR and the EU: A Rejoinder to Hurrell and Menon," *West European Politics* 19-4 (1996); S. Hix, *The Political System of the European Union* (Basingstoke: Macmillan, 1999).

[39] Rosamond (2000), p.159.

불구하고 양자를 이분적으로 분리하고 있으며, 유럽연합은 국제체제에서 분리돼 있는 것이 아니기 때문에 국제정치이론은 아직도 유럽연구에 유용하다는 점을 간과했다는 것이다. 한마디로 국제정치이론의 무용을 주장한 것은 잘못된 판단이라는 것이다.[40]

그러나 이러한 한계에도 불구하고 비교정치적 접근은 신제도론적 접근(new instititutionalism)과 정책망분석(policy network analysis), 다층거버넌스 같은 다양한 접근의 유입을 통해 유럽통합 연구에 기여했다고 할 수 있는데, 이러한 현상을 유럽통합 연구의 통합중심 연구에서 거버넌스 중심 연구로의 전환(governance turn)이라고 지칭할 수 있다.

2) 신제도론과 정책망분석

신제도론은 크게 세 가지 이론으로 나누어 볼 수 있는데,[41] 경제학적 신제도론(혹은 합리적 신제도론)과 역사적 신제도론, 사회학적 신제도론이 바로 그것이다. 합리적 신제도론은 경제학에서 나온 제도론으로 합리적 행위자가 거래비용과 편익계산을 통해 제도를 창조하고, 참여행위자 이해관계의 변화에 따라 제도의 구조가 변하고 제도의 폐지로도 귀결될 수 있다고 주장하므로 국제정치이론 중 합리주의 접근이 가지고 있는 제도론과 이해의 공통분모를 가지고 있다. 따라서 합리적 신제도주의자들은 제도는 국가의 이익이 제도를 통해 실현될 때에만 형성되고 유지될 수 있다고 주장한다. 그러나 제도의 형성과 유지 및 폐지의 배경에 대해 합리적 신제도주의자들은 행위자(예를 들어 국가) 이해관계 중심의 설명만을 제시함으로써 제도의 독립적 역할과 실체성에 대해서는 취약한 설명력을 드러낸다. 즉 합리적 신제도주의자들에게 제도는 진공의 상태이고 따라서 제도적 자율성은 존재하지 않게 된다. 달리 표현

---

40) Andrew Hurrell and Anand Menon, "Politics Like Any Other Comparative Politics, International Relations and the Study of the EU," *West European Politics* 19-2 (1996).

41) P. Hall and R. C. R. Taylor, "Political Science and the Three New Institutionalsim," *Political Studies* 44-5 (1996); B. G. Peters, *International Theory in Political Science: The New Institutionalism* (London: Continuum, 1999).

하면 합리적 신제도주의자들은 행위자의 선호나 정체성은 외재적으로 주어진 것으로 이해하기 때문에, 제도는 행위자의 선호나 정체성 형성에 어떠한 영향력도 행사하지 못하는 것으로 이해되는 것이다.

합리적 신제도론은 결국 구조에 대한 행위자 우위의 이론으로 인식될 수 있다. 유럽연합을 합리적 신제도론으로 이해하면, 유럽연합 제도의 형성, 유지, 공고화 및 폐지 여부는 순전히 회원국간의 물질적 이해관계의 변화와 상호작용의 결과로만 이해된다. 이러한 인식론은 유럽통합의 활성화와 유럽연합의 제도화를 설명하는 데서 합리주의 국제정치이론의 문제점(국가중심론)을 공유하고 있어 심각한 이론적 제약을 안고 있다고 평가할 수 있다. 이러한 제약점은 역사적 신제도론과 사회학적 신제도론의 비교를 통해 극명하게 드러난다.

역사적 신제도론에서 제도는 공식적인 규칙과 절차 및 기구뿐 아니라 비공식적인 관습, 문화, 규범, 가치 등을 포괄하는 광범위한 것으로 정의된다.[42] 이러한 정의는 제도가 행위자의 행동과 이해관계 및 정체성을 규정하고 영향을 미치는 사회적이고 역사적인 규범, 가치, 관습 등을 포함하고 있다는 것을 의미하는 것으로, 이렇게 되면 제도는 진공상태가 아니라 확실한 매개변수 역할을 수행하게 된다. 즉 행위자는 외재적으로 주어진 정체성과 이해관계를 가지고 합리적인 비용·편익계산에 의해 제도에 참가하는 것이 아니라, 역으로 사회제도가 행위자의 선호와 바람직한 역할을 규정한다고 볼 수 있는 것이다.[43] 합리적 신제도론이 구조보다 행위자 중심의 접근이라면, 역사적 신제도론은 행위자와 구조의 역할을 동등하게 인정한다고 평가할 수 있다. 이러한 점은 역사적 신제도론자들이 제도는 행위자가 만들지만 제도는 스스로의 자기 재생산 기능을 통한 경로의존성(path dependencies)을 가지고 있으며, 따라서 제도의 미래적 발전은 행위자의 합리적인 판단과 개입으로도 제어되거나 예

---

[42] Rosamond (2000), p.115; K. Amstrong and S. Bulmer, *The Governance of the Single European Market* (Manchester: manchester University Press, 1998).

[43] K. Thelen and S. Steinmo, "Historical Institutionalism in Comparative Politics," in S. Steinmo, K. Thelen and F. Longstreth (eds.), *Structuring Politics: Historical Institutionalism in Comparative Analysis* (Cambridge: Cambridge University Press, 1992).

측되기 어렵다고 주장하는 점에서 찾을 수 있는 것이다.

이러한 주장은 유럽연합의 제도가 초창기에는 국가나 초국적 관료(예를 들어 집행위원) 혹은 사회적 이익집단이나 비정부기구 등의 목적의식적인 행동과 계산에 의해 건설됐더라도, 일단 제도가 형성되면 제도는 스스로의 경로의 존성에 의해 통합을 추진한다는 논리로 귀결되는데, 이러한 설명은 현재 국가의 이해관계가 변함에도 불구하고 더욱 활성화되고 제도화되고 있는 유럽통합을 설명하는데 상당한 설득력이 있다고 평가할 수 있는 것이다.

사회학적 제도론은 제도의 역향력을 가장 강하게 인식하고 있다는 점에서 행위자보다는 구조를 강조하는 이론이라 할 수 있다. 사회학적 제도론에서 제도는 행위자의 인지과정과 신념체제에 영향을 미치는 규범, 가치, 법칙, 관습, 문화 등의 영향력을 강조한다. 즉 행위자의 행동은 사회적이고 역사적인 제도(즉 규범, 가치, 관습, 문화, 인지적 처방)에 의해 규정되며, 따라서 제도를 이해하지 않고서는 행위자의 행동과 이해관계 및 정체성을 이해하기 힘들다는 것이다. 한마디로 제도는 사회적 행위자에게 세상을 의미 있게 만드는 역할과 기능을 수행하는 것이다.[44] 이러한 인식은 사회적 실재는 사회적으로 구성된다는 사회구성주의와 일맥 상통하는 측면이 강하다고 판단할 수 있다.

사회학적 신제도론의 입장에서 유럽연합을 분석한 연구는 윌과 윌리암스(Weale and Williams), 로자몬드(Rosamond)를 지적할 수 있다.[45] 이들은 아이디어와 담론(discourse)을 인지적 제도(cognitive institution)로 규정하고 아이디어와 담론을 통한 유럽연합 연구를 시도했다. 이들은 집행위원회에서 신자유주의 담론과 아이디어가 주도적인 지위를 형성하고 있고, 따라서 집행위원회는 세계화된 경제의 유럽연합에 대한 위협을 부각시키며, 국제적인 경쟁에서 승리하기 위한 시장자유화를 유럽연합 차원에서 광범위하게 추진할 수 있었다고 주장한다.

---

44) Rosamond(2000), p.119.
45) A. Weale and A. Williams, "Between Economy and Ecology: The Single Market and the Integration of Environmental Policy, *Environmental Politics* 1-4 (1992); B. Rosamond, "Globalization and the Social Construction of European Identities," *Journal of European Public Policy* 6-4 (1999).

심멜페니히(Schimmelfennig)는 중동부유럽으로의 유럽연합 확대(enlargement)를 설명하면서, 합리주의적 국제정치이론(즉 신현실주의와 신자유주의 제도론)의 한계를 지적하고, 그 대안으로 사회학적 신제도론을 통한 설명의 유용성과 적합성을 제시하고 있다.[46] 그는 유럽연합 공동의 가치와 정체성으로 사회의 다원주의, 민주적인 정치참여와 대표성, 법치, 인권존중, 사적소유와 시장경제제도 등을 제시하고, 유럽연합은 중동부 유럽국가 중 이러한 가치와 정체성에 부합하는 국가와 우선적으로 가입회담(accession talks)을 벌였음을 지적한다. 이러한 점은 서유럽국가와 중동부유럽의 정치 및 경제제도가 동형화돼 가는 현상을 의미한다. 사회학적 제도론에서 제도의 형성과 변화는 제도동형화(institutional isomorphism) 개념을 통해 설명한다.[47] 제도동형화는 강압적(coercive) 동형화, 모방적(mimetic) 동형화, 규범적(normative) 동형화로 구분돼 설명되는데, 서유럽국가들의 동유럽으로의 제도전파와 동형화는 서구식 가치와 제도가 중동부유럽으로 강압적으로 이식되고 있다고 볼 수도 있지만, 인권존중 같은 차원의 제도동형화는 규범적 차원의 동형화이기도 하다고 평가할 수 있다.

정책망분석은 유럽연합 정체 안에서 파편화되고 복잡한 정책결정과정을 설명하기 위한 미시적 접근이다. 유럽의 통합이 심화되고 유럽연합의 제도화가 가속화되면서 유럽연합의 정책결정과정은 복잡해졌으며, 참여하는 행위자도 국가와 초국가기구뿐 아니라 지방정부, 이익집단, 비정부기구 등 다행위자(multiple actors)가 등장해 복잡성의 정도를 가속화하고 있다. 한마디로 유럽연합의 정책결정과정은 복잡하게 다원주의화됐는데, 이러한 다행위자의 등장과 권위의 분산, 파편화는 유럽연합 정체에서 다층거버넌스의 등장을 알리는 것이기도 했다. 리처드슨은 유럽연합 정치가 누가 언제 어떻게 무엇을 얻었느냐는 문제와 직결된다면, 정책결정과정에 참여하는 행위자의 동기와 이해관계를 파악하고 그들간의 네트워크가 어떻게 형성돼 있는지를 조사하는 것은 유럽정치를 이해하기 위해 반드시 필요한 조치라고 주장했다.[48]

---

46) Frank Schimmelfennig, *The Double Puzzle of EU Enlargement: Liberal Norms, Rhetorical Action, and the Decision to Expand to the East*, ARENA Working Paper WP 99/15 (1999).

47) W. W. Powell and P. J. DiMaggio (eds.), *The New Institutionalism in Organizational Analysis* (Chicago: Chicago University Press, 1991).

따라서 리처드슨은 유럽연합의 정책결정과정에 영향을 미치고 있는 이익집단과 로비그룹을 연구하기도 했으며,49) 정책결정과정에 영향력을 행사할 수 있는 능력은 이익집단과 로비력에 따라 불균등하게 배분돼 있다고 주장하기도 했다.50) 유럽연합 내에서 정책결정과정에 대한 행위자간의 불균등한 접근 가능성은 대기업과 같이 월등히 높은 인적·물적 자원 동원능력을 가진 이익집단의 이해관계가 우선적으로 반영됨으로써 유럽연합의 민주주의 결핍문제를 발생시키는 또 다른 요인으로 작용하고 있는 것이다.

정책망분석은 유럽연합 내의 정책결정과정에 대한 미시적 분석에 뛰어난 장점을 가지고 있다고 평가할 수 있으나, 있는 동시에 상황을 그대로 기술하는 현상기술적 접근이라는 비판에서 자유로울 수 없다는 한계를 갖고 있기도 하다.

3) 다층거버넌스

다층거버넌스(multi level governance)51)는 위에서 언급한 것처럼 유럽연합의 다

---

48) J. Richardson, "Actor-based Models of National and EU Policy Making," in H. Kassim and A. Menon (eds.), *The European Union and National Industrial Policy* (London: Routledge, 1996), p.10.

49) Sonia Mazey and Jeremy Richardson, "Interests," in L. Cram, D. Dinan and N. Nugent (eds.), *Developments in the European Union* (Basingstoke: Macmillan, 1999).

50) Sonia Mazey and Jeremy Richardson, "The Logic of Organization: Interest Groups," in Jeremy Richardson (ed.), *European Union: Power and Policy-Making* (London: Routledge, 1996).

51) 거버넌스는 다양한 행위자간의 이해관계 갈등과 충돌을 제어하고 관리하는 권위의 행사(exercise of authority)를 의미하는 것으로, 최근에는 권위가 정부나 국가로부터 분리되고 다양한 행위자에게 흩어져 나가는 것을 지칭하는 개념으로 사용되고 있다. 따라서 정부 없는 거버넌스가 이루어질 수도 있는 것인데, 이러한 권위의 확산과 분산은 거버넌스의 민주화로 받아들일 수도 있으나, 권위의 분산으로 인한 동등한 거버넌스간의 경쟁과 갈등을 중재하고 해소할 상위 거버넌스가 부재한 상황으로 귀결될 수도 있다. 즉 국가에 의한 권위의 독점에서 권위의 민주화와 평등화가 이뤄지는 상황(즉 수평적 거버넌스 구조의 등장)은 규범적으로 긍정적인 현

원화되고 복잡한 정책결정과정과 잘 연계되는 개념이다. 마크스(Marks)는 유럽연합의 지역정책에 관한 연구를 진행하면서 정책결정과정에 초국가기구, 국민국가, 지방정부, 이익집단 등이 다양하게 경쟁하며 참여하는 과정을 관찰했고, 따라서 국가는 더 이상 국내와 유럽연합을 연계하는 유일한 통로가 아니라고 지적하며 다층거버넌스 개념을 도입했다.[52]

다층거버넌스론의 특징은 다음과 같이 정리될 있다. 첫째, 다층거버넌스론은 기존의 유럽연합에 대한 이론적 접근이 국가의 약화나(신기능주의) 혹은 국가의 지속이나(신현실주의)를 둘러싼 이분적 구도로 진행돼 온 점에 대한 하나의 절충이라고 판단할 수 있다. 다층거버넌스론은 유럽통합의 진전으로 국가가 약화되기는 했으나 국가는 아직도 중요한 역할을 수행하고 있는 것으로 인식하고 있으며, 이와 동시에 초국가기구뿐 아니라 지방정부의 역할증대와 다양한 이익집단의 영향력증대 또한 설명할 수 있는 이론적 기반을 지니고 있는 것이다.

둘째, 다층거버넌스론은 유럽연합을 하나의 정치(즉 유럽정체: European polity)로 인정한다. 이 점은 다층거버넌스론이 유럽연합의 성격을 이해하는 데 현실주의 국제정치이론과 정반대의 입장에 서 있음을 보여주는 것이다. 신현실주의는 유럽연합을 국제기구나 국제레짐으로 인식하고 있다. 셋째, 다층통치체제는 있는 그대로의 현상을 묘사하고 설명하는 현상기술적 접근으로, 이론이

상이기도 하지만, 분산되고 동등한 많은 거버넌스의 등장은 역으로 거버넌스의 효율성을 크게 훼손할 가능성도 있다는 것이다. 권위의 효율적인 행사는 수직적 권위구조도 요구하기 때문이다. 유럽연합의 다층거버넌스 구조를 수평적 거버넌스 구조의 등장으로 이해하는 것은 곤란하다. 보충성(subsidiarity)원칙이 하위 거버넌스 권위행사의 우선성을 제시한 배경은 유럽연합 내의 민주주의 결핍문제를 해결하기 위한 일종의 방안이지만, 이것이 수평적 거버넌스 구조의 등장으로 귀결되리라고 이해해서는 곤란하다. 이러한 의미에서 현재 유럽연합에서는 수직적 거버넌스의 주도권을 놓고 유럽연합의 초국가기구와 국민국가가 경쟁하고 있다고 볼 수 있는 것이다. 다양한 학문에서 발전되고 있는 거번넌스 정의에 대해서는 김석준 외, 『거버넌스의 정치학』(법문사, 2002) 참조.

52) Gary Marks, "Structural Policy in the European Community," in Alberta M. Sbragia (ed.), *Euro-Politics: Institutions and Policymaking in the New European Community* (Washington DC: Brookings Institution, 1992).

가지고 있는 철학적 기반이나 실천적인 지향점의 제시 및 미래예측에서 크나큰 제약을 가지고 있다. 일부 학자들이 다층거버넌스론을 이론이 아닌 하나의 개념틀(conceptual framework)로 한정시켜 이해하는 이유가 여기에 있다. 넷째, 그러나 이러한 제약에도 불구하고 다층거버넌스론은 유럽연합 정책결정과정의 복잡성과 다행위자의 등장, 권위의 분산 같은 핵심적이고 독특한 유럽연합의 구조적 특징을 가장 적합하게 설명해 주고 있다고 평가할 수 있다.

정리해 보면, 유럽연합에 대한 연구에서 거버넌스로의 전환은 유럽통합의 가속화와 유럽연합 제도화의 심화가 촉발한 다행위자의 등장, 정책결정과정의 복잡화, 다층거버넌스의 등장 같은 현상을 미시적이고 구체적으로 충분한 사례연구를 통해 연구할 수 있는 이론적 기반을 제공해 주고 있다. 그러나 현재의 현상과 구조에 대한 미시적인 연구의 집착은 있는 그대로의 현상기술적 연구의 한계를 노정하고 있으며, 이에 따라 현재의 현상과 구조에 대한 비판적이고 대안적인 분석과 접근을 불가능하게 하는 현상유지적 기능을 수행하고 있다고 지적할 수 있다.

다만 신제도론은 유럽연합에 대한 다양한 제도적 접근을 통해 거버넌스로의 전환이 추구하고 있는 행위자 중심의 연구를 보완해 주고 있다고 판단할 수 있다. 또한 사회학적 신제도론과 역사적 신제도론은 역사성과 사회성을 유럽연합 연구에 다시 도입함으로써 유럽연구에 대한 지평을 확장시킨 것으로 보인다. 이는 두 이론이 합리주의적 접근과 현상기술적 접근에 대한 일종의 대안적 이론으로 평가받을 수 있다는 것을 의미한다고 하겠다. 유럽연구에 대한 합리주의적 접근과 현상기술적 접근은 다음에 살펴볼 구성주의와 성찰주의이론에 의해 방법론과 인식론 및 존재론적 측면에서 집중적으로 도전받고 있다.

4. 구성주의와 성찰주의: 통합이론 지평의 심화와 확대

1) 상호주관성과 비물질적 접근: 사회구성주의

구성주의와 성찰주의[53]는 합리주의 국제관계이론의 몰역사성과 몰사회성

---

53) 구성주의와 성찰주의의 차이에 대해서는 학자마다 견해의 차이가 있다. 일부 학자는 구성주의를 성찰주의 접근에 포함시키고, 어떤 학자는 구성주의를 성찰주의와 합리주의 접근의 중간에 존재하는 독립적인 이론으로 인식한다. 본 연구는 후자의 주장을 따르고 있는데 그 배경은 다음과 같다. 구성주의는 구조와 행위자 논쟁 및 유물론(materialism)과 관념론(idealism) 논쟁 중에서 중간적 입장에 서 있다. 구성주의는 구조와 행위자간의 혹은 행위자간의 상호작용과 상호과정을 통한 주체의 정체성과 이해관계가 변한다고 주장하는 점에서 명백하게 기든스의 구조화이론에 영향을 받은 이론이며, 따라서 구조와 행위자간의 절충과 중재를 도모하는 중간자적 이론이라고 할 수 있다. 반면 합리주의 접근(특히 신현실주의)이 국제체제의 구조를 강조하는 구조중심의 접근이라면 해체주의적 성찰주의 접근은 다양한 주체와 정체성의 등장을 주장한다는 점에서 행위자 중심의 접근인 것이다. 또한 합리주의 접근이 물질력(material capabilities)을 아이디어 측면보다 강조하는 것(즉 합리주의 접근이 국제체제에서 물질적 능력의 배분 정도에 따라 국가의 정체성과 이해관계를 규정한다고 보고 아이디어 차원을 부차적인 것으로 이해하는 것)은 구성주의가 가치, 규범, 신념체제 같은 아이디어 차원을 강조하는 것과는 다르다. 또한 해체주의적 성찰주의가 텍스트와 담론분석을 강조하고 물질력을 부차적인 것으로 이해하며, 인간의 사회적 관계가 만들어 내는 사회적 실재와는 별개로 존재하는 물질적 실재에는 관심이 없는 반면, 구성주의는 의미(meaning) 등을 포함한 사회적 실재는 개인과 집단적 행위자간의 상호작용을 통해 지속적으로 변한다고 주장하지만, 물질적 실재와 인간이 만들어 낸 사회적 실재는 연계돼 있다고 주장한다. 즉 구성주의는 사회적 실재와 독립적으로 존재하는 물질적 실재의 존재 또한 인정하고 있으나, 성찰주의는 물질적이고 객관적인 실재의 존재에는 관심이 없는 것이다. 이러한 점은 구성주의가 합리주의 접근과 성찰주의 접근의 중간에 존재하는 독립적 이론이라는 것을 보여준다(사실 구성주의는 다양한 이론으로 구성돼 있는데, 온건한 구성주의는 물질적 실재를 인정하고 사회적 실재영역에서 주체와 정체성의 다양성과 복합성을 주장하는 반면, 포스트모더니즘과 급진적 페미

을 비판하고 대안적 설명을 제시하고 있다는 점에서 공통점을 찾아볼 수 있으나, 이들간의 이론적 차이점은 광범위하다고 할 수 있다. 구성주의 (constructivism)이론[54]은 사회적 실재는 사회적 구성물이라는 철학적 명제에 기반해 있는 사회학적 이론으로서, 구조와 행위자라는 이분논리와 이들간의 선차성이나 규정성을 논의하기보다는 절충을 통해 양자간의 이론적 가교역할을 수행한다는 점에서 기든스(Giddens)의 구조화이론(structuration theory)에 영향받은 이론이라 할 수 있다. 구성주의이론은 구조와 행위자, 행위자와 행위자, 혹은 구조와 구조간의 상호작용과 상호과정을 통해 사회적 의미와 실재는 지속적으로 변한다고 주장한다.

따라서 구성주의는 합리주의 국제관계이론이 상정하고 있는 국가중심론과 국제체제의 무정부성도 외재적으로 주어진 것이 아니고 불변적 속성을 가진 것이 아니며 국가간의 상호작용뿐 아니라 이익집단, 비정부기구, 지방정부, 지역기구, 국제기구, 국제체제의 구조적 속성 같은 행위자나 구조간에 벌어지는 주체와 타자간의 상호작용과 상호과정을 통해 상대적이고 지속적으로 변한다고 주장한다. 이러한 경우 행위자의 정체성과 이해관계 및 행태는 외재적으로 형성되고 주어지고 규정되는 것이 아니라 주체와 타자간의 사회적 상호작용과 상호과정을 통해 내재적으로 형성되고 지속적으로 변한다고 볼 수 있는 것이다.

이러한 존재론과 인식론은 합리주의적 국제정치이론과 정반대의 논리라고 할 수 있다. 위에서 살펴본 바와 같이 합리주의 접근은 행위자의 정체성과 이

니즘에 기반한 급진적 구성주의는 물질적 실재를 부정하고 사회적 실재에서 주체와 정체성의 분열성과 해체성을 주장한다. 따라서 온건한 구성주의는 합리주의와 성찰주의 중간에 포진하는 독립적 이론이라고 볼 수 있지만, 급진적 구성주의는 성찰주의에 포함되는 이론이라고 볼 수 있는 것이다. 이러한 이유로 구성주의를 성찰주의에 포함시키는 학자와 구성주의를 독립적 이론으로 분류하는 학자로 구분된다고 할 수 있다).

54) 사회구성주의에 대한 국제정치학적인 논의는 다음을 참조. N. Onuf, *A World of Our Making: Rules and Rule in Social Theory and International Relations* (Columbia: University of South Carolina Press, 1989); Alexander. Wendt, *Social Theory of International Politics* (Cambridge: Cambridge University Press, 1999).

해관계 및 행태는 국제체제의 물질적 배분상태와 행위자의 그 속에서의 물질적 지위와 위치에 의해 외재적으로 주어진다고 인식하고 있다. 그러나 구성주의는 국제체제는 물질적(material)인 것이 아니라 사회적(social) 속성을 가지고 있다고 주장[55])하고, 따라서 무정부상태 또한 사회적 구성물로 변화될 수 있고, 국가의 행태와 정체성 및 이해관계 또한 국제체제의 무정부성에서만 나오는 게 아니라고 주장한다. 한마디로 구성주의 국제관계이론은 국가의 정체성과 이해관계가 사회적 상호작용을 통해 구성된다고 주장함으로써 합리주의 접근의 핵심가정인 국가중심성과 국제체제의 무정부성에 심각한 도전을 제시한 것이라고 평가할 수 있다.

구성주의의 비물질적 요인과 사회적 관계에 대한 강조는 유럽연구에 대한 구성주의 접근이 아이디어, 신념체제, 가치, 담론, 규범, 행위자간의 의사소통 행위 같은 비물질적 요인에 대한 관심을 강화하는 방향으로 귀결되고 있다.[56]) 구성주의자들의 이러한 연구방향은 유럽국가들이 왜 주권에 대한 심각한 제약과 국가의 약화에도 불구하고 유럽연합의 제도화에 참여하고 있는지에 대한 비물질적 요소중심 연구의 활성화로 귀결되고 있다.

예를 들어 체켈(Checkel)은 유럽연합의 정체성 강화가 유럽통합을 심화시켰다는 연구를 하기도 했고,[57]) 쇼(Shaw)는 유럽시민권을 연구하면서 시민권개념은 국민국가 차원에만 국한되는 것이 아니라 국경을 초월하는 인적·물적 상호작용의 증가에 의해 바뀌고 있다고 지적했다. 유럽연합 차원의 사회적 상호작용과 상호과정의 증가는 탈국가적 유럽시민권의 강화로 귀결되고 있다는 주장인 것이다.[58])

---

55) J. T. Checkel, "The Constructivist Turn in International Relations Theory," *World Politics* 50 (1998).

56) T. Risse-Kappen, "Explaining the Nature of the Beast: International Relations and Comparative Policy Analysis Meet the EU," *Journal of Common Market Studies* 34-1 (1996).

57) J. T. Checkel, "Social Learning and European Identity Change," *International Organization* 55-3 (2000).

58) J. Shaw, "Postnational Constitutionalism in the European Union," *Journal of European Public Policy* 6-4 (1999).

이처럼 구성주의는 합리적 국제정치이론이 무시해 온 국제관계의 사회성을 집중적으로 부각시키고, 그 결과 합리주의 접근의 몰사회성을 비판하고 대안을 제시했다는 점에서 이론적 기여점을 찾을 수 있다. 그러나 구성주의 접근은 다음과 같은 한계가 함께 있다고 지적할 수 있다. 첫째, 구성주의는 행위자의 주체성과 이해관계는 상호작용과 상호과정을 통해 지속적으로 변한다고 주장하고 있는데, 이러한 상대성과 변화 지향성은 중요한 문제를 유발한다. 즉 행위자의 주체성과 이해관계가 지속적으로 변하는 속성을 가지고 있다면, 행위자의 정체성을 어떻게 구별해 낼 수 있는지 알 수 없으며 행위자의 정체성이 있다고 주장하기도 어렵게 되는 것이다.[59] 둘째, 구성주의이론은 변화를 설명할 수는 있으나 미래 변화의 결과와 함의를 예측하기 어려운 한계가 있다. 즉 구성주의는 철학적 기반은 탄탄할지 몰라도 일종의 현상기술적 이론이며 미래 예측성이 없다는 점에서 이론적 한계를 드러내고 있는 것이다.

2) 이론적 풍부성과 사례연구의 빈곤: 성찰주의

성찰주의는 비판이론(critical theory), 포스트모더니즘과 포스트구조주의, 페미니즘, 역사사회학을 포괄하는 광범위한 접근이다[60]. 이들간에는 철학적이고 이론적인 차이뿐 아니라 관심대상과 실천적 지향점에도 이질성이 존재한다. 그러나 코헤인이 이들을 성찰주의라고 묶어서 지칭한 이유는 이들 이론이 합리주의 접근이 드러내고 있는 몰역사성과 몰사회성에 대한 대안적 이론기반을 공유하고 있기 때문이다.[61]

국제관계학으로의 역사사회학의 유입은 합리주의가 지니고 있는 국가중심성에 대한 도전차원에서 이루어졌다. 합리주의의 국가중심론은 근대 국민국가체제를 자연시하고 신성시해 영원한 역사적 구조로 이해하고 있는 몰역사성을 내포하고 있음은 이미 살펴보았다. 역사사회학은 주지하다시피 절대국

---

59) 최영종(2003), 63쪽.
60) 성찰주의에 기반한 유럽통합 연구는 Kelstrup and Williams (2000) 참조.
61) Keohane (1988).

가와 국민국가의 기원과 발전과정을 프랑스혁명과 산업혁명, 자본주의 발전과정, 민주주의, 국가간의 전쟁(군사주의 전통) 등과의 연계연구를 통해 역사적이고 체계적으로 접근하고 있는 학문이다. 그러나 그렇다고 해서 역사사회학을 과거 역사에 대한 연구로만 이해하는 것은 잘못이다. 역사사회학의 역사관은 역사는 과거를 과거로만 연구하는 것이 아니라 현재적 맥락을 통해서도 연구해야 한다는 것을 공히 강조하고 있기 때문이다.

이러한 인식은 현재 유럽에서 벌어지고 있는 국민국가의 약화와 초국가기구의 강화, 후기국가적(postnational) 현상과 구조를 설명하는 데 역사사회학이 이론적으로 기여할 점이 많다는 점을 의미한다. 즉 현재 유럽에서 발생하고 있는 후기국가적 현상과 구조를 현재 있는 그대로 연구하고 분석하는 것이 아니라 과거로부터의 발전이라는 지속성과 함께 과거와의 단절이라는 독특성을 동시에 연구할 수 있게 해 주기 때문이다. 한마디로 역사사회학은 역사와 사회적 관계의 연속성과 불연속성(discontinuities)을 연구할 수 있는 이론적 기반을 가지고 있는 것이다.

현재 유럽연구에 대해 역사사회학이 관심을 가지고 있는 것은 세계화가 추동하는 글로벌 차원의 전환(global transition)과 유럽지역의 탈국가적 현상이다.[62] 이는 전통적 국제관계학의 연구분야인 국가간 관계에 대한 것이 더 이상 유용하지 않고, 합리주의의 국가중심성과 국제체제의 무정부성이 역사적 단절과 불연속성을 경험할 수 있는 가능성이 존재한다는 것을 의미한다. 글로벌 차원의 변화와 유럽지역의 후기국가 현상은 국제관계가 전통적으로 자연스럽게 받아들여 온 '주권과 영토의 총체(totality)'로서의 국민국가에 대한 심대한 도전으로 기능하고 있다. 후기국가적 상황에서 국가는 더 이상 국내사회에만 정박해 있지 못하고, 또한 국내사회와 국제체제의 중개자역할을 독점적으로 수행하고 있지도 못한 것이다. 즉 국가는 다양하고 복잡한 초국가적이고 후기국가적인 사회·공간적 연계망[63](socio-spacial networks)에 노출돼 있으며, 이에

---

62) 이러한 역사사회학적 인식에 대해서는 다음을 참조. Martin Shaw, "Historical Sociology and Global Transformation," in Ronen Palan (ed.), *Global Political Economy: Contemporary Theories* (London: Routledge, 2000).

63) 사회·공간적 연계망은 세계화의 진전으로 정치·경제·사회·문화영역에서 다

따라 국제관계에서 전통적 국가중심성은 심각하게 훼손되고 있는 것이다.

정리해 보면, 역사사회학은 근대국가의 형성은 로크나 루소류의 자유주의적 사회계약에 기반한 것이 아니라, 유럽지역에서 발생한 전쟁을 통한 '지정학적 국가체제'와 자본주의의 성장을 통한 '자본주의 세계체제', 그리고 혁명과 민주주의의 성장 같은 국내 사회적 요인에 의해 역사적이고 사회적으로 이루어졌다는 점을 밝혀냈다고 할 수 있다. 이러한 점은 합리주의의 기본가정인 국가중심론과 국제체제의 무정부성이 근대 16세기 이후 유럽지역의 특수한 역사적 경험에서 추동된 것이라는 점을 명백하게 보여주는 것이다. 이와 같은 역사사회학의 학문적 업적은 국가의 중심성과 국제체제의 무정부성을 자연스럽고 신성하게 여기며, 그래서 변화가 없는 영원한 것으로 인식하는 합리주의 접근이 이론적 근거가 없는 명백한 오류에 기반한 것임을 지적하는 것이라 할 수 있다.

역사사회학자들은 유럽통합이 심화되면서 국민국가 중심의 근대유럽체제가 변화되고 이에 따라 다층거버넌스와 다행위자가 등장한 현재의 현상에 연구의 초점을 맞춘다. 다층거버넌스와 다행위자의 등장, 유럽연합 내의 전쟁위험의 약화와 같은 현상은 유럽의 역사와 사회가 20세기 후반 들어 16세기 이후의 지속성과 연속성에서 벗어나 일종의 역사적인 분기(ramification) 혹은 역사적인 불연속성에 들어섰다고 역사사회학은 판단하고 있는 것이다.

이외에도 역사사회학적 견지에서 유럽연합을 연구하는 분야는 많이 찾을 수 있다. 예를 들어 사회적 차원의 혁명(정보통신혁명, 세계화가 촉발하고 있는 다양한 사회·공간적 정체성과 이해관계의 등장, 유럽연합 차원의 유럽정체성 창조노력)과 유럽자본주의 축적모델의 변화[64](브레튼우즈체제와 포디즘적 케인즈주의의

양한 주체간에 국경을 넘나드는 초국가적 접촉과 연계가 이루어지는 연결망을 의미한다. 예를 들어 이라크전쟁에 대한 비정부기구 중심의 국제적인 반전 연결망의 확산과 반신자유주의 세계화를 지지하는 비정부기구 연결망 등이 바로 그러한 것들이다. 이처럼 지구적 차원의 세계화의 심화는 이슈별로 혹은 관심영역별로 새롭고 무수히 많은 사회·공간적 연계망을 양산하고 있는데, 이러한 점은 미시적 차원에서 공통의 정체성과 이해관계를 가진 행위자간의 접촉과 연계가 폭증하고 있음을 의미한다. 이러한 다행위자의 등장은 국제관계에서 국가를 가장 중요하고 통합된 행위자라고 인식하는 합리주의 접근에 심각한 이론적 도전을 제기하고 있다.

붕괴와 유럽식 신자유주의의 등장, 국가에 기반한 자본 축적에서 유럽지역에 기반한 확장된 자본축적 기능), 민주주의 문제(중동부유럽으로의 서구식 자유민주주의의 확산, 유럽연합 내의 민주주의 결핍문제가 가져올 유럽차원의 민주주의의 성격과 구조의 변화) 등은 역사사회학적 전통에 기반한 적합한 연구가 가능한 영역이라 할 수 있다. 한마디로 역사사회학의 탐구영역은 유럽지역에서 풍부한 것이다.65)

비판이론은 프랑크프르트학파와 신마르크스주의에 영향을 받은 일군의 학자들에 의해 1980년대 이래 주도된 국제관계학의 한 부류를 지칭하는데, 여기서는 맥클린(Maclean)과 콕스(Cox)의 논의를 중심으로 살펴보고자 한다. 비판이론은 합리주의 접근이 기반하고 있는 인식론과 존재론 및 방법론에 대해 집중적인 문제의식을 제공한다. 우선 비판이론가들은 합리주의 접근이 서구 근대성 중에서 합리적 이성(비판적 이성)이 아닌 도구적 이성에 경도돼 있으며66) 방법론적으로 실증주의와 경험주의에 기반하고 있다고 지적하고 있다.

실증주의 방법론의 문제점은 이미 여러 번 지적했지만, 현재의 현상과 구조를 있는 그대로 자연스럽게 받아들이는 동시에 현재의 구조와 현상이 제대로 작동할 수 있는 방법에 대해서만 탐구하므로 현상 유지적이고 보수적인 이론이라는 것이다. 또한 실증주의 방법론은 근대이성의 두 측면 중 비판적 측면을 사장시킴으로써 현재의 현상과 구조에 대한 비판적 접근을 결여하고, 이에 따라 현재의 현상과 구조의 역사적 기원과 발전 및 변화 가능성에 대해서는 인식의 진공상태를 노출하고 있다는 것이다. 결과적으로 합리주의 접근은 현재를 동적이 아닌 정적으로 이해하는 몰역사적이고 몰사회적인 이론이

---

64) 1970년대 등장한 브레튼우즈체제의 붕괴와 포디즘적 케인즈주의 자본축적 모델의 붕괴라는 이중적 위기와 유럽지역에서의 새로운 자본축적 모델로 등장한 신자유주의 경제개혁이 유럽통합의 구조적 배경이라는 주장에 대해서는 구춘권(2001) 참조.

65) 이와 같은 역사사회학의 유럽 연구분야는 필자가 설정한 것으로 필자의 향후 연구과제이기도 하다.

66) R. Ashley, "Political Realism and Human Interests," *International Studies Quarterly* 25-2 (1981).

라는 것이다.67)

이와 대조적으로 비판이론가들은 이론은 합리적 이성에 기반해야 한다고 주장하고, 사회적 실재의 정당성에 의문을 제시하고 사회적 관계를 역사적이고 사회적인 변화를 중심으로 이해하고자 한다. 따라서 비판이론가들은 기존 사회와 역사적 현상과 구조의 정당성을 의문시하고 문제시하며, 새롭고 해방된 사회와 정치적 질서를 구축하기 위한 실천적이고 규범적인 대안을 제시하려고 노력한다.68) 비판이론의 이와 같은 인식론과 방법론은 국제관계를 이해하는 데 주류를 형성하고 있는 합리주의의 핵심가정인 국가중심론과 국제체제의 무정부성이 몰역사적이고 몰사회적인 이론적 기반을 가지고 있다는 점을 비판하며 새로운 이론적 대안을 제시하고 있는데, 여기서는 콕스의 논의를 중심으로 다루고자 한다.

콕스는 물리력(material capabilities)과 제도 및 아이디어(ideas)로 구성되는 역사적 구조(historical structures)가 사회세력(social forces)과 국가·사회복합체(state/society complexes) 및 세계질서(world orders) 차원에서 어떻게 작동하고 변하는지를 추적한다.69) 여기서 주목할 점은 이러한 이론틀을 중심으로 콕스는 합리주의 접근의 원자화된 존재론(즉 국제체제에서 국가의 원자성과 그로 인한 국가중심론)과 환원주의적 방법론(즉 국제체제에서 물질적 이해관계를 가장 중시하는 입장)을 동시에 극복하고자 노력하고 있다는 점이다. 콕스는 국가라는 단어 대신 국가·사회복합체를 사용하고 있는데, 이는 국가가 사회세력과 계급구조의 관계로부터 영향을 받는다는 것을 의미하는 것으로, 합리주의 접근의 국가중심론에 대한 일종의 비판적 대안개념인 것이다.

콕스의 이론틀은 국제관계의 역사적 구조가 생산과정에서 발생하는 사회세력과 국가·사회복합체의 차이에서 도출되는 다양한 국가형태, 그리고 국

---

67) J. Maclean, "Marxism and International Relations: A Strange Case of Mutual Neglect," *Millenium* 17-2 (1988).

68) M. Hoffman, "Critical Theory and the Inter-Paradigm Debate," *Millenium* 16-2 (1987).

69) Robert W. Cox, "Social Forces, States, and World Orders: Beyond International Relations Theory," in Robert W. Cox and Timothy J. Sinclair, *Approaches to World Order* (Cambridge: Cambridge University Press, 1996).

가간 전쟁과 평화를 규정하는 힘(forces)들의 특별한 결합으로서 세계질서간의 역동적 상호작용에 의해 작동한다고 주장하고 있다. 이러한 인식은 현재 유럽통합과 유럽연합의 제도화를 분석하는 데 합리주의나 거버넌스적 접근보다 훨씬 분석적이고 유용한 이론틀을 제공한다. 즉 유럽의 역사적 구조는 다원화된 사회세력과 다양한 국가·사회복합체, 그리고 유럽의 지역질서와 국제적 세계질서간의 역동적 상호작용을 통해 유럽통합의 현재와 미래의 발전궤도를 규정한다고 볼 수 있는 것이다. 이러한 접근은 유럽통합이 불러온 초국가기구의 강화, 다행위자와 정책결정과정의 복잡성 및 다층통치체제의 등장은 물론 국민국가의 지속성과 회원국들의 유럽통합에 대한 다양한 전략을 분석할 수 있는 구체적인 분석틀을 제공하고 있는 것이다.

콕스의 이러한 이론틀은 현재 유럽통합에 구체적인 사례연구로 적용되지 않고 있다. 이론적 풍부성(richness)이 사례연구의 빈곤과 연계돼 있는 것이다. 그 이유는 다양하겠지만, 소련과 중동부유럽 지역의 사회주의 실험이 1990년 벽두에 실패로 귀결되고, 이후 신자유주의의 시장중심 세계화와 국가간·지역간 경제적 경쟁이 강화되면서 좌파적 학문이 쇠퇴한 데서 찾을 수 있다고 판단된다.[70] 그러나 성찰주의 차원의 비판이론이 아닌 구조주의 입장에서 유럽통합을 설명하려는 시도는 찾아볼 수 있는데, 여기서는 만델(Mandel)과 칵스(Cocks)의 접근을 살펴보고자 한다.[71] 구조주의 패러다임 중 마르크스주의에 기반한 만델과 칵스를 여기에 소개하는 이유는 이들의 방법론이 성찰주의 방법론(즉 역사적이고 사회적이며 비판적인 접근)을 공유하고 있어 성찰주의 접근으로 이해되기 때문이다.

만델은 당시 유럽공동체(EC)의 형성과 발전을 자본의 집중(concentration)과정

---

70) Hazel Smith, "The Politics of Regulated Liberalism: A Historical Materialist Approach to European Integration," in Mark Ruppert and Hazel Smith (eds.), *Historical Materialism and Globalization* (London: Routledge, 2002), p.265.

71) 맑시스트적 접근에 기반해 유럽연합을 제국주의 행위자로 분석하고 있는 연구로는 Bruno Carchedi and Guglielmo Carchedi, "Contradictions of European Integration," *Capital and Class* 67 (1999). 유럽연합의 사회정책을 역사적 유물론의 입장에서 접근한 논문으로는 Hazel Smith (2002)를 참조할 것.

으로 이해하고 있다.72) 당시 유럽의 자본집중은 회원국 기업의 합병과 미국 자본에 의한 유럽기업의 인수로 귀결됐는데, 만델은 이러한 자본의 집중과정은 유럽국가의 본질을 변화시키기 시작했다고 지적했다. 맑시스트적 계급분석에 기반해 만델은 서유럽에서의 자본의 집중은 서유럽 차원의 부르주아지를 등장시켰으며, 이들 서유럽 부르주아지는 국가의 초국적 차원에서의 재개편을 촉진했다는 것이다. 즉 합병되고 인수된 은행과 산업의 등장은 개별국가를 벗어난 일종의 초국적 자본가계급의 등장을 추동했고, 이들 초국적 자본계급이 공동시장에서 초국가적 국가(supranational state)의 등장을 유도했다는 것이다.

1960년대 연구된 만델의 이러한 경제사회적 주장은 유럽연합의 산업 및 금융자본이 현재 유럽의 초국적인 통합을 주도하고 있고, 유럽연합의 심화와 확대가 미국의 경제적 패권과 일본과 중국중심의 동아시아경제의 부상 및 동아시아 경제지역주의의 등장 가능성에 대한 일종의 경쟁력확보 차원의 전략이라고 판단할 때, 상당한 이론적 설득력과 예측력을 가진 연구였다고 평가할 수 있다.

만델의 계급중심 접근과 달리 칵스(Cocks)의 접근은 역사사회학과 유사한 방법론을 수용하고 있다.73) 칵스는 20세기 후반 이후 유럽지역의 경제 및 정치통합과 16세기 이후 국민적·영토적 국가(national-territorial state: 절대국가와 국민국가를 의미)의 등장과 국가적 시장(national markets)의 발전이라는 역사적 현상을 역사적 관점에서 비교했다. 국가적 시장은 일국 영토 내에서 자유무역과 공동의 통화가 사용되는 시장을 뜻하는데, 국민적·영토적 국가에 의한 정치적 통일과정은 일국 내의 국가적 시장의 완성을 동반하는 것이었던 반면, 20세기 중반 이후에는 자본축적을 위해 유럽지역에서 국가적 시장간의 상호 의존관계와 상호침투 과정이 증가하고 있는데, 이것이 유럽지역 통합의 동인이라고 칵스는 주장하고 있다. 한마디로 국가적 시장간의 상호 의존관계와 상호

---

72) E. Mandel, "International Capitalism and 'Supra-Nationality'," in R. Miliband and J. Saville (eds.), *The Socialist Register 1967* (London: merlin, 1967).

73) P. Cocks, "Towards a Marxist Theory of European Integration," *International Organization* 34-1 (1980).

침투과정의 증가는 초국가성(supranationality)이 경제적이고 정치적인 강력한 이 데올로기로 기능하게 했고, 국가나 초국가 제도도 초국가성의 요구에 부응하 게끔 됐다는 것이다.

그러나 위와 같은 구조주의적 패러다임 내의 마르크스주의적 접근의 문제점은 이 접근의 근본적인 문제인 경제환원주의를 그대로 범하고 있고, 따라서 정치적 영역에서 이루어지는 통합의 동인은 물론 국가자율성 문제를 적절하게 설명하고 있지 못하다는 지적을 받고 있다.

포스트모더니즘과 포스트구조주의 접근은 다양한 이론으로 충원되고 있지만, 여기에서는 해체주의 국제관계이론을 중심으로 살펴보고자 한다.[74] 해체주의 국제관계이론은 기존의 주도적인 국제관계이론(즉 합리주의 접근)이 간과하고 있는 영역에 대한 성찰을 요구하고, 합리주의 접근이 주도한 국제관계의 이분론적 대립(binary opposition)과 이분된 양자간의 위계화에 대해 근본적인 비판을 가한다.[75] 해체주의는 합리주의 접근이 국내와 국제체제를 분리해 국내정치를 안정적인 세계로 파악한 반면, 국제체제는 불안정하고 무질서한 혼돈의 세계로 인식해 왔다고 주장한다.[76] 이러한 지적은 합리주의 접근의 핵심 가정 중 하나인 국제체제의 무정부성에 대한 해체주의 국제관계론의 비판인 것이다. 합리주의 접근의 이분적 대립과 한쪽에 대한 중심성과 우월성의 부여는 이론적 근거가 없는 근대성의 관성화된 일방적이고 폭력적인 위계화작업

---

74) 해체주의 국제관계이론의 대해서는 장원형, "비판 국제정치이론," 하영선 편, 『현대국제정치이론』(나남, 1991) 참조.

75) 해체주의자로 알려진 데리다(Derida)는 근대 서구의 지적 전통은 이성을 중심으로 세계를 이분적으로 대립시키고 대립된 양자간에 위계적인 질서를 부여해 왔다고 주장한다. 예를 들어 근대성과 이성에 기반한 국제관계학은 이성/감성, 중심부/주변부, 제1세계/제3세계, 국내/국제 등과 같이 국제관계를 이분하고 전자의 후자에 대한 지배와 우월성을 은연중에 강요해 왔으며, 이러한 이분화를 통해 국제관계의 복잡성과 모호성을 단순화하고 이해 가능한 것으로 바꾸어 놓았다고 해체주의 국제관계학은 주장한다. 이러한 주장에 대해서는 J. Der Derian, "Introducing Philosophical Traditions in Inter- national Relations," *Millenium* 17-2 (1988) 참조.

76) R. Ashley, "The Geopolitics of Geopolitical Space: Toward a Critical Social Theory of International Politics," *Alternatives* 12-4 (1987), pp.413-415.

이라는 것이다. 해체주의는 이분론적 대립을 해체시켜 그 동안 근대적 담론 속에서 우월하지 못한 것으로 인식돼 온 다양한 주체와 담론의 해방을 추구한 것이다.

해체주의적 국제관계론은 또한 합리주의의 국가중심론에도 비판을 가하고 있는데, 합리주의 접근은 국가가 국제관계의 가장 중요한 행위자라는 자신들의 핵심가정을 전혀 의문시하지 않고 국가를 선험적이고 자연스런 것으로 이해하고 있다는 것이다. 한마디로 합리주의 접근은 국가를 항구적인 주권적이고 영토적인 총체성으로 당연스럽게 자연시한다고 해체주의이론은 비판하면서 국가는 16세기 이후 현재까지의 특정한 역사적 기간의 산물이라는 것을 강조한다.

이와 더불어 해체주의 국제이론은 초국가적 힘이 강화돼 전세계적 차원에서 '주변적 장'이 증가하고 '초경계적 투쟁'(trasversal struggles)이 확산되고 있는 현상에 주목한다.77) 주변적 장이란 합리주의 접근이 국제관계에서 무시해 버린 행위자와 이슈 등(예를 들어 비정부기구와 비국가기구, 안보와 군사 이외의 이슈)을 의미한다. 초국가적(transnational)이란 의미가 아직도 국가 중심적인 의미를 함유하고 있는 것과 달리 '초경계적'이란 의미는 국가의 영향력이 현저하게 저하됐음을 의미한다. 이러한 주변적 장의 증가와 초경계성의 확산으로 국내/국제체계, 주체/객체, 정치/경제 등의 이분적 구분은 더 이상 작동하기 어려워졌다는 것이다.

해체주의 국제관계론은 이처럼 주변의 장과 경계초월성의 증가로 인해 국가중심적인 근대 국제체제가 다행위자 중심과 다층거버넌스 중심의 포스트모던한 국제체제 혹은 후기국가적인 세계로 들어서고 있음을 지적하고 있는 것이다. 따라서 해체주의이론은 유럽연합이 역사상 초유로 경험하고 있는 다행위자와 다층거버넌스의 등장 및 유럽연합 정책결정과정의 복잡성 등을 잘 설명할 수 있는 이론적 기반을 지니고 있다고 평가할 수 있다. 해체주의자들은 유럽연합에서 발생하고 있는 다행위자와 다층거버넌스의 등장 등을 포스트모

---

77) R. Walker, *One World, Many World: Strategy for a Just World Peace* (Boulder: Reimer, 1988).

던한 현상으로 이해하고 있는 것이다.

   그러나 해체주의 국제정치이론은 근대성과 이성에 대한 총체적 비판과 해체작업을 추진함으로써, 기존 사회질서와 구조에 대한 변혁의 주체 또한 해체시켜 버리는 자기 모순적이고 자기 파괴적인 방법론적 문제에 봉착해 있다는 비판에 직면해 있다. 또한 해체주의는 탄탄한 이론의 철학적 기반을 지니고 있고, 주변적 장과 경계초월적 관계망의 확장을 통한 다양한 행위자의 등장과 권위의 분산(예를 들어 다층거버넌스의 등장) 같은 미시적 차원의 분석과 설명에는 적절한 이론적 기반을 소유하고 있으나, 이론의 미래 예측성에는 취약한 한계를 드러내고 있다고 할 수 있다.

5. 맺음말

   유럽통합과 유럽연합에 대한 이론적 접근은 국제관계이론과 비교정치이론이 경합하고 있다. 국제관계이론이 '통합'과 관계되는 측면, 즉 통합을 둘러싼 국가간의 관계와 초국가기구와 국가간의 관계 및 유럽통합과 국제체제의 관계, 지역주의의 등장배경과 발전요인 등에 대해 정교한 설명을 제시하고 있는 반면, 비교정치이론은 유럽연합 정체의 거버넌스에 관심을 가지고 유럽연합의 다행위자와 다층거버넌스의 등장, 정책결정과정의 복잡성을 연구해 오고 있다. 유럽연구에 비교정치적 연구가 도입되면서 이루어진 '거버넌스로의 전환'은 국제관계이론이 무시해 온 나머지 절반의 유럽통합 스토리를 설명 가능하게 해 주었다는 점에서 이론적 기여와 의미를 찾을 수 있다.

   본 연구는 합리주의적 접근의 핵심가정인 국가중심론과 국제체제의 무정부성이 몰역사적이고 몰사회적인 일종의 신념이라는 점을 구성주의와 성찰주의 접근의 다양한 이론을 통해 구체적으로 살펴보았는데, 이를 합리주의의 비합리성이라고 지칭했다. 구성주의와 역사사회학, 비판이론과 해체주의는 합리주의 핵심가정이 몰역사적이고 몰사회적인 것이라는 사실을 명백하게 드러내 주기도 했지만, 현재 유럽통합의 가속화와 유럽연합 제도화의 진전이 야기하고 있는 독특한 전환기적 특징들 잘 설명하는 이론적인 틀 또한 제공해 주고 있다.

역사사회학은 역사의 연속성과 불연속성을 통해 유럽연합이 근대국가 체제를 넘어서 일종의 후기국가의(postnational) 단계로 들어섰음을 설명할 수 있고, 콕스의 비판이론은 사회세력과 국가·사회복합체 및 세계질서 사이의 복합적인 상호작용에 초점을 맞춤으로써 유럽연합 내 다행위자와 다층거버넌스의 등장을 구체적으로 추적할 수 있는 분석틀을 제공해 주고 있다. 해체주의적 성찰이론은 근대성의 억압적이고 위계적인 이분적 담론구조의 해체과정을 통해 기존에 주변화됐거나 억압됐던 다양한 주체와 정체성의 등장과 해방을 추구하고 있으며, 경계초월성을 통해 초국적 관계가 확산되고 있음을 지적하고 있다. 이러한 해체주의이론은 유럽연합에서의 다행위자의 등장과 정책결정과정에서 복잡성의 증가 및 다층거버넌스의 등장 등을 설명할 수 있는 이론적 기반을 제공해 주고 있다. 그러나 성찰주의 접근의 문제점은 사례연구가 부족하다는 것이다. 한마디로 풍부한 이론적 배경을 가지고 있지만 사례연구는 빈곤하다는 것이다.

구성주의 이론은 합리주의 접근이 묵과해 온 비물질적 요인의 중요성을 유럽연합 연구에 도입했으며, 유럽통합은 개인과 사회집단, 국가라는 집단적 행위자와 초국가적 기구간의 상호작용을 가속화시키고 있으며, 그 결과 친통합적인 새로운 정체성과 이해관계의 공고화가 이루어져 유럽통합이 더욱 가속화되고 있다고 주장하고 있다. 사회학적 신제도론과 역사적 신제도론 역시 비물질적 제도를 포함하는 광범위한 제도개념을 도입해 유럽통합 연구의 지평을 확장시켰다.

유럽통합과 유럽연합에 대한 이론적 접근은 백가쟁명식 경쟁을 벌이고 있는데, 이는 유럽연합의 성격이 '국가의 유럽'도 아니고 '유럽연방'도 아닌 그 중간 어디쯤에 존재하기 때문이기도 하지만, 유럽연합의 거버넌스가 근대 국민국가 중심의 체제와는 분명히 다르지만 유럽연합의 궁극적이고 미래 거버넌스의 구조가 어떻게 형성될지 그 누구도 예측하기 어렵다는 점에 기인하기도 한다. 유럽연합 거버넌스의 미래를 예견하면서 중세와 같이 분산된 권위체로 구성된 신중세주의(neo medievalism)의 등장을 주장하는 학자들도 있으나, 이러한 주장에 대한 검증 또한 많은 시간을 필요로 한다는 점에서 유럽연합의 미래 거버넌스에 대한 예견은 시간을 가지고 지켜봐야 할 영역으로 판단할 수 있는 것이다.

현재 유럽연합의 거버넌스는 다행위자와 다층거버넌스의 등장을 특징으로 하는데, 이러한 거버넌스의 미래변화에 대해서는 예측이 어렵고, 따라서 각 이론은 스스로의 핵심가정과 이론틀을 유지하며 경쟁적으로 유럽통합과 유럽연합의 제도화를 탐구하고 있다. 예를 들어 유럽통합과 유럽연합의 제도화를 설명하는 데 합리주의 접근, 특히 신현실주의의 설명력이 가장 떨어지는 것은 사실이지만, 유럽연합의 미래가 신현실주의의 주장처럼 국가간의 갈등과 분열로 귀결될 가능성을 완전히 배제하기 어려운 상황에서 유럽연구에 대한 신현실주의 이론의 폐기를 선언하기는 어렵다는 것이다. 유럽연합의 미래에 대한 불확실성은 유럽연합에 대한 이론적 경쟁을 더욱 부추기고 있는 것이다.

참고문헌

강원택, "유럽통합과 다층통치체제: 지역의 유럽 혹은 국가의 유럽," 『국제정치논총』 제40권 1호(2000).
구갑우, "지역통합 이론의 재검토: 국가중심주의와 탈국가중심주의," 『한국과 국제정치』 제14권 1호(1998).
구춘권, "유럽연합의 통합양식 변화와 비판적 통합이론학적 분석을 중심으로," 『한국정치학회보』 제35권 3호(2001).
김계동, "지역통합이론 연구: 유럽통합을 중심으로," 『세계정치연구』 제1권 2호(2002).
김석준 외, 『거버넌스의 정치학』, 법문사, 2002.
김학성, 『한반도 평화체제에 대한 이론적 접근: 현실주의, 자유주의, 구성주의의 비교』 http://www.kinu.or.kr/content/xml.asp=4629(검색일: 2003년 8월 23일).
이호근, "유럽 통합과정과 사회정책," 『한국정치학회보』 제34집 3호(2000).
장원형, "비판 국제정치이론," 하영선(편), 『현대국제정치이론』, 나남, 1991
전상일, "국제정치학을 위한 역사사회학적 비전," 김달중 외, 『국제정치학의 새로운 영역과 쟁점』, 나남출판, 1999.
조홍식 『유럽통합의 이론』, 세종연구소 연구논문 98-02, 1998.
진시원, "사회 구성주의를 통해 본 유럽의 정체성," 『국제정치논총』 제 43권 3호(2003).
최영종, "현실주의 지역통합 이론: 그 가능성과 한계," 『한국정치학회보』제 35권 2호(2001).
최영종 『Regionalism: 동아시아 지역통합과 한국의 선택』, 고대아연출판사, 2003.

Amstrong, K. and S. Bulmer, *The Governance of the Single European Market* (Manchester: Manchester University Press), 1998.

Ashley, R., "Political Realsim and Human Interests,' *International Studies Quarterly* 25-2, 1981.

Ashley, R., "The Geopolitics of Geopolitical Space: Toward a Critical Social Theory of International Politics," *Alternatives* 12-4, 1987.

Baechler, Jean, Hall, John A. and Michael Mann(eds.), *Europe and the Rise of Capitalism* (Oxford: Rasil Blackwell), 1998.

Baylis, John and Steve Smith, The Globalization of World Politics (Oxford University Press), 2001.

Carchedi, Bruno, and Guglielmo Carchedi, "Contradictions of European Integration," *Capital and Class* 67, 1999.

Checkel, J.T., "The Constructivist Turn in International Relations Theory," *World Politics* 50, 1998.

Checkel, J.T., "Social Learning and European Identity Change," *International Organization* 55-3, 2000.

Cocks, P., "Towards a Marxist Theory of European Integration," *International Organization* 34-1, 1980.

Cox, Robert W., "Social Forces, States, and World Orders: Beyond International Relations Theory," in Robert O. Keohane (ed), *Neorealism and Its Critics* (New York: Columbia University Press), 1986.

Cox, Robert W., "Social Forces, States, and World Orders: Beyond International Relations Theory," in Robert W. Cox and Timothy J. Sinclair, *Approaches to World Order* (Cambridge: Cambridge University Press, 1996.

Der Derian, J., "Introducing Philosophical Traditions in International Relations," *Millenium* 17-2, 1988.

Fioretos, K. O., "The Anatomy of Autonomy: Interdependence, Domestic Balance of Power, and European Integration," *Review of International Studies* 23-3, 1997.

Gowa, Joanne, "Bipolarity, Multipolarity and Free Trade," *American Political Science Review* 83-4, 1989.

Grieco, Joseph M., "Understanding the Problem of International Cooperation: The Limits of Neoliberal Institutionalism and the Future of Realist Theory," in David A Baldwin (ed.), *Neorealism and Neoliberalism* (New York: Columbia University Press), 1993.

Grieco, Joseph M., "State Interests and Institutional Rule Trajectories: A Neorealist Interpenetration of the Maastricht Treaty and European Monetary Union," *Security Studies* 5-3, 1996.

Haas, Ernst B., *Beyond the Nation State: Functionalism and International Organization* (Stanford: Stanford University Press), 1964.

Haas, Ernst B., *The Uniting of Europe: Political, Social and Economic Forces 1950-1957* (Stanford: Stanford University Press), 1968.

Hall, P. and R. C. R. Taylor, "Political Science and the Three New Institutionalsim," *Political Studies* 44-5, 1996.

Hix, S., "the Study of European Community: The Challenge to Comparative Politics," *West European Politics* 17-1, 1994.

Hix, S., "CP, IR and the EU? A Rejoinder to Hurrell and Menon," *West European Politics* 19-4, 1996.

Hix, S., *The Political System of the European Union* (Basingstoke: Macmillan), 1999.

Hobson, Hohn M., "What's at stake in 'bringing historical sociology back into international relations'? Transcending chronofetishism and tempocentrism in international relations," in Stephen Hobden and John M Hobson (eds.), *Historical Sociology of International Relations* (Cambridge: Cambridge University Press), 2002.

Hoffman, M., "Critical Theory and the Inter-Paradigm Debate," *Millenium* 16-2, 1987.

Hoffmann, Stanley, "Europe's Identity Crisis: Between the Past and America," *Daedelus* 93, 1964.

Hoffman, Stanley, "Obstinate or Obsolete? The Fate of Nation State and the Case of Western Europe," *Daedalus* 95, 1966.

Hurrell, Andrew and Anand Menon, "Politics Like Any Other" Comparative Politics, International Relations and the Study of the EU,' *West European Politics* 19-2, 1996.

James, A. Caporaso, "Global Political Economy," in Ada W. Finifter (ed), *Political Science: The State of the Discipline* (Washington DC: American Political Science Association), 1993.

Keohane, Robert O., "International Institutions: Two Approaches," *International Studies Quarterly*, Vol.32, 1998.

Maclean, J., "Marxism and International Relations: A Strange Case of Mutual Neglect," *Millenium* 17-2, 1988.

Mandel, E., "International Capitalism and 'Supra-Nationality'," in R. Miliband and J. Saville (eds.), *The Socialist Register 1967* (London: merlin), 1967.

Marks, Gary, "Structural Policy in the European Community," in Alberta M. Sbragia (ed.), *Euro-Politics: Institutions and Policymaking in the New European Community* (Washington DC: Brookings Institution), 1992.

Mazey, Sonia and Jeremy Richardson, "Interests," in L. Cram, D. Dinan and N. Nugent (eds.), *Developments in the European Union* (Basingstoke: Macmillan), 1999.

Mazey, Sonia and Jeremy Richardson, "The Logic of Organization: Interest Groups," in Jeremy Richardson (ed.), *European Union: Power and Policy-Making* (London: Routledge), 1996.

Mearsheimer, John, "Back to the Future: Instability in Europe after the Cold War," *International Security* 19-1, 1990.

Mearsheimer, John, "The False Promise of International Institutions," *International Security* 19-3, 1995.

Moravcsik, Andrew, "Preferences and Power in the European Community: A Liberal Intergovernmentalist Approach," *Journal of Common Market Studies* 31, 1993.

Moravcsik, Andrew, "Liberal Intergovernmentalism and Integration: A Rejoinder," *Journal of Common Market Studies* 33, 1995.

Moravcsik, Andrew, "Negotiating the Single European Act: National Interests and Conventional Statecraft in the European Community," *International Organization* 45-1, 1991.

Onuf, N., *A World of Our Making: Rules and Rule in Social Theory and International Relations* (Columbia: University of south Carolina Press), 1989.

Peters, B. G., *Institutional Theory in Political Science: The New Institution-Institutionalism* (London: Continuum), 1999.

Powell, R., "Absolute and Relative Gains in International Theory," in D. A. Baldwin (ed.), *Neo-realism and Neo-liberalism* (new York: Columbia University Press), 1993.

Powell, W. W. and P. J. Dimaggio(eds.), *The New Internationalism in Organizational Analysis* (Chicago University Press), 1991.

Richardson, J., "Actor-based models of National and EU Policy Making" in H. Kassim and A. Menon (eds.), *The European Union and National Industrial Policy* (London: Loutledge), 1996.

Risse-Kappen, T., "Explaining the Nature of the Beast: International Relations and Comparative Policy Analysis Meet the EU," *Journal of Common Market Studies* 34-1, 1996.

Rosamond, Ben, "Globalization and the Social Construction of European Identities," *Journal of European public Policy* 6-4, 1999.

Rosamond, Ben, *Theories of European Integration* (Lodon: Macmillan), 2000.

Schimmelfennig, Frank, *The Double Puzzle of EU Enlargement: Liberal Norms, Rhetorical Action, and the Decision to Expand to the East*, ARENA Working Paper WP 99/15, 1999.

Shaw, J., "Postnational Constitutionalism in the European Union," *Journal of European Public Policy* 6-4, 1999.

Shaw, Martin, "Historical Sociology and Global Transformation," in Ronen Palan (ed.), *Global Political Economy: Contemporary Theories* (London: Routledge), 2000.

Smith, Hazel, "The Politics of Regulated Liberalism: A Historical Materialist Approach to European Integration," in Mark Ruppert and Hazel Smith(eds.), *Historical Materialism and*

Globalization (London: Routledge), 2002.

Smith, Steve, "International theory and European integration," in Morten Kelstrup and Michael C. Williams (eds.), *International Relations Theory and the Politics of European Integration: Power, Security and Community* (London: Routledge), 2000.

Thelen, K. and S. Steinmo, "Historical Institutionalism in Comparative Politics," in S. Steinmo, K. Thelen and F. Longstreth (eds.), *Structuring Politics: Historical Institutionalism in Comparative Analysis* (Cambridge: Cambridge University Press), 1992.

Walker, R., *One World, Many World: Strategy for a Just World Peace* (Boulder: Reimer), 1988.

Weale, A. and A. Williams, "Between Ecconomy and Ecology? The Single Market and the Integration of Environmental Policy,' *Environmental Politics* 1-4, 1992.

Wendt, Alexander, "Collective Identity Formation and the International State," *American Political Science Review* 88-2, 1994.

Wendt, Alexander. *Social Theory of International Politics* (Cambridge: Cambridge University Press), 1999.

Wincott, D., "Institutional Interaction and European Integration: Towards an Everyday Critique of Liberal Intergovernmentalism," *Journal of Common Market Studies* 33-4, 1995.

키워드 : 유럽연합(European Union), 유럽통합(European integration), 통합이론(Integration theory), 거버넌스(Governance)

제4장 다층거버넌스로서의 유럽연합체제

이수형

1. 머리말

　제2차 세계대전 이후 서유럽정치에 나타난 가장 특징적인 양상은 아마도 유럽연합(European Union)이라는 새로운 정치체제의 등장일 것이다. 1957년 로마조약을 모태로 정치적, 경제적, 그리고 사회문화적으로 동질성이 강한 서유럽 6개국으로 출범한 유럽연합은 자신들이 구상한 의제와 이상[1]을 실현하기 위

---

1) 유럽연합이 통합과정을 통해 추구하고자 하는 의제나 이상은 크게 3가지로 압축해 볼 수 있다. 첫째는 화해의 의제·이상이었다. 이것은 민족주의와 과거의 갈등 유형을 극복하고 유럽의 심장부, 특히 프랑스와 독일간의 전쟁을 불가능하게 만들기 위한 바람인 유럽통합을 위한 원래의 동기였다. 두 번째는 유럽이 성공적으로 경쟁하고 성장하고자 한다면 유럽은 경제적으로 통합해야 한다는 경제적 번영이었다. 세 번째이자 마지막 의제·이상은 궁극적으로 그 자신의 정치적, 경제적, 그리고 최종적으로 전략적 운명을 통제해 미국으로부터 독립적인 지구적 세력이 되는 하나의 유럽이었다. David C. Gompert & F. Stephen Larrabee (ed.), *America and Europe: A Partnership for a New Era* (Cambridge: Cambridge University Press, 1998); 이수형, 『미국과 유럽의 21세기 국제질서』(한울 아카데미, 2000), 54-55쪽.

해 지속적인 통합과정을 겪어 왔다. 유럽연합의 지속적인 통합과정의 두 축을 이루고 있는 확대와 심화는 한편으로는 회원국가간의 관계 및 국가 내부의 다양한 문제에 대해 중요한 변수로 등장했고, 다른 한편으로는 유럽연합 자체의 체제적 성격이나 특성에도 상당한 영향을 미치고 있다.

체제론적 관점에서 보았을 때, 지난 반세기 동안 통합과정을 겪어 온 유럽연합은 하나의 통일된 연방적 국가체제(federal state system)의 모습도 아니고, 또 일반적으로 국제관계에서 목격될 수 있는 국제기구도 아닌 양상을 보이고 있다. 이는 기본적으로 유럽연합이 통합과정을 거치면서 하나의 유럽을 건설하고자 하는 통합의 논리(유럽주의)와 국가주권의 고유성을 보유하고자 하는 다양성의 논리(국가주의)간 긴장관계의 상호작용을 통해 발전해 왔기 때문이다. 왈라스와 왈라스의 지적대로[2] 유럽연합의 통합과정은 특정 시기와 특정 쟁점에서 다양성의 논리를 강조하는 정부간주의와 통합의 논리를 강조하는 초국가주의를 왔다갔다하는 일종의 움직이는 시계추(swinging pendulum)와 같은 양상을 보여 왔던 것이다. 그 결과 행위자와 구조를 포함하고 최소한도로 상호 작용하고 있는 단위의 집합이라는 측면에서 정의해 볼 수 있는 오늘날의 유럽연합체제(European Union system)는 비교정치론적 관점에서 파악되는 특정 국가의 정치체제나 국제관계론적 측면에서 바라본 다양한 지역적 국제체제와는 분명 다를 것이다.

이런 맥락에서 이 글의 목적은 다층거버넌스(multi-level governance)라는 관점에서 유럽연합체제의 특성을 분석하고자 하는 것이다. 구체적으로 이 글의 논리구조는 다음과 같다. 먼저 제2절에서는 1980년대 중반 이후 유럽연합의 연구와 관련해서 많은 사람들 사이에서 회자되고 있는 소위 거버넌스에 대한 개념정의를 살펴보고, 유럽연합과 관련해서 다층거버넌스가 등장하게 된 배경을 고찰할 것이다. 참고로 다층거버넌스 등장배경과 관련해서 여기에서는 유럽연합의 대외적 측면(국제정치환경)뿐만 아니라 확대와 심화로 상징되는 유럽연합의 통합과정에서 나타난 내적 측면을 살펴볼 것이다. 제3절에서는 다층

---

[2] H. Wallace and W. Wallace (eds.), *Policy-making in the European Union* (Oxford: Oxford University Press, 1996).

거버넌스로서 유럽연합체제의 특성을 고찰할 것이다. 특히 여기에서는 다층거버넌스의 구성요소, 다층 거버넌스와 정책결정, 그리고 다층거버넌스와 경계라는 주제에 초점을 맞출 것이다.

2. 유럽연합체제의 다층거버넌스: 정의와 등장배경

1) 거버넌스의 개념정의

오늘날 국제정치 영역과 특히 유럽연구와 관련해서 거버넌스(governance)라는 용어가 많은 학자들 사이에서 회자되고 있으나 그 용어의 의미가 매우 불명확하게 사용되고 있는 것도 사실이다.[3] 국제정치 영역에서는 일반적으로 정부 없는 거버넌스(governance without government)라는 현대적 상황을 기술하는 것으로 사용된다. 로즈노(Rosenau)는 현대세계를 권위가 자동적으로 초국가적 그룹과 하위국가적 행위자로 이동하는 있는 것으로 파악한다. 따라서 이러한 두 세력이 보다 분화적이고 탈권위적인 국가를 만들어 낸다고 주장한다.[4] 이와 마찬가지로 로즈 역시 이러한 두 세력이 보다 차별적인 국가와 국가의 공동화(hollowed out)를 야기한다고 주장한다.[5]

로즈노에 따르면 거버넌스는 정부와 동의어가 아니다. 거버넌스와 정부 모두 목적적 행위, 목표 지향적 행동, 그리고 규칙체계를 언급한다. 그러나 정부는 공식적 권위와 충분히 합법적인 정책실행을 보장하는 정책권한에 의해 지탱되는 행위를 제시하지만, 거버넌스는 법적으로, 공식적으로 규정된 책임감에서 연유하거나 혹은 연유하지 않고, 저항을 극복하고 순응을 얻고자 하는

---

3) R. A. W. Rhodes, *Understanding Governance* (Milton Keynes: Open University Press, 1997).
4) James N. Rosenau, "Governance, Order, and Change in World Politics," in James N. Rosenau and Ernst-Otto Czempiel (eds.), *Governance without Government: Order and Change in World Politics* (Cambridge: Cambridge University Press, 1992), p.2.
5) Rhodes (1997).

경찰권에 필연적으로 의존하지 않는 공유된 목표에 의해 지탱되는 행위를 언급한다. 요컨대 거버넌스는 정부 이상의 현상을 포괄하는 것이다. 거버넌스는 정부의 제도를 포함할 뿐 아니라 비공식적·비정부적 메커니즘을 포함한다. 그래서 그러한 메커니즘의 사람과 조직은 그 범위 내에서 자신의 필요와 부족분을 만족·충족시킨다. 보다 강하게 말해 정부는 정부정책에 대한 광범위한 반대에 직면해도 기능할 수 있는 것과 달리 거버넌스는 다수에 의해 받아들여졌을 경우에만 작동하는 규칙체계인 것이다.[6]

이런 측면에서 거버넌스는 레짐(regimes)과 유사한 특징을 보여준다고 할 수 있다. 거버넌스와 마찬가지로 레짐은 국제관계의 특정 쟁점영역에서 행위자의 기대하는 바가 수렴되는 명시적 혹은 묵시적인 원칙, 규범, 규칙, 그리고 정책결정 절차이다.[7] 거버넌스와 마찬가지로 레짐 역시 정부적·비정부적 행위자를 포함하고 중앙적 권위의 부재상태에서도 작동이 가능하다. 따라서 레짐도 정부 없는 거버넌스 형태로 묘사될 수 있다.

그럼에도 불구하고 거버넌스와 레짐은 동일한 것이 아니다. 레짐이 국제관계의 특정 쟁점영역에 국한된 원리, 원칙과 규범, 절차라면, 거버넌스는 레짐과 레짐간의 공백을 메워 주고 보다 중요하게는 두 개 이상의 레짐이 중첩되거나 갈등을 일으키거나 아니면 경쟁적 이해관계 사이에 조정을 용이하게 하는 메커니즘을 요구할 때 작동하는 원리, 규범, 규칙, 절차를 언급한다.[8] 요컨대 레짐이 부분집합적 개념이라면 거버넌스는 레짐을 포괄하는 보다 광의적인 상위의 개념이라고 이해할 수 있다.

거버넌스에 대한 이러한 개념정의를 유럽연합과 관련해서 보았을 때, 코이만(Kooiman)은 거버넌스를 다음과 같이 설명한다.

> 모든 관련 행위자의 상호 작용하는 공동의 개입노력 결과로서 사회·정치체제에서 나타나는 어떤 유형이나 구조이다. 이러한 유형은 한 행위자나 특정 행

---

6) James N. Rosenau (1992), p.4.

7) Stephen D. Krasner (ed.), *International Regimes* (Ithaca, N.Y.: Cornell University Press, 1983).

8) James N. Rosenau (1992), pp.8-9.

위자의 그룹으로 환원될 수 없다.…… 공적이든 사적이든 어떠한 단일 행위자도 복잡하고 역동적이며 다양화된 문제를 해결하는 데 필요한 모든 지식이나 정보를 소유할 수 없다. 어떠한 단일적 행위자도 특별한 통치모델에서 일방적으로 지배할 수 있는 잠재성을 가진 행동을 충분히 할 수 없다.9)

이런 맥락에서 유럽연합체제의 작동메커니즘은 단순히 국가행위에 국한되는 것이 아니라 사회를 이끌어 나가거나 통제 혹은 관리하는 사회적, 정치적, 그리고 행정적 행위자들의 모든 행위를 포함하는 것이다. 보다 중요하게는 정부의 권위와 제재에 대한 자원에 의존하지 않는 메커니즘에 있는 것이다. 요컨대 다층거버넌스로서 유럽연합체제는 배타적으로 국가 중심적이지도 않고 초국가주의적이지도 않다. 유럽이사회와 각료이사회의 행동논리는 정부간주의에 근거하고 있지만, 집행위원회, 유럽의회, 유럽사법재판소는 행위의 근거가 보다 초국가주의적이다. 따라서 국가구조와 달리 정책결정의 권위는 다양한 영역에 걸쳐, 그리고 다양한 행위수준에 걸쳐 점진적으로 분산되고 있다.

2) 다층거버넌스의 등장배경

다층거버넌스 측면에서 유럽연합에 대한 연구는 상대적으로 최근의 현상으로 특히 1980년대 중반 이후부터라고 볼 수 있다.10) 그 이전까지 유럽통합과정에 대한 연구는 일반적으로 정부간주의와 초국가주의라는 이분법적 도식이 주류를 이루었다. 이러한 측면은 1960년대까지만 해도 유럽연합의 대부분의 정책영역은 주로 정부간주의에 근거했고, 1970년대에 들어와 확대에 따른 유럽연합의 초국가주의적 성격이 보다 부각되는 현실을 반영했기 때문이다. 따라서 유럽연합의 다층거버넌스 등장은 1970년대 중반 이후 유럽연합의 대외적 측면(국제정치경제환경)과 확대와 심화로 상징되는 유럽통합의 대내적 측

---

9) T. Kooiman, "Social and Political Governance," in T. Kooiman, *Modern Governance* (London: Sage Publications, 1993), p.4.
10) L. Hooghe, "Subfractional Mobilization in the European Union," *West European Politics* 18-3 (1995), p.191.

면간의 복합적 상호작용에서 연유했다고 볼 수 있다. 이런 측면에서 여기에서는 유럽연합의 다층거버넌스의 등장배경을 크게 3가지 차원, 즉 1970년대 중반 이후의 국제 정치경제 환경, 유럽연합의 확대와 심화, 유럽연합 차원의 공동정책을 중심으로 고찰하고자 한다.

유럽연합체제와 관련해서 다층거버넌스 등장의 외적 환경은 무엇보다도 1970년대에 나타난 세계적 경제위기와 관련이 있다. 일반적으로 제2차 세계대전 이후부터 1970년대 초반까지 서유럽의 거의 모든 선진국가는 높은 수준의 경제성장을 안정적으로 구가하면서 국가·자본·노동간의 화해적 정치구조를 지속할 수 있었을 뿐 아니라 이를 바탕으로 복지국가의 제도적 차원을 보다 강화시켜 나갈 수 있었다.[11] 그러나 1970년대 초반 소위 유가상승으로 상징되는 '오일쇼크'를 계기로 약 30여 년 동안 지속돼 온 자본주의의 안정적 축적체제는 위기를 맞게 됐다. 오일쇼크를 계기로 시작된 세계적 경제위기는 한편으로는 서유럽국가들로 하여금 경제성장과 고용증대를 이루기 위해서 국가의 경제개입을 축소하는 것은 물론 생산비의 경직적 상승을 가져오는 복지지출의 감축을 주장하게 됐고,[12] 다른 한편으로는 이러한 위기에 대응하는 국민국가의 한계를 절감하면서 서유럽국가들은 공동체 차원에서 탈규제를 통해 새로운 시장창출을 이루어 이러한 위기를 극복해 나가고자 했다.

바로 이러한 맥락에서 1970년대 후반부터 유럽에서는 보수회귀의 물결이 봇물처럼 터져 나왔다.[13] 1970년대 후반부터 본격화된 보수회귀의 흐름은 보수정권의 등장[14]만을 뜻하는 것은 아니었다. 흔히 신우파(new right) 혹은 신보

---

11) 이런 맥락에서 근대에서 현대사회로 이행하는 과정에서 부각된 유럽의 복지국가는 자유주의국가와 민주주의국가의 타협의 산물이자 불평등을 바탕으로 하는 자본주의경제와 평등을 서두르는 정치적 결단의 결합이라 할 수 있다. 박호성, 『평등론: 자유민주주의·사회민주주의·맑스주의의 이론과 현실』(창작과비평사, 2002), 259쪽.

12) R. Mishra, *The Welfare State in Capitalist Society: Policies of Retrenchment and Maintenance in Europe, North America, and Australia* (New York: Harvester Wheatsheaf, 1990), pp.18-20.

13) 주성수, 『사회민주주의와 경제민주주의』(인간사랑, 1992), 25-28.

14) 일례로 영국에서는 1979년 노동당정부의 실각에 따라 대처 보수당정부가 들어섰

수주의(neo-conservatism)로 불리는 보수세력은 국가권력 쟁취 외에 국가의 경제개입과 복지개입을 모두 비판하고 궁극적으로 복지국가의 해체를 통해 자유시장체제를 확고히 하려는 이데올로기적·정치적 공세를 집요하게 전개하면서 보다 거세지고 있던 경제적 지구화의 물결에 편승해 다양한 차원에서의 구조조정을 단행하게 됐다. 따라서 당시 서유럽국가가 직면한 문제해결의 방식과 형태도 국민국가의 불변성이나 초국가성의 양분론이 아니라 정책영역에 특정하게 국민국가적 차원, 지방·지역차원, 그리고 유럽적 차원에서[15] 각기 찾고자 했다.

다층거버넌스의 등장배경과 관련해서 두 번째 배경으로는 유럽연합의 확대와 심화간의 상호작용적 측면을 들 수 있겠다. 1969년 12월 헤이그(Hague) 정상회담에서 유럽연합은 공동체의 목표로 확대와 심화를 승인했다. 그 결과 1973년에 들어와 유럽연합은 영국, 아일랜드, 덴마크를 회원국으로 받아들이면서 소위 제1차 확대를 이루어 냈다. 이를 계기로 유럽연합은 초국가적 성격이 보다 부각될 수 있는 전기를 맞이하게 됐다. 이후 유럽연합은 지속적인 확대과정을 거치면서 유럽연합과 회원국가간의 상호의존성을 심화시키고, 그 이전보다 상대적으로 국가정치에 대한 통제력을 강화시켜 나갈 수 있었으며, 유럽연합의 정치적 성격도 강화됐다. 이처럼 유럽연합의 확대와 심화의 상호작용은 유럽연합의 초국가적 성격을 부각시키면서 정책결정과 관련된 권위의 소재를 분산시키는 효과를 보였다.

마지막으로 다층거버넌스의 등장배경과 밀접한 관계가 있는 것이 바로 유럽연합의 공동정책이라고 볼 수 있다. 특히 회원국가의 지역격차 해소를 위한 공동체 차원의 관심증대는 지역정책을 통해 집행위원회의 권한을 상대적으로 강화하는 결과를 가져왔다. 이에 따라 집행위원회는 각국의 중앙정부, 지방·

고, 1981년에는 덴마크 사민당과 노르웨이 노동당이 선거에서 패배했다. 또한 1982년 독일의 사민당도 재집권에 실패했고 1987년 오스트리아 사회당은 단독정부 수립에 실패했다. 이처럼 복지국가의 황금기를 주도했던 유럽 각국의 노동당, 민주당, 사회민주당은 거의 모두 제2당으로 전락하게 됐다.

15) 이호근, "세계화경제 속의 국가의 변화와 서유럽 다층적 통치체제의 발전,"『한국정치학회보』제35집 2호(2001), 345-365쪽.

지역정부와 3자간의 파트너십에 기초해 지역정책을 입안하는 데 정당하게 참여할 수 있게 됐다. 이와 같은 기능적 지위의 격상으로 인해 집행위원회는 지방·지역정부와 함께 그 동안 지역정책 결정과정을 독점해 온 각국의 중앙정부에 대항하는 잠재적인 경쟁자가 됐다.16) 국가의 하부단위인 지역이 유럽연합 차원에서 주목을 받게 되는 데는 지역간 차이를 해소한다는 당위적 목표 외에 산업구조의 변화나 국제화 같은 시대적 추세에도 영향을 받았다. 즉 경쟁의 국제화와 정보기술의 발전 및 새로운 통신, 교통수단의 발전으로 이제 기업의 입지나 생산활동은 천연자원의 산지보다는 발전된 과학연구의 하부구조, 양질의 노동력, 혁신적 문화 등의 요소에 민감하게 됐는데, 이러한 요소는 기본적으로 국가보다는 지역수준에서 보다 신속하고 능동적으로 변화에 대처해 나갈 있는 것들이었기 때문이다.17)

따라서 과거에는 지역정책의 주체가 회원국가별 국내적 쟁점중의 하나로 인식됐지만, 이처럼 공동체 차원에서 지역정책에 관심을 갖게 되면서 공동체와 지역간의 상호작용이 증대하게 됐고, 그 결과 유럽연합의 지역정책은 과거 지역정책의 핵심 행위자였던 국가와 초국가적 성격의 공동체 차원의 행위자, 그리고 하위국가적 행위자간의 상호작용의 맥락에서 이루어지게 됐다. 이에 따라 지역정책과 관련된 구조기금의 집행은 점차 국가의 통제에서 벗어나게 됐다. 그 결과 하위국가적 지방정부는 정부의 공식적인 채널에서 벗어나서 초국가적 기구와 직접 상대할 수 있게 됐다. 마크스(Marks)의 주장대로 일단 초국가적 기구와 하위국가적 행위자간에 정책네트워크가 형성되면 국가정부가 이들을 지배할 수 있다는 것이 불명확하게 된다.18)

---

16) 강원택, "유럽통합과 다층통치체제: 지역의 유럽 혹은 국가의 유럽?," 『한국정치학회보』 제40집 1호(2000), 124-125쪽.

17) 강원택(2000), 127쪽.

18) G. Marks, "Structural Policy in the European Community," in A. Sbragia (ed.), *Euro-Politics* (Washington, D.C.: Brookings Institute, 1992), p.217.

3. 다층거버넌스로서의 유럽연합체제

1) 다층거버넌스의 구성요소

유럽연합의 다층거버넌스는 권위, 자원, 행위능력, 정당성을 구성한다.[19] 권위(authority)는 1958년 유럽공동체가 출범한 이래 개정된 제반 법규에서 연유한다. 여기에는 로마조약, 유럽단일의정서, 마스트리히트조약, 암스테르담조약, 니스조약 등의 근원적 법(fundamental law)을 포함한다. 또한 다층거버넌스의 권위는 근원적 법을 이행하기 위해 각 제도에서 제정한 규칙, 지침, 결정, 그리고 권고와 의견 등의 법규도 포함된다. 아울러 다층거버넌스의 권위는 유럽연합이 비회원국이나 국제기구와 특정 분야에서 맺은 협정이나 협약, 의정서 등도 포함된다.

자원(resources)은 규제능력이나 재정수단, 시장과 정책에 대한 접근권, 그리고 정치·경제적 규제와 협력이라는 보다 덜 가시적인 자원을 포함한다. 행위능력은 행위자와 제도간의 상호작용에 의해 형성된다. 물론 행위자는 단일하지 않으며 아직까지는 회원국가가 가장 중요하다고 볼 수 있다. 유럽연합과 회원국가 수준의 정책결정 권한에 대한 전체적인 평가는 정책영역에서 많은 편차를 보이면서 중간 정도에 있다.[20] 지난 반세기에 걸친 유럽연합의 발전과정에서 초국가적 제도의 권한증대에 대한 통일적인 발전은 없었다. 특징적인 모습은 정책결정에서 상당한 역할을 보유하고 있는 회원국가들과 다른 수준에서 권한공유가 이루어져 왔으며, 보다 중요한 것은 초국가적 제도가 정책

---

19) Lykke Friis, Anna Murphy, "The European Union and Central and Eastern Europe: Governance and Boundaries," *Journal of Common Market Studies* 37-2, June 1999, p.214.

20) P. C. Schmitter, "Imagining the Future of the Euro-Polity with the Help of New Concepts," in G. Marks, F. W. Scharpf, P. C. Schmittes, and W. Streeck (eds.), *Governance in the European Union* (London: Sage, 1996), pp.121-150.

결정에서 상당한 권한공유를 이루어 온 반면 정치권력에 대한 경쟁은 거의 배타적으로 회원국가 수준에서 발생하고 있다는 점이다.[21] 시간이 지남에 따라 유럽의회에서 정치집단들의 동질성은 지속적으로 증가해 왔지만, 정치권력을 추구하는 경쟁을 위한 독자적인 유럽의 장(arena)은 존재하지 않는다. 회원국가가 주요 유럽제도의 구성원을 선택하고 유럽의회에서의 정당 균형간의 변화는 유럽연합의 정책결정과정의 결과에 미미한 영향을 미칠 뿐이다. 결과적으로 유럽의 선거는 아직까지도 부차적인(second-order) 국가선거이다. 주요 정치적 논쟁은 개별적 회원국가의 정치공간 내에서 이루어지고 있다. 요컨대 유럽연합 수준의 정치적 경쟁은 연방국가의 그것과 비교해 보았을 때 약하다.[22]

한편 이것은 회원국간 지정학적·경제적 이익의 긴장은 국가적 수준에서 해결될 수 없으며 유럽연합의 정책결정과정을 통해 여과된다는 것을 의미한다. 따라서 행위자는 지정학적 혹은 체제적 이유에서 광범위한 정책적 지침이나 원칙의 문제에 대해 합의를 하고도 합의한 세부사항이 연속적인 정책결정 단계에서 구체화될 때에는 자신의 이익을 지키기 위해 이행을 좌절시킬 수도 있다.

다층거버넌스 체제로서 유럽연합의 정당성은 회원국가와 유럽연합 수준의 다양한 초국가적 제도간에 경쟁적 관계에 놓여 있다고 볼 수 있다. 일반적으로 비교정치학적 정책분석은 한 국가 내에서도 정책분야간에 상당한 차이를 보여주지만, 유럽연합에서의 차이는 훨씬 더 명확하다. 유럽 집행위원회(Commission)는 정책제안권을 독점하고 있으며, 유럽의회는 점차 제2의 입법제도로 등장하고 있다. 또한 유럽사법재판소에 의한 법적 심의는 부정적·긍정적 통합간의 비대칭으로서 특정 구조에서 유럽연합 정책결정의 체제적 특성을 보여주고 있다. 그러나 이러한 비대칭에 책임이 있는 바로 그러한 제도적 구조는 유럽연합의 제2·제3의 기둥에서는 나타나지 않는다. 따라서 한편으로

---

21) Markus Jachtenfuchs and Beate Kohler-Koch, "Governance and Institutional Development," in Antje Wiener and Thomas Diez (eds.), *European Integration Theory* (Oxford: Oxford University Press, 2004), p.102.

22) Markus Jachtenfuchs and Beate Kohler-Koch (2004), p.102.

는 초국가적 영역(supranational area)으로 인식된 것과 다른 한편으로는 유럽연합의 횡국가적 영역(transgovernmental area)간[23]의 정치적 갈등, 정책결과, 문제해결 능력이라는 측면에서 상당한 차이를 보이고 있다.

이러한 측면에서 보았을 때 유럽연합은 두 가지의 특징적인 거버넌스 양상을 보이고 있다. 첫째는 연성 거버넌스(soft governance)로서 유럽연합의 거버넌스는 공식적인 상호작용에만 국한되는 것이 아니라 회원국가의 행위를 조건 짓는 규범과 가치의 발전에도 관계가 있다는 것을 반영한다. 이러한 것은 유럽연합에게 국제체제에서 안보공동체와 시민적 권력의 성격을 부여하는 민주주의에 대한 공약과 법의 규칙과 협상에 대한 존경에 관심을 가진다. 두 번째는 경성 거버넌스(hard governance)로서 이것은 협상을 통한 거버넌스의 과정에 관심을 둔다.[24] 경성 거버넌스는 공유된 목표추구 외에 유럽연합체제 자체를 표명한다. 협상은 특정 부분과 유럽연합체제에서 회원국가의 사회적 선호에 의해서 결정될 뿐 아니라 다양한 제도와 정책결정의 규칙과 유형에 의해서도 결정된다. 이러한 과정의 중요한 특색은 오래 끈다는 것이다.[25] 지속적인 협상과정으로서 유럽연합은 언제나 일련의 협상을 하고 있기 때문에 각 협상은 과거, 현재, 미래의 협상전망을 다루어야 한다. 또한 이러한 협상과정의 또 다른 특색은 협상결과의 질과 관련이 있다. 유럽연합이 다수의 회원국가로 구성돼 있기 때문에 각 회원국가는 그 자신의 국가적 관점에서 주어진 문제를 바라본다. 그렇기 때문에 유럽연합체제 자체가 어떠한 충격을 당하지 않는다면 협상은 전략적 정책결정이 발생하기가 쉽지 않다.

---

23) H. Wallace, "Experiments in European Governance," in M. Jachtenfuchs and M. Knodt (eds.), Regieren in internationalen Institutionen (Opladen: Leske und Budrich, 2002), p.265.

24) M. Jachtenfuchs, "Theoretical Perspectives on European Governance," *European Law Journal* 1-2, p.125.

25) F. Scharpf, "The Joint-Decision Trap: Lessons From German Federalism and European Integration," *Public Administration* 66, Autumn 1988, pp.239-278.

2) 다층거버넌스와 정책결정

다층거버넌스에서의 정책결정은 기본적으로 일련의 연속적인 협상과정을 통해 서로 다른 구조적 조건과 행위자를 동반한다. 이런 의미에서 다층거버넌스로서 유럽연합체제는 하나의 협상체제라고 볼 수 있다. 협상체제로서 유럽연합이 보여주는 특징은 첫째, 유럽연합은 다수와 소수의 결정에 따라 기능하지 않는 다는 점이다. 심지어 이러한 것이 가능하다 할지라도 협상을 통해 특정 문제를 해결하고자 하는 경향이 강하다. 둘째, 협상과정에서 다양한 수준의 다양한 행위자가 정책결정을 공유한다는 점이다. 그렇기 때문에 특정 정책결정의 결과에 대해 책임을 지는 명확한 권위가 존재하지 않는다. 동시에 이것은 전통적인 정치체제에서 나타나는 것과 같은 특정 정책결정에 대한 공식적인 반대세력이 존재하지 않는다는 것을 의미하기도 한다.[26]

이처럼 협상체제적 성격을 보여주고 있는 다층거버넌스의 유럽연합체제에서 정책결정은 기본적으로 초국가주의와 정부간주의에서 권위의 공유와 배분을 통한 탈중앙집권적 형태를 보임과 동시에 국가와 하위국가적 수준에서 다양한 사적 참여를 동반한다. 따라서 다층 거번너스는 각각의 정책결정과정과 그에 따른 정책단계는 기능적 효율성과 적법성을 고양시키기 위해 행위자의 참여 정도를 다양하게 차별화한다.[27] 특히 다층거버넌스는 정책결정과 집행

---

26) 이에 대해서는 Karlheinz Neunreither, "Governance without Opposition: The Case of the European Union," *Government and Opposition* 33-4, Autumn 1998, pp.419-441 참조

27) 일례로 구조기금 배분과 같이 일정 집행시한을 갖는 정책이 결정되면 먼저 정책목표와 세부 집행계획은 회원국과 집행위원회 내 관련총국간의 합의를 통해 이루어진다. 이후 정책집행을 위해 집행위원회 내에서 중앙집권화된 계획을 수립하고 이후 회원국의 중앙 및 지방정부 외의 사적 행위자들과 연계돼 구체적인 프로그램이 시행된다. 특정 프로그램에 있어서는 관련 정책주체들로 구성된 위원회 형태의 운영부서가 만들어지며, 실무적 집행은 하위 행위자들에 의해 일상화된 행정적 조치 등을 통해 이루어진다. 송병준, "유럽연합의 다층적 통치: 시스템, 행위자 및 정책과정에 대한 다원적 접근"(한국외국어대학교 박사학위논문, 2004), 311쪽에서 재인용.

을 엄격하게 분리한다. 유럽연합은 특정한 초국가적 정책 및 재분배정책, 관리비용 등 일부 예산만 자체적으로 집행하고 정책집행에 소요되는 예산은 국민국가의 재원에 의존한다. 따라서 공동체의 제도적 권한이란 공동농업정책 및 대외무역협상 등 특정한 위계적 정책부과를 제외하면 의제설정과 정책형성 단계에서만 유효하다.[28]

다층거버넌스 측면에서 바라본 유럽연합의 정책결정과정은 크게 초국가적 수준, 정부간 수준, 그리고 초국가적 수준과 정부간 수준이 혼합된 유럽수준을 들 수 있다. 먼저 초국가적 수준에서 나타나는 정책결정과정은 초국가적 행위자간의 권력균형과 기능적 분할을 통한 합의라는 공동체방식을 통해 이루어진다. 공동체방식은 정책효율성과 적법성을 담보하는 메커니즘으로서 집행위원회의 위계적 정책부과, 집행위원회, 유럽의회, 각료이사회간의 공동결정, 그리고 커미톨로지(comitology)의 정책결정 방법을 포함한다.

특히 1960년대 초반 공동농업정책의 시행과 더불어 등장한 커미톨로지는 다양한 공동체기구간의 권한배분을 통해 상호협력이 이루어지는, 이른바 공동체방식의 특징적인 정책결정 및 실행방식이다. 동시에 커미톨로지는 국민국가와 공동체를 망라한 다양한 행위자의 이익선호를 관철하는 제도적 과정으로 분산화된 다수준의 이익이 어떻게 초국가적 결정에 투입돼 산출되는가를 보여준다. 요컨대 집행위원회와 사법재판소는 초국가적 이익을 대변하는 행위자이다. 유럽의회는 범유럽차원의 초국가적 이념과 정치적 노선을 대변한다. 반면 이사회는 회원국의 개별 이익을 구현하면서 한편으로는 초국가적 이익을 조정한다. 그러므로 커미톨로지위원회는 회원국과 초국가이익간에 양분화된 경계를 희석시키는 공동체의 제도화된 합의과정인 것이다.[29]

다층거버넌스의 정책결정에서 공동체 발전에 가장 큰 영향을 미친 정부간 수준은 크게 초국가 내의 정부간 조정과 정부간 외교적 협상으로 구분할 수 있다. 먼저 공동체구조 내의 정부간 합의를 지칭하는 초국가 내 정부간 조정

---

28) William D. Coleman and Anthony Perl, "Internationalized Policy Environments and Policy Network Analysis," *Political Studies* 47-4, 1999, pp.701-702.
29) 송병준(2004), 330-331쪽.

은 위에서 언급한 공동결정과 커미톨로지 외에 이사회 내 실무그룹과 상주대표부가 실무적 협상권한을 갖는 정책결정을 포함한다. 정부간 조정과 관련된 정책결정은 주로 초국가적 행위자의 권한이 미약하고 공동체의 제도화된 규범과 절차가 적용되지 않는 정책으로 공동 외교안보정책과 내무치안정책 영역과 밀접한 관련이 있다. 그럼에도 불구하고 초국가 내 정부간 조정시 초국가적 행위자인 집행위원회의 직·간접적 관여는 쟁점영역(issue area)의 속성상 불가피하다고 볼 수 있다.

공동체구조 외부에서 이루어지는 정부간 외교적 협상은 집행위원회의 제도적 지원을 받지 않는 국가간 외교적 교섭으로서 소위 쉥겐방식의 조정(Schengen-type arrangements)을 의미한다. 쉥겐방식의 조정은 회원국간 정치·사회적 조건, 역사적 경험과 정체성의 상이함 때문에 초국가적 규범으로 시행하기 어려운 사회정책 등에서 국가간 조정이 제도화될 수 있는 개념적 틀을 제공하는 것이라고 할 수 있다. 특히 쉥겐협정은 공동체구조 밖에서 국가간의 차별적인 권한과 의무를 인정한다. 그러므로 정책집행 역시 개별국가에 비대칭적이며 유연하게 적용되는 외교적 협상의 긍정적 기능을 가지고 있다.[30] 요컨대 쉥겐방식의 조정과 같은 정부간 외교적 협상은 공동체의 제도화가 미약한 분야에서 국가간의 밀접한 상호작용을 통해 공동체정책에 영향을 미치는 정책결정과정인 것이다.

마지막으로 초국가적 수준과 정부간 수준이 혼합돼 나타나는 유럽수준은 모든 회원국가가 반드시 대처해야 하지만 초국가와 정부간 수준을 포함한 유럽적 해결이 제한되거나 존재치 않는 경우 실행하는 문제해결 방법이다. 개별회원국 정부는 문제해결을 위해 고유한 정책을 시행하면서 동시에 정부간 협력을 병행해 상호학습과 정책전이를 통해 국가수준에서 정책을 조정한다. 따라서 상호조정은 정부간 수준임에도 다양한 행위주체를 포함한 개방성을 통해 실제 문제해결은 유럽적 수준으로 확장된다.[31] 미시적 정책과정에서 볼

---

30) 송병준(2004), 339쪽에서 재인용.

31) Fritz W. Scharpf, "What Have We Learned? Problem-Solving Capacity of the Multilevel European Polity," Max-Planck Institute of the Study of Societies, *Working Papers 01/04* 9-10, 2001; 송병준(2004), 302쪽에서 재인용.

때 유럽수준의 정책과정은 집행위원회를 위시한 초국가적 행위자와 회원국이 깊이 개입한다. 그럼에도 정책과정은 국내수준의 다양한 선호와 압력, 사적 기업과 같은 공동시장 내 행위자를 모두 망라함으로써 유럽차원의 수평적 정책결정이 이루어진다.

이상에서 논의한 각 수준별 정책결정과정을 표로 나타내면 <표 1>과 같다.

3) 다층거버넌스와 경계

권위, 자원, 행위능력, 정당성을 포함하는 유럽연합의 다층거버넌스 체제에서 경계(boundaries)는 매우 중요하다. 경계는 유럽연합체제 공식 회원국가들을 정의해 거버넌스의 한계를 설정할 뿐 아니라 유럽연합체제의 행위능력에도 영향을 미친다. 경계는 접근과 참여권한을 결정하고 정책결정에 대한 함의를 갖는다. 유럽연합체제와 관련해서 여기에서는 스미스(Smith)가 4가지 유형으로 구분한 지정학적, 제도적/법적, 거래적, 문화적 경계[32]를 중심으로 고찰하고자 한다.

〈표 4-1〉 각 수준별 정책결정과정

정책수준/결정	방법		특징	영역	주요행위자	적법성
초국가(공동체)수준	커미톨로지	초국가기구의 독립적 정책부과, 공동결정, 각료이사회	위계적 정책부과, 높은 수준의 제도화	규제정책, 단일시장, 경쟁정책	집행위원회, 유럽의회, 각료이사회, 유럽중앙은행, 사법재판소	낮은 수준
정부간 수준		각료이사회(만장일치), 유럽이사회, 정부간 회담(IGC)	정부간 수평적 합의, 2차적 제도화	조약수정, 유럽연합 조약 내 대개의 정책	각료이사회, 회원국 정상	중간 수준
유럽 수준		공개적 협력	벤치마킹, 자발적 합의	고용정책, 정보화사회	집행위원회, 회원국정부, 사적 행위자	높은 수준

출처: 송병준(2004), p.300.

---

32) M. Smith, "The European Union and a Changing Europe: Establishing the Boundaries of Order," *Journal of Common Market Studies* 43-1, 1996, pp.5-28.

지정학적(geopolitical) 경계는 내부 회원국과 외부 비회원국간의 구별선을 의미한다. 지난 냉전시대는 서유럽과 동유럽이라는 엄격한 지정학적 경계를 만들어 왔고, 이들간의 밀접한 협력관계는 사실상 형성될 수 없었을 뿐 아니라 동유럽국가들이 유럽연합체제에 가입·참여하는 것을 철저히 배제시켜 왔다. 그러나 냉전체제 붕괴로 오늘날 지정학적 경계는 상당히 완화돼 중동부유럽 국가들이 유럽연합의 회원국으로 가입함에 따라 유럽연합 거버넌스가 보다 확대될 기회가 마련되고 있다.

제도적/법적(institutional/legal) 경계는 유럽연합에서 제도의 심화와 실행, 그리고 법적 공동체(community of law)와 시민국가(civic statehood)의 증진자로서의 지위를 의미한다.[33] 엄격히 말하면 이러한 법적 공동체는 근원적 법을 구성하는 유럽연합의 헌법적 질서와 유럽연합의 권한과 회원국가의 권리와 의무를 설명하는 유럽사법재판소의 이차적인 법안과 해석을 의미한다. 이러한 제도적/법적 경계는 유럽연합의 다양한 프로젝트를 책임지는 일련의 복잡한 제도, 절차, 규범과 관련이 있다. 다층거버넌스 체제로서 유럽연합의 핵심을 구성하는 제도적/법적 경계는 비회원국가들과 타협의 대상이 될 수 없으며, 오히려 외부자의 유럽연합 가입과 이들과의 외부적 행위에서 하나의 중요한 준거틀로 작용한다.

문화적 경계는 문화와 정치적 가치는 내부자와 외부자간의 경계로 작동할 수 있다는 것을 의미한다. 물론 유럽연합이 문화적 경계를 언제나 명확하게 표명하는 것은 아니지만, 문화적 경계는 민주주의에 대한 지지, 법의 지배와 인권에 대한 존경, 그리고 때때로 유럽인 공동의 문화와 유산에 대한 일시적 참고 등에 달려 있는 정치적 토대들을 의미한다. 이러한 문화적 경계는 유럽연합의 자기 이해에 언제나 스며 있었다. 냉전시대 문화적 경계는 전 유럽인을 위한 유럽을 나타낸다는 토대신화(foundation myth)를 지지했다. 1990년대에는 유럽에서 이러한 경계의 침투적 성격으로 인해 유럽연합은 역외로까지 거버넌스를 확장할 수 있게 됐고, 동시에 정치적 가치의 공동체로서 유럽연합의 매력은 중동부유럽 국가들이 유럽연합 가입을 모색하게 하는 동기를 창조했다.

---

[33] M. Smith (1996), pp.15-16.

마지막으로 유럽연합은 재화, 서비스, 자본, 사람을 위한 자신의 시장에 대한 접근을 규제함으로써 외부와의 거래적(transactional) 경계를 유지한다. 거래적 경계는 유럽연합의 국경선을 넘나드는 교통의 증가와 유럽연합 시장을 외부에 개방하는 정책결정에 의해 침식될 수 있다. 외부와의 무역협정을 통해 거래적 경계가 모호해짐에 따라 유럽연합은 회원자격을 부여하지 않고도 거버넌스를 제공할 수 있게 됐다. 다른 한편으로 거래적 경계가 침식당하는 한도는 공고한 외적 경계와 내부자와 외부자간의 명확한 구별에 달려 있는 공동농업정책처럼 유럽연합 내에서 합의된 목표달성과 정책에 대해 함의를 가지고 있다.

4. 맺음말

1957년 로마조약을 계기로 오늘에 이르기까지 확대와 심화의 상호작용을 거치면서 진행되고 있는 유럽통합운동은 체제로서 유럽연합의 성격과 특징에 지대한 영향을 미치고 있다. 일반적으로 1960년대 말까지 유럽연합의 가장 두드러진 특징 중의 하나는 정부간주의에 입각해 유럽통합운동이 진행돼 왔다는 것이다. 그러나 앞에서 밝혔듯이 1970년대 국제 정치경제 환경의 변화, 유럽연합의 확대와 심화간의 역동적 상호작용, 그리고 지역정책으로 상징되는 유럽연합 공동정책의 영향으로 1980년대 중반 이후 유럽연합의 특성은 크게 변하는 양상을 보이고 있다.

이런 맥락에서 보았을 때, 유럽연합과 관련해서 상대적으로 큰 관심을 받고 있는 것이 바로 다층거버넌스라고 할 수 있다. 레짐과 유사한 성격을 보이고 있는 거버넌스는 레짐을 포괄하는 보다 광의적이고 상위의 개념으로서 오늘날 유럽연합체제의 성격을 잘 반영하고 있다고 볼 수 있다. 다층거버넌스로서 유럽연합체제는 배타적으로 국가 중심적이지도 않고 또한 초국가주의적이지도 않다. 유럽연합과 관련해서 유럽이사회와 각료이사회의 행동논리는 정부간주의에 입각하고 있지만, 집행위원회, 유럽의회, 유럽사법재판소 행위의 근거는 보다 초국가주의적이다. 따라서 유럽연합체제에서 행위자와 제도간의 권위와 권한은 다양한 영역과 다양한 행위수준에 걸쳐 점진적으로 분산돼 있다.

이처럼 다층거버넌스로서 유럽연합체제의 특징은 기존의 정부간주의와 초국가주의적 성격 모두를 내포하고 있다. 그렇기 때문에 앞에서 논의했듯이, 유럽연합체제에서의 정책결정과정은 각 수준에 따라, 즉 초국가주의적 수준, 정부간 수준, 그리고 이들의 혼합적 성격을 갖고 있는 유럽수준에 따라 권한과 권위가 다양하게 나타나고 또 정책결정에의 참여 행위자도 다양하다고 볼 수 있다. 그러므로 다층거버넌스로서 유럽연합체제는 정책결정과정과 관련해서 지속적인 일련의 협상에 직면하게 되며, 이런 측면에서 유럽연합체제는 소위 '지속적 협상체제'라고 볼 수도 있을 것이다.

다층거버넌스로서 유럽연합체제의 특성과 관련해서 한 가지 중요한 점은 바로 다층거버넌스와 경계라는 측면이다. 이는 비단 유럽연합체제에서 각 수준별, 각 행위자별 권한과 권위, 그리고 정당성의 원천과 관련된 경계를 내포하고 있을 뿐 아니라 보다 중요한 것은 유럽연합체제 내부와 외부의 차별성을 인식할 수 있는 하나의 준거틀로 작용하고 있다는 것이다. 특히 냉전 종식 이후 중동부유럽으로 확대과정을 추진하고 있는 오늘날의 유럽연합에서 다층거버넌스와 경계라는 점은 유럽연합의 확대정책과 상당한 연관성을 가지면서 유의미한 함의를 던져 줄 것으로 생각된다.

참고문헌

강원택, "유럽통합과 다층 통치체제: 지역의 유럽 혹은 국가의 유럽?," 『한국정치학회보』 제40집 1호(2000).
박호성, 『평등론: 자유민주주의・사회민주주의・맑스주의의 이론과 현실』, 창작과 비평사, 2002.
송병준, 『다층적 통치: 시스템, 행위자 및 정책과정에 대한 다원적 접근』, 한국외국어대학교 박사학위논문, 2004.
이호근, "세계화 경제속의 국가의 변화와 서유럽 다층적 통치체제의 발전," 『한국정치학회보』 제35집 2호(2001).
주성수, 『사회민주주의와 경제민주주의』, 인간사랑, 1992.

Coleman, William D. and Anthony Perl, "Internationalized Policy Environments and Policy Network Analysis," Political Studies, 47-4, (1999).
Friis, Lykke, Anna Murphy, "The European Union and Central and Eastern Europe: Governance and Boundaries," Journal of Common Market Studies, June 1999, 37-2.
Gompert, David C. & F. Stephen Larrabee (ed.), America and Europe: A Partnership for a New Era (Cambridge: Cambridge University Press, 1998), 이수형, 『미국과 유럽의 21세기 국제질서』.
Hooghe, L., "Subnational mobilisation in the European Union," West European Politics, 18-3, 1995.
Jachtenfuchs, Markus and Beate Kohler-Koch, "Governance and Institutional Development," in Antje Wiener and Thomas Diez (ed.), European Integration Theory. Oxford: Oxford University Press, 2004.
Kooiman, T., "Social and political governance," in T. Kooiman, Modern governance. London: Sage Publications, 1993.
Krasner, Stephen D. (ed.), International Regimes, Ithaca, N.Y.: Cornell University Press, 1983.
Marks, G., "Structural policy in the European Community," in A. Sbragia (ed.), Euro-Politics. Washington, D.C: Brookings Institute, 1992.
Mishra, R., The Welfare State in Capitalist Society: Policies of Retrenchment and Maintenance inEurope, North America, and Australia. New York: Harvester Wheatsheaf, 1990.
Neunreither, Karlheinz, "Governance without Opposition: The Case of the European Union," Government and Opposition, 33-4, Autumn 1998.

Rhodes, R. A. W., *Understanding governance*. Milton Keynes: Open University Press, 1997.

Rosenau, James N., "Governance, Order, and Change In World Politics," in James N. Rosenau and Ernst-Otto Czempiel (ed.), *Governance Without Government: Order and Change In World Politics*. Cambridge: Cambridge University Press, 1992.

Scharpf, F., "The Joint-Decision Trap: Lessons From German Federalism and European Integration," *Public Administration*, 66, Autumn 1988.

Schmitter, P.C., "Imagining the Future of the Euro-Polity with the Help of New Concepts," in G. Marks, F.W. Scharpf, P.C. Schmittes, and W. Streeck (ed.), *Governance in the European Union*. London: Sage, 1996.

Smith, M., "The European Union and a Changing Europe: Establishing the Boundaries of Order," *Journal of Common Market Studies*, 43-1, 1996.

Wallace, H. and W. Wallace (ed.), *Policy making in the European Union*. Oxford: Oxford University Press, 1996.

Wallace, H., "Experiments in European Governance," in M. Jachtenfuchs and M. Knodt (ed.), Regieren in internationalen Institutionen. Opladen: Leske und Budrich, 2002.

키워드: 다층거버넌스(multi-level governance), 정부간주의(intergovernmentalism), 초국가주의(supranalism), 유럽연합의 공동정책(EU's common policy)

제5장 유럽연합과 국민국가 관계의 변화*

홍익표

1. 머리말

　분열과 통합의 역사를 가진 유럽국가들은 최근 들어 자본주의적 지구화와 탈냉전에 힘입어 지역 내 통합을 확대·심화시키면서 '하나의 유럽' 건설에 박차를 가하고 있다. 유럽연합(EU)은 이미 단일통화를 도입했고, 다수의 중동부유럽과 지중해 국가들을 회원국으로 받아들였으며, 헌법을 제정해 회원국의 비준을 기다리고 있다. 이러한 통합의 진전은 베스트팔렌체제 수립 이후 지배적 통치체제로 존재해 온 국민국가의 권한에도 상당한 변화를 가져오고 있다. 많은 학자들은 국민국가가 통합시장이 형성되고 국경을 가로지르는 교류가 증가하는 상황에서 다양한 행위자에 의해 그 주권적 속성이 도전에 직면하게 됐다고 지적하고 있다. 나아가 이들은 전통적인 국민국가가 약화·소멸되고 있다든가, 아니면 그 역할이 유지·강화되고 있다는 등의 주장을 펼치면서 적지 않은 논쟁을 초래한바 있다.[1]

---

* 이 글은 『국제관계연구』 제9권 2호(2004)에 게재된 논문인 "유럽연합과 국민국가 관계의 변화: '복합압력'과 '갈등·협력의 동학'을 중심으로"를 수정·보완한 것임.

이 글에서는 다중심적인 유럽연합체제의 틀 속에서 유럽연합과 그 하부단위인 국민국가의 관계를 분석하고 이를 통해 유럽연합체제의 특수성을 규명하고자 한다. 일부 연구자들의 지적처럼 유럽통합이 진척됨에 따라 국민국가의 주권이 다양한 행위자에게 분산되거나 이동된다는 것이 사실이라면[2] 이러한 변화를 초래한 요인은 무엇이며, 이것이 유럽연합과 국민국가의 관계에 어떤 영향을 미쳤는지 파악하는 것은 매우 중요하다. 이 글에서는 국민국가가 지닌 주권적 속성의 변화와 이로 말미암은 유럽연합과의 관계변화가 갈등과 협력을 포함하는 복합적 상호연관성 속에서만 제대로 규명될 수 있다고 보고 그 내부동학을 구체적으로 분석하고자 한다.

특히 여기에서는 권한의 층별 분산과 이들 간의 상호 의존적 협력관계 구축을 내용으로 하는 다층거버넌스(multi-level governance)의 틀 속에서 과거 국민국가가 독점하던 권력이 층별로 분산되고 수평·수직적으로 이동하는 양태를 살펴보고자 한다. 나아가 유럽연합과 국민국가의 관계변화가 지구화의 진전과 지역주의의 도전, 국가 내부사회의 변화 같은 복합적인 압력 때문이라 보고 이를 갈등과 협력 혹은 배제와 포함의 동학을 중심으로 고찰하고자 한다.[3]

---

[1] 대표적으로 Michael Th. Greven and Louis W. Pauly (eds.), *Democracy beyond the State: The European Dilemma and the Emerging Global Order* (Lanham: Rowman & Littlefield Publishers, 2000); David Held, *Democracy and the Global Order. From the Modern State to Cosmopolitan Governance* (Cambridge: Polity Press, 1995); Robert McIntyre, "Globalization and the Role of the State: Lessons from Central and Eastern Europe," *The Ecumenical Review* (Oct. 2001); Jürgen Habermas, "Jenseits des Nationalstaats: Bemerkungen zu Folgeproblemen der wirtschaftlichen Globalisierung," in Ulrich Beck (Hg.), *Politik der Globalisierung* (Frankfurt/M: Suhrkamp, 1998); Vincent Cable, "The Diminished Nation-State: A Study in the Loss of Economic Power," *Dædalus*, Vol.124, No.1 (1995); Vivien A. Schmidt, "The New World Order, Incorporated: The Rise of Business and the Decline of the Nation-State," *Dædalus*, Vol.124, No.2 (1995).

[2] David Held는 그 대표적인 학자로 평가된다.

[3] 이 글에서는 다중심의 유럽연합체제 중에서도 특히 국민국가와 유럽연합이라는 초국가기구의 관계에 초점을 맞추어 분석하고자 한다. 국민국가와 정부간주의에 입각한 유럽연합의 기구나 국가 하위의 지역 또는 초국적기업의 관계는 이 글의 분석범위에서 벗어난다.

이러한 분석은 유럽연합체제의 역동적 메커니즘과 복잡다단한 현실을 밝히고, 나아가 그 미래를 전망하는 데도 어느 정도 기여할 수 있을 것이다.

2. 유럽연합체제에서 국민국가

유럽에서 국가형성의 역사는 먼 고대까지 소급되지만 국민국가는 근대화의 산물이다.[4] 틸리(Charles Tilly)가 지적했듯이 16세기 초 서유럽은 국민국가 태동을 가능하게 하는 사회구조적 배경을 이미 가지고 있었다. 예컨대 당시의 서유럽은 문화적으로 동질적이고 전형적인 농업사회였으며 분권화된 정치구조를 갖고 있었다.[5] 전문화된 행정조직, 개방된 주위환경, 초기 자본주의의 공헌 등은 국민국가가 지배적 통치체제로 발달한 요인이었다. 특히 이 과정에

---

4) 근대 국민국가의 형성과 발전에 대해서는 다양한 해석과 이론이 존재한다. 이들 이론은 크게 국가를 자율적 정치제도로 간주하는 국가중심적 접근과 다원주의 및 구조기능주의에 기반한 사회중심적 접근, 그리고 국가와 사회의 상호작용을 중시하는 접근방법으로 구분 가능하다. 이외에도 구조주의와 도구주의, 도출론의 관점에서 자본주의국가를 해석하는 네오 마르크스주의자들이 있다. 이 글에서는 이들 이론이 갖는 한계인 '관계의 동학'의 간과나 결정론을 넘어 정치사회 집단과 사회경제적 조건간의 관계에 분석의 초점을 둔 역사사회학자인 틸리의 이론을 중심으로 국민국가 형성과 발전을 설명하고자 한다.

5) 틸리는 당시 서유럽이 언어, 법, 종교, 행정관리, 농업, 토지소유 제도 및 가족, 친족제도 등에 걸쳐 서로 수렴하는 문화를 갖고 있었다고 지적한다. 무역을 통한 상호접촉, 지속적인 인구이동, 왕가들의 통혼이 유럽인의 생활스타일을 유사하게 만들었다는 것이다. 인구의 압도적 다수인 정착농민이 경제적 가치를 생산하고 있었고, 그 배후에는 특권을 소지한 소수 지배계급이 존재하고 있었다는 것이다. 또한 성장하고 있던 유럽의 도시에 기반을 둔 부르주아들도 농촌사회에 영향력을 행사하고 있었다고 한다. 이밖에 공국, 교구 등 작고 약한 수많은 정치단위로 나누어진 분권화된 정치구조가 존재했는데, 중앙의 왕권이 이들을 결합과 공고화, 복속, 정복 등의 방법으로 보다 크고 강력한 국민국가로 발전시켰다고 한다. Charles Tilly,『국민국가의 형성과 계보: 강압, 자본과 유럽국가의 발전』, 이향순 역(학문과사상사, 1994), 63-108쪽.

서 전쟁의 승리는 국민국가 건설에 가장 큰 영향을 미친 요인으로 지적된다. 이러한 과정을 통해 수립된 국민국가의 정통성은 물리적 강제력의 독점에 궁극적 원천을 두고 있었다. 이런 점에서 틸리는 국민국가를 강압적 기구와 사회로부터 자원을 추출하고 사회를 관리하는 수단을 포함하는 지배와 조정의 보다 영속적인 구조로 본다.[6]

물론 이러한 틸리의 주장은 국민국가 건설과정에서 전쟁의 역할을 지나치게 강조한 반면, 사회혁명의 영향을 경시하고 이데올로기의 역할을 간과한다는 한계가 있다. 그럼에도 불구하고 틸리는 서유럽의 국민국가 건설에 대해 국가체계와 같은 관계의 동학을 중심으로 설득력 있게 설명하고 있다. 물론 유럽국가들이 동질적 구조와 특징을 가진 것은 아니었는데, 이는 무엇보다도 상이한 근대화 경로 때문이었다. 예컨대 근대화의 주요한 내용 중 하나인 자본주의적 산업화의 경우에도 중심부국가들은 자체 재생산구조를 확립하는 등 높은 수준의 동질성을 가졌으나, 주변부국가들은 이질적 구조를 갖고 있었고 열세의 지위를 극복하기 위해 통합(Assoziation)과 이탈(Dissoziation) 같은 전략을 구사해야 했다.[7] 근대화를 거치면서 서유럽국가들은 중심과 주변, 교회와 국가, 농촌과 도시, 자본가와 노동자간의 복합적인 균열을 경험했는데, 이러한 균열구조는 국민국가와 시민사회의 구성, 그리고 이들의 관계에 적잖은 영향을 미쳤다. 복지국가와 대의제민주주의는 국가와 자본, 노동 간의 타협정치의 결과였다. 로글린(John Loughlin)은 유럽의 국가형태를 철학적 전통을 기준으로 앵글로색슨식, 게르만식, 프랑스식, 스칸디나비아식으로 구분한다. 예를 들어 게르만식은 국가에 대한 법적 근거가 존재하며, 국가·사회관계는 유기적이고, 정치조직은 통합국가나 유기적 연방이며, 정책형태는 협력적 연방주의의 특징이 있다고 한다.[8] 이들 국가형태를 구분하면 <표 5-1>과 같다.

---

6) Charles Tilly (1994), pp.109-205.

7) Dieter Senghaas, *Von Europa Lernen. Entwicklungsgeschichtliche Betrachtungen* (Frankfurt/M: Suhrkamp, 1982). 여기서 주변화를 극복하기 위한 전략인 통합은 세계시장에서 국제분업의 이점을 활용해 자유무역 정책을 추진하는 전략을, 이탈은 산업화에서 앞선 국가의 압력에 대응하면서 보호무역주의에 기반해 내수시장 확충을 추구하는 전략을 가리킨다.

〈표 5-1〉 유럽연합의 국가전통

특 성	전 통			
	앵글로색슨식	게르만식	프랑스식	스칸디나비아식
국가에 대한 법적 근거 유무	없음	있음	있음	있음
국가·사회 관계	다원주의 (pluralistic)	유기체주의 (organist)	적대주의 (antagonistic)	유기체주의 (organist)
정치조직 형태	연합국가/ 제한적 연방	통합국가/ 유기적 연방	자코뱅, 단일하고 불가분의	탈중앙적 단일정부
정책형태의 기반	점진주의	법적 협의주의	법적 기술관료주의	합의주의
탈중앙화 형태	국가권력(미), 권력이양(분권주의)/ 지방정부(영국)	협력적 연방주의	지방화된 단일국가	강력한 지방자치
국 가	영국, 미국, 캐나다(퀘벡 제외), 아일랜드	독일, 오스트리아, 네덜란드, 스페인(1978년 이후), 벨기에(1988년 이후)	프랑스, 이탈리아, 스페인(1978년 이전), 포르투갈, 퀘벡, 그리스, 벨기에(1988년 이전)	스웨덴, 노르웨이, 덴마크, 핀란드

출처: John Loughlin (2001), p.5.

이 중에서 특히 프랑스는 일반이익을 대표하는 국가라는 루소의 주장에서 보이듯이 중앙집권적 국가의 전통이 강한 경성국가(strong state)로 평가된다. 뒤늦게 국민국가 형성을 이룬 독일 역시 헤겔 이후 '전지전능한 국가'의 영향력이 강한 데서 보이듯이 시민사회의 역량이나 이익보다는 주로 중앙에서 결정된 국가이익을 중심으로 정책이 형성됐다. 국가별로 차이는 있지만 대체적으로 유럽국가는 국가중심적 세계관과 전통, 경험과 제도가 강하며, 이에 따라 국가의 경제분야에 대한 개입과 시민사회에 대한 통제와 동원이 이루어졌다. 한편 소규모 다민족국가들은 코퍼러티즘이라 불리는 모델을 발전시켰는데,

---

8) John Loughlin (ed.), *Subnational Democracy in the European Union. Challenges and Opportunites* (Oxford: Oxford University Press, 2001), pp4-6. 이에 비해 앵글로색슨식은 국가의 법적 근거가 없고, 국가·사회관계도 다원주의를 취하고 있으며, 정치조직 형태도 연합국가나 제한적 연방이 대부분이라는 것이다. 정책형태의 기반도 점진주의이고 탈중앙화 형태도 지방정부로의 권력분산이나 주정부가 권력을 갖는 연방제라고 한다.

이는 결속력이 강한 시민사회가 존재하고 국가와 시민사회 관계가 갈등적이기보다는 협조적이라는 특징이 있다.9)

시민사회 내 계급정치의 활성화는 국가와 시민사회 내 자본과 노동의 협의적 정치를 점차 발전시켰다. 대표적인 것이 사회적 시민권의 하나로 국민들에게 일정 수준 이상의 삶의 질을 제도적으로 보장해 주는 복지국가였다. 복지국가는 근대화가 초래한 사회적 균열을 둘러싼 시민사회 내 주요세력간의 상호작용을 통해 공간적으로 확산되고 제도적으로 정착되기 시작했다. 국가와 자본가의 수단이자 노동계급의 '전리품'으로 유럽 대부분의 국가에서 형성되고 발전된 복지국가는 2차대전 이후의 경제적 호황을 배경으로 사회입법 체계가 정비되고 높은 수준의 복지지출이 이뤄지면서 전성기를 맞이했다. 그러나 복지국가는 1970년대에 들어서면서 경제침체를 비롯한 여러 요인으로 인해 위기에 직면하게 된다. 이러한 복지국가의 위기와 신자유주의 자유무역의 상당한 발전, 새로운 정보통신 기술과 생산체계의 발전은 다름 아닌 전통적 경계의 약화와 제거를 특징으로 하는 지구화가 전개되는 배경이기도 하다.10)

흔히 지구화는 경제를 탈국가화하거나 혹은 경제단위로서의 국민국가를 탈중심화 함으로써 국민국가의 응집력을 약화시킨다고 지적된다.11) 지구화와 지역통합은 정책을 정부의 제도적 구성보다는 선출되지 않은 참여자를 포함한 정책 네트워크와 공동체 안에서 결정하도록 하고 있다. 유럽연합의 경우 이는 다름이 아니라 유럽, 국가, 지역 차원의 행위자와 단체, 네트워크를 포함하고 겹쳐지는 복합체인 유럽 거버넌스체계의 출현으로 설명된다. 유럽연합조약은 다층의 정통성과 정책을 통해 공동체의 형성을 추구하는 일종의 연방주의적 성격을 띠는데, 이것이 거버넌스의 출현을 본격화시키는 계기가 됐다. 유럽연합체제 역시 다층통치체(multi-level polity) 안에서 다양한 거버넌스를 갖는 체제의 성격을 갖게 됐다.12) 그 결과 유럽연합과 국민국가의 관계 역시 보

---

9) 조흥식, "국민국가에서 유럽연합으로: 유럽의 이익정치," 『아세아연구』 통권 105호 (2001), 128-133쪽.
10) John Loughlin(2001), 22-24.
11) Ramesh Mishra, 『세계화와 복지국가의 위기: 지구적 사회정책을 향하여』, 이혁구・박시종 역(성균관대 출판부, 2002), 193쪽.

다 복잡해지고 가변적으로 되고 있다.

오늘날 국민국가의 주권은 위아래 혹은 내외의 압력 때문에 그 속성이 적 잖게 변하고 있다. 핵무기의 등장으로 인한 전쟁 성격의 변화, 새로운 커뮤니케이션과 정보기술의 발달 등은 국가의 능력을 감소시키면서 주어진 영토 내에서 국가가 지녔던 독점적 통제권을 약화시키고 있다. 일부 학자들은 나아가 국민국가의 주권 자체가 일련의 국민적·지역적·국제적 행위자에 의해 분할 점유되며, 그 각각에 내재하는 다원성에 의해 제한되고 구속돼 있다고 지적한다.[13] 또 국민국가가 더 이상 통치하는 권력으로 간주돼서는 안 되며 단지 세계에서 지역 수준에 이르는 권력의 복잡한 체계 내에 있는 한 종류의 권력과 정치기관일 뿐이라고도 언급된다.[14] 이런 주장은 "고유한 규칙과 결정과정을 가진 기구"[15]에 가입해 있는 서유럽국가를 대상으로 한 평가이지, 모든 유럽

---

12) 유럽 거버넌스에 대한 대표적인 연구로는 John Loughlin (2001), p.26; Frank Vibert, *Europe Simple Europe Strong. The Future of European Governance* (Cambridge: Polity Press, 2001); Liesbet Hooghe and Gary Marks, *Multi-Level Governance and European Integration* (Lanham: Rowman & Littlefield Publishers, 2001); Jon Pierre and B. Guy Peters, *Governance, Politics and the State* (Houndmills: MacMillan Press, 2000); Michael Zürn, "Democratic Governance beyond the Nation-State," in Michael Th. Greven & Louis W. Pauly (eds.), *Democracy beyond the State: The European Dilemma and the Emerging Global Order* (Lanham: Rowman & Littlefield Publishers, 2000); Matthew J. Gabel, "The Endurance of Supranational Governance: A Consociational Interpretation of the European Union," *Comparative Politics*, Vol.30, No.4 (1998); Janne Haaland Matláry, "New Forms of Governance in Europe? The Decline of the State as the Source of Political Legitimation," *Cooperation and Conflict*, Vol.30, No.2 (1995).

13) David Held, *Democracy and the Global Order. From the Modern State to Cosmopolitan Governance* (Cambridge: Polity Press, 1995), pp.89-96.

14) 이러한 주장은 Paul Hirst and Grahame Thompson, *Globalization in Question: The International Economy and the Possibilities of Governance* (Cambridge: Polity Press, 1996), pp.128-130에 잘 정리돼 있다. 물론 허스트와 톰슨은 지구화에도 불구하고 완전한 탈국민국가화는 실현되지 않았다고 보는 국가중심적 입장을 가지고 있다. 예를 들어 거시경제 운영자로서 국민국가의 통치능력은 최근에 상당히 약화됐음에도 아직 제도의 주축으로 남아 있다고 주장한다.

15) Paul Hirst and Grahame Thompson (1996), p.122.

국가에 해당되는 것은 물론 아니다. 그러나 점차 통합이 확대·심화되고 있는 유럽의 경우 이러한 평가는 변화하는 국가의 위상을 규명하는 데 설득력이 큰 것으로 보인다.

지구화와 상호작용 관계를 형성하고 있는 유럽통합은 2차대전 후 본격적으로 전개됐는데, 특히 경제분야를 중심으로 추진되던 유럽통합이 가속화되기 시작한 것은 1987년의 유럽단일의정서(SEA) 이후였다. 당시 주요한 정치지도자들은 지구화라는 세계적인 추세에 효과적으로 대응하기 위해서는 유럽통합을 추진하고 발전시키는 것이 최선의 선택이라는 사고를 갖고 있었다. 이에 따라 유럽연합이 출범하면서 각종 제도도 체계적으로 구축됐는데, 이 과정에서 국민국가 권력이 일부 초국가적 기구로 이동했다.16) 유럽통합은 유럽석탄철강공동체(ECSC) 이후 변화하는 세계 속에서 자신들의 국가주권과 국익을 방어하기 위해 추진해 온 국민국가의 제도적 장치를 뛰어넘어 향후 점점 더 넓은 범위의 국가집단을 하나의 정치적 틀로 결집시킬 것으로 전망되고 있다.

그러나 초국가기구로의 권력이전은 이미 오래 전부터 있었다. 예를 들어 1951년에 설립된 유럽석탄철강공동체의 핵심기구였던 공동관리청(High Authority)은 각 국의 석탄 및 철강분야의 주권을 갖는 초국가적 권위체였고, 1992년 마스트리히트조약은 공동체에서 연합으로 질적 전환을 이루면서 통화관리나 외교, 국방, 치안 등에서 국민국가에 고유한 일부 권한을 유럽연합에 이양하는 조약이었다. 더구나 이러한 권력이전은 유럽통합이 심화되면서 앞으로 더 확대되리라 전망되고 있다. 이러한 사실을 감안하면 유럽연합 수준으로의 권력이전을 부정하는 설명은 점차 설득력을 잃어 가고 있다고 할 수 있

---

16) 이를 둘러싸고는 상이한 입장이 대립하고 있다. 유럽연합을 지속적으로 밀착돼 온 연합체로 보는 학자들은 유럽석탄철강공동체 이후 유럽통합은 점점 더 넓은 범위의 국가집단이 하나의 정치적 틀로 결집된다고 주장한다. 개별 국민국가의 주권은 유럽연합 제도의 집합적 결정 속에서 공동으로 보장된다는 것이다. 이에 비해 다른 학자들은 유럽연합을 개별 유럽 국민국가가 변화하는 세계 속에서 자신의 국가주권과 국익을 방어하기 위해 추진해 온 하나의 제도적 장치라고 주장한다. 유럽공동체 기구는 각국 정부의 다자간 협정에 기초한 정부간 제도라는 것이다. 다양한 유럽통합의 이론에 대해서는 조홍식, "유럽통합의 이론," 세종연구소 연구논문 98-02(1998).

다.17)

　물론 국민국가는 여전히 국제관계의 주요 행위자이며, 국민국가 수준의 정치는 초국적기업을 비롯한 비국가행위자의 활동영역에 틀을 제공하고 있다. 그럼에도 다른 지역에 비해 통합이 보다 진전된 유럽의 경우 통합의 동력과 국민국가에 대한 영향을 고려할 때 국민국가 중심 시각에는 일정한 한계가 있을 수밖에 없다. 유럽통합은 경제통화 통합을 완성해 가고 있고 이에 따라 유럽정치 차원은 유럽연합 국가들의 정치와 정책결정에 주요한 '구성적 요인'이 된 것으로 평가된다. 이에 따른 파급효과는 통화, 무역, 경제, 생산, 기술, 농업, 환경, 사회정책은 물론 외교안보 정책에 이르기까지 포괄적이다.18) 유럽연합 정치는 점차 다중심적이 되고 있으며 국민국가는 그런 체제 안에 있는 하나의 수준으로 바뀌고 있다. 이런 점에서 유럽연합은 국민국가가 여전히 권한을 갖는 분야와 다양한 수준으로 그 권한이 이동하는 현상이 병존하는 복합적인 체제로 볼 수 있다.

3. 복합압력과 권력이동: 국민국가·유럽연합 관계의 변화

1) 다원적 지구화와 복합압력의 대두

　지구화는 지구적 관계의 강화와 전통적 경계의 약화 및 제거하는 특징을 갖는 현상을 가리킨다. 국제화가 경제의 개방성이 증가함에도 불구하고 국제적 경제활동이 국민국가적 기반을 유지하는 데 비해, 지구화는 국민국가의 경제가 국제적 과정과 거래에 의해 하나의 체계 속으로 포섭되고 재접합됐다는 점에서 더 이상 존재하지 않게 되는 상황을 말한다.19)

---

17) Christopher Pierson, 『근대국가의 이해』, 박형신·이택면 역(일신사, 1998).
18) 이호근, "세계화경제 속의 국가의 변화와 서유럽 다층적 통치체제의 발전," 『한국정치학회보』 제35집 2호(2001), 350-352쪽.
19) Paul Hirst and Grahame Thompson (1996), p.10.

국민국가와 관련해서 지구화는 관리국가의 법적 안전성과 효율성, 영토국가의 주권, 집단의 정체성, 국민국가의 민주적 합법성에 영향을 준다는 점에서 중요하다. 환경이나 범죄문제, 세금징수에 대한 국가의 공적 관리능력은 약화되고 있으며, 합법적으로 정책결정을 내리지만 영토적 경계 안의 지역이나 주민들은 그 결과에 좌우되지 않는 현상도 흔히 발견된다. 정체성이 약화되고 연대가 와해되며, 권리의 공평한 분배에 근거하는 국민국가의 민주적 합법성 역시 흔들리고 있다.[20]

이러한 주장은 무엇보다 전통적 국민국가의 주권개념에 의문을 제기하는 것이라 할 수 있다. 나아가 이는 유럽에서 1648년의 베스트팔렌조약 이후 국제관계를 규정했던 베스트팔렌 모델의 쇠퇴를 의미하는 것이기도 하다. 영토주권, 국가간의 공식적 평등, 공식적으로 인정된 타 국가에 대한 내정 불간섭, 국제법적 의무의 토대로서 국가의 동의 등을 국제사회의 핵심원칙으로 하는 베스트팔렌 모델은 국민국가가 주축이 되는 세계질서의 발전을 보여주는 것이었다.

여기서 주권은 특수한 사회·경제적 조건의 산물이었다. 즉 근대화와 더불어 발전한 국가가 대내외적 압력에 대한 방어개념으로 사용한 주권은 대내적으로는 최고의 권위이자 대외적으로는 타 국가와의 경쟁 속에서 자신을 주장할 능력을 의미하는 것이었다. 국가가 절대주권을 지닌 외부세력에 의해 침투되지 않는 딱딱한 껍질을 가진 단위체이자 통합된 행위자라는 이른바 국제관계의 '당구공 이론'(billiard-ball theory) 역시 이러한 주권개념에 근거하는 것이었다.

그러나 지구화는 단순히 국민국가의 침식과 초국민국가로의 전환을 뜻하는 탈국민국가화(denationalisierung)만을 의미하지 않는다. 지구화는 전통적 국민국가의 경계를 뛰어넘는 다양한 행위자와 국민국가적 행위자가 서로 경쟁하고 협력하는 다중심적 체제로의 전환을 의미한다.[21] 이와 같이 지구화는 다

---

20) Jürgen Habermas, "Die postnationale Konstellation und die Zukunft der Demokratie," Ms. (1998).

21) Ulrich Beck, *Was ist Globalisierung: Irrtümer des Globalismus-Antworten auf Globalismus* (Frankfurt/M: Suhrkamp, 1997); James Rosenau, *Turbulence in World Politics* (Brighton:

양한 수준과 층위에 걸치는 현상이기 때문에 그 영향과 상호작용은 흔히 단순한 결정주의가 아닌 복잡한 반복과정으로 설명된다. 이런 점에서 지구화는 다원적 지구화로 부를 수 있는데, 이는 지역통합뿐 아니라 국민국가에도 여러 가지 측면에서 영향을 미치고 있다.

헬드(David Held)는 이와 관련해서 지구화가 국민국가에게 다음과 같은 점에서 중요한 의미가 있다고 지적한다. 첫째, 경제·정치·법·군사적 측면의 세계적 상호 연관과정은 주권국가의 본질을 위로부터 변화시킨다. 둘째, 지역주의의 등장은 국민국가를 아래로부터 잠식한다. 셋째, 지구화는 국가와 그 시민들 사이의 정치적 결정과 산출의 과정을 연결하는 새로운 망을 형성하면서 국가 정치체제의 본질과 작동을 변화시킨다.[22]

헬드가 지적했듯이 국민국가 내에서 혹은 이들을 가로지르는 문화적·역사적 정체성을 지닌 하위단위 영토인 지역 역시 전통적 국민국가의 권한에 영향을 미치고 있으며, 이로 말미암아 유럽연합과 개별 국민국가의 관계 역시 변하고 있다. 이들 지역이 유럽연합과의 관계강화를 통해 자신의 자율성을 확대하려는 현상인 '지역의 유럽'(Europe des régions)[23]이나 국민국가 중앙정부에 의한 차별과 소외에 반대해 전개하는 저항운동과 정치세력화 이념으로서 지역주의(regionalism)[24] 역시 '아래로부터의 도전'으로서 국민국가와 초국가기구

Harvester, 1990).

22) David Held, "Democracy, the Nation-State and the Global System," *Economy and Society*, Vol.20, No.2 (1991).

23) '지역의 유럽'은 원래 구성단위가 지역인 연방유럽을 의미하는 용어이다. 여기서 지역은 코르시카나 브리타니, 플란더스, 웨일스처럼 적어도 강한 정체성을 지닌 지역을 가리킨다. John Loughlin (2001), p.24. '지역의 유럽'에 대해서는 Michael Newman, *Democracy, Sovereignty and the European Union* (London: Hurst & Company, 1996), pp.109-137; James Goodman, James, "The European Union: Reconstituting Democracy beyond the Nation-State," in Anthony McGrew (ed.), *The Transformation of Democracy?* (Cambridge: Polity Press, 2000), pp.347-349.

24) 게르데스는 지역주의를 국민국가 안에서 하위단위의 영토지역이 논쟁적 주제가 돼 중앙정부 차원까지 영향을 미치게 되는 정치현상으로 본다. Dirk Gerdes, *Regionalismus als soziale Bewegung. Westeuropa, Frankreich, Korsika: Vom Vergleich zur Kontextanalyse* (Frankfurt/M and New York: Campus, 1985). 유럽의 지역주의는 Michael

의 관계에 영향을 미치고 있다.

한편 서유럽사회는 태도, 가치, 생활양식 측면에서 지속적이고 급격한 변화를 경험하고 있다. 개인주의가 성장하고 새로운 형태의 참여가 대두하고 있다. 이와 더불어 통신, 수송, 경제생산의 형태에서도 엄청난 기술적 변화를 겪고 있다. 이러한 변화는 모든 수준에서 정부로 하여금 이들 변화를 통제하고 숙달하는 데 어려움에 직면케 하는 것으로 지적된다.[25] 급속한 사회변화에 비해 오히려 정부의 중앙집중적 권위는 상실되고 정부정책의 효과성과 효율성도 저하되고 있는데, 이는 흔히 정부의 위기 혹은 통치능력(governability)의 위기로 불리고 있다.

이와 같이 국민국가는 지구화와 지역주의, 사회변동 등으로 인해 아래와 위로부터, 그리고 내부와 외부로부터 압력을 받고 있으며, 권력은 이들의 압력에 효과적으로 대처하지 못하기 때문에 분산되고 약화되고 있는 것으로 평가된다. 국민국가에 미치는 이들 압력은 단선적이지 않다. 이런 점에서 이들 압력은 복합압력이라 할 수 있다. 즉 복합압력은 상향압력과 하향압력, 외재압력과 내재압력을 포괄하는 용어로서 전통적 국민국가의 능력과 주권적 속성의 변화를 분석하는 데 활용 가능한 것으로 보인다. 국민국가에서 보다 다양한 층위의 행위자로 권력이 이동하는 현상 역시 이로 말미암은 것이다.

2) 권력이동과 국민국가·유럽연합 관계의 변화

유럽연합 내에서 과거 권력을 독점했던 국민국가에서 다양한 층위의 행위자에게 권력이 이동하고 있다. 정해진 영토 내에서 대내적으로는 최고의 권위이자 대외적으로는 타 국가와의 경쟁 속에서 자신을 주장할 능력인 주권을 갖고 있던 '딱딱한 껍질의 단위체'(hard-shelled unit)였던 국민국가는 국경을 가로지르는 지구적 관계망이 발달하면서 영토성(territoriality)이 점차 해체되고 주권

Keating and John Loughlin (eds.), *The Political Economy of Regionalism* (London: Frank Cass, 1997); John Newhouse, "Europe's Rising Regionalism," *Foreign Affairs*, Vol.76, No.1 (1998).

25) John Loughlin (2001), pp.26-29.

적 속성도 약화되고 있다. 국민국가가 독점적으로 가졌던 주권은 이제 초국가기구나 지역 같은 상이한 수준으로 옮겨가고 있다.

국민국가의 주권을 넘겨받은 유럽연합의 대표적인 초국가기구는 유럽집행위원회(European Commission)이다. 경제통합, 공동외교안보 정책, 내무·사법분야 협력을 포함하는 정치통합을 최종목표로 하는 마스트리히트조약 체결 이후 공동체 차원의 활동영역이 더욱 넓어지면서 이들 조약과 관련된 각종 정책을 입안하고 추진하는 기구인 유럽집행위원회의 권한도 상대적으로 커졌다. 실제로도 유럽집행위원회는 각료이사회(Council of Ministers)가 심의·의결하는 안건을 입안하고 제출하는 권한을 행사하고 있다. 이는 다름 아닌 집행위원회가 유럽연합 회원국으로부터 양도된 주권을 공동체 차원에서 행사한다는 것을 의미한다.[26]

물론 모든 유럽연합 기구가 초국가적 성격을 띠고 있지는 않다. 어느 정도 초국가적 성격을 띠는 기구는 유럽연합 내서 최고기능을 갖는 기구인 유럽이사회(European Council)를 비롯해 제1차 기능을 갖는 기구인 유럽의회(European Parliament), 각료이사회, 유럽집행위원회, 유럽사법재판소(European Court of Justice), 그리고 유럽회계감사원(European Court of Auditors)을 꼽을 수 있다. 이들에 비해 제2차 기능을 갖는 기구인 경제사회위원회(Economic and Social Committee), 지역위원회(Committee of Regions) 등은 모두 자문기구이므로 초국가성이 약하다.[27]

---

[26] 로스(George Ross), 디난(Desmond Dinan) 같은 일부 학자들은 각 회원국이 유럽집행위원회 위원을 명확한 선출기준 없이 임명하고 있으며, 이들을 통해 집행위원회에 영향력을 행사하고 있다는 점을 강조한다. 나아가 이들은 몇몇 거대 회원국은 집행위원회의 정책결정과정을 통제하는 것을 확고히 해야 한다고 믿는 경향이 있다고 지적한다. 이런 이유로 집행위원회 회원국 정부에 대한 종속을 확인하기 위해 제도를 주기적으로 재편해 왔다는 것이다. 이들의 주장에 대해서는 Michael Newman (1996), p.43.

[27] 유럽연합 기구의 배치에 대해서는 Helen Wallace and William Wallace, *Policy-Making in the European Union* (New York: Oxford University Press, 2000), pp.3-37. 이들 기구가 행하는 대표와 대리행위, 아젠더 설정에 대해서는 Mark A. Pollack, *The Engines of European Integration. Delegation, Agency, and Agenda Setting in the EU* (Oxford: Oxford University Press, 2003) 참조.

그러나 같은 1차 기능을 갖는 기구 중에서도 권력이동의 정도는 상이하다. 유럽공동체의 시민을 대표하는 유럽의회는 설립 당시는 거의 권한을 갖지 못했으나 이후 계속 지위향상과 권한획득이 이루어지고 있다. 예컨대 유럽의회는 각료이사회와 공동입법자로 활동하거나 합동으로 예산권을 가지며 집행위원회의 활동을 민주적으로 통제한다. 그럼에도 회원국 의회에 비해 유럽의회가 지닌 권한은 상대적으로 미약하다. 유럽의회가 처한 이러한 현실은 유럽연합체제의 제도적 불완전성과 민주적 정통성의 결핍을 보여준다. 이런 점에서 유럽의회가 개별 국민국가가 지닌 주권을 이양 받아 이를 공동체 차원에서 행사하고 있는 것으로 평가하기는 어렵다.

회원국의 장관급으로 구성되는 유럽연합의 의사결정기관인 각료이사회의 경우 집행위원회의 제안에 따라 입법행위를 하며, 회원국의 일반적인 정책을 조정하고 결정할 뿐 아니라, 집행위원회에 대해서는 결정사항을 이행하도록 임무를 부여하는 과정을 통해 회원국에게 커다란 구속력을 행사한다. 회원국은 각료이사회가 갖는 입법권과 공동체 예산심의 승인권, 대외협상 개시 승인 및 협약체결에 관한 권한 같은 주요한 정책결정을 준수해야 한다. 그러나 각료이사회는 독일과 영국, 프랑스 등의 국가에 보다 많은 투표수가 부여돼 있고, 의사결정방식을 둘러싼 논란 역시 해결되지 않은 데서 보듯이 개별 회원국가가 자신의 이익을 우선적으로 추구하는 경향이 강하다. 이는 개별 국민국가가 지닌 높은 영향력을 잘 보여준다.

유럽연합 내의 권력이동은 유럽연합의 경제통화동맹(EMU) 추진과정을 통해 더욱 확연해지고 있다. 경제통합에 관한 들로아(Delors)보고서에 기초해 지난 1992년 2월 서명된 마스트리히트조약은 3단계 경제통화동맹 안을 포함하는 것이었다. 우선 1단계에는 경제정책의 점진적 수렴을 추진하고, 2단계에는 적자규모와 공공채무, 인플레이션을 조정하고, 유럽통화기구(EMI)를 창설하며, 3단계에 유럽중앙은행제도(ESCB)를 설립하고 최종적으로 단일화폐를 창출하는 등 단일 통화정책을 실시하도록 단계적으로 추진됐다. 정치적 이유로 이에 불참한 몇 개 국가를 제외한 대부분의 회원국은 경제통화동맹의 출범으로 거시경제와 재정, 통화정책 분야에서 지녔던 통제력을 부분적으로 혹은 완전히 상실하게 됐다.

이들 정책에 비해 고용정책의 경우 1997년의 룩셈부르크 프로세스(Luxemburg Process)를 통해 공동체 차원의 공동협력이 강조되고 있으나 아직은 회원국의 몫으로 분류되고 있다. 이민정책 역시 아직은 개별 국민국가가 권한을 갖고 있는 것으로 평가된다. 이런 점에서 이들 정책은 국민국가 '결정권의 잔존영역'(remaining areas of discretion)에 속하는 정책으로 지적되기도 한다.[28]

유럽연합 회원국간에는 이들 정책에 대한 상이한 이해관계로 인해 갈등을 빚는 경우도 흔하다. 이에 따라 유럽연합·국민국가 관계도 보다 복잡해지고 있다. 이와 관련해서 중요한 쟁점이 유럽연합과 회원국간에 권한을 명확하게 조정하고 한계를 설정하는 일이다. 회원국의 효율적인 정책수행이 저해되거나 미비할 때 유럽연합의 정책을 적용하는 '보충성원칙'(principle of subsidiarity) 역시 회원국간에 논란이 되고 있다. 공동체의 배타적 권한에 속하지 않는 영역에서, 제안된 행동의 규모나 효과에 의해 국가단위에서는 그 목적을 충분히 달성할 수 없고, 공동체가 행하는 것이 효과적인 경우에만, 그리고 그 범위 내에서만 공동체가 행동을 한다는 보충성원칙[29]이 논란이 되는 것은 무엇보다 그 구분이 불분명한 데서 기인하는 것이다. 이들 갈등의 노정은 무엇보다 정책은 초국가적으로 통합돼 가고 있는 반면, 정치는 국가적 차원에서 유지됨으로써 상호간에 괴리가 생기는 데서 그 원인을 찾을 수 있다.

한편 유럽연합으로의 권력이동은 민주주의 결핍(Demokratiedefizit)문제를 더욱 부각시키고 있다. 유럽연합의 기구는 복잡한 작동방식과 민주적 정통성의 결여로 인해 점차 평범한 시민들로부터 유리되고 있다는 지적이 그것이다.[30]

---

28) Vincent Cable (1995), pp.38-40.
29) 이는 유럽연합조약 EC 3B조에 규정돼 있다. 이에 따르면 보충성원칙은 지속적이고 긴밀한 유럽인의 연합을 추구하고 회원국민들의 정체성과 고유한 역사, 문화, 전통을 존중하고 조화시키려는 의도가 있다고 한다. 이를 위해 공동체의 행위는 명확히 정의되고 한정적인 권한만을 갖는다는 것이다. 즉 교역, 농업, 어업은 EC가 전권을 갖고, 환경, 사회부문은 협력적인 권한을 가지며, 문화, 건강, 교육은 회원국이 전적인 권한을 갖는다. 이러한 내용의 보충성원칙은 연방주의의 한계에 대한 논쟁으로부터 연원하는 것으로 정치적 편의주의에 입각하고 있다는 데에 그 한계가 있다.
30) James Goodman, "The European Union: Reconstituting Democracy beyond the Nation-State,"

특히 유럽집행위원회에는 민주적으로 선출되지 않는 방대한 규모의 조직이 있을 뿐 아니라 로비활동이 집중되고 있는데, 이는 비판의 주요 타깃이 되고 있다. 현재 이들 문제의 해결은 주로 유럽의회의 권한을 강화하는 방식으로 추진되고 있다. 콜러-코흐(Beate Kohler-Koch)는 이와 관련해서 유럽연합이 회원국과 동등한 민주적 정통성을 구축하지 못한다면 추가적인 능력의 이전이 비판적으로 평가될 것이며, 유럽연합의 의회주의화(Parlamentarisierung)를 향한 조치는 기능하는 대의제 민주주의라는 목표에 얼마나 다가갈 것인가의 여부에 의해 평가될 것이라고 지적한다.31) 유럽의회 역할의 강화를 제외하고 유럽연합의 민주주의문제를 해결하기 위한 방안으로 자율성을 보장하는 조정이나 보충성원칙의 정교화, 직접민주주의 요소의 도입, 협의제 민주주의의 시행 등이 제시되고 있으나,32) 회원국들의 상이한 이해관계 등을 고려할 때 어느 것 하나 쉽지 않은 과제로 평가된다.

4. 갈등·협력의 동학과 새로운 권력관계의 모색

1) 거버넌스로의 전환과 다중심적 권력분할체제의 등장

유럽연합의 정치는 점차 다중심적으로 되고 있다. 유럽연합은 이미 극도로

---

in Anthony McGrew (ed.), *The Transformation of Democracy?* (Cambridge: Polity Press, 2000); Heldrun Abromeit, "Ein Vorschlag zur Demokratisierung des europäischen Entscheidungssystems," *Politische Vierteljahresschrift*, 39. Jg, Heft 1 (1998).

31) Beate Kohler-Koch, "Regieren in der Europäischen Union. Auf der Suche nach demokratischer Legitimität," *Aus Politik und Zeitgeschichte*, B 6/2000, p.32. 콜러-코흐는 '네트워크 속의 통치'의 정통성은 심의민주주의(deliberative Demokratie)에 대한 약속으로부터 생기며, 기능적인 이익대표와 정치적 결정을 각 사안에 결합하는 것이야말로 유럽연합체제의 핵심요소라고 주장한다.

32) 이에 대해서는 홍익표, "유럽통합과 민주주의문제," 『유럽연구』 제8호(1998), 131-146쪽 참조.

분절화된 정책결정 체계를 가지고 있다. 이와 관련해서 대두하게 된 용어가 바로 새로운 통치형태로서의 거버넌스이다. 많은 학자들은 유럽연합의 정치가 개별 국민국가를 단위로 구획되고 질서화 된 정치를 뛰어넘어 다양한 이해당사자를 정책결정과정에 참여시키는 새로운 정부 운영방식인 다층거버넌스가 될 것이라고 지적한다. 거버넌스가 대두하게 된 배경은 앞에서 설명한 지구화와 지역주의, 국가의 통치능력 위기 등으로 인한 복합압력을 들 수 있다.

국가중심이론과는 상반된 입장에서 다층거버넌스를 주장하는 학자들은 유럽연합 정치에서 국가와 정부는 정책결정권을 유럽집행위원회나 유럽사법재판소, 유럽의회 등 초국가기구들과 공유하고 있다고 본다. 이는 한 국가의 정부가 더 이상 결정과정을 독점적으로 통제하고 조정할 수 없다는 것을 의미한다.[33] 카포라소(J. Caporaso)는 이를 주권국가에 의해 지배되는 정부가 갈라지고 분권화되며 종종 기능적일 뿐만 아니라 명백히 공간적인 일련의 권위를 결여하고 있는 정치체제인 거버넌스로 대체되고 있다고 지적한다.[34]

'거버넌스로의 전환'(governance turn)을 강조하는 입장에서는 정치의 영역도 서로 폐쇄돼 있기보다는 상호 연관돼 있다고 본다. 다시 말해 유럽연합은 국가와 초국가단위, 지역단위가 상호 종속돼 있고, 상호 보완적 기능을 행사하고 있으며, 중복되는 권한을 보유하고 있는 체제라고 한다. 당연히 국가는 더 이상 국내정치와 국제관계를 연결하는 배타적이고 독점적인 연결고리가 아니라는 것이다.[35] 통합의 진전에 따라 유럽연합은 점차 제도적 차원뿐 아니라 사적 차원에서도 정당성을 갖는 이익대표의 지위를 위해 경쟁하는 각종 비정부기구와 사회단체, 초국적기업 등으로 이뤄지는 기능적 네트워크를 형성하

---

33) Gary Marks et. al., "European Integration from the 1980s: State-centric vs. Multi-level Governance," *Journal of Common Market Studies* (September, 1996), pp.341-378, 조홍식(1998), 59쪽에서 재인용.

34) J. Caporaso, "The EU and Forms of State," *Journal of Common Market Studies*, Vol.34, No.1 (1996), p.34, in Andrew Jordan, "The European Union: an Evolving System of Multi-level Governance or Goverment?," *Policy & Politics*, Vol.29, No.2 (2001), p.194에서 재인용.

35) 조홍식(1998), 62쪽.

게 됐다.36)

실제로도 유럽연합에서 국민국가가 갖고 있던 권력은 복합압력으로 인해 다양한 층위로 분산됐다. 유럽에서 통합의 확대와 심화는 이러한 권력이동을 더 가속화하고 있다. 그 결과 무수히 많은 이해당사자가 유럽연합의 정책결정과정에 참가하게 됐다. 유럽연합은 더 이상 국민국가와 일부 초국가기구에 의해서만 정책이 수립되고 집행되는 것이 아니라 국민국가 내의 혹은 이것들을 가로지르는 지역, 다양한 형태의 비정부기구, 초국적기업 등이 복잡한 네트워크를 형성하면서 정책결정에 영향을 행사하고 참가하고 있다.

이런 점에서 유럽연합체제는 권력이 집중되지 않고 층위별로 분산된 다중심적 권력분할체제라 할 수 있다. 유럽연합은 다차원적 정책결정과정과 다층통치체제를 소유하고 있는 복잡성과 통일성이 공존하는 체제라는 특징을 갖게 됐다. 유럽연합은 개별 회원국가의 이익을 방어하기 위한 제도적 장치가 아니라 다원주의적 정체(pluralist polity)의 다양한 수준에서 무수한 행위자의 이해관계를 대변하게 됐다. 이에 따라 다원주의적 정체의 이해관계를 대표하게 될 행위자간의 권력관계 역시 보다 복잡하게 변하고 있다.

2) 협력과 갈등의 동학

거버넌스의 등장은 유럽연합을 다차원적 정책결정과정과 다층통치체제를 소유하고 있는 복잡성과 통일성이 공존하는 체제로 변화시켰다. 유럽통합의 진전은 행위자간의 권력이동을 초래할 뿐 아니라 정책을 둘러싼 갈등과 협력

---

36) Heidrun Abromeit, *Wozu braucht man Demokratie: Die postnationale Herausforderung der Demokratietheorie* (Opladen: Leske+Budrich, 2002), p.195. 그러나 유럽연합을 다층거버넌스로 보는 시각에 대해서는 비판도 제기되고 있다. 예를 들어 이 이론이 기존 이론적 주장의 혼합에 불과하며, 통합의 인과적 동력이나 측정 가능한 가정을 결여하고 있고, 국가 하부행위자의 자율성을 과장한다는 지적 등이 바로 그것이다. 따라서 다층거버넌스가 유럽의 정치질서를 설명하는 데 적지 않은 이론적 타당성을 갖고 있는 것은 사실이지만, 이를 유럽연합의 일반적 특징이거나 특정한 영역이나 수준을 제한하는 현상으로 보기에는 아직 불명확한 점이 있어 조심스러운 접근이 필요하다.

의 결과로 보다 복잡한 관계를 형성하게 했다. 국민국가와 유럽연합의 관계는 이들 요인으로 인해 단선적 관계에서 보다 복잡한 관계로 점차 변하고 있다.

여기에서는 유럽연합과 국민국가의 관계를 국가와 시민사회, 국내정치의 특성에 따라 몇 가지 유형으로 구분하고자 한다. 즉 유럽연합과 국민국가의 관계는 크게 보아 갈등과 협력, 배제와 포함이라는 네 가지 일반유형으로 구분이 가능하다.[37] 여기서 갈등은 유럽통합 과정을 둘러싸고 내외적으로 심각한 논란을 가져오면서 극단적일 때는 통합대열에서 이탈하는 경우를 가리킨다. 유럽연합이 추진하는 공동정책에 대해서도 대부분은 비협조적이다. 이에 비해 협력은 유럽통합 과정에 적극적으로 참여하는 경우를 말하며 유럽연합의 공동정책에 대해서도 순응적이다.

또 다른 유형인 배제는 통합과정에서 일부 회원국을 동참시키지 않는 경우를 일컫는다. 공동정책 시행에 있어서도 국내에 강한 반대세력이 있어 소수 사회집단의 이해관계를 대변하지 않는 경우가 많다. '두 속도의 유럽' 역시 배제의 유형에 속한다. 포함은 유럽통합 관련 정책결정에 다양한 행위자를 참여시키는 것으로 유럽연합과의 관계도 갈등보다는 협력으로 이어지는 경우가 대부분이다. 이들 행위자는 하위정치와 직접정치 등 다양한 형태의 정치를 구사하곤 한다.

한편 협력과 갈등, 포함과 배제로 유럽연합·국민국가 관계유형을 구분하는 기준은 국가와 시민사회의 성격, 국내정치의 구성을 들 수 있다. 우선 강성국가는 역사적으로 중앙집권적 전통이 강한 국가로 시민사회와 지역의 힘은 상대적으로 취약하다. 이에 비해 연성국가는 역사적으로 오랜 협의주의 전통을 갖고 있으며, 국가에 비해 상대적으로 강한 시민사회가 존재한다. 강한 정체성이 있는 지역은 중앙 못지않은 권력을 소유하면서 종종 지역주의를 추구하기도 한다.

또 다른 기준은 비국가영역을 일컫는 시민사회의 성격이다. 시민사회는 국

---

37) 협력과 갈등, 포함과 배제는 몇 가지 기준을 중심으로 유럽연합·국민국가 관계의 일반적 유형을 제시한 것에 불과하다. 따라서 이들 유형이 모든 경우에 적용되는 것은 아니다. 정책사안이나 국가별로 이들 유형이 혼재하는 경우도 가능하다.

가와 경제 간의 사회적 상호작용의 영역으로 다양한 결사체, 사회운동, 공적 의사소통의 형태로 구성되는데, 이 중에서도 가장 오래되면서 정치적 영향력이 큰 시민사회 집단은 자본과 노동계급이라 할 수 있다. 자본우위의 시민사회는 노동계급의 조직률이 비교적 낮으며 정치적 영향력도 적다. 탈규제와 유연화가 특징인 신자유주의의 이념적 배경을 갖는 경우가 대부분이다. 이에 비해 노동우위의 시민사회는 오래되고 강한 노동조합과 노동자정당이 존재한다. 또 자본과의 계급타협에 의한 동의의 정치를 행하기도 한다. 노동우위 시민사회 국가에서는 좌파의 집권 가능성이 높으나, 권력분산형 정치제도를 택한 국가에서는 반대의 경우도 발생한다. 노동우위 시민사회 국가에서는 자본이 주도하는 유럽의 시장통합에 반대하고, 사회적 소수세력의 권리가 보장되는 통합을 추구한다.

우파와 좌파는 흔히 변화의 수용 여부나 소수세력 포함 여부를 기준으로 구분된다. 이들은 각자의 이념과 지지기반에 따라 다양한 형태로 정당체제를 형성하고 있다. 이들 정당은 국민국가 내에서 자신의 이익을 표출하고 집약해 정부로 투입할 뿐 아니라 유럽통합의 과정에도 깊숙이 개입하고 있다. 급진파는 대개 유럽통합에 대해 극명한 입장차가 있기 때문에,[38] 여기에서 좌파와 우파는 이들을 제외한 온건우파와 온건좌파를 가리킨다. 이 중 어떤 세력이 집권하느냐에 따라 유럽연합 정책의 내용은 상이하게 달라진다. 예를 들어 변화를 추구하고 소수세력을 포함하는 정치를 지향하는 좌파는 유럽통합과 관련해서도 '사회적 유럽의 건설', '시장과 사회정책의 조화'를 주장한다.

이들 세 기준 중에서 국내정치 성격이 가장 중요하다. 예를 들어 강성국가이지만 국내정치에서는 우파가 집권할 경우는 유럽연합과 갈등보다는 협력관계를 유지하는 경우가 그것이다(<표 5-2> 참조).

---

[38] 예를 들어 유럽의 좌파는 유럽통합에 대해서 일관된 입장이 없다. 원래 이들은 유럽통합이 자본이 주도하는 것이고 일국 내의 사회주의 실현이 우선적이라고 생각해 유럽통합에 회의적 견해를 갖고 있었다. 그러나 유럽평화와 경제·사회적 개입주의라는 사상적 공감대가 형성되자 사민당 등 온건한 좌파는 대부분 유럽통합에 찬성하고 적극 참여하고 있다. 이에 비해 급진좌파는 유럽통합에 대한 입장이 동일하지 않다.

〈표 5-2〉 유럽연합과 국민국가 관계의 유형

구 분	국가 성격		시민사회 성격		국내 정치	
	강성 (중앙집권 전통)	연성 (협의주의 전통)	노동 우위	자본 우위	좌파 집권	우파 집권
국민국가· 유럽연합 관계	갈등	협력	갈등	협력	갈등→협력	협력
통합유형	배제	포함	포함	배제	포함	배제

앞에서 유럽연합과 국민국가의 관계를 몇 가지 유형으로 구분해서 살펴보았다. 지금까지의 경우를 중심으로 보면 국가별로 유럽연합과의 관계는 상이하게 나타났다. 통합의 확대와 심화에도 불구하고 유럽연합 내 각 회원국의 정치제도와 국내 정치적·경제적 사정이 동일하지 않고, 이들 간의 역학관계 역시 변하고 있다. 또한 이는 시민사회와 밀접한 연관을 맺고 있는데, 이런 점에서 개별 국민국가와 시민사회의 성격, 국민국가와 시민사회의 관계는 국민국가와 초국가기구의 고유한 속성과 이들 간의 관계에도 영향을 미친다고 할 수 있다. 이들은 복합적 상호작용 과정을 통해 다중심적 권력분할체제에서 새로운 관계를 형성하고 발전시키고 있다.

이를 주요 국가별로 살펴보면 다음과 같다. 먼저 프랑스는 슈망 플랜 이래 유럽통합에 주도적 역할을 해 왔다. 유럽통합에의 적극적 참여를 통해 프랑스는 2차대전과 탈식민지화가 초래한 국력쇠퇴를 만회하고 다시 유럽의 주도국으로 올라설 수 있었다. 프랑스는 주권은 국민국가에 귀속되고, 국가는 국민들의 집합적 일체감의 표현이며 이들의 지지에 의해 유지된다는 원칙이 헌법에 명시돼 있는 데서 알 수 있듯이 대표적으로 강한 국가의 전통을 갖고 있다. 시민사회에 대해서도 통제와 동원이 제도화돼 있는 국가로 평가된다. 강한 국가의 전통을 가진 대표적 정치세력은 드골주의자들로서 이들은 프랑스의 국가성이 약화된다는 이유로 유럽통합에 반대했다. 그러나 온건한 성향의 우파정당과 좌파정당들은 연립정권을 형성해 유럽통합 과정에 개입하는 등 드골주의자들과는 상이한 태도를 보였다.[39] 한편 사회주의자들은 유럽연합이

---

39) 슈미트(Vivien A. Schmidt)는 유럽통합에 의해 프랑스정부의 정책자율성과 유연성

경제통화정책 추진과정에서 인플레이션 못지않게 실업문제에도 정치적 관심을 가져야 된다고 강조했는데, 이는 유럽연합의 사회정책 수립과정에 상당히 영됐다.

독일은 강한 국가의 전통을 지닌 나라이나 전후 민주적 연방국가의 수립과 시민사회의 성장에 힘입어 국가의 역할이 상대적으로 약화된 국가로 분류된다. 독일의 노동조합은 이미 19세기 중반에 성립됐고, 곧 이어 노동자정당인 사민당(SPD)이 출범한 데서 알 수 있듯이 전통도 오래됐고 정치적 영향력도 강하다. 특히 노동과 자본이 정부와 함께 정책을 형성하고 수행하는 코퍼러티즘이 발달했다. 정치적으로도 두 거대정당인 기민련(CDU)과 사민당이 번갈아 가면서 집권하고 있다. 유럽통합에 대해 기민련은 적극적인 참여입장을 유지하고 있고, 사민당은 반대에서 적극 참여로 선회했는데, 여기에는 각각 주권회복과 평화유지, 통일에 대한 주변국들의 우려불식과 동유럽 확대라는 배경이 그 근저에 깔려 있는 것으로 평가된다.

영국은 자유주의적 국가주의의 전통이 있는 국가로[40] 독일과 프랑스에 비해서는 약한 국가로 분류된다. 영국은 19세기 이후 주요산업의 국영화, 복지국가 형성, 프랑스를 모방한 경제계획과 사회협약 추진 등을 통해 국가주도의 방향으로 나갔으나 최근에는 다시 지역에 대한 권력분산을 통해 국가의 역할이 어느 정도 약해졌다고 할 수 있다. 영국은 유럽에서 가장 오래된 시민사회를 갖고 있는 나라 중의 하나이며 노동조합을 비롯한 시민사회 내 세력들도 비교적 잘 조직돼 있다.[41] 유럽통합에 대해 영국의 주요정당은 소극적이거나 반대하는 입장을 보여 왔다. 특히 보수당은 주권과 국익을 우선시했으나, 1980

이 상실되면서 오히려 국가주의 패턴이 방해받고 있다고 지적한다. Vivien A. Schmidt, "The New World Order, Incorporated: The Rise of Business and the Decline of the Nation-State," *Dædalus*, Vol.124, No.2 (1995), pp.90-93.

40) 영국은 차별성이 있는 자유주의적 국가주의 국가로 분류되는데, 이는 자유방임 이데올로기, 개방된 금융시장, 긴밀한 기업과 정부관계를 내용으로 한다. Vivien A. Schmidt (1995), pp.93-94.

41) 이에 대해서는 Percy Allum, *State and Society in Western Europe* (Cambridge: Polity Press, 1995), pp.148-150.

년대 후반 이후 소극적 참여로 점차 변하고 있다. 노동당 역시 최근에는 통합에 적극적인 태도를 보이고 있는데, 이는 당내 구조변화와 이념변화가 배경으로 지적된다. 그럼에도 개별국가가 갖고 있는 통화권력의 철폐에 반대하면서 여전히 유로화를 채택하지 않고 있는 데서 보이듯이 유럽연합 정책에 대해서는 협조적이지 않다.

주요한 유럽연합의 정책에 대한 개별 국민국가의 태도를 통해서도 유럽연합·국민국가의 관계를 살펴볼 수 있다. 유럽연합은 1999년부터 유럽경제통화동맹과 유로화를 출범시켰다. 유럽경제통화동맹은 완전한 경제통합의 전단계로 사전에 거시경제정책을 조율하고 단일한 통화정책을 실시한다는 데서 그 의미가 크다. 그러나 3단계로 나누어 추진된 경제통화동맹 과정에서 회원국과 유럽연합, 그리고 회원국간에는 적지 않은 갈등을 노정했다. 1990년 7월부터 93년 12월까지 진행된 1단계에서는 경제정책의 점진적 수렴이 추진됐지만 일부 국가의 반발을 고려해 자본이동 철폐에 예외조항을 인정할 수밖에 없었다. 1994년 1월부터 시작된 2단계에서도 적자규모, 공공채무, 인플레이션을 둘러싸고 갈등이 전개됐다. 한편 3단계에서는 진입시기와 단일화폐인 유로 도입 여부를 둘러싼 논란 결과 영국과 스웨덴, 덴마크는 결국 경제통화동맹에 불참했다. 경제통화동맹은 통화관련 정책결정은 초국가적 수준에서 이뤄지는 데 비해 재정정책과 거시경제 및 고용정책은 각각 강성조정(hard coordination)과 연성조정(soft coordination)의 특징을 지니는 데서 개별 국민국가에 차별적인 영향을 미친다고 평가된다.[42]

벡(Ulrich Beck)이 지적했듯이 유럽통합으로 말미암아 경제는 국민국가 정치를 넘어서는 한편 경제로 야기된 사회적 결과는 국민국가적 완충망에 결집되는 현상이 발생하지만,[43] 약화된 국민국가는 오히려 사회정책을 개조할 것을

---

42) 베셀스와 린젠만은 이들 영향을 결합(fusion)과 분절화(fragmentation)로 나누어 설명하고 있다. 자세한 것은 Wolfgang Wessels and Ingo Linsenmann, "EMU's Impact on National Institutions: Fusion towards a 'Gouvernance Économique' or Fragmentation," in Kenneth Dyson (ed.), *European States and the Euro. Europeanization, Variation, and Convergence* (Oxford: Oxford University Press, 2002), pp.53-77.

43) 이를 벡은 "지구성의 시대에 사회정책이 처한 진퇴양난(Zwickmühle)"이라고 표현

요구받는다. 탈국민국가화 과정에서도 불평등은 새로 생산되거나 더 확대될 수 있다. 이러한 점을 감안해 유럽공동체 차원에서도 사회정책이 추진됐는데, 대표적인 것이 1988년에 유럽집행위원회가 유럽의 응집(cohesion)과 연대(solidarity)를 위한 제도적 장치가 없는 한 경제적 통합 역시 불가능하다면서 제출한 보고서인 "단일시장의 사회적 차원"(Social Dimension of the Internal Market)이라 할 수 있다. 이 보고서에 기초해 채택된 것이 노동자의 생활조건과 근로조건 향상, 자유이동권의 보장과 역내 타국 노동자에 대한 차별대우 금지, 고용의 보장과 공정한 임금의 지급, 각종 사회적 보호를 받을 권리의 보장, 결사의 자유와 단체교섭권 보장 등을 내용으로 하는 "노동자의 기본적인 사회적 권리헌장"(The Charter of the Fundamental Social Rights of Workers)이다. 그러나 이 헌장을 마스트리히트조약에 삽입하는 것을 둘러싸고 회원국간에 입장차이가 노정됐는데 특히 보수당이 집권하고 있던 영국의 반대로 독립된 장으로 삽입되지 못하고 "사회정책에 관한 의정서"(Protocol on Social Policy) 형식으로 채택됐다.

앞의 정책에 비해 지역정책은 갈등보다는 협력관계를 유지하는 대표적인 정책이다. 비교적 뒤늦게 부각된 지역정책은 지역간 경제격차를 줄여 유럽연합 전 지역의 조화로운 발전을 도모하기 위해 추진됐다. 현재 유럽집행위원회는 유럽연합을 3개 구역으로 나눠 회원국과 협력 하에 낙후지역을 지원하고 있다. 경제발전이 낙후돼 유럽연합 평균소득의 75% 이하 지역은 제1지원구역, 공업, 농업, 서비스업 분야에서 구조조정에 대한 지원을 받는 지역은 제2지원구역, 그리고 실업률이 높아 재교육이나 직업교육을 실시해야 하는 지역은 제3지원구역으로 분류해 대상국가의 구조조정 프로그램을 지원하거나 재정적 지원을 행하고 있다. 한편 일부 저개발지역과 높은 소득 지역간에 갈등이 존재하기도 하는데, 이는 중동유럽 국가의 유럽연합 가입 이후 확대될 가능성이 크다.44) 또한 지역정책의 수혜자는 주로 남유럽과 중동유럽 국가인 데 비해

한다. Ulrich Beck (1997), pp.256-257.

44) 이와 관련해서 2003년 6월 유럽연합 회원국들은 직접보조금의 생산량 연계주의를 철폐하는 것과 더불어 직접보조금의 일정비율을 공제해 저개발지역의 사회간접자본 확충에 사용하기로 하는 공동농업정책의 '근본적 개혁안'에 합의한 바 있다. 이

유럽연합 차원의 지역정책은 보다 부유한 북유럽과 서유럽국가가 주도하므로 이들 간의 갈등 가능성 역시 항존한다.45) 연방주와 구역, 지역이 지역위원회에 직접 참가하는 등 유럽연합과 직접적인 네트워크를 형성하는 것은 불균등발전으로 인한 문제를 기존 국민국가가 아닌 유럽연합과의 협력을 통해 해결하려는 시도로 평가된다.

5. 맺음말

유럽연합에서 국민국가가 갖고 있던 권력은 복합압력으로 인해 다양한 층위로 분산됐다. 유럽에서 통합의 확대와 심화는 이러한 권력이동을 더욱 가속화시키고 있다. 그 결과 무수히 많은 이해당사자가 유럽연합의 정책결정과정에 참가하게 됐다. 유럽연합은 더 이상 국민국가와 일부 초국가기구에 의해서만 정책이 수립·집행되는 것이 아니라 국민국가 내의 혹은 이들을 가로지르는 지역, 다양한 형태의 비정부기구, 지구적 차원에서 이윤을 좇아 이동하는 초국적기업 등이 복잡한 네트워크를 형성하면서 정책결정에 영향을 행사하고 참가하고 있다. 이런 점에서 유럽연합체제는 권력이 집중되지 않고 층위별로 분산된 다중심적 권력분할체제라고 할 수 있다. 유럽연합은 다차원적 정책결정과정과 다층통치체제를 가지고 있는 복잡성과 통일성이 공존하는 체제라는 특징을 갖게 됐다.

이 글에서는 유럽연합과 국민국가의 관계를 국가와 시민사회, 국내정치의 특성에 따라 갈등과 협력, 배제와 포함이라는 네 가지 일반유형으로 구분해

는 세계무역기구(WTO) 회담과 중동유럽 국가의 유럽연합 가입을 앞두고 초창기부터 회원국간에 논란의 대상이 돼 온 공동농업정책을 개혁함으로써 유럽연합의 협상력을 확보하려는 조치로 평가된다.

45) 이들이 추진하는 지역정책은 낙후지역에 소득과 일자리를 재분배하기보다 유럽연합 전체의 경제성장과 경쟁력을 제고하기 위한 구조개혁에 보다 치우치는 경향도 존재한다. Michael Newman (1996), p.131.

살펴보았다. 여기서 갈등은 유럽통합 과정을 둘러싸고 내외적으로 심각한 논란을 가져오면서 극단적일 때는 통합대열에서 이탈하는 경우로, 유럽연합이 추진하는 공동정책에 대해서도 대부분은 비협조적이다. 이에 비해 협력은 유럽통합 과정에 적극적으로 참여하는 경우를 말하며 유럽연합의 공동정책에 대해서도 순응적이다. 또 다른 유형인 배제는 통합과정에서 일부 회원국을 동참시키지 않는 경우로 공동정책의 시행에서도 국내에 강한 반대세력이 있어 소수 사회집단의 이해관계를 대변하지 않는 경우가 많다. 포함은 유럽통합 관련 정책결정에 다양한 행위자를 참여시키는 것으로 유럽연합과의 관계도 갈등보다는 협력으로 이어지는 경우가 대부분이다. 한편 이들 세 기준 중에서 국내정치 성격이 가장 중요하다. 예를 들어 강성국가이지만 국내정치에서는 우파가 집권할 경우는 유럽연합과 갈등보다는 협력관계를 유지하는 경우가 그것이다.

이들 관계유형은 유럽통합이 진전되면서 단선적 관계에서 점차 다중심적인 관계로 변하고 있다. 이에 따라 국민국가와 유럽연합의 관계 역시 보다 복합적인 양태를 보이면서 유럽연합체제 내의 다양한 층위의 행위자간의 관계에도 영향을 미치리라 전망된다. 당장 유럽연합은 2004년 5월 지중해와 동유럽국가 10개국이 가입함으로써 크게 확대됐다. 또한 유럽 대통령제의 도입과 신속한 의사결정체계를 내용으로 하는 유럽헌법을 제정해 현재 회원국의 비준절차를 남겨놓고 있다.[46] 이 과정에서 국민국가간의 관계와, 국민국가와

---

[46] 2002년 2월 유럽연합의 구조개혁과 헌법제정을 위해 지스카르 데스탱 전 프랑스 대통령을 의장으로 하고 각국 대표 102명으로 구성된 유럽미래회의(European Convention)가 발족됐다. 유럽미래회의는 2003년 7월 유럽헌법 초안을 제출했다. 1년이 넘도록 회원국과 가입후보국 대표들은 정부간회의에서 유럽연합 헌법초안을 놓고 논의를 거듭한 후에야 2004년 10월 29일 정식으로 서명할 수 있었다. 유럽연합헌법은 2007년까지 25개국 회원국이 모두 비준해야 효력이 발생한다. 비준절차는 회원국별로 국민투표, 의회의 결정 등 다양한데, 이 중에서 국민투표는 헌법 자체에 대한 표결임과 동시에 현 정부에 대한 신임 여부를 묻는 의미도 담고 있는데다 각 국가별 투표시기와 조건에 따라 변수가 많기 때문에 의회표결보다 가결 가능성이 높지 않은 것으로 전망된다. "유럽연합 헌법 비준 각국 움직임," <한겨레>, 2004년 12월 8일.

유럽연합의 관계는 보다 복합성을 띠게 될 것이다. 한편 국민국가의 주권은 다양한 행위자에 의해 계속 분할 점유되며 제한되겠지만, 그럼에도 상당한 기간 여전히 중요한 행위자로 남을 것으로 전망된다. 이는 탈국민국가화를 지향하는 체제정비 역시 국민국가가 주도하고 있다는 사실에서 잘 뒷받침된다.

중요한 점은 현재 다중심적 권력분할체제로서 유럽연합체제의 안정적 지속성과 민주성 확보 여부라 할 수 있다. 아직 기존 국민국가에 권한이 잔존해 있는 상황에서 다중심체제는 불균등한 힘의 배분을 전제로 하는 것이라 할 수 있으며, 이런 점에서 그 안정성과 지속성은 흔들릴 수밖에 없다. 또한 유럽연합이 지닌 민주주의문제는 안정성문제를 더욱 부각시킬 것으로 평가된다. 따라서 안정성문제는 유럽인들이 어느 정도까지 민주적인 공적 공간을 형성할 수 있을 것인가 하는 문제와도 직결된다고 할 수 있다.

이러한 유럽의 변화된 모습은 다양한 층위의 압력이 행사된다면 외교와 국가권력이 결정적 변수로 남아 있는 '국가중심적 세계'에서 다양한 조직, 집단, 개인이 국민국가 외부에서 상호작용의 네트워크를 구성하고 있는 '다중심적 세계'로 이전될 가능성이 높다는 것을 잘 보여준다. 이에 대한 분석을 통해 우리는 유럽연합체제의 미래상도 어느 정도 구체적으로 전망할 수 있게 될 것이다. 이는 다름 아닌 유럽연합이 '주권국가의 세계'(Staatenwelt)에서 글로벌한 기구의 네트워크인 '사회의 세계'(Gesellschaftswelt)로 어느 정도 이동할 것인가[47]를 규명하는 작업이기도 하다.

---

[47] Ernst-Otto Czempiel, "Globale Demokratie," Ms., Vortrag gehalten am 2. Juni 1998 an der Universität Zürich. '국가들의 세계'와 '사회들의 세계'에 관해서는 Sven Murmann, "Politische Mitgliedschaft zwischen Gesellschaftswelt und Staatenwelt," http//www.unizh.ch/philoso phie/dokumente/gesellschaftswelt_und_staatenwelt.pdf 참조.

참고문헌

이호근, "세계화 경제 속의 국가의 변화와 서유럽 다층적 통치체제의 발전," 『한국정치학회보』 제35집 2호(2001).
조홍식, "국민국가에서 유럽연합으로: 유럽의 이익정치," 『아세아연구』, 통권 105호(2001).
조홍식, "유럽통합의 이론," 세종연구소 연구논문, 98-02(1998).
홍익표, "유럽통합과 민주주의 문제," 『유럽연구』 제8호(1998).

Abromeit, Heidrun, "Ein Vorschlag zur Demokratisierung des europäischen Entscheidungssystems," *Politische Vierteljahresschrift*, 39. Jg, Heft 1, 1998.
Allum, Percy, *State and Society in Western Europe,* Cambridge: Polity Press, 1995.
Beck, Ulrich, *Was ist Globalisierung? Irrtümer des Globalismus-Antworten auf Globalismus,* Frankfurt/M: Suhrkamp, 1997.
Beck, Ulrich (Hg.), *Politik der Globalisierung,* Frankfurt/M: Suhrkamp, 1998.
Börzel, Tanja A., *States and Regions in the European Union. Institutional Adaptation in Germany and Spain*, Cambridge: Cambridge University Press, 2002.
Cable, Vincent, "The Diminished Nation-State: A Study in the Loss of Economic Power," *Dædalus*, Vol.124, No.1, 1995.
Czempiel, Ernst-Otto, "Globale Demokratie," Ms., Vortrag gehalten am 2. Juni 1998 an der Universität Zürich.
Dyson, Kenneth (ed.), *European States and the Euro. Europeanization, Variation, and Governancem,* Oxford: Oxford University Press, 2002.
Gabel, Matthew J., "The Endurance of Supranational Governance: A Consociational Interpretation of the European Union," *Comparative Politics*, Vol.30, No.4, 1998.
Gerdes, Dirk, *Regionalismus als soziale Bewegung. Westeuropa, Frankreich, Korsika: Vom Vergleich zur Kontextanalyse,* Frankfurt/M and New York: Campus, 1985.
Goodman, James, "The European Union: Reconstituting Democracy beyond the Nation-State," in Anthony McGrew (ed.), *The Transformation of Democracy?,* Cambridge: Polity Press, 2000.
Greven, Michael Th. & Louis W. Pauly (eds.), *Democracy beyond the State? The European Dilemma and the Emerging Global Order,* Lanham: Rowman & Littlefield Publishers, 2000.

Habermas, Jürgen, "Die postnationale Konstellation und die Zukunft der Demokratie," Ms., 1998.

Hable, Angelika, "Handlungsformen und Kompetenzen in der Europäischen Verfassungsdebatte," Working Papers 53, Forschungsinstitut für Europafragen, 2003.

Held, David, "Democracy, the Nation-State and the Global System," *Economy and Society*, Vol.20, No.2, 1991.

Held, David, *Democracy and the Global Order. From the Modern State to Cosmopolitan Governance*, Cambridge: Polity Press, 1995.

Held, David, Anthony McGrew, David Goldblatt, and Jonathan Perraton, 조효제 역, 『전 지구적 변환』, 창작과비평사, 2002.

Héritier, Adrienne, "New Modes of Governance in Europe: Policy-Making without Legislating?," Preprints aus der Max-Planck-Projektgruppe Recht der Gemeinschaftsgüter, 2001.

Hirst, Paul and Grahame Thompson, *Globalization in Question. The International Economy and the Possibilities of Governance*, Cambridge: Polity Press, 1996.

Höffe, Otfried, *Demokratie im Zeitalter der Globalisierung*, München: Verlag C.H.Beck, 1999.

Höreth, Marcus, "The Trilemma of Legitimacy - Multilevel Governance in the EU and the Problem of Democracy," Zentrum für Europäische Integrationsforschung, Rheinische Friedrich Wilhelms-Universität Bonn, Discussion Paper C11, 1998.

Hooghe, Liesbet and Gary Marks, *Multi-Level Governance and European Integration*, Lanham: Rowman & Littlefield Publishers, 2001.

Jordan, Andrew, "The European Union: an Evolving System of Multi-level Governance... or Goverment?," *Policy & Politics*, Vol.29, No.2, 2001.

Keating, Michael and John Loughlin (eds.), *The Political Economy of Regionalism*, London: Frank Cass, 1997.

Kohler-Koch, Beate, "Regieren in der Europäischen Union. Auf der Suche nach demokratischer Legitimität," *Aus Politik und Zeitgeschichte*, B 6/2000.

Krulic, Brigitte, *La nation, une idée dépassée?*, Paris: La documentation Française, 1999.

Leggewie, Claus & Richard Münch (Hg.), *Politik im 21. Jahrhundert*, Frankfurt/M: Suhrkamp, 2001.

Loughlin, John (ed.), *Subnational Democracy in the European Union. Challenges and Opportunites*, Oxford: Oxford University Press, 2001.

Matláry, Janne Haaland, "New Forms of Governance in Europe? The Decline of the State as the Source of Political Legitimation," *Cooperation and Conflict*, Vol.30, No.2, 1995.

McIntyre, Robert, "Globalization and the Role of the State: Lessons from Central and Eastern Europe," *The Ecumenical Review*, Oct, 2001.

Mishra, Ramesh, 이혁구·박시종 역, 『세계화와 복지국가의 위기 - 지구적 사회정책을 향하여』, 성균관대학교출판부, 2002.

Murmann, Sven, "Politische Mitgliedschaft zwischen Gesellschaftswelt und Staatenwelt," http://www.unizh.ch/philosophie/dokumente/gesellschaftswelt_und_staatenwelt.pdf.

Newhouse, John, "Europe's Rising Regionalism," *Foreign Affairs*, Vol.76, No.1, 1998.

Newman, Michael, *Democracy, Sovereignty and the European Union*, London: Hurst & Company, 1996.

Pierre, Jon and B. Guy Peters, *Governance, Politics and the State*, Houndmills: MacMillan Press, 2000.

Pollack, Mark A., *The Engines of European Integration. Delegation, Agency, and Agenda Setting in the EU*, Oxford: Oxford University Press, 2003.

Pierson, Christopher, 박형신·이택면 역,『근대국가의 이해』, 일신사, 1998.

Rosenau, James, *Turbulence in World Politics*, Brighton: Harvester, 1990.

Schmidt, Vivien A., "The New World Order, Incorporated: The Rise of Business and the Decline of the Nation-State," *Dædalus*, Vol.124, No.2, 1995.

Schmidt, Vivien A., *The Futures of European Capitalism*, Oxford: Oxford University Press, 2002.

Senghaas, Dieter, *Von Europa Lernen. Entwicklungsgeschichtliche Betrachtungen*, Frankfurt/M: Suhrkamp, 1982.

Tilly, Charles, 이향순 역,『국민국가의 형성과 계보 - 강압, 자본과 유럽국가의 발전』, 학문과사상사, 1994.

Vibert, Frank, *Europe Simple Europe Strong. The Future of European Governance*, Cambridge: Polity Press, 2001.

Wallace, Helen and William Wallace, *Policy-Making in the European Union*, New York: Oxford University Press, 2000.

Weidenfeld, Werner (Hg.), *Nizza in der Analyse. Strategien für Europa*, Gütersloh: Verlag Bertelsmann Stiftung, 2001.

Zürn, Michael, "Über den Staat und die Demokratie im europäischen Mehrebenensystem," *Politische Vierteljahresschrift*, 37. Jg. Heft 1, 1996.

Zürn, Michael, "Democratic Governance beyond the Nation-State," in Michael Th. Greven & Louis W. Pauly (eds.), *Democracy beyond the State? The European Dilemma and the Emerging Global Order*, Lanham: Rowman & Littlefield Publishers, 2000.

키워드: 유럽연합체제(the European Union system), 다층거버넌스(multi-level governance), 복합압력(complex pressure), 권력이동(power shift), 갈등과 협력의 동학(dynamics of conflict and cooperation)

제6장 유럽연합체제와 시민사회:
'관계의 동학'을 중심으로*

홍익표

1. 문제의 제기

다양한 수준과 층위에 걸쳐 상호의존이 증대하고 통합이 심화되는 현상인 지구화(Globalisierung)는 국민국가를 중심으로 하던 전통적 경계를 점차 약화시키는 한편 근대의 규범적 사회이론으로 존재하던 시민사회를 다시 부각시키고 있다. 다양한 행위자가 상호 작용하는 전 지구적 조직망의 확대와 분화는 시민사회가 일국차원에서 지역 혹은 전 지구적 차원으로 확대됐을 뿐 아니라 영향력도 증대되고 있다는 것을 보여주고 있다. 연구자들 역시 시민사회의 지역화 혹은 지구화와 이로 인한 새로운 형태의 연대의 생산과 파괴 같은 현상에 주목하게 됐다. 이러한 연구는 국민국가적으로 구획되고 질서화 된 형식으로 특징지어지는 '컨테이너 사회이론'(Die Container-Theorie der Gesellschaft)을 고집하는 보호주의자들의 연구의 한계를 뛰어넘는다는 데서도 중요한 것으로 평

---
* 이 글은 『세계지역연구논총』 제22집 1호(2004)에 게재된 논문 "유럽연합체제와 시민사회: '관계의 동학'을 중심으로"를 수정·보완한 것임.

가된다.1)

여기에서는 다층통치체(multi-level polity)의 틀 속에서 변화된 유럽연합과 시민사회의 관계를 분석하고자 한다. 유럽에서도 케인즈적 합의에 기초한 복지국가의 위기, 그리고 시장중심 패러다임에 입각한 유럽통합이 진척되면서 대두한 시장의 폐해는 국가와 시장의 바깥에 있는 영역에 대한 관심과 기대를 증대시켰다. 실제적으로도 기존의 국민국가 외에 비국가의 영역에서 다양한 행위자가 중요한 역할을 수행하는 보다 다원화된 구조가 형성됐다. 이로 말미암아 유럽연합과 국민국가, 시민사회, 지역간에 권력이동이 발생하면서2) 이들간의 관계 역시 보다 복잡한 형태로 점차 변하고 있다. 나아가 이러한 관계의 변화는 민주주의 문제와 관련해서 다양한 평가를 자아내고 있다.

구체적으로 여기에서 규명하고자 하는 것은 다음과 같다. 첫째, 유럽 시민사회는 어떤 과정을 거쳐 형성되고 발전됐으며, 어떻게 구성돼 있는가? 분산돼 있고 권력도 불균등한 시민사회 내 구성원들은 서로 중복되는 권한을 보유한 다층통치체로서 유럽연합체제 내에서 다른 단위와 어떤 관계를 맺고 있으며 어떤 역할을 수행하고 있는가? 특히 유럽통합이 진전됨에 따라 이익대표의 지위를 위해 경쟁하는 자발적 결사체, 이익집단, 비영리조직 등으로 구성된 기능적 네트워크를 형성하는 과정에서 유럽연합과 시민사회의 관계는 구체적으로 어떻게 변하고 있으며 그 특징은 무엇이고 어떤 유형이 존재하는가? 나아가 유럽연합과 시민사회간의 '관계의 동학'(dynamics of relations)은 어떻게 설명될 수 있는가?

둘째, 유럽 시민사회는 민주적 원리에 충실한 자발적 결사체를 형성하고 이를 통해 유럽연합의 민주주의 결핍문제를 해결하는 데 기여할 것인가? 특히 개별의 혹은 공공의 이익을 실현하기 위해 다양한 수단을 통해 유럽연합에 압력을 가하는 시민사회 내 행위자들은 구체적으로 유럽연합의 민주화에

---

1) '컨테이너 사회이론'에 대해서는 Ulrich Beck, *Was ist Globalisierung? Irrtümer des Globalismus-Antworten auf Globalismus* (Frankfurt/M: Suhrkamp, 1997), pp.49-55 참조.
2) 복합압력과 이로 인한 유럽연합체제에서의 권력이동에 대해서는 홍익표, "유럽연합·국민국가 관계의 변화: 복합압력과 협력·갈등의 동학을 중심으로," 『국제관계연구』 제9권 2호(2004), 5-37쪽.

어떤 영향을 미치고 있는가? 과연 유럽 시민사회는 민주적 유럽연합체제를 구축하는 데 제약자인가, 촉진자인가?

셋째, 국민국가·유럽연합의 관계에 비해 시민사회·유럽연합의 관계가 갖는 유사성과 차별성은 무엇인가? 결론적으로 시민사회와 국민국가가 맺고 있는 복합적인 관계는 유럽연합체제의 성격변화에 어떻게 기여하는가?

2. 유럽연합체제, 시민사회, 관계의 동학

여기에서 언급되는 유럽연합체제는 권력이 집중되지 않고 층위별로 분산된 다중심적 권력분할체제를 가리킨다. 유럽통합이 진척되면서 유럽연합은 점차적으로 다차원적 정책결정과정과 다층통치체제를 소유하고 있는 복잡성과 통일성이 공존하는 체제의 특징을 갖게 됐다. 유럽연합은 개별 회원국의 이익을 방어하기 위한 제도적 장치가 아니라 다원주의적 정체(pluralist polity)의 다양한 수준에서 무수한 행위자의 이해관계를 대변하게 됐다. 이에 따라 다원주의적 정체의 이해관계를 대표하게 될 행위자간의 권력관계 역시 보다 복잡하게 변하고 있다. 이러한 변화는 다름이 아니라 유럽연합체제에서 시민사회의 영역이 확대되고 그 중요성이 커진 결과이기도 하다.

비국가영역의 성격을 독특하게 표현한 용어인 시민사회는 유럽의 역사적 맥락에서 형성·발전됐다고 할 수 있다. 근대에 들어 여러 사상가에 의해 그 개념이 구체화되기 전에도 시민사회는 이미 로마시대에는 문명화를 가능하게 하며 정의를 기본적 조직원리로 하는 정치권력 조직을 지칭하는 개념으로 이해됐고, 정신적 권력과 세속적 권력 간의 경계를 둘러싼 논쟁이 벌어졌던 중세에는 기독교 공동체를 가리키는 개념으로 통용됐다. 그러나 시민사회라는 개념이 본격적으로 사용되게 된 것은 유럽이 르네상스, 종교개혁, 지리상의 발견 등을 통해 근대사회로 진입한 이후였다. 유럽이 16세기 이래 이룩한 일련의 총체적 변화인 근대화는 국민국가를 바탕으로 산업화와 민주화를 추진했고 이 과정에서 국가로부터 자유로운 개인과 집단의 영역이 형성되게 됐다.[3] 특히 산업화의 진전으로 인한 사회분화는 당시 등장한 새로운 계층을 중심으로 시민사회를 활성화시켰다. 이러한 영역은 연구자들에 의해서도 '국가로부터 자율적인 집합체'(초기 자유주의자들), '물질적 생산관계의 총화인 부르주아 시민사회'(칼 마르크스), '헤게모니가 형성되는 사적 생활영역'(안토니오 그람시) 등 다양하게 불렸다.[4]

시민사회가 다시 재발견되고 연구가 활성화된 것은 1960년대 말부터 세계적 규모로 발생한 일련의 저항운동이 계기가 됐다. 당시 운동을 이끌었던 세력들은 기존 질서에 반대하면서 자치와 국제연대, 반문화를 내세웠다. 이에 발맞추어 사회적으로 소외된 집단의 권익옹호를 주창하면서 인권, 환경, 여성, 소비자 영역에서 다양한 형태의 사회운동이 분출했다. 새로운 사회운동 조직이 이끄는 신사회운동은 노동운동으로 대표되는 기존 사회운동에 비해 운동목표와 조직형태를 달리하는 것이었다. 특히 신사회운동은 조직의 자발성과 자율성을 내세우고 이를 통해 풀뿌리민주주의를 이루려는 데서 기존의 사회운동과는 구분된다.[5] 이러한 특성으로 인해 비국가영역에서 다양한 행위자가

---

3) 이런 점에서 시민사회는 노동 및 이성과 더불어 근대성(modernity)의 핵심적 요소로 지적된다. 이들 요소가 유기적으로 구조화된 전체인 근대세계는 그러나 차별과 배제의 구조로 특징되는 데서 이후 파시즘과 같은 대응이데올로기를 출현시켰다. Anthony Giddens, *The Consequences of Modernity* (Stanford: Stanford University Press, 1990), pp.28-35.

4) 유럽 시민사회의 역사와 다양한 사상에 대해서는 Krzysztof Michalski (Hg.), *Europa und die Civil Society*, Castelgrandolfo-Gespräche, 1989 (Stuttgart: Klett-Cotta, 1991); John A. Hall, *Civil Society. Theory, History, Comparison* (Cambridge: Polity Press, 1995); John Ehrenberg, 『시민사회: 사상과 역사』, 김유남·주미영·이상환 역(아르케, 2002).

5) Claus Offe, "New Social Movements: Challenging the Boundaries of Institutional Politics," *Social Research* 52/1 (1985), pp.70-72. 신사회운동이 등장하게 된 배경은 무엇보다 기존 국가의 비대화와 권위주의화 때문이었다. 이밖에도 신사회운동의 대두배경에 대해서는 가치변화이론/탈물질주의이론(로날드 잉글하트), 생활세계의 식민지화론(위르겐 하버마스) 등 다양한 입장이 존재한다. 이들 이론에 대해서는 Otthein Rammstedt, *Soziale Bewegung* (Frankfurt/M: Suhrkamp, 1978); Joachim Raschke, *Soziale Bewegungen. Ein historisch-systematischer Grundriß* (Frankfurt and New York: Campus Verlag, 1988); Ulrike C. Wasmuht (Hg.), *Alternativen zur alten Politik? Neue soziale Bewegungen in der Diskussion* (Darmstadt: Wissenschaftliche Buchgesellschaft, 1989); Alex

자발적으로 결성됐고 이들간에 국경을 뛰어넘는 네트워크가 형성되면서 유럽 시민사회도 다원화됐다.

시장중심적 패러다임에 기초하는 유럽 경제통합 역시 불평등의 확산과 생활수준 하락 등을 가져오면서 대중의 광범한 불만을 야기했다. 이러한 상황에서 사회적 의제를 설정하고 문제를 해결하는 시민사회의 영역이 확대된 것은 당연한 결과였다. 그럼에도 시민사회의 불평등과 분절화는 지속되고 있던 것으로 평가된다. 즉 시민사회 내의 다양한 행위자는 자원을 축적하고 서비스를 제공할 역량이 동일하지 않으며, 특수한 이익을 추구하며 배타적이므로 분열돼 있다.6) 이에 따라 시민사회 구성원들 사이뿐 아니라 시민사회와 국가, 시민사회와 초국가기구간의 관계도 단선적인 데서 벗어나 점차 복합적인 양태를 띠게 됐다.

여기에서는 시민사회를 다양한 행위자가 복합적으로 상호 작용하는 비국가영역(non-state sphere)을 의미하는 개념으로 사용하고자 한다. 자발적 결사체, 이익집단, 비영리조직 같은 다양한 형태의 시민사회 내 행위자들은7) 사안에

Demirović, "Zivilgesellschaft, Öffentlichkeit, Demokratie," *Das Argument*, 185 (1991); Hanspeter Kriesi, Ruud Koopmans, Jan Willem, and Marco G. Giugni, *New Social Movements in Western Europe. A Comparative Analysis* (Minneapolis: University of Minnesota Press, 1995); Dieter Rucht, "Soziale Bewegungen als Signum demokratischer Bürgergesellschaft," in Claus Leggewie & Richard Münch (Hg.), *Politik im 21. Jahrhundert* (Frankfurt/M: Suhrkamp, 2001).

6) Michael Walzer, "시민사회 구하기," 조효제 편역, 『NGO의 시대』(창작과비평사, 2000), 258-263쪽.

7) 시민사회는 지역과 국가의 전통에 따라 제3섹터(third sector)나 비영리섹터(nonprofit sector), 사회경제(social economy) 등 다양하게 불리고 있다. 이 중에서 사회경제는 유럽연합에서 주로 통용되는 용어로서 1980년대부터 유럽국가가 직면한 국가와 시장의 위기상황에서 시민의 다양한 욕구를 반영하기 위해 등장했다. 비영리성, 일인일표, 유연성과 창의성, 자원봉사로 특징지어지는 사회경제는 크게 협동조합(cooperatives), 상조회(mutual societies), 결사체(associations), 재단(foundations)으로 구성된다. 한편 시민사회를 구성하는 주요조직 역시 비정부기구(NGO), 비영리조직(NPO), 자원조직(VO), 시민사회조직(CSO) 등으로 다양하게 표현된다. 이 중 가장 광범위한 개념은 국가와 가족 사이에 있는 모든 기관과 결사체를 지칭하는 시민사회 조직으로 이는 국가와 사적 부문에 대해 견제와 균형의 역할을 수행한다. 주성

따라 협력, 갈등, 포섭 등 다양한 형태의 관계를 맺고 있고 국가와 초국가기구와도 느슨하나 복잡한 네트워크를 형성하고 있다.8) 물론 시민사회 내 행위자는 분산돼 있고 권력도 불균등하다고 할 수 있다. 이들이 형성하고 있는 상호작용으로 인해 유럽연합체제 역시 점점 더 다양한 수준에서 무수한 행위자의 이해관계를 대변하게 됐다.9)

수, 『시민사회와 NGO논쟁』(한양대출판부, 2001), 89-91, 126-127쪽. 여기에서는 이들을 통칭하는 표현으로 시민사회 행위자라는 용어를 사용하기로 한다. 이는 시민사회 조직과 비슷하면서도 다른 행위자와의 다원적 상호작용을 보다 강조한 용어이다. 한편 유럽 시민사회라는 용어를 사용할 때 유럽은 지리적이면서 문화적인 영역을 지칭한다. 유럽은 지리적으로 명확한 자연적 경계를 가지고 있고, 문화적으로는 특정한 형태의 광범위한 문화로 구성돼 있다. 기독교뿐 아니라 자유시장에 대한 선호, 사회적 연대, 그리고 민주적 정부형태에 대한 믿음과 실천 같은 공동의 유럽문화의 존재는 유럽 시민사회의 존재와 밀접한 관련이 있는 것으로 지적된다. 이러한 기반 위에 지구화와 유럽통합의 추진은 일국차원을 넘어 유럽차원에서 활동하는 시민사회 행위자들을 활성화시켰고, 이들간에 상호작용의 네트워크를 형성하게 하는 데 기여했다. 이런 점에서 유럽의 시민사회는 과거에 비해 그 규모가 확대됐고 영향력도 보다 강화됐다고 할 수 있다. 그러나 엄격히 살펴보면 유럽 시민사회의 성격은 지역별로 상이한 것으로 지적된다. 이와 관련해서 크룩은 유럽 시민사회를 시민사회 영역의 크기와 형태, 영향을 미치는 요인에 착안해 크게 앵글로색슨형, 지주(支柱)형, 남유럽형, 국가주의형으로 구분한다. Andrew Crook, "European Civil Society or Civil Society in Europe? The Sketch of a Working Paper for CIVICUS in Europe," http://www.civicus.org/new/media/ Europeancivilsociety-pdf. 유럽의 제3섹터와 사회경제에 대해서는 Franco Archibugi and Mathias Koenig-Archibugi, "The Associative Solution: The Third Sector in a European Perspective," Groupement d'Etudes et de Recherches "Notre Europe," February (1998); "Praha Social Economy 2002 - Enlarging the Social Economy," Preparatory Dossier, First European Social Economy Conference in Central and Eastern Europe, Prague, 24-25, 10 (2002).

8) 비이너와 디에츠는 유럽연합체제를 상위수준에서 결정이 행해지나 하위수준의 동의에 의존하는 독일의 연방체제와 유사하다고 지적한다. 그러나 유럽연합체제 내의 다양한 층위간의 관계는 꽉 짜여진 독일에 비해 상대적으로 느슨하게 연결된다는 특징이 있다고 한다. Antje Wiener & Thomas Diez, *European Integration Theory* (Oxford: Oxford University Press, 2004), p.103.

9) 특히 시민사회는 중앙집중적 권력을 가진 국민국가의 권한을 약화·분산시키는 원심력으로 작용한다. 나아가 시민사회의 무수한 자율적 조직은 국가로 하여금 시

한편 이들 행위자간 상호작용의 네트워크는 일종의 관계의 동학을 통해 작동된다. 즉 권력이 층위별로 분산된 다중심적 권력분할체제 내에서 다양한 행위자는 수평적이면서 수직적인 복합구조를 형성하고 상호 작용하는 네트워크를 형성하고 있다. 이들 네트워크는 한편으로는 행위자의 행위를 통해 유지되고 재생산되지만 다른 한편으로는 권력분할체제의 구조에 의해 규제되고 영향을 받는다. 이런 점에서 유럽연합체제는 상호 작용하는 다양한 층위의 무수한 행위자간의 집합관계를 통해 형성되고 작동되며, 이들 집합관계는 다시 대내외 환경에 의해 강화되고 쇠퇴한다고 할 수 있다. 요약하면 유럽연합체제는 관계의 동학에 힘입어 일종의 복합국면을 창출하는 체제로 일컬어질 수 있다.

유럽연합체제는 국민국가뿐만 아니라 초국가기구와 시민사회, 지역 등을 포괄하는 다중심적 권력분할체제이므로, 어느 한 차원 능력을 넘어서는 정치·사회적 문제를 해결하기 위해서는 다양한 차원에서 합의를 조정하려는 노력이 필요하다. 이 과정에서 기존의 국민국가나 초국가기구가 갖고 있지 않은 자원을 소지한 시민사회의 협력적 행동의 중요성이 크다고 할 수 있다. 특히 다원화된 구조를 가진 유럽연합체제는 시민사회를 공공 및 정치적으로 지지세력화 함으로써 정책결정에 대한 사회적 합의를 이끌어 낼 수도 있다.10) 또한 시민사회는 공공정책과 정책결정에 대한 관심과 참여를 유도할 뿐 아니라 유럽연합의 투명성과 정보의 유용성을 제고시키는 데도 큰 역할을 수행하고 있다고 평가된다.

민사회의 다양한 이익에 보다 민감하게 반응하도록 압력을 가한다.
10) Justin Greenwood, *Interest Representation in the European Union* (Houndmills: Palgrave, 2003), 254-277.

3. 통합의 진전과 유럽 시민사회의 확대

1) 유럽통합의 진전과 '다중심적 세계'로의 이전

유럽공동체 시기부터 유럽연합은 단계적으로 회원국을 확대해 왔다. 원칙적으로 유럽연합 가입은 유럽연합조약에 근거해 민주주의, 자유의 원칙, 인권과 기본적 자유에 대한 존중, 법률의 지배, 회원국에 공통된 원칙을 존중하는 모든 유럽국가를 대상으로 한다. 그러나 유럽연합의 확대정책과 전략, 가입희망국의 능력, 적응문제 등을 둘러싸고는 논쟁을 빚어 왔다. 유럽통합의 심화 역시 이를 둘러싸고 회원국과 사안별로 다양한 입장이 존재하고 있다. 특히 유럽통합의 심화는 유럽연합의 민주성과 정통성 제고와 더불어 의사결정과정의 효율성 확보를 주요한 내용으로 하므로, 유럽연합이 얼마나 이에 걸맞게 제도개혁을 달성하느냐가 핵심적인 문제로 지적된다. 이러한 과제는 유럽연합의 정치가 점차 다중심적(multi-centric)이 돼 가면서 그 중요성이 더욱 부각되고 있다.

유럽연합은 이미 극도로 분절화 된 정책결정 체계를 가지고 있다. 유럽차원의 정책결정과정은 정치화됐을 뿐 아니라 정치참여의 영역도 확대됐다. 특히 정책결정은 1960년대 중반까지 소수의 국가적 지도자와 초국가적 지도자가 주도하는 엘리트적 형태를 띠었다가 1980년대 중반부터 국가지도자들이 의회의 토론과 국민투표를 통해 정책결정과정을 정당화하려고 함에 따라 다양한 집단이 유럽차원에서 직접 동원되게 됐다. 정책결정과정의 변화는 주권을 넘어선 경쟁이 심화되고 이익집단이 동원되며 공공의 요구에 대한 정책결정자들의 취약성이 보다 부각되고 있다.[11] 특히 시민사회의 일부 행위자들은

---

11) Liesbet Hooghe and Gary Marks, "The Making of a Polity: The Struggle over European Integration," *European Integration Online Papers*, 1/4 (1997), http://eiop.or.at/eiop/texte/1997-004a.htm, pp.2-3.

〈표 6-1〉 행위자 개입의 유형

	엘리트 유형	참여자 유형
수	소수의 사회집단이 정치적으로 동원	다수의 사회집단이 정치적으로 동원
경계	참여의 경계에 대한 규칙을 엘리트가 결정	참여의 경계에 대한 규칙을 둘러싼 경쟁
집단의 압력	정책결정자는 집단 압력에서 절연	정책결정자는 집단 압력에 취약

출처: Liesbet Hooghe and Gary Marks (1997), p.1/2.

자유로운 경제활동을 규제토록 정책결정가들에게 정치적인 압력을 행사한다. 정책결정에 대한 행위자 개입의 유형을 표로 나타내면 <표 6-1>과 같다.

이러한 정책결정의 변화는 유럽연합의 정치 역시 변화시켰다. 즉 유럽연합의 정치는 개별 국민국가를 단위로 구획되고 질서화 된 정치를 뛰어넘어 다양한 이해당사자를 정책결정과정에 참여시키는 새로운 정부 운영방식인 다층거버넌스(multi-level governance)로 특징되게 됐다. 이러한 거버넌스의 대두는 지구화와 지역주의, 국가의 통치능력 위기 등으로 인한 복합압력을 배경으로 하는 것이라 할 수 있다. 예를 들어 지구화는 "국경을 넘어서는 조직화의 다양한 형태(초국적, 국제적, 초지역적, 국가 내부적, 소지역적, 도시적, 지방적 형태 등)를 의미하며, 사회단체, 국제기구, 비정부기구, 나아가 개별 전문가와 인터넷 사용자들로 이루어지는 기능적 네트워크에 의해 포괄된다."[12]

국가중심이론과 상반된 입장에서 다층거버넌스를 주장하는 학자들은 유럽연합은 국가와 초국가단위, 지역단위가 상호 종속돼 있고, 상호 보완적 기능을 하고 있으며, 중복되는 권한을 보유한 체제라고 한다. 당연히 국가는 더이상 국내정치와 국제관계를 연결하는 배타적이고 독점적인 연결고리가 아니라는 것이다.[13] 실제적으로도 통합이 진전됨에 따라 유럽연합은 점차 제도적

---

12) Ulrich Beck (1997), p.121.

13) Liesbet Hooghe and Gary Marks, *Multi-Level Governance and European Integration* (Lanham: Rowman & Littlefield, 2001), pp.4-27; Andrew Jordan, "The European Union: an Evolving System of Multi-level Governance or Goverment?," *Policy & Politics* 29/2 (2001);

차원뿐 아니라 사적 차원에서도 정당성을 갖는 이익대표의 지위를 위해 경쟁하는 각종 자발적 결사체와 이익집단, 기업, 비영리조직 등으로 이뤄지는 기능적 네트워크를 형성하고 있다. 국민국가 내 혹은 이들을 가로지르는 지역, 다양한 형태의 비국가행위자 등이 복잡한 네트워크를 형성하면서 정책결정에 영향을 행사하고 있다.

2) 시민사회의 확대와 '네트워크 사회'의 등장

유럽 시민사회의 확대는 유럽수준에서 균열이 발생하면서 이뤄졌다. 유럽에서는 근대국가 건설과 산업화를 거치면서 중심과 주변, 교회와 국가, 농촌과 도시, 그리고 노동자와 자본가계급간에 균열이 형성됐고 이는 정당체계에 그대로 투영됐다. 그러나 1960년대 들어서면서 균열구조에 변화가 발생했다. 즉 생태적 쟁점을 둘러싼 갈등의 맥락에서 신사회운동이 등장하면서 이른바 신정치와 구정치로 불리는 균열구조가 추가됐다.[14] 전통적 계급균열이 부의 분배를 둘러싸고 형성된 것이라면 새로운 균열은 삶의 질과 참여에 관심을 갖는 것이었다. 국가자원을 깨끗한 환경과 이의 실현을 위한 규제를 행하는데 할당할 것을 주장하는 다양한 단체가 형성됐고, 이들의 이익을 종합해 공공정책에 반영하기 위해 정당이 결성됐다. 이들이 국경을 뛰어넘어 연대하면서 유럽적 수준에서도 각기 노동조합·사용자단체·환경단체를 정치적 행위자로 하는 노동·자본·환경이라는 삼자 연합구조가 구축됐다.[15]

Markus Jachtenfuchs and Beate Kohler-Koch, "Governance and Institutional Development," Antje Wiener and Thomas Diez (eds.), *European Integration Theory* (Oxford: Oxford University Press, 2004).

14) 정치·경제적 안정과 질서의 확립 같은 문제에 관심을 갖는 구정치에 비해 신정치는 참여, 평등, 삶의 질, 자기실현 같은 문제에 관심을 기울인다. 주도하는 행위자 역시 신정치는 노동자와 구중간계층이 아닌 신중간계층으로 구성된다.
　Kai Hildebrandt and Russell J. Dalton, "Die neue Politik-Politischer Wandel oder Schönwetterpolitik?," Politische Vierteljahresschrift, 7 (1987), pp.230-256.

15) Bernhard Wessels, "Contestation Potential of Interest Groups in the EU: Emergence, Structure, and Political Alliances," Gary Marks and Marco Steenbergen (eds.), *European*

신사회운동의 발생과 이로 인한 새로운 균열구조의 대두는 복지국가의 권위증대와 관료제의 비대화에도 연유했다. 경제성장과 국가에 의한 제도적 복지의 제공, 이에 기초한 동의의 정치를 과시하던 서유럽의 복지국가는 1970년대 중반에 들어오면서 경제상황의 악화를 비롯한 복합적 요인으로 인해 도전에 직면했다. 많은 연구자들은 복지국가가 위기에 처했다고 진단을 내렸고, 보수주의자들과 신자유주의자들은 복지국가가 붕괴되거나 해체 혹은 종말을 맞았다는 정치적 수사를 구사하기 시작했는데, 이러한 주장은 대부분의 서유럽국가에서 자본주의시장에 대한 국가의 개입을 낮추고, 지금까지 유지돼 온 주요한 복지프로그램을 축소하거나 삭감하는 등 복지국가를 재편하는 정책을 실행하면서 상당한 주목을 받기도 했다. 이러한 신자유주의에 입각한 경제와 사회정책의 채택은 사회적 취약계층을 확산시켰다. 이에 따라 보수적 정부에 대해 비판과 통제를 행하고, 사회적 약자와의 연대를 중시하는 자발적 조직의 활동이 증가했다. 나아가 이들은 국민국가의 경계를 넘어 지역적 혹은 전 지구적 차원에서 서로 협력하면서 공동으로 불평등문제에 대처하려고 했다.

한편 시민사회의 확대는 참여와 자치, 자발적 봉사를 기치로 내세우는 시민사회를 활성화시키는 데도 기여했다. 여기에 1980년대에 들어오면서 가속화된 유럽경제통합은 탈규제와 유연화에 기반했으므로 실업과 생활수준 하락 등을 가져오면서 유럽통합에 대한 대중의 광범한 불만을 야기했다. 이러한 상황이 원활한 유럽통합의 진전에 장애물이 된다는 것을 인식한 유럽통합 추진자들은 "노동자들의 기본적인 사회적 권리헌장"에 이어 "사회정책에 관한 의정서"를 채택했으나, 공동체 차원의 사회문제를 해결하기에는 불충분한 것이었다. 사회적 의제를 설정하고 문제해결을 압박하는 시민사회의 영역이 확대된 것은 그 당연한 결과였다. 이는 시민사회 내의 다양한 행위자로 이뤄진 복합적 네트워크 구축으로 연결됐다.

이와 같은 다양한 배경적 요인에서 유럽의 시민사회는 확대됐고 유럽수준에서 활동하는 시민사회 행위자들도 활성화됐다. 그러나 이들 행위자가 영역별, 국가별로 분열된 데서 유럽 시민사회는 포함(encompassiveness)의 문제를 갖

Integration and Political Conflict (Cambridge: Cambridge University Press, 2004), p.210.

게 됐다. 즉 모든 국가를 대표하는 영역에서 시민사회 행위자가 단지 숫자가 아닌 일정한 규모를 지닐 것이 요구됐다.[16] 한편 일부 행위자는 그들의 이익을 실현하기 위해 정당과 연합하기도 했는데 이러한 연합체계는 일국 내에서 유럽적 차원으로 옮겨졌다.[17] 대표적인 것이 유럽의회에 진출한 녹색당과 유럽차원에서 활동하는 환경단체라 할 수 있다.[18] 그러나 이익집단과 정당연합은 다양한 정치적 상황과 요인에 영향을 받으므로 동일한 형태를 띠는 것은 아니라 할 수 있다.

이런 점에서 유럽 시민사회는 일종의 네트워크사회로 간주될 수 있다. 네트워크이론(social network theory)은 원래는 개별적 속성이 아닌 관계성(relational property)을 중시하는 관계이론에 입각해 인간행위와 사회구조의 효과를 설명하는 시도이다.[19] 유럽의 경우에도 다양한 요인으로 인한 시민사회의 팽창은 국경을 넘어 네트워크를 확산시켰다. 국가와 영역별로 상이한 시민사회 행위자들 간의 상호작용 네트워크는 이들의 행위를 통해 재생산되고 유지된다. 동시에 행위자들은 수직적 권한배분과 수평적 기능분화가 행해지는 복잡한 유럽연합체제의 성격에 영향을 미치고 이는 다시 시민사회 행위자의 행위에도

---

16) 베쎌스는 이익영역의 분화 정도가 이들 영역에 존재하는 유럽 이익집단의 수에 상당하는 것이라면, 포함은 모든 회원국의 이익을 대표하는 것을 요구한다고 한다. '유럽차원의 포함'은 모든 회원국을 대표하는 영역에서 이익집단의 크기로 측정 가능하다는 것이다. 평균적으로 보면 공업은 가장 높은 수준의 분화와 낮은 수준의 포함을 보이고 있는 데 비해 농업은 분화수준이 낮고 포함수준이 높다. Bernhard Wessels (2004), p.207.

17) Bernhard Wessels (2004), p.211.

18) 유럽차원에서 활동하는 대표적인 환경단체로는 유럽환경사무소(EEB), 지구의 친구들 - 유럽(Friends of the Earth - Europe), 그린피스(Greenpeace), 자연을 위한 세계기금(World Wide Fund for Nature) 등이 있다. 이들은 집단적 이익을 실현키 위해 오랫동안 유럽연합 집행위원회 환경총국(Environment DG) 관료 및 유럽의회 녹색당 의원들에게 접근해 왔다. Alberta M. Sbragia, "Environmental Policy," Helen Wallace and William Wallace (eds.), *Policy-Making in the European Union* (Oxford: Oxford University Press, 2000), pp.293-316.

19) Dorothea Jansen, *Einführung in die Netzwerkanalyse. Grundlage, Methoden, Anwendungen* (Opladen: Leske+Budrich, 1999); 김용학, 『사회연결망이론』(박영사, 2003).

영향력을 행사한다.

4. 새로운 유럽연합·시민사회 관계: 특징과 유형

1) 다원적 상호작용과 새로운 유럽연합·시민사회 관계

유럽 시민사회는 기업과 노조 등 전통적 행위자 외에도 다양한 영역에서 행위자들이 활동하면서 서로 복잡한 상호작용의 네트워크를 형성하고 있다. 이 중에서도 환경단체의 경우에는 의제설정과 조직화가 다른 지역에 비해 빨리 형성되고 발전됐다. 이들은 쟁점의 국제적 성격과 환경규제의 강화라는 공동의 이해관계로 인해 초국가적 연합형태를 갖는 경우가 대부분이다.[20] 그러나 규제를 근간으로 하는 유럽연합 환경정책의 수립과 이에 대한 반응은 국가별로 차이를 보이고 있다. 덴마크와 독일, 네덜란드 같은 국가는 유럽연합의 환경 아젠더 형성과 입법과정에 적극적으로 개입하나, 영국 등의 국가는 유럽연합의 환경규제에 순응하지 않고 있다.[21] 지역운동단체도 그들이 소속한 국가의 중앙정부로는 대표되기 어려운 그들 나름의 복합적인 정치적 정향을 갖고 있으므로 유럽연합과 직접적인 관계를 맺으려 시도하고 있다.[22] 이

---

20) 환경단체들이 국가와 거리를 두는 이유는 다음과 같다. 첫째, 환경 단체들은 국민국가 단위의 정치가 복잡한 전 지구적 생태문제를 해결하는 데 있어 점차 무의미해지고 있다고 본다. 둘째, 그들은 위기의식으로 무장돼 있거나 혁명지향적이며 기존의 주류정치에 참여하는 것은 단지 점진적인 변화만을 가능하게 하는데 이것은 환경문제를 해결하기에는 불충분하다고 본다. 이런 이유에서 국경 없는 환경정치의 시대가 도래 했다는 것이다. Timothy Doyle and Doug McEachern, 이유진 역, 『환경정치학』(한울아카데미, 2002), p.125, p.135.

21) Alberta M. Sbragia(2000), 293-295. 크닐과 렌초프는 유럽연합의 환경규제정책이 공동정책의 효율적 수행이 아닌 유럽 다층체제의 문제해결 능력 향상에 기여한다고 주장한다. Christoph Knill and Andrea Lenschow, "Governance im Mehrebenensystem: Die institutionellen Grenzen effektiver Implementation in der europäischen Umweltpolitik," Preprints aus der Max-Planck-Projektgruppe Recht der Gemeinschaftsgüter (1999).

러한 사실은 초국가적 영역이 국민국가의 경계를 초월해 활동하는 행위자들의 무대가 되고 있음을 보여준다.[23]

시민사회가 유럽연합과 맺고 있는 관계는 유럽통합을 둘러싼 갈등이 구조화된 두 가지 차원으로 구분할 수 있다. 즉 국가의 역할에 관한 전통적인 사회경제적 균열을 반영한 좌우 차원과 초국가주의·국가주의 차원이 그것이다. 일반적으로 좌파들은 유럽통합에 반대하거나 소극적 개입 정도에 머무는 데 비해 우파들은 적극적인 개입을 보이고 있다. 호흐(Liesbet Hooghe)와 마크스(Gary Marks)는 이들 차원을 가로지르는 정치적 프로젝트로 신자유주의 프로젝트와 규제자본주의 프로젝트를 제시한다. 이들에 의하면 신자유주의 프로젝트가 유럽범위의 시장통합을 최소한의 규제와 결합시킴으로써 정치적 간섭으로부터 시장을 절연시키려 하는 데 비해 규제자본주의 프로젝트는 다양한 형태의 입법을 통해 시장을 규제하고 자원을 재배분하며 공적 영역과 사적 영역간의 유대를 창출함으로써 유럽에서 자유민주주의 질서를 구축하려 한다는 것이다.[24] 산업, 무역, 상업단체와 보수정당이 신자유주의 프로젝트를 지지하는 데 비해, 규제자본주의 프로젝트는 이른바 '약자연합'을 형성하는 노동조합, 환경 및 소비자단체와 사민당 등 일부 정당의 지원을 받고 있다.[25]

시민사회 내에서 가장 오래되면서 정치적 영향력이 큰 집단은 기업인의 조

---

22) 보다 자세한 것은 Wilhelm Lehmann and Lars Bosche, *Lobbying the European Union: Current Rules and Practices*, European Parliament, Directorate-General for Research, Constitutional Affairs Series, AFCO 104 EN (2003), pp.6-9 참조.

23) 유럽차원 이익집단의 형성을 키르히너는 '제도화의 순환'(circle of institutionalization)으로 설명한다. 키르히너는 순환과정을 유럽 정치제도의 정책능력 증가→국가적 정체에 영향을 미치는 결정→유럽차원의 이익집단 형성→유럽 이익집단의 요구→유럽공동체 차원의 조화증가가 순환을 이룬다고 지적한다. Emil J. Kirchner, *Trade Unions as a Pressure Group in the European Community*, Saxonhouse (1978), p.4; Bernhard Wessels (2004), p.200에서 재인용.

24) Liesbet Hooghe and Gary Marks (1997), p.4; Liesbet Hooghe and Gary Marks (2001), p.75.

25) 규제자본주의 프로젝트의 주창자는 들로아(Jacques Delors)이다. 들로아는 규제자본주의 프로젝트의 핵심으로 건설적 규제(positive regulation), 파트너십, 사회적 연대를 통한 유럽연합 민주주의의 심화를 제시한다. Liesbet Hooghe & Gary Marks (1997), pp.12-13.

직과 노동조합이라 할 수 있다. 이 점에 착안해 시민사회는 크게 자본우위의 시민사회와 노동우위의 시민사회로 나누어 볼 수 있다. 자본우위의 시민사회는 노동계급의 조직률이 비교적 낮으며 정치적 영향력도 적고, 자유시장을 옹호하면서 국가개입의 축소를 주장하는 자유주의적 배경을 갖는 경우가 대부분이다. 이에 비해 노동우위의 시민사회는 오래되고 강한 노동조합과 노동자정당이 존재한다. 또 자본과 계급타협에 의한 '동의의 정치'를 행하기도 한다. 노동우위의 시민사회 행위자들은 '사회적 유럽의 건설' 구호에서 보듯이 자본이 주도하는 유럽의 시장통합에 반대하고, 사회적 소수세력의 권리가 보장되는 통합을 추구한다고 할 수 있다.[26]

그러나 지구화와 이에 힘입은 유럽통합, 특히 경제통화동맹의 추진은 시장중심 패러다임에 기반하고 있으므로 유럽통합에 대한 시민사회 행위자들의 입장 역시 반대에서 점차 수동적 수용이나 적극적 개입으로 바뀌고 있다. 이러한 변화는 유럽통합이 탈영토화(deterritorialization)를 주된 내용으로 하고 있는데 그 원인이 있다. 전통적 국민국가의 국경은 점차 덜 중요해지고 있으면서 국경을 초월한 네트워크가 구축된 유럽이라는 단일공간이 중요해지고 있다. 이에 따라 유럽통합에 반대나 소극적 입장을 표명하던 좌파계열의 집단은 '참여를 통한 변화'로 입장을 선회했는데, 유럽의회의 녹색당 블록이 대표적이라 할 수 있다. 이러한 변화는 시민사회와 유럽연합 관계가 점차 갈등에서 협력의 양태로 변하고 있음을 의미한다. 유럽연합·시민사회 관계는 유럽연합 내의 지위와 권력강화를 목표로 하는 시민사회 행위자들의 시도를 기준으로 몇 가지 유형으로 분류가 가능하다.

2) 관계의 유형: 갈등, 협력과 포섭

전통적으로 유럽연합에 대한 시민사회 행위자의 이익대표 경로는 국민국

---

[26] 노동조합과 기업인조직은 유럽차원의 이익실현을 위해 각자 유럽노조연맹(ETUC)과 유럽산업·사용자연합(UNICE)을 결성해 활동하고 있다. 유럽산업·사용자연합에 비해 유럽노조연맹은 국가와 산업부문별 대표로 구성됐으므로 분화의 정도가 높고 포함의 정도가 낮다.

가를 통한 우회적 경로와 유럽연합 기구로의 직접적 경로가 존재한다. '국가적 경로' (national route)는 유럽연합의 정책결정에 영향을 미치기 위해 자국 정부나 국가적 중개자를 활용하는 것을 가리키는 데 비해, '유럽적 경로'(European route) 혹은 '브뤼셀전략'(Brussels strategy)은 유럽연합 기구에 의해 직접 대표됨으로써 영향력을 행사하는 것을 의미한다.[27] 단일유럽의정서(SEA) 이전에는 국가적 경로가 지배적이었다. 그러나 단일유럽의정서와 유럽연합조약, 암스테르담조약과 니스조약을 통해 공동체 의사결정 규칙과 유럽연합 능력의 발전과 확대가 이뤄지면서 유럽적 경로가 증가했다. 그럼에도 시민사회의 다양한 행위자들은 여전히 특수한 경로를 향해 상이한 선호와 유형의 행동을 지속하고 있다고 할 수 있다.

유럽연합에 대한 시민사회 행위자들의 행동특성을 중심으로 볼 때 시민사회와 유럽연합의 관계는 유형적으로 갈등, 협력, 포섭관계로 분류할 수 있다. 갈등관계는 시민사회 행위자들이 유럽연합의 정책으로 인해 적잖은 비용을 치르고 있는 있을 때 보이며, 이 경우 시민사회 행위자들은 유럽연합 정책에 반대하고 이를 철폐하거나 적어도 노선을 변경하기 위해 자신이 갖고 있는 자원을 동원한다. 이에 비해 협력관계는 시민사회 행위자들이 유럽연합으로부터 혜택과 이익을 제공받고 있는 경우에 형성되며, 시민사회 행위자들은 유럽연합의 정책이 실현될 수 있도록 자발적으로 자신의 자원을 동원한다. 반면 포섭행동은 양자간에 지배와 통제로 인한 효용이 큰 경우에 발생하며 이익실현을 위해 다른 행위자의 활동범위와 내용을 제약한다. 물론 같은 시민사회 행위자들이라 할지라도 시기와 정책별로 유럽연합에 대해 상이한 형태의 행동을 보이는 경우도 존재한다. 이들이 맺고 있는 일반적 관계의 유형을 보면 <표 6-2>와 같다.

---

[27] Justin Greenwood (2003), pp.29-73. 유럽적 경로가 대표적인 초국가적 기구로 주도적 지위를 가진 집행위원회에 집중되는 데 비해 국가적 경로는 주로 회원국 대표기구의 성격을 갖는 각료이사회를 통해 이루어진다.

〈표 6-2〉 유럽연합과 시민사회 관계의 유형

	갈등	협력	포섭
배경요인	비용 발생	혜택과 이익	지배와 통제로 인한 효용
내용	EU정책에 반대, 철폐, 방향변경 노력	EU정책에 자발적 협조	EU정책의 틀 안으로 유인

시민사회 행위자의 차별적 행동은 시민사회의 고유한 성격뿐 아니라 국가·시민사회 관계의 특성에서 비롯된다고 볼 수도 있다. 예컨대 이익부문별로 이익을 독점적으로 대표하며 위계적으로 조직돼 있는 강력한 대규모 이익집단이 공공정책의 형성과 집행과정에 공식적으로 통합돼 제도화된 역할을 수행하는 코퍼러티즘 전통이 강한 국가에서는 그 관계가 타협적인 행태를 보인다. 이들의 행태는 상당부분 그들이 속해 있는 국가의 정치·경제체제와 공식적인 이익대표 방식에 의존한다. 예를 들어 독어권 국가에서 코퍼러티즘 전통은 시민사회와 국가가 공식적인 대화를 통해 협력적 관계를 유지하는 경우가 대부분이다.[28]

무엇보다 일국수준에서 시민사회와 국가의 관계는 해당 국가의 중앙정부가 추구하는 대내외정책의 노선과 내용에 따라 다른 양상을 보인다. 예컨대 중앙정부가 국내정책뿐 아니라 대유럽연합 정책의 수립과 집행에서 자유주의와 같은 시장중심적 패러다임을 추구할 경우에는 좌파적 성향의 행위자는 국가와 갈등관계를 빚는 경우가 많다. 이들은 유럽연합의 경제통화동맹 추진에 대해서도 갈등을 보이는 경향이 있다. 반면 대기업, 무역협회 같은 생산자단체는 탈규제와 유연화정책을 선호하며 이의 관철을 위해 유럽연합에 다차원

---

[28] 물론 협력관계는 기업에 대한 정치적 협박과 노동조합에 대한 파괴를 자행하는 권위주의적 코퍼러티즘이 아닌 선진 민주주의국가에서 발견되는 유형으로, 조직화된 이해세력이 정책형성에 제도적으로 접근하는 자유주의적 혹은 사회적 코퍼러티즘하에서 형성된다. 그러나 자유주의적 코퍼러티즘의 경향이 강한 국가에서도 경제적 혹은 기능적 집단에 특권을 부여하므로 시민사회 내의 다른 행위자가 국가에 접근하는 기회를 축소시키고, 주요한 결정이 민주주의 통제범위 밖에서의 협의를 통해 이뤄질 수도 있다는 점에서 이에 소외된 다른 시민사회 행위자들의 반발을 불러일으키기도 한다.

적으로 로비한다.29)

　일부 시민사회 행위자에 대해 유럽연합은 재정적 지원, 의사결정과정에의 참여, 법률적 구속 등의 수단을 통해 포섭행동을 유도하는 경우가 있다. 특히 재정의 상당부분을 유럽연합에 의존할 경우 이들의 행동은 유럽연합이 지향하는 정책틀을 넘지 않는다고 할 수 있다. 이는 유럽연합이 추구하는 공동의 목표달성과 이익실현을 위해 일부 시민사회 행위자의 활동범위와 내용이 제약되고 있음을 잘 보여준다. 예를 들어 네덜란드의 개발 비정부기구인 NOVIB는 재정의 69%를 국가와 유럽연합으로부터 조달하고 있다. 이 경우 이들의 행동은 유럽연합의 계획과 밀접하게 맞물려서 돌아가는 형태를 띠게 된다.

　유럽연합에 대한 시민사회 행위자의 협력적 행동은 유럽연합 기구 사이의 권한배분과 상호협력 정책결정과 실행방식인 코미톨로지(comitology)를 통해 강화될 수 있지만, 이는 정책영역별로 차이가 큰 것으로 평가된다. 특히 유럽연합에 대한 다양한 형태의 행동 중 협력행동은 유럽연합체제의 효율성과 정당성 증진에 기여할 수 있다는 점에서 중요하다. 대개 이들은 공론화와 대중적 지지동원을 통해 유럽연합의 결정 및 활동에 정당성을 부여한다. 이와 더불어 참여와 통합수준이 높은 '시민적'(civic) 시민사회는 유럽연합체제의 민주성 제고에 기여한다. 예컨대 '투명한 사회의 건설'을 추구하는 국제투명성본부(TI)는 유럽연합과 긴밀한 협력관계를 이루면서 의사결정과정의 투명성을 높이는 데 기여하고 있다.

---

29) 1985년부터 1997년 사이에 35,000개 이상의 기업이 유럽연합에 대한 직접적인 로비력을 확대해 왔다. 현재 이들은 전체 로비단체의 2/3 가량을 차지하고 있다. Wilhelm Lehmann and Lars Bosche (2003), p.12.

5. 유럽연합체제의 민주주의와 유럽 시민사회

1) 유럽연합의 민주주의 결핍과 시민사회

유럽연합이 확대돼 감에 따라 유럽연합이 민주주의가 결여돼 있고 복잡한 작동방식으로 인해 평범한 시민들로부터 점차 유리돼 간다는 비판이 제기되고 있다. 이러한 '민주주의 결핍'(democratic deficit)에 대한 지적은 특히 유럽연합의 기구 조직이 입법권과 집행권을 연결하는 기구(각료이사회)나 민주적 정당성이 결여된 기구(집행위원회)에 의해 지배된다는 것을 중요한 내용으로 하고 있다. 특히 유럽연합의 집행부인 집행위원회는 집행위원들이 민주적 과정을 거쳐 선출되거나 자신들에게 부여된 업무수행의 결과에 대해 책임을 지지 않으며, 정책결정이 관료주의적이고 기술주의적인 기준에 의해 이뤄지고 있는 데서 비판의 주요 대상이 되고 있다.

유럽연합의 정책결정과정에 대한 직접적인 영향력 행사와 참가를 뜻하는 로비활동도 유럽연합의 민주성을 해치는 또 다른 요인이다. 유럽연합의 민주주의 결핍 특징 중의 하나는 조직된 이익에 대한 과다한 의지와 공식적인 민주적 참여에 대한 미약한 의지라 할 수 있다.[30] 무엇보다 허약한 정당체제와 의회를 가지고 있는 유럽연합은 다양한 공동체 정책의 영역 내에서 전 유럽

---

30) Irina Michalowitz, "Lowering the Democratic Deficit: Legitimacy via Knowledge via Transparency," Paper prepared for the PERC/UACES-conference "Multilevel Governance: Interdisciplinary Perspectives," 28-30 June (2001), Sheffield. 미칼로비츠는 보다 높은 민주적 정통성을 획득하기 위해 요구되는 상호 연관된 두 개의 조처로 공적 참가와 이익집단 투입의 정당화를 제시하고 있다. 이를 실행하기 위한 방안으로 그녀는 유럽연합에 관한 지식을 증대시키고, 진정한 의회체계를 형성하기 위해 유럽연합을 개혁할 것을 주장한다. 전자가 투명성 제공을 내용으로 하는 데 비해 후자는 국가정당 계열에 따른 투표방법을 포기하고 비정부기구와 다른 전문가단체에 투표의 자격을 부여하자고 한다.

규모의 로비활동을 허용하고 있다. 이에 따라 유럽연합의 중요한 정책결정은 정치영역화 했으며, 주요기구는 국가대표 체계로부터 독립적인 복합적인 접촉망을 발전시키게 됐다.31) 특히 다양한 시민사회 행위자의 이익대표와 로비활동은 발안권을 독점하고 있는 집행위원회를 대상으로 하고 있다. 이런 점에서 집행위원회는 '이익집단의 협의회' 혹은 '시민사회 NGO들의 대화창구'로 불리고 있다.32) 최근에는 유럽의회의 위상이 높아짐에 따라 이를 새로운 채널로 인식하고 로비활동을 전개하는 경향도 나타나고 있다.

2) 유럽 시민사회: 민주적 유럽연합체제의 촉진자 혹은 제약자?

시민사회는 유럽연합체제가 민주화를 이루는 데 촉진자인가, 아니면 제약자인가? 이미 시민사회는 동유럽의 민주주의 이행과정에서 상당한 기여를 한 것으로 평가된다. 동유럽에서 시민사회는 권위주의국가와 개인 사이에 존재하는 모든 형태의 사회적 결사체를 파괴하는 전체주의적 경향에 대해 1970년대 이래 일어난 동유럽의 반체제운동에서 중심적 역할을 했다. 개량된 사회주의에서 그 씨앗이 성립된 시민사회는 비폭력적 수단을 갖고 국가로부터 정치적 대항공중(Gegenöffentlichkeit)을 얻어낸 민주적 원리에 충실한 자발적 결사체가 형성되면서 더욱 확대될 수 있었다. 그러나 시민사회의 주요 지도자들은 구체제하에서 공동으로 행동할 수 있는 기회가 적었고, 정치적 실행능력이 부족했으며, 하위정치를 체제변화의 새로운 정책 내에 통합시킬 수 있는 개념을 개발하지도 못했다. 이런 까닭에 시민사회는 집권 공산당이 몰락한 후 '우리

---

31) Svein S. Andersen and Kjell A. Eliassen, "EU-Lobbying: Between Representativity and Effectiveness," in Svein S. Andersen and Kjell A. Eliassen (eds.), *The European Union: How Democratic Is It?* (London: SAGE, 1996), pp.41-55. 로비스트들은 로비의 성공을 위해 상황의 조절(atmosphere setting), 모니터링, 정책결정자들과의 의사소통, 옹호와 영향력 행사 등 다양한 수단을 사용하고 있다. 상황의 조절은 정책결정자들에 대한 접근기회를 얻는다든지, 로비단체의 목적에 부합하는 정책결정자들의 태도를 이끌어 내는 것을 가리킨다. Wilhelm Lehmann and Lars Bosche (2003), pp.18-19.

32) Wilhelm Lehmann and Lars Bosche (2003), p.38.

감정'(Wir-Gefühl)과 관련된 집단적 정체성이 확산되면서 환상이 됐다고 지적된다.[33]

현재 유럽 시민사회는 국가와 유럽연합의 공식적인 정책결정과정에서 배제된 이해관계를 접목시키는 과정에서 시민의 참여를 확대시키고 민주적 경쟁을 촉진시키며 국가와 유럽연합을 견제함으로써 유럽연합체제의 민주주의 발전에 기여하고 있다. 시민사회 내의 일부 행위자는 자유주의에 기반하는 지구화와 경제통합이 초래한 유럽 혹은 전 지구적 차원의 불평등을 완화하고 취약계층과 사회적 소수자의 권리보장을 실현하기 위해 노력하고 있다. 이는 시민사회가 유럽연합이나 국가의 틀 속에서 실현되지 못하고 있는 민주주의 문제의 해결에 기여하고 있다는 것을 의미한다. 아울러 유럽의 시민사회 행위자들은 경제통합이 정치통합을 훨씬 앞지르기 때문에 유럽연합의 민주주의가 위협받고 있다고 보고, 유럽연합의 조직강화와 민주주의 결핍의 축소를 요구하고 있기도 하다. 약자연합을 결성하고 '사회적 유럽의 건설'을 위해 유럽연합의 규제능력을 향상시키려 하는 노동조합과 환경단체, 소비자단체가 그 대표적인 경우라 할 수 있다.

그럼에도 다원주의 입장에서 이들 시민사회 행위자가 단순히 유럽연합의 민주주의 과정의 요소라고 평가할 수는 없다. 이들이 유럽연합에 미치는 영향력의 크기는 동일하지 않을 뿐 아니라 그 내용과 결과 역시 반드시 민주주의에 순기능으로 작용하는 것만은 아니기 때문이다. 예를 들어 국내외적인 압력단체의 성격을 갖는 유럽 시민사회 내의 행위자들은 자신의 특수이익을 관철시키기 위해 때로는 민주적 과정을 벗어나 유럽연합에 영향력을 행사할 뿐 아니라 그 결과에 대해서도 공적으로 책임을 지지 않을 수 있다. 이러한 사실은 조직화되지 못한 다수의 시민은 정책결정에 영향을 미치지 못하고 전문지식을 갖춘 전문가와 특수한 자기 대표성을 갖는 집단이 이를 대신하면서 유럽연합체제의 민주주의가 위협을 받을 수도 있는 현실을 잘 보여주는 것이다.

---

33) Klaus von Beyme, *Systemwechsel in Osteuropa* (Frankfurt/M: Suhrkamp, 1994), pp.100-123.

6. 맺음말

　유럽통합이 진척되면서 유럽연합은 더 이상 국민국가와 일부 초국가기구에 의해서만 정책이 수립되고 집행되는 것이 아니라 국민국가 내의 혹은 이들을 가로지르는 지역, 다양한 형태의 비국가행위자, 지구적 차원에서 이윤을 좇아 이동하는 초국적기업 등이 느슨하면서도 비교적 복잡한 네트워크를 형성하면서 정책결정에 참가하고 있다. 다양한 층위와 방향에서 압력이 행해지면서 유럽연합체제 역시 외교와 국가권력이 결정적 변수로 남아 있는 '국가중심적 세계'에서 다양한 조직, 집단, 개인이 국민국가 외부에서 상호작용의 네트워크를 구성하는 '다중심적 세계'로 이전되고 있는 것으로 평가된다.
　이에 따라 유럽연합체제 내의 다양한 층위간의 관계, 예를 들어 국민국가와 유럽연합, 시민사회와 유럽연합 및 시민사회와 국민국가 관계는 보다 복합적인 양태를 띠게 됐다. 특징적인 것은 비국가영역에서 다양한 행위자들이 활성화되면서 이들의 국민국가와 유럽연합에 대한 영향력이 점차 증가하고 있다는 점이다. 이러한 시민사회의 확대와 강화로 인해 유럽연합체제는 중앙집중적 통제가 부재한 다중심성 권력분할체제의 성격이 더욱 부각될 것으로 전망된다. 이에 비해 국민국가의 권한은 다양한 행위자에 의해 계속 분할 점유되며 제한될 것이라는 점에서 유럽연합에 대한 국민국가의 규정력은 점차 약화될 것으로 예상된다. 그러나 시민사회가 지닌 불평등과 분절화라든가 국민국가가 여전히 지닌 결정권한을 감안한다면 유럽연합과 국민국가, 시민사회 간에 일어나고 있는 권력이동의 방향과 정도를 단순하게 예단하기는 어려운 것으로 보인다.
　여기에서 살펴본 유럽연합과 시민사회의 관계 역시 시민사회 행위자의 다양한 행동양식에 따라 보다 복잡한 형태로 변하고 있다. 시민사회의 다양한 행위자들은 여전히 특수한 경로를 향해 상이한 선호와 유형의 행동을 지속하고 있다고 할 수 있다. 유럽연합에 대한 시민사회 행위자들의 행동특성을 중심으로 볼 때 시민사회와 유럽연합의 관계는 유형적으로 갈등, 협력, 포섭관계로 분류할 수 있지만 이는 시기와 정책별로 일정하지 않다. 이러한 시민사회 행위자의 차별적 행동은 시민사회의 고유한 성격뿐 아니라 국가·시민사회 관계의 특성, 그리고 해당 국가의 중앙정부가 추구하는 대내외정책의 노선과 내용에서 비롯된다.

중요한 점은 현재 다중심적 권력분할체제로서 유럽연합체제의 안정적 지속성과 민주성 확보 여부라 할 수 있다. 기존 국민국가에 권한이 잔존해 있는 상황에서 다중심체제는 불균등한 힘의 배분을 전제로 하는 것이라 할 수 있으며, 이런 점에서 그 안정성과 지속성은 흔들릴 수밖에 없기 때문이다. 또한 유럽연합이 구조적 취약성에서 연원하는 민주주의문제가 있으므로 지속성문제는 더욱 부각되리라 보인다. 이는 유럽인이 유럽적 차원에서 어느 정도까지 민주적인 공적 공간을 형성할 수 있을 것인가 하는 문제이자, 유럽연합이 얼마나 민주적 정통성을 확보해 나갈 것인가 하는 문제와도 직결된다. 이를 해결하기 위한 관건 중의 하나는 유럽의 시민사회가 어떻게 민주적 원리에 충실한 행위자들을 확보하고, 유럽연합체제에 대해 균형과 비판의 역할을 수행하는가에 달려 있다고 할 수 있다.

참고문헌

김용학, 『사회연결망이론』, 박영사, 2003.
정수복, "유럽 환경운동의 형성과 전개: 프랑스와 독일을 중심으로," 최종욱·권용혁 외, 『현대의 위기와 새로운 사회운동』, 문원, 1995.
주성수, 『시민사회와 NGO논쟁』, 한양대학교출판부, 2001.
홍익표, "유럽연합·국민국가 관계의 변화: 복합압력과 협력·갈등의 동학을 중심으로," 『국제관계연구』 제9권 2호(2004).

Andersen, Svein S. and Kjell A. Eliassen, "EU-Lobbying: Between Representativity and Effectiveness," in Svein S. Andersen and Kjell A. Eliassen (eds.), *The European Union: How Democratic Is It?*, London: SAGE, 1996.
Archibugi, Franco and Mathias Koenig-Archibugi, "The Associative Solution: The Third Sector in a European Perspective," Groupement d'Etudes et de Recherches "Notre Europe," February 1998.
Arts, Bas, "Non-State Actors in Global Governance. Three Faces of Power," Preprints aus der Max-Planck-Projektgruppe Recht der Gemeinschaftsgüter, 2003.
Bahmueller, Charles F., "Civil Society and Democracy Reconsidered," http://www.civnet,org/journal/journal_frameset.htm
Beck, Ulrich, *Was ist Globalisierung? Irrtümer des Globalismus-Antworten auf Globalismus*, Frankfurt/M: Suhrkamp, 1997.
von Beyme, Klaus, *Systemwechsel in Osteuropa*, Frankfurt/M: Suhrkamp, 1994.
Brand, Karl-Werner (Hg.), *Neue soziale Bewegungen in Westeuropa und den USA. Ein internationaler Vergleich*, Frankfurt and New York: Campus Verlag, 1985.
Commission of the European Communities, *European Governance. A White Paper*, Brussels, 25. July 2001.
Crook, Andrew, "European Civil Society or Civil Society in Europe? The Sketch of a Working Paper for CIVICUS in Europe," http://www.civnet,org/journal/media/Europeancivilsociety-pdf.
Doyle, Timothy and Doug McEachern, 이유진 역, 『환경정치학』, 한울아카데미, 2002.
Ehrenberg, John, 김유남·주미영·이상환 역, 『시민사회. 사상과 역사』, 아르케, 2002.
Gabel, Matthew J., "The Endurance of Supranational Governance: A Consociational Interpretation of the European Union," *Comparative Politics*, Vol.30, No.4, 1998.

Giddens, Anthony, *The Consequences of Modernity*, Stanford: Stanford University Press, 1990.
Greenwood, Justin, *Interest Representation in the European Union*, Houndmills: Palgrave, 2003.
Hall, John A., *Civil Society. Theory, History, Comparison*, Cambridge: Polity Press, 1995.
Hooghe, Liesbet and Gary Marks, "The Making of a Polity: The Struggle over European Integration," *European Integration Online Papers*, Vol.1, No.004, http://eiop.or.at/eiop/texte/1997-004a.htm.
Hooghe, Liesbet and Gary Marks, *Multi-Level Governance and European Integration*, Lanham: Rowman & Littlefield, 2001.
Jansen, Dorothea, *Einführung in die Netzwerkanalyse. Grundlage, Methoden, Anwendungen*, Opladen: Leske+Budrich, 1999.
Jordan, Andrew, "The European Union: an Evolving System of Multi-level Governance... or Goverment?," *Policy & Politics*, Vol.29, No.2, 2001.
Knill, Christoph and Andrea Lenschow, "Governance im Mehrebenensystem: Die institutionellen Grenzen effektiver Implementation in der europäischen Umweltpolitik," Preprints aus der Max-Planck-Projektgruppe Recht der Gemeinschaftsgüter, 1999.
Kriesi, Hanspeter, Ruud Koopmans, Jan Willem, and Marco G. Giugni, *New Social Movements in Western Europe. A Comparative Analysis*, Minneapolis: University of Minnesota Press, 1995.
Lehmann, Wilhelm and Lars Bosche, *Lobbying the European Union: Current Rules and Practices*, European Parliament, Directorate-General for Research, Constitutional Affairs Series, AFCO 104 EN, 2003.
McCormick, John, *Environmental Policy in the European Union*, Houndmills: Palgrave, 2001.
Michalski, Krzysztof (Hg.), *Europa und die Civil Society*, Castelgrandolfo-Gespräche 1989, Stuttgart: Klett-Cotta, 1991.
Offe, Claus, "New Social Movements: Challenging the Boundaries of Institutional Politics," *Social Research*, Vol.52, No.1, 1985.
"Praha Social Economy 2002 - Enlarging the Social Economy," Preparatory Dossier, First European Social Economy Conference in Central and Eastern Europe, Prague, 24-25/10/2002.
Rammstedt, Otthein, *Soziale Bewegung*, Frankfurt/M: Suhrkamp, 1978.
Raschke, Joachim, *Soziale Bewegungen. Ein historisch-systematischer Grundriß*, Frankfurt and New York: Campus Verlag, 1988.
Rucht, Dieter, "Soziale Bewegungen als Signum demokratischer Bürgergesellschaft," in Claus Leggewie & Richard Münch (Hg.), *Politik im 21. Jahrhundert*, Frankfurt/M: Suhrkamp, 2001.
Sbragia, Alberta M., "Environmental Policy," Helen Wallace & William Wallace (eds.), *Policy-Making in the European Union*, Oxford: Oxford University Press, 2000.

Scharpf, Fritz W., *Interaktionsformen Akteurzentrierter Institutionalismus in der Politikforschung*, Opladen: Leske+Budrich, 2000.

Walzer, Michael, "시민사회 구하기," 조효제 편역, 『NGO의 시대』, 창작과비평사, 2000.

Wasmuht, Ulrike C. (Hg.), *Alternativen zur alten Politik? Neue soziale Bewegungen in der Diskussion*, Darmstadt: Wissenschaftliche Buchgesellschaft, 1989.

Wessels, Bernhard, "Contestation potential of interest groups in the EU: emergence, structure, and political alliances," Gary Marks and Marco Steenbergen (eds.), *European Integration and Political Conflict*, Cambridge: Cambridge University Press, 2004.

Wiener, Antje & Thomas Diez, *European Integration Theory*, Oxford: Oxford University Press, 2004. http://docs.lib.duke.edu/igo/classes/pps306s.html(검색일: 2004. 2. 25). http://europa.eu.int/comm/secretariat_general/sgc/lobbies(검색일: 2004. 3. 20) http://org.eea.eu.int/links/ngo.html (검색일: 2004. 4. 15)

키워드: 유럽연합체제(the EU system), 시민사회(civil society), 관계의 동학(dynamics of relations), 다층거버넌스(multi-level governance), 민주주의 결핍(democratic deficit)

제7장 다층거버넌스의 정책결정과정:
유럽연합의 지역정책을 중심으로

이 재 원

1. 머 리 말

　　1987년 발효된 "단일유럽의정서"(Single European Act: SEA)에는 유럽 단일시장을 완성하고자 하는 계획과 더불어 '유럽공동체'(European Community: EC)의 정책결정과정 개선에 관한 규정이 포함돼 있다. 이를 통해 유럽통합이 보다 체계적이면서도 구체적으로 진전될 수 있는 중요한 근거를 마련할 수 있었다. 또한 1993년 '유럽연합'(European Union: EU) 출범에 따라 경제적 영역만이 아니라 외교·안보분야와 내무·사법분야에 이르기까지 유럽차원의 정책적 협력이 강화되게 되면서, EU의 공동정책에 대한 학문적 관심은 더욱 증가하게 된다. 이러한 변화는 결국 유럽통합의 중요성에 대한 인식을 새롭게 하며, 유럽차원의 공동정책이 결정되는 과정과 정책의 내용, 그리고 그 의의에 대한 관심을 확대시키는 중요한 계기가 됐음에 틀림없다. 이에 따라 1980년대 중반 이후부터는 EU의 정치구조와 정체성, 정책 자체, 그리고 EU를 조직하는 구체적인 정책결정과정과 EU의 입법과정에 대한 연구가 매우 활발히 진행되게 된다.[1] 이와 같이 EU 같은 정치기구를 이해하는 데는 이들이 만들어 내는 정책과 그 결정과정의 메커니즘을 관찰하는 것이 중요한 과제로 등장한다. 또한 이러한 작업은 '유럽연합체제'의 역사성과 특징에 대한 이해를 높이기 위한 빼놓을 수 없는 과정이기도 하다.

이 장의 목적은 EU 정책결정기구의 역할과 기능, 그리고 절차상의 특징을 살펴봄과 동시에 정책결정과정에서 구조적 문제점, 국가간의 이해관계의 갈등, 그리고 개선방안 등을 관찰해 보는 데 있다. 이를 통해 정책결정과정에서 서로 밀고 당기는 공존관계가 구체적으로 기구별로, 그리고 기구간에 어떻게 복잡하게 연계되고 있는지에 대한 명확한 이해와 구분을 얻고자 한다. 특별히 우리는 EU의 정책결정이 단순히 '정부간 기구'와 '초국가적 기구'에 의해서만, 더 나아가 이들 기구간의 연관관계하에서만 이루어지는 것이 아니라, 시민사회나 비정부기구의 활동 같은 영향력도 고려해야 되는, 즉 '다층거버넌스'(multi-level governance)에 의해 성립된다는 점을 밝혀보고자 한다. 여기서 말하는 다층거버넌스는 EU의 다원화되고 복잡한 정책결정과정과 잘 연계되는 개념이다.

1990년대 이후 EU의 정치체제와 정책결정과정을 분석하는 과정에서 다층거버넌스 개념은 널리 사용되는데, 마크스(G. Marks)는 EU의 구조정책에 관한 연구를 통해 EU는 지역단위의 정치구조와 국가단위의 정치구조가 공존하는 독특한 통치체제를 구성하고 있다고 지적한다. 특히 EU 정책의 범위가 점차 지역정책같이 '자원의 배분'과 관련된 분야에까지 확대되면서, EU 정책에 이해관계를 가지는 국가뿐 아니라 지역, 이익집단 등 다양한 수준의 행위자들이 정책의 결과에 영향을 미치기 위해 노력하게 됐다는 것이다. 이에 따라 EU는 지역단위, 국가단위, 초국가단위 등 다양한 수준에서 기능하는 정치적 행위자

---

[1] 1990년대 중반 이후 점차 EU 정책에서 EU의 '정체'(polity) 혹은 '거버넌스'(governance)체계에 대한 관심이 높아지며, 유럽통합을 이른바 '제도화'(institutionalization)의 관점에서 이해하는 시각 역시 중요하게 고려되는 것은 사실이다. 하지만 이러한 거버넌스체제 속에서 형성되는 EU 정책결정과정의 일반적 메커니즘을 살펴보는 작업은 유럽체제를 이해하는 데 여전히 중요하고 필요하다 하겠다.

가 정책결정과정에 참여하는 '다층거버넌스'가 형성됐다고 주장한다.[2] 이 관점에 따르면 EU의 정책결정과정에서 국가와 정부가 여전히 중요한 행위자로 역할하고 있는 것은 사실이지만, 회원국 정부가 일상적인 정책과정에서까지 정책결정권을 독점할 제도적 권한을 갖지는 않으며, 오히려 다양한 정책분야에서 EU의 초국가적 정책기관과 회원국 정부, 지방정부 등 여러 단위의 정치행위자들이 함께 정책결정과정에 참여하는 체제가 형성돼 있다. 특히 EU의 지역정책을 결정하는 과정에는 집행위원회와 유럽의회 등 EU의 정책기구, 회원국 정부, 회원국 내 지역정부, 그리고 심지어는 지역단위의 이익집단을 포괄하는 긴밀한 정책네트워크가 형성돼 있어, 유사한 이해관계를 갖는 다양한 정치행위자들이 함께 연대하며 EU 정책결정에 영향을 미치게 된다. 이처럼 EU의 정치체제가 다층적인 구조를 형성하고 있다는 관점에서 바라보면, EU의 정치과정에서 회원국 정부는 점차 축소된 역할을 담당하고 있는 반면, 다양한 정치적 행위자들은 정책과정에 참여할 권한을 공유하며 영향력을 확대해 온 것으로 이해될 수 있다.[3]

이러한 논거를 바탕으로 유럽통합 과정에서 가장 중점적으로 추진한 정책 중의 하나인 '지역정책'(regional policy)이 정치적으로 EU 내 각 국민국가의 주권에 어떤 영향을 미치고 있는지 살펴보고자 한다. 유럽통합 과정에서 주요한 문제점의 하나는 "유럽차원의 사회정책 문제와 더불어 지역간의 발전격차 문제를 어떻게 해소할 것인가"였다. 즉 통합과정에서 지역간 경제격차의 심화는 EU 내 균형적 발전을 어렵게 하고 궁극적으로 EU의 번영과 안정에 부정적 영향을 미칠 수밖에 없다고 생각됐기 때문에 균형 있는 지역발전 문제는 통합 초기부터 중요한 문제로 인식돼 왔던 것이다. 우리는 특히 EU차원의 지역정책과 그로 인한 하부단위 정부의 활성화로 인해 EU 내 각 회원국 국민들은 기존의 국민국가 외에도 초국가기구와 '국가 하위단위의 정치체'(sub-national

---

[2] Gary Marks, "Structural Policy in the European Community," in Alberta M. Sbragia (ed.), *Euro-Politics: Institutions and Policymaking in the "New" European Community* (Wasington DC: Brookings Institution), 191-224.

[3] 방청록, "유럽연합 연구의 현황과 과제: 정치경제학적 분석을 중심으로," 『국제지역연구』 제6권 제4호(2003), 34-35쪽.

authorities), 곧 지방정부 등의 통치를 동시에 받게 되는 다층거버넌스에 놓이게 됐다는 주장에 대해서 논의해 보고자 한다.

먼저 2절에서는 각기 다른 경제규모와 경제적 잠재력을 가진 유럽 여러 나라가 하나의 통합경제체를 형성해 나가는 과정에서 국가간의 격차, 국가 내에서 지역간의 격차, 그리고 통합체 내에서 지역과 지역간의 격차를 어떻게 극복·조정해 나갈 것인가에 관한 유럽공동체 수준의 목표와 수단과 진행상황을 분석해 보았다. 즉 유럽공동체 차원의 '지역격차 조정정책'이라고 볼 수 있는 지역정책의 발전과정을 서술했고, 앞으로 추진될 여러 가지 계획안을 열거했으며, 지역격차 해소를 위한 구체적인 수단으로 '구조기금'의 중요성과 역할을 분석해 보았다. 이를 통해 정책결정 절차상의 문제점은 무엇이고, 그와 관련된 개혁문제는 어떻게 전개되고 있는지, 보완해야 할 사항과 앞으로 전개될 모습에 대해서도 전망해 보고자 한다.

이어서 3절에서는 EU 지역정책의 주체라고 할 수 있는 유럽공동체의 기구, 중앙당국, 그리고 지방·지역정부 등의 역할과 기능에 대해 살펴본 뒤, 이를 바탕으로 4절에서는 EU의 지역정책이 이러한 다양한 정치적 행위자들이 참여하는 '다층거버넌스'(multi-level governance)에 의해 성립된다는 것을 고찰해 보고자 한다.

2. 지역정책의 대두와 발전

서유럽국가들은 1950년대 말 6개국이 주축이 돼 '유럽경제공동체'(European Economic Community: EEC)를 결성한 후, 2004년 5월 1일 10개국의 EU 신규가입이 이루어지면서 약 4억 5천만의 인구를 가진 세계 최대의 경제블록으로 발전했다. 이러한 발전과정에서 EU는 공동체 차원에서 정치·경제·사회적으로 많은 정책을 시행해 왔으며, 지역정책도 예외는 아니었다. 그러나 경제발전 단계가 각기 다른 15개 회원국으로 구성돼 있는 관계로 국가간에 소득, 사회간접자본, 실업률, 인적자본 등 사회·경제적 부문의 격차는 매우 크며, 이러한 격차는 EU의 통합진전에 큰 걸림돌로 작용하고 있다. 더구나 중동유럽 국가가 새로운 회원국이 되면 회원국간의 사회·경제적 격차는 더 심화될 전망이다.

이 절에서는 EU가 이러한 지역간 불평등문제를 해소하기 위해 설립 초기부터 시행해 온 공동체 지역정책의 내용과 발전과정을 검토해 보고, 이 목적을 달성하기 위해 조성한 '구조기금'(Structural Fund)의 종류와 내용, 그리고 다양한 지원프로그램에 대해 논의해 보고자 한다. 더불어 EU 지역정책 시행과정에서 드러난 문제점과 개선책을 살펴봄으로써, EU차원의 정책결정과정에서 나타난 특징과 한계점은 무엇인지 언급해 보고자 한다.

1) 공동체적 지역정책의 전개

유럽연합의 지역정책은 유럽공동체 내 각 지역의 사회경제적 복지수준과 의사결정과정에서 참여의 수준을 균일화해서 지역문제를 해결할 목적으로 시행됐다. 즉 그것은 지역의 정치·사회·문화적 특성을 유지하는 가운데 지역간 경제격차를 좁히고 균형회복을 목표로 하는 정책인 것이다. 유럽경제공동체(EEC)를 탄생시킨 로마조약의 서문에도 이미 "EEC의 회원국가들이 다양한 지역간에 존재하는 격차와 발전이 뒤떨어진 지역의 후진성을 감소시킴으로써 각국 경제의 통합을 강화하고 조화로운 발전을 이루기를 갈망"한다고 규정돼 있으며, 2조에는 경제활동에서 '지속적이고 균형된 확장'(a continuous and balanced expansion)에 대해 언급하고 있다.

이렇듯 공동체 출발 당시부터 지역격차 문제는 어느 정도 인식됐지만, 유럽공동체(European Community: EC)가 지역정책을 적극적으로 시행하기 시작한 것은 영국, 덴마크, 아일랜드 등이 회원국으로 가입한 1970년대 중반부터다. 1972년 파리에서 열린 유럽이사회에서는 구조기금의 한 가지인 '유럽지역개발기금'(European Regional Development Fund: ERDF)의 신설을 합의했다. 1974년 유럽지역개발기금의 창설과 더불어 유럽공동체는 지역정책 실시를 위한 현실적 수단을 갖추게 된다. 그런데 이 시기는 유럽 각국이 국제통화위기, 두 번에 걸친 석유파동으로 경제적인 타격을 받았던 시기로서 "EC회원국 개별국가가 시행하는 지역정책이 축소되는 대신 EC가 시행하는 지역정책이 시행"되기 시작하는 시기였다.

초기에 시행한 EC의 지역정책은 규모나 제도 면에서 충분치 않았다. 구조기금은 가맹국이 신청하는 규모에 근거하지 않고 각각의 프로젝트에 대해 EC 위원회가 조건을 검토하고 보조금을 넓게 분산해 나눠주는 형태였으며, "지역개발의 규율이 있다기보다는 단순히 예산을 이전하는 수단에 불과했다"고 할 수 있다.

1980년대 중반 이후 시장통합 논의가 진행되면서 지역 내 낙후지역의 경쟁력을 강화하고 시장통합의 이익을 향유할 수 있는 지역정책이 절실해졌다. 이러한 필요성에 따라 1987년 7월에 발효된 "단일유럽의정서"(Single European Act: SEA)는 시장통합 완성의 시기를 1992년 말로 규정함과 동시에 지역간 격차확대를 걱정하는 스페인 등의 요구에 따라 '경제적·사회적 결속'(제23조)이라는 새로운 조항을 추가하고 지역정책 측면에서 가맹국간 정책협력의 강화, 지역 내 경제적 낙후지역에 대한 자본제공 등을 처음으로 명문화했다.

시장통합을 5년 후로 계획한 1988년에는 구조기금을 중심으로 지역정책 전반에 걸친 개혁이 실시됐다. 개혁의 기본원칙은 ① '구조정책'(Structural Policy)을 영향력 있는 정책으로 전환, ② 회원국에 대한 EC의 지원을 미리 계획하는 다년도 재정계획 제도도입, ③ 구조정책에 실제로 관여하는 주체, 특히 지방정부와의 제휴(파트너십)강화 등이었다.

유럽연합집행위원회는 지역불균형을 방치한 상태에서 단일시장을 추진한다면 주변지역의 취약산업이 도산하고 실업이 증대될 것으로 예상했다. 1988년 구조기금 개혁은 바로 이러한 부작용을 완화해야 한다는 집행위원회의 인식하에 이뤄진 것이었다. 이에 따라 집행위원회는 지역정책을 재정적으로 지원하기 위해 제1차 중기재정계획을 수립하고 1989년부터 93년까지 5년간 2배의 구조기금을 지급하기로 결정했다. 또한 지역 내 불균형을 시정하기 위해 개혁의 대상이 되는 문제지역을 5개의 핵심목표 아래 재구분하고 지원의 목표와 이루어야 할 성과를 분명히 했다. 이에 따라 새로 설정된 우선목표를 달성하기 위한 지역개발계획에 구조기금을 집중적으로 제공했다.[4]

1992년 말에 영국 에든버러(Edinburgh)에서 개최된 유럽영수회담에서는 지역정책과 관련해서 사회·경제적 단합과 단일시장의 효율성 극대화, 공동체산업의 경쟁력강화 부문에 기금 집중, 의사결정과정의 간소화, 공동체 프로그램의 증대 같은 내용이 논의됐다.

'Agenda 2000'으로 명명된 1999년 개혁에서는 구조기금 지원의 집중도(集中度) 증가와 기금운영의 간소화(simplicity), 의사결정의 분권화(decentralization) 등을 기본기조로 하여 ① 구조정책의 목표 수와 '공동체 프로그램'(Community Initiatives: CIs) 수의 감소를 통해 기금의 집중을 강화하고, 프로그램을 기획·감독·평가·관리함에 있어 관련 회원국과 공동체기관간의 책임분할을 명확히 하며, 경영개선을 통해 구조정책 수단의 효율성을 향상시키고, ② 경제적·사회적 단합(cohesion)에 필요한 기금의 규모를 유지하고, ③ 미래 새 회원국의 지역적 단합을 위한 노력을 강화한다는 3가지 목표를 정했다.

한편 구조기금의 투명하고 효율적인 운영을 위해 프로그램의 기획과 감시, 평가, 감독의 각 단계에서 공동체와 회원국 정부의 책임을 명확히 정의하도록 했다. 즉 '보충성의 원칙'(principle of subsidiarity)에 따라 프로그램 관리의 책임을 주로 회원국과 지방정부에 두고, 공동체는 이를 보완하며 프로그램의 우선순위 선정을 엄격히 관리토록 했다. 또 프로그램마다 한 명의 '운영위원'(management authority)을 두어 수행결과에 대한 자료를 수집해 매년 집행위에 보고하고, 재정을 집행하며, 공동체의 규정을 준수하는지를 감시하는 책임을 맡겼다. 또한 이전규정에서 사전·중간·사후평가의 책임을 회원국과 공동체 양쪽에 두었던 것을 개정해 사전평가는 회원국에, 중간평가는 운영위원에게, 사후평가는 공동체에 더 많은 책임을 부여했다.5)

유럽연합의 중동유럽 국가로의 회원국 확대는 EU의 향후 경제적·정치적 성장전망을 고양시키고 있지만, 다른 한편으로는 역내의 사회·경제적 불평등을 확대시켜 오히려 역내의 반목과 갈등을 가져올 가능성도 배제할 수 없다. 따라서 미래에 EU가 역내화합을 도모하면서 이러한 원대한 계획을 성공

---

4) 구조기금과 관련된 지역정책의 내용은 다음 절에서 보다 구체적으로 살펴보겠다.

5) Commission of the European Communities, Coucil Regulation (EEC) No.1260/1999 of 21 June 1999 laying down general provisions on the Structural Funds, Official Journal of the European Communities, L161, 21 June, 1999c.

시킬 수 있느냐 하는 문제는 결국 EU가 향후 지역정책의 시행을 통해 얼마나 회원국의 조화로운 발전과 단합을 이끌어 낼 수 있는가 하는 문제로 귀착된다고 할 수 있다.

2) 구조기금과 지역정책

예산은 정치적 우선순위 문제로 인해 많은 정치적 논쟁을 야기한다. EU의 경우도 예외가 아닐 뿐 아니라 예산당국이 이사회와 유럽의회로 이원화돼 있기 때문에 오히려 더 치열할 수도 있다. 1980년대에 의회는 3차례나 이사회가 승인한 예산초안을 거부했기 때문에 기금할당을 둘러싼 예산당국간의 불협화음이 고조됐던 시기였다. 예산절차를 보면 집행위원회가 매년 예산을 편성하고 이사회는 이를 채택한다. 그러나 최종적으로 의회는 지출 우선순위에서 자신의 입김을 작용시키려 한다. 이사회와 의회간의 마찰은 집행위원회가 포함된 '기관간 협정'(inter-institutional agreement)이 1988년에 체결됨에 따라 크게 감소했다. 동 협정은 1993년에 갱신됐는데, 주요 정책영역에 대한 예산편성과 지출한도의 규모가 향후 7개년간 정해졌다. EU의 지역정책은 공동체 내의 발전지역과 낙후지역의 격차를 축소하고 제거하기 위한 방안으로 등장하는데, 이러한 목적을 달성하기 위해 1958년에 '유럽사회기금'(European Social Fund: ESF)을, 1964년에 '유럽농업지도 및 보장기금'(European Agricultural Guidance and Guarantee Fund: EAGGF)을, 그리고 1975년에 '유럽지역개발기금'(European Regional Development Fund: ERDF) 등의 '구조기금'(Structural Fund)을 조성했다.[6] 1988년 6월 각료이사회는 구조기금에 관한 새로운 규정을 제정하고 이에 따라 지역개

---

[6] 유럽사회기금은 주로 개별국가가 추진하는 고용・직업훈련 정책지원 및 공공지출에 최대 50%까지 지원하고 있다. 농업지원 및 선도를 위한 유럽농업기금은 두 분야로 나뉜다. 그 중 하나는 지원분야로 시장지원 조치와 농산물가격 조치를 통해 농업에 필요한 주요수단을 지원하며, 다른 하나는 선도분야로 기금을 통해 농촌발전을 촉진하는 역할을 담당한다. 유럽지역개발기금은 주로 개발이 지체된 지역이나 변화의 기로에 서 있는 지역을 지원하며 유럽공동체 내에서 낙후된 지역을 대상으로 집중적으로 투입된다.

발기금 배분을 위한 투자우선을 결의했는데, 1989년 1월부터 시행되고 있는 배분원칙과 우선순위는 다음과 같다.

    1) 목표 1: 낙후지역의 개발촉진과 구조조정을 촉진하기 위해(ERDF, ESF, EAGGF-guidance).
    2) 목표 2: 국경지역이나 사양산업 지역 등지의 재개발을 위해(ERDF, ESF).
    3) 목표 3: 장기실업을 해소하기 위해(ESF).
    4) 목표 4: 25세 이하 청소년의 고용을 증진시키기 위해(ESF).
    5) 목표 5a: 농림업의 구조적응을 가속화하기 위해(EAGGF-guidance).
        목표 5b: 농촌지역의 개발을 촉진하기 위해(EAGGF-guidance).
    6) 목표 6: 스칸디나비아 북부지역 개발을 촉진하기 위해.

목표 1과 2, 그리고 5b는 기본적으로 지역과 관련돼 있으나, 다른 것은 경제·사회문제와 관련돼 있다.

목표 1은 낙후지역에 대한 지역개발, 구조조정의 지원으로 GDP가 유럽연합 전체평균의 75%에 미치지 못하는 지역을 대상으로 한다. 현재 구동독, 아일랜드, 그리스, 포르투갈, 이태리 남부 등이 이 기준에 포함된다.

목표 2는 기존 산업이 쇠퇴해 새로운 산업구조로 전환될 필요가 있는 지역에 대한 지원이다. 석탄, 철강, 조선, 섬유 등 사양산업의 비율이 높고 실업률이 유럽연합 평균보다 높은 지역을 대상으로 한다.

목표 5b의 대상은 농촌지역인데, 농촌의 기준은 농업종사자수 1인당GDP 기준에 따른 사회경제 수준과 공동체 내 변두리지역과의 인접성 등이다. 이들 지역에서는 경제활동의 다양화와 비농업, 특히 관광과 중소기업 부문의 고용창출에 초점을 맞추고 있다.

예산과 관련된 주요특징은 우선 1987년 기준으로 1993년까지 구조기금의 예산이 2배 증가했으며, 목표 1의 예산액이 전체의 약 65%로 가장 많다는 것이다. 또한 1999년 기금 총계는 290억Ecus[7]로 1993년 기준 145억Ecus보다 2배

---

    7) Ecu(European Currency Unit)는 통화가 아니라 '계산단위'이다. Ecu는 독일 마르크화, 프랑스 프랑화 등 12개국의 통화를 바스켓으로 고루 반영해 평균한 것이다. 1995년

로 증가했다. 그러나 여전히 지역정책을 위한 예산은 1999년 기준 유럽연합 총예산의 36%에 불과해 농업분야 예산(총예산의 46%)에도 미치지 못하고 있다. 이러한 규모는 유럽연합 GDP 총액의 0.24%에 불과한 것이다. 또한 지역기금의 상당액수가 부유한 회원국들에게 흘러가고 있는 문제점도 있다.

또한 1988년 개혁에서 집행위원회는 구조기금과 '경제적·사회적 결속'을 연계시키는 네 가지 원칙을 확립하는데, 이는 다음과 같다.

- 집중의 원칙(concentration): 6가지 중점사업에 기금을 집중하는 원칙.
- 파트너십의 원칙(partnership): 집행위원회와 각국의 '중앙정부, 지방정부, 지역정부' 중 적절한 주체를 선정해 준비단계부터 집행까지 긴밀히 협조한다는 원칙.
- 추가성의 원칙(additionality): EC의 기금은 각국의 사업예산을 대신하는 것이 아니라 보완하는 것이라는 원칙.
- 프로그램 사업지원의 원칙(programming): 독립적인 개별국가의 단독 프로젝트보다는 연차적이고 다기능적이며 특히 다수 지역이 참여하는 프로젝트에 지원한다는 원칙.

1992년 말에는 영국 에든버러(Edinburgh)에서 개최된 유럽영수회담에 의해 유럽구조기금이 보강됐다. 여기서 1994~99년의 공동체 예산이 결정됐는데 지역정책 부문의 구조기금은 이 기간 동안 2배 가까이 증가한 총 1,764억Ecu를 할당했다. 또한 구조기금의 67%를 목표 1지역에 집중 할당하기로 함에 따라 그리스, 스페인, 아일랜드, 포르투갈 4국은 과거에 비해 거의 2배의 기금을 지원받게 됐다. 또한 1988년 규정에 명시됐던 낙후지역(목표 1지역)에 기금 집중, 프로그램 위주의 지원, 파트너십, 추가성 등 4대 기본원칙을 지속시키고, 기금운영의 투명성과 의사결정과정의 간소화도 꾀하기로 했다. 동 영수회담은 낙후국가를 위한 '결속기금'(Cohesion Fund)을 창설하는데, 1993년에 15억Ecus, 1999년엔 26억Ecus를 지원하게 된다. 이러한 모든 결정에 따라 1988년부터 1999년까지 12년 동안 지역정책을 위해 할당된 공동체기금의 규모는 4배로 증가했

마드리드 정상회담에서 Ecu는 Euro로 바뀌고, Euro는 Ecu와 같은 가치를 갖게 됐다.

으며, 1999년에는 전체 EU 예산 중 지역정책과 관련된 지출비중이 약 35%를 차지하게 됐다.

1988년 개혁에 의해 7가지로 구분된 구조기금 배분과 관련된 우선순위 목표는 'Agenda 2000'의 방침에 따른 1999년의 개혁에 의해 2000년부터 3가지로 축소돼 단순화됐으며, 기능 면에서는 보충성의 원리에 충실하게 개혁됐다.[8] 즉 'Agenda 2000'에서는 구조기금의 개혁을 위해 EU 전체인구의 35~40% 정도로 목표 대상지역 범위를 축소하고, 목표 대상지역의 유형도 6개에서 3개로 줄이고, 유럽연합이 직접 주도하는 '공동체 프로그램'(Community Initiatives: CIs)의 종류를 줄이는 것 등을 내용으로 하는 안(案)이 포함된 것이다.

세부내용을 보면 먼저 지금까지 시행해 왔던 지역정책 7개 목표를 3개로 줄였는데, 새 목표 1은 기존의 목표 1과 목표 6을 합치고, 새 목표 2는 기존의 목표 2와 목표 5b, 그리고 새로운 목표 1지역에 포함되지는 않지만 경제적으로 다각화가 필요한 기타 지역을 포함했다. 새 목표 3은 새 목표 1지역에 포함되지 않은 지역으로 인적자본 개발에 필요한 모든 수단을 모은 것으로 기존의 목표 3과 4를 통합한 것이다. 또한 1994~99년간 목표 1, 2, 5b에 속했지만 2000~06년간 목표 1, 2에 속하지 않게 된 지역을 위해 '과도기적 지원'(transition support)제도도 도입됐다.

새로운 규제에서는 또한 '공동체 프로그램'을 기존의 13개에서 Interreg, Leader, Equal, Urban 4개로 줄이고 구조기금의 5.35%를 배정했으며, '상향식 접근'(bottom-up approach)을 위해 프로그램을 계획하고 시행하며 평가하는 데 지방당국의 책임과 참여를 강조했다.

지금까지 살펴본 것처럼 EU는 수차례 구조기금을 개혁(1988년, 1993년, 1999년의 Agenda 2000)하면서, 이들 기금을 통합하고 효율성을 증대시키기 위해 노력했다. Agenda 2000 개혁 이후 구조기금의 추진체계는 상당히 정비됐지만 구조기금이 통합적 지역정책이 되기 위해서는 아직 그 통합성과 효율성에서 개선될 부분이 남아 있는 것으로 지적되고 있다. 그렇지만 EU 구조기금 개혁과정에서 추구해 온 정책추진 체계의 통합적 운영노력은 부처할거식 분산주의

---

8) http://www.europa.eu.int/scandplus/leg/en/lrb/160013.htm(검색일: 2004. 4. 16).

체계로 돼 있는 우리나라의 지역개발정책과 비교해 볼 때 좋은 시사점을 준다고 할 수 있겠다.

〈표 7-1〉 새 목표와 2000-2006년간 구조기금의 할당

	목표 1	목표 2	목표 3
목표	발전이 뒤떨어진 지역	구조적 위기에 처한 지역	교육과 직업훈련이 필요한 지역
기금할당액	1,359억 Eur	225억 Eur	240.5억 Eur
구조기금 집중 비중 (%)	69.7 % (과도기 지원 4.3% 포함)	11.5 % (과도기 지원 1.4% 포함)	12.3 %
지원기금의 종류	ERDF, ESF EAGGF지도부문 FIFG	ERDF, ESF	ESF
수혜인구비중	22.2 %	18 %	n.a

출처: 정홍열, "유럽연합(EU) 지역정책의 발전과 전망,"『유럽연구』, 2001년 여름(통권 제13호), 114쪽.

3. 지역정책의 주체

1986년부터 1988년까지 진행된 유럽공동체의 구조기금 개혁은 지역정책을 관리하는 데 많은 권한을 위임받은 집행위원회의 중심적 역할을 부각시켰다. 또한 각 회원국 내에서 오랫동안 소극적 입장을 보이던 대부분의 지역은 이제 지역정책의 구상부터 실제 사업상의 구체화단계까지 중앙정부 당국 및 유럽공동체 당국과 대등한 입장에서 참여할 수 있게 됐다. 이 절에서는 지역정책에 관여하는 이와 같은 다양한 주체의 역할과 그들이 지역정책에 참여하는 방식, 그리고 그들간의 관계를 고찰해 보고자 한다.

1) 유럽공동체의 기구

유럽통합 과정에서 국가의 영향력은 더 이상 독점적이지 않으며 오히려 대

폭 축소되고 있는 실정이다. 반대로 통합과정의 진전을 위한 정책결정에서 EU 초국가기구의 역할은 강화되고 있다. 우선 EU 집행위원회는 연합차원에서 정책을 결정·집행한다. 이 과정에서 유럽이사회와 각료이사회는 일반적인 정책방향만 제시할 뿐이다. 그리고 집행위원회는 법안을 실질적으로 구상하고 제안할 뿐 아니라 연합차원의 예산안을 마련하는 권한을 가지고 있다. 그리고 정책결정과정에서 유럽의회의 권한도 강화되고 있다. 유럽의회는 암스테르담조약 이후 다수의 정책에서 집행위원회 및 각료이사회와 공동으로 결정할 수 있는 권한을 갖게 됐고, 이들 기구와 이견이 발생할 시에는 '화의'(conciliation)로 알려진 조정과정을 통해 자신의 의견을 반영할 수도 있게 됐다.

정책 집행과정에서도 초국가기구의 권한과 역할은 증대되고 있다. 회원국 정부가 집행위원회의 행동을 감시·견제하고 있는 것은 사실이지만, 이와 동시에 집행위원회는 연합차원에서 집행되는 정책에 대해 회원국을 감독하며, 정책집행 예산에 대한 지출결산권을 보유하고 있다. 이러한 과정에서 집행위원회는 회원국 내 이익집단이나 지방정부와 일상적 관계를 강화해 나가고 있다. 공동체 차원에서 시행되는 지역정책이 바로 이러한 관계 강화의 대표적인 예이다.

이 항에서는 유럽공동체 기구, 특별히 집행위원회, 각료이사회, 유럽의회 등이 EU의 지역정책과 관련된 정책결정과정에서 갖는 역할을 살펴보도록 하겠다.

(1) 집행위원회

집행위원회(European Commission)는 1983년부터 구조기금 개혁의 설계자 역할을 했으며 개혁 이후에는 구조기금 관리를 담당한다. 집행위원회는 산업의 전환과 농촌발전 목표지역의 수혜대상 여부를 결정하고, 제3, 4번 목표에 관한 방향을 채택하며, 또한 이해당사 회원국과 합의하에 유럽공동체 원조 장치를 인가한다. 집행위원회는 구조기금 지원을 위해 경쟁응모를 실시하고, 유럽공동체의 모든 지역에 지점을 두고 있는 100개 이상의 평의회에 참여한다. 대부분의 경우 집행위원회는 사전에 회원국의 대표로 구성되는 평의회에 자문을 구해야 한다. 물론 그 의견은 자문의 성격을 넘지 못한다.

집행위원회 위원은 지역정책과 관련된 4개 부서를 통해 권한을 행사한다. 16번 지역정책부인 '낙후지역과 쇠퇴하는 공업지역'의 부서장은 발전기금을 관리하고, 5번 사회부인 '사회적 목표'의 부서장은 사회기금을 관리하며, 6번 농업부인 '농업적 목표 5a5b'의 부서장은 보장기금과 방향조정분과를 관리한다. 끝으로 12번 부서는 세 구조기금을 조정할 책임을 맡고 있다. 사업에 대한 국가나 지역의 원조기구를 심사하는 4번 부서 '경쟁' 부서장의 중요한 역할도 빼놓을 수 없다. 유럽공동체 원조장치가 확정되고 '공동체 프로그램(CIs)'의 정의가 내려진 이후에는 유럽투자은행 및 기타 환경, 어로, 교통, 에너지, 공업, 유럽석탄철강공동체(European Coal and Steel Community: ECSC) 관련부서도 각 부서의 의견을 제출하도록 요청을 받는다. 그러나 집행위원회는 함께 공조체제를 유지할 회원국 및 해당 지역과 유럽의회를 조정하는 데 주의를 기울인다.

(2) 각료이사회

집행위원회의 제안에 이어 1988년 2월 11~13일 브뤼셀에서 열린 '유럽수뇌회담'(European Council)에서 정치적 조정을 한 후 각료이사회(Council of Ministers)는 1988년 6월과 12월 구조기금을 개혁하고 유럽공동체의 지역정책을 관리할 책임을 집행위원회에 위임했다. 따라서 각료이사회는 1993년 말까지는 새로 개입하지 않았다. 각료이사회는 또한 1993년 말까지 마스트리히트 유럽수뇌회담에서 이루어진 구조기금 관련규정의 수정에 관한 결정을 내려야 했다. 마스트리히트 수뇌회담은 낙후국가를 지원하는 데 보다 융통성을 가지고 조정할 것을 결의했던 것이다.

예산문제에서도 각료이사회는 3대 주요 예산당국이지만, 여기에는 전혀 개입할 여지가 없다. 기금 전체 예산은 집행위원회, 각료이사회, 유럽의회의 공동전망에 따라 1992년 말 다개년도 방식으로 확정됐다. 집행위원회는 매년 규정에 따라 과해지는 제한된 범위 내에서 단독책임으로 향후 수년 동안 5개

목표에 전체 예산을 분배하는 계획을 세운다. 연도별 예산결정 과정 구조 속에서 각료이사회는 발전기금, 사회기금, 보장기금-방향 조정 분과 사이에 구조기금의 당해연도분 전체 예산의 분배에 대한 승인을 해야 한다. 그러나 각료이사회가 갖는 자유재량권은 다분히 이론적인 것이다. 왜냐하면 그것은 다년간의 예산전망에 의해 대폭 제한되고, 5개년 프로그램은 5개의 서로 다른 목표 사이에서 집행위원회에 의해 사전에 확정되며, 이 집행위원회는 각 회원국을 위한 유럽공동체 원조장치와의 연계 속에서 결정하기 때문이다. 그러나 각료이사회의 공식활동 외에도 6개월의 임기로 승계되는 의장단은 지역정책에 관심을 가지고 있다고 볼 수 있다.

(3) 유럽의회

의회와 의회 내의 지역정책 집행위원회는 항상 구조기금에 큰 관심을 보인다. 농업에 대한 자동적·의무적 지출의 경우보다 자유재량의 여지가 큰 구조기금의 지출은 유럽의회(European Parliament) 위원들이 대표하고 있는 각 지역과 지방에 이득을 주는 것이기 때문이다. 유럽의회는 1988년 6월의 규정에 대해 자문기관으로서 의견서를 제출했으며, 1988년 12월에 채택된 규정에 대해서도 단일의정서로 확정된 협력과정의 절차에 따라 의견을 개진했다. 다수의 지방의원으로 구성되는 유럽의회는 1988년 12월에 유럽공동체 지역정책에 관한 결의안과 유럽공동체 지역화헌장을 채택했다. 유럽의회에서 채택된 이 헌장에 따르면, 각 지역은 직접·보통선거로 선출된 의회를 가져야 하며, 행정권한을 부여받은 지역정부를 가져야 한다. 그리고 지역의 권한은 국가수준보다는 지역수준에서 보다 잘 관리될 수 있는 모든 분야에서 주어져야 한다. 또한 지역은 재정적 독자성을 갖추어야 하며, 국가 및 유럽공동체의 결정과정에 참여할 수 있어야 한다. 유럽의회는 이와 같이 현재 15개국에서 실시중인 대부분의 헌정 체제를 훨씬 뛰어넘는 지역권한의 강화에 찬성한다고 밝히고 있다.

의회의 지역정책집행위원회는 지역정책의 미래에 관한 연구작업 과정에서 지역 대표자들에게 자문하려고 한다. 보통선거로 선출됐으나 자문기구 역할과 예산안 채택 외에는 어떠한 실권도 없는 의회는 각료위원회, 집행위원회와 불편한 관계를 가지고 있다. 그 가운데 이 불편한 관계에 구애받지 않는 집행위원회는 유럽공동체의 정책에 관해 유럽의회 의원들에게 자문하고 지역정책의 실행상황에 관해 의회에 보고한다. 위원회의 의장도 의회의 지역정책집행위원회에 정기적으로 출석해 질문에 답변한다. 위원회와 마찬가지로 구조기금에 대한 의회의 예산상 재량권은 일정한 경우 의회가 결정권을 갖는 비의무적 지출에서도 아주 제한적이다. 그 이유는 1988년 6월에 결정된 1992년 예산까지를 포함하는 다개년 예산재정에 이것 역시 연결돼 있기 때문이다.9)

(4) 지역위원회

구조기금을 통한 지역개발 지원정책이 본격화됨과 함께 지역문제를 다룰 기구가 공식적으로 제도화됐다. 지역위원회(Committee of Regions)는 유럽통합에서 지역이 갖는 중요성을 반영해 과거의 지방당국협의체(Consultative Coucil of Regional and Local Authorities)를 대체해 마스트리히트조약에 의해 설립됐다. 지역위원회는 그 기능에 대한 규정이 다소 애매하고 자문기구라는 한계를 갖고 있기는 하지만 정책실행의 대상이 되는 현장의 요구와 이해를 직접적으로 초국가기구에 전달하는 기구라는 점에서 적지 않은 의미가 있다고 볼 수 있다. 실제로 지역위원회가 자문하는 안건은 단지 지역정책에 국한되지 않으며 실생활과 관련된 매우 넓은 범위를 포함하고 있다. 지역위원회는 모두 7개의 위원회으로 구성돼 있는데, 각각의 업무는 아래와 같다.10)

> Commission 1: 지역정책, 구조기금, 경제적·사회적 결속(cohesion), 지역간 협조(cross-border and inter-regional cooperation).
> Commission 2: 농업, 농촌개발, 어업.
> Commission 3: 범유럽네트워크(trans-European network), 교통, 정보사회.
> Commission 4: 공간계획, 도시문제, 에너지, 환경.
> Commission 5: 사회정책, 공공보건, 소비자 보호, 연구, 관광.

---

9) 심상필, 『유럽연합(EU): 제도와 경제』(홍익대학교 출판부, 1996), 281쪽.
10) http://www.cor.eu.int/coratwork(검색일: 2004. 3. 20).

Commission 6: 고용, 환경정책, 단일시장, 공업, 중소기업.
Commission 7: 교육, 직업훈련, 문화, 청소년, 스포츠, 시민의 권리.

유럽연합조약에 의해 설립된 지역위원회의 구성을 보면 222명의 멤버와 지역을 대표하는 동수의 보충멤버로 이루어져 있다. 경제사회위원회(Economic and Social Committee: ESC)의 경우와 마찬가지로 조약에 정해진 영역에 대해 이사회와 위원회로부터 협의를 받게 되는 지역정책 자문기구이다. 즉 조약에 의하면 지역위원회는 교육·청소년문제, 문화, 환경, 보건, 경제·사회적 결속, 결속기금, 범유럽네트워크, 구조기금, 에너지망과 같은 지역적 이해관계가 얽혀 있는 영역에서는 반드시 이사회 또는 집행위원회와 협의를 거치도록 규정하고 있다. 또한 지역위원회는 사회나 위원회의 요구에 따라 소집될 뿐 아니라 자체적으로도 소집될 수 있고, 지역위원회가 특정지역의 이익과 관계되는 문제라고 간주하거나 의견을 밝힐 필요가 있다고 판단하게 되는 경우에는 '자신의 견해'(own-initiative opinion)를 표명할 수 있다.

2) 중앙당국

각 회원국은 국가차원에서 집행위원회가 채택한 결정에 준해 유럽공동체의 지역정책 실행에서 중요한 역할을 한다. 회원국은 집행위원회에 수혜대상 지역의 목록을 제시하고 발전계획 및 경합지원서를 제출한다. 회원국의 동의 없이 유럽공동체의 원조장치는 가동할 수 없다. 그러나 회원국 사이에 의견의 일치가 없을 경우에는 그로 인해 야기되는 불리한 재정적 결과에 대해 정치적 책임을 져야 한다. 유럽공동체 원조장치의 채택은 집행위원회에서 회원국의 중요한 이해관계를 고려한 가운데 진행된 진지한 협상과정의 결실이라고 해야 할 것이다. 회원국은 집단적으로 세 개의 자문위원회에 대표를 파견해 각국의 의견을 제출하며, 집행위원회는 일정한 사안에 대해 다수국이 합치된 의견을 가질 경우 그 의견에서 크게 벗어날 수 없다.

그러나 일반적으로 집행위원회는 다양한 회원국의 엇갈리는 이해관계를 대표하는 서로 다른 입장을 접하게 된다. 독일, 베네룩스삼국, 덴마크, 프랑스,

그리고 구조기금 개혁 이후에는 그 참여비율은 작지만 영국 등이 유럽공동체 예산에서 순기여국가다. 이들 회원국은 유럽공동체의 사회·경제적 통합을 목적으로 한 단일의정서에 따른 정치적·법률적 규약에 구속을 받지만, 연대성(連帶性)을 위한 비용을 제한하기를 원한다. 그러면서도 순재정 기여국가는 자국 지역의 이익을 위해서 구조기금의 효율성을 점진적으로 개선시키고자 한다. 이 문제에 있어서는 순기여국가 가운데도 미묘한 견해차이가 있다고 하겠다. 예를 들어 영국은 무엇보다도 제5b번 목표(농촌발전)와 프랑스의 우선적 관심대상인 보장기금·방향조정분과(EAGGF-guidance)를 축소하려 하고, 가능한 한 산업적 재전환 프로그램에 해당하는 제2번 목표를 강조한다. 순수혜국들(스페인, 이탈리아, 포르투갈, 그리스, 아일랜드의 순서)은 그 반대의 입장에 서 있다. 즉 연대와 일치라는 목표가 다른 목표에 우선돼야 한다는 것이다. 또 유럽공동체의 정책은 우선적으로 저발전지역을 위해서 집행돼야 한다는 것이다. 그러나 3개 소국(포르투갈, 그리스, 아일랜드)이 항상 스페인 및 이탈리아와 관점을 공유하는 것만은 아니다. 스페인과 이탈리아 양국은 그밖에 제2, 3, 4번 목표에 따른 수혜국이기도 하고, 공동시장과 장차 있을 경제·금융연합이 가져올 경제적 이익을 충분히 기대할 수 있는 입장에 있는 나라이기도 하다.

각국의 중앙행정부는 국가적 수준에서 유럽공동체의 지역정책을 관리하는 조직을 만들었다. 예를 들면 파리에서는 지역(région) 도지사로 조직되는 국토관리 및 지역사업대표부(Délégation)가 있어 세 개의 기금간에, 그리고 각 지역간에 신용을 분배하는 문제에 관해 집행위원회와 협상을 하는 대표의 자격을 위임받았다. 다른 권한을 가진 부서와의 의견 불일치가 있는 경우(사회기금에 관해서는 사회부와, 보장기금·방향조정분과에 관해서는 농림부와)에는 수상이 중재를 한다.

3) 지방·지역정부

EU의 지역정책은 유럽 전체에서 하나의 동질적 사회형성을 목표로 하고 있다. 그러한 목표설정은 여러 층, 즉 유럽공동체 전체의 이해, 그리고 최종적으로 지역에 생존하고 있는 주민들의 이해관계가 합치된 결과로 나온 것이라

할 수 있다. 단일 법령의 목표로 명시되고 있는 사회·경제적 일치는 유럽사회를 건설하겠다는 것이며, 유럽사회라는 명제는 유럽 전 지역 전 주민의 정서적 공감대, 사회적 삶의 틀의 접근, 참여 없이는 불가능하다. 그렇기 때문에 유럽사회의 형성을 위한 지역정책은 그 대상지역 주민들의 자발적 참여와 상호작용 속에서 진행될 때 의미가 있는 것이다. 이 항에서는 지역 자치단체와 기업 및 사회적 공조체가 지역정책에 어떻게 관여하고 고유의 역할을 수행하는지 고찰해 보겠다.

(1) 지역자치단체

공조체제를 통한 발전계획 수립, 유럽공동체 원조장치에 관한 협상, 사업의 수행, 평가 및 재정조달 문제에 관해 집행위원회와 관계를 갖는 지역자치기구는 구조기금 개혁 이후 유럽공동체의 지역정책에서 중요 의사주체가 된다. 집행위원회가 우선시하는 공조체계는 각 회원국의 관행과 헌정질서에 따라 그 적용되는 정도가 각기 다르다. 연방국가인 독일과 얼마 전부터 연방이 된 벨기에는 그 연방 안의 주요지역을 대표하고 있다. 각 주는 유럽공동체 창설 당시부터 유럽공동체 정책과정 수렴과 밀접한 관련을 갖고 있다. 연방정부는 유럽공동체가 그 주의 전권사항에 속하는 분야에서 조치를 취하려 할 때에는 주를 대표하는 연방상원과 사전협의를 해야 한다. 또한 1959년부터 주의 업저버(observer)가 유럽공동체에 파견돼 주당국에 공동정책에 관한 정보를 제공하게 돼 있다. 그 업저버는 경우에 따라서는 이사회에서 독일의 국가대표가 되기도 한다. 독일에서는 1969년 창설된 공동사업을 통해 주정부와 연방정부가 지역 발전사업을 공동 관리하고 있다. 벨기에는 1970년부터 시작된 헌법개정 과정에서 국토관리와 지역정책문제에 관해서는 세 개의 지역(플랑드르, 발로니, 브뤼셀)에 점차로 큰 권한을 부여하고 결국은 전권을 위임했다. 독일의 주와 같이 벨기에의 지역도 대체로 집행위원회 이외에 자문기구인 평의회 내에서 국가 파견대표와 연결돼 있다.

연방국이 아닌 다른 회원국, 그 중에서도 특히 포르투갈, 아일랜드, 그리스, 덴마크는 이론상으로만 공조체제를 실천한다. 다시 말하면 이들 국가에서는 실제적인 지방분권이 존재하지 않는다. 브뤼셀의 집행위원회에 지출되는 이들 국가의 지역사업 계획은 영토 전체를 범위로 하는 국가적 범위에서 작성된 것이다.

프랑스, 이탈리아, 스페인 및 영국은 중간적 입장에 있다. 이들 네 나라는 계획과 프로그램 확정과정에서 지방의원을 어느 정도 폭넓게 참여시키도록 노력하고 있다. 그러나 스페인의 17개 자치지역은 과거에 비해 확대된 권한을 가짐에도 불구하고 마드리드의 중앙정부는 이 지역이 집행위원회와의 교섭에 나서는 것을 바라지 않았다. 계획상 제시된 대부분의 설정방향은 지역에 대한 자문과 참여 없이 국가적 범위에서 확정됐다. 1970년 이후로 참사회를 보통선거로 구성하는 20개 지역을 갖는 이탈리아는 스페인과 같이 많은 부분이 지역별로 작성되지 않은 방향설정과 재정조달 계획을 집행위원회에 제출했다. 프랑스에서 지역참사회는 대부분 '국가·지역간 계획계약'(Contrat Etat-région)의 정신에 따라 계획의 확정에 참여했으며, 집행위원회에 의해 조직된 공조체계에도 참여한다. 영국에서 공조체제는 전문화되고 분권화된 여러 지방자치단체가 거기에 결합되고 도시와 평의회의 대표가 참여해 실속 있게 유지되고 있다.

자치지역이 결속력 있는 사회로 존재하고 또 인정된 권한을 행사하는 곳에서 지역은 집행위원회와 더욱 긴밀히 협조하기 위해 노력한다. 지역은 타회원국들과 국경을 초월하는 협조관계를 발전시키고, 그 공통계획에 대한 유럽공동체 기금의 지원을 요청한다. 집행위원회는 국경선 양쪽에 위치한 지역에 대해 유럽공동체의 원조를 같이 받을 수 있는 공동 기구를 마련하도록 유도한다. 그러한 과정이 계속된다면 유럽공동체의 지원협력이 일차적으로 회원국의 중앙당국으로 가게 된다는 원칙이 변할 수도 있을 것이다.

유럽의 각 지역은 유럽 국경지역의 협회, 알프스 지역평의회, 피레네지역 노동공동체, 산업적 전통이 있는 지역의 노동공동체, 국가 수도권지역의 협회 등을 조직하고 서로 협조한다. 또한 각 지역은 1985년에 '유럽지역발전센터'라는 지역간 연구기관을 창설했다. 약 150개 지역이 참여하는 유럽지역회의도 설치됐다. 집행위원회는 1988년 회원국을 거치지 않는, 지역에 대한 직접적이고 비공식적인 자문기관으로 42개 지역 대의원으로 구성된 '지방자치기구 자문이사회'를 창설했다. 이 자치지역의 대의원은 지역 및 지방의원의 3대 단체인 유럽지역회의, 도시 및 지방주권 국제연맹, 유럽코뮨 및 지역이사회의 공동추천으로 집행위원회에서 임명된다. 집행위원회는 지역정책 방향설정 문제에서 이 이사회에 정보를 제공하고 자문한다. 또한 집행위원회는 이 여러 협회에 적은 액수이나마 신용대출로 연구지원금을 지불하게 됐으며, 이 연구지원금은 회원국의 사전 경합지원서 없이 집행위원회가 지출한다. 자치지역의 입장에서는 유럽공동체의 지역정책 결정과정에서 그 역할의 확대를 주장하며, 또 지역 의원에 따라서는 보통선거로 선출되는 유럽의회와 병행해서 간접선거로 선출되는 '지역상원'을 두는 유럽 양원제의 확립을 제안했다.

지역평의회는 여러 회원국이 초기부터 냉담한 입장을 보였지만 이제는 정착된 개념이 됐다. EU에 관한 새로운 조약의 틀 안에서 결정된 이 평의회는 회원국이 지명한 회원으로 구성되며, 지역발전에 관한 특별자문에 응한다.[11]

(2) 기업과 사회적 공조체

각 지역의 기업도 유럽공동체의 지역정책에 관심을 보이고 있다. 기업은 대체로 공업상담협회나 상공회의소를 통해 그들이 유럽공동체의 원조를 직·간접으로 획득할 수 있는 조건에 관한 정보를 얻는다. 구조기금의 재정지원을 받는 부문은 대규모의 공공사업, 교통체계, 각 수준의 연구 용역회사, 외부 입지를 모색하는 기업 등이라 할 수 있다. 집행위원회는 한 기업과 공조관계를 맺고 있는가 하면, 지역정책 및 유럽공동체 원조장치의 우선순위 결정에 참여하기를 희망하는 노동조합과 공조관계를 맺고 있다. 경제사회평의회와, 노조 대표를 포함하는 조약 124호에 규정된 평의회가 갖는 자문기능을 넘어서는 그런 공조관계에 관해서는 아무런 언급이 없다. 그러나 집행위원회는 각 회원국의 사회적 공조체에게 지역정책 수행에 관한 정보를 정기적으로 제공하기로 결정했다.

지금까지 살펴보았듯이 유럽공동체 기구, 회원국, 지역 및 지방자치기구,

---

11) 심상필(1996), 274-276쪽.

기업, 사회적 공조체 등 유럽공동체 지역정책의 주체는 크게 다각화하고 있다. 이제 브뤼셀에서 회원국 공무원과 집행위원회 부서간에 지역정책이 은밀하게 결정되던 시대는 지난 것이다. 이제부터 집행위원회는 모든 수혜자가 지역정책 실현에 대해 알 수 있도록 광고를 해야 하게 됐다. 집행위원회의 입장에서는 유럽공동체 인구 3억 8천만의 42%인 수혜대상 지역주민들부터 유럽공동체의 사업을 긍정적으로 인식하게 만드는 것이 중요할 것이다.[12]

4. 지역정책을 통해서 본 다층거버넌스

 유럽연합(EU)의 지역정책은 기본적으로 국가보다는 지역간 차이를 중시하며 EU 내 균등하고 동질적인 발전의 단위를 국가보다는 하위단위인 지역을 중심으로 다루게 됐다. 과거에는 지역정책의 주체가 개별국가의 국내적 사안으로 다뤄졌지만, 오늘날에 개별국가의 정부는 유럽 내 지역정책과 관련된 여러 행위자 중 하나에 불과하게 됐고, EU 집행위원회와 지역간의 직접적인 연계는 점차 증가하고 있다. 특히 지역정책 집행과 관련해서 지역정부의 영향력이 과거에 비해 매우 증대됐으며 유럽은 이제 개별 회원국의 중앙정부라는 '전통적' 통치기구뿐 아니라 EU 집행위원회라는 초국가적 통치기구, 지방정부라는 서로 상이한 차원의 통치기구를 갖게 된 셈이다. 이러한 현상에 주목해 EU 내에서는 이제 다층거버넌스(multi-level governance)를 갖게 됐다는 주장이 제기됐다.[13] 다층거버넌스라는 개념은 정의가 다소 애매함이 있기는 하지만, 권위가 하나의 중심에 축적돼 있는 것이 아니라 여러 층으로 나누어져 있고 각각이 가진 정치적 자원에 상호 의존적 협력관계를 갖는 구조라고 이해할 수 있다. 다시 말해 과거와 같이 우월적 지위를 갖는 한 국가의 중앙정부가 정책

---

12) 심상필(1996), 281-282쪽.
13) Garry Marks, "Structural Policy and Multilevel Governance in the EC," in Cafruny and Rosenthal (eds.), *The State of the European Community* (Boulder, Col.: Lynne Rienner, 1993).

결정과정에서 독점적 영향력을 갖는 것이 아니라 EU 집행위원회나 유럽의회, 유럽법원 등 초국가기구나 지방정부 등과 권한을 나누게 됐으며, 개별국가 역시 통합된 단일 행위자가 아니며 국가 내 지방정부 및 기업은 한 국가의 국경을 넘어서 다른 국가 내에서 동일한 이해관계를 갖는 이들과 협력을 추구하게 됐다는 것이다.

여기서 제기되는 문제는 이러한 다층거버넌스가 '전통적' 통치기구인 국민국가에 어떤 영향을 미칠 것인가 하는 점이다. 적어도 외형적으로 볼 때 다층거버넌스의 출현은 과거 국민국가가 누리던 통치에 관한 독점적 지위를 상실하게 했다는 점에서 '국가의 쇠퇴'로 이해될 수도 있을 것이다. 더욱이 유럽통합의 심화라는 초국가성의 강화와 정치적 행위자로서 지역정부의 등장은 초국가 기구인 EU와 각 지역 정부가 국민국가 중앙정부를 배제한 채 직접 연계해 정책을 추진할 수 있게 됐음을 의미하며, 이는 또다시 국민국가의 약화로 이어질 것이다.[14]

이와 같이 지역기구로서 EU의 관리체제는 유럽 국민국가 주권의 약화를 초래하고, 지역주의 확산에서 비롯된 지방적 차원의 관리체제를 강화하고 있다고 볼 수 있다. 이 절에서는 이러한 다양화되고 분기된 유럽의 현재적 관리체제의 특징을 한마디로 '다층화'(divergence)라 특징짓고, 유럽연합체제 내의 정책결정과정, 특히 지역정책에서 나타나는 정책결정과정의 '다차원성'(multi-dimemsionality)에 대해 논의해 보고자 한다.

1) 집행위원회, 지방정부의 권한강화

지역격차 해소에 대한 공동체 차원의 관심증대는 지역정책을 통해 EU 집행위원회의 권한을 상대적으로 강화하는 결과를 가져왔다. EU 집행위원회는 '공동농업정책'(Common Agricultural Policy: CAP)의 예산비중을 줄이고 그 대신 유럽지역개발기금을 포함한 구조기금을 증액하기로 결정했다. 이러한 EU예산

---

14) 강원택, "유럽통합과 다층통치체제: 지역의 유럽 혹은 국가의 유럽?," 『국제정치논총』 제40집 1호(2000), 7쪽.

개혁안이 1988년 브뤼셀의 유럽이사회에서 최종 합의되면서 유럽지역개발기금은 유럽사회기금이나 유럽농업지도기금 등 다른 구조기금과 같이 하나의 틀 속에서 운용되게 됐고, 구조기금 사용목표 가운데 지역개발 정책목표가 구체적으로 명문화됐다. 이에 따라 EU 집행위원회는 각국의 중앙정부, 지방·지역정부와 3자간의 파트너십에 기초해 지역정책을 입안하는 데 정당하게 참여할 수 있게 됐다. 이와 같은 기능적 지위의 격상으로 인해 집행위원회는 지방·지역정부와 함께 그 동안 지역정책 결정과정을 독점해 온 각국 중앙정부에 대항하는 잠재적 경쟁자가 됐다.

앞에서 이미 언급했듯이 지역정책과 관련된 구조기금 지원의 네 가지 원칙, 즉 집중, 파트너십, 추가성, 프로그램 사업지원의 원칙은 집행위원회의 권한강화에 도움을 주었다. 추가성의 원칙은 EU 집행위원회가 자금을 지원하는 대신 해당국가의 지원내역에 대한 자료를 요구할 수 있다는 점에서 그 동안 해당국가의 고유권한이던 예산편성이나 내역에 대해 부분적이지만 개입할 수 있게 됐음을 의미한다. 또한 집중의 원칙이나 프로그램 사업지원의 원칙은 회원국가와의 협의를 거치기는 하지만 자금지원 해당사업의 영역을 결정하는 데 집행위원회가 상당한 자율성을 가질 수 있게 됐다는 점에서 집행위원회의 영향력 강화에 도움을 주었다. 또한 파트너십의 원칙은 집행위원회가 지방·지역정부와 함께 중앙정부의 파트너로 등장하게 됐음을 공식화한 것으로 볼 수 있다. 이러한 원칙하에서 초국가기구는 국민국가를 배제하고 지방·지역정부와 직접 상대해 지역개발과 자금지원 문제를 협의할 수 있게 됐으며, 실제로 이런 방식에 의해 지방·지역정부의 참여를 증진시키는 효과를 낳았다는 평가를 받기도 했다.

여기에 덧붙여 마스트리히트조약에 명시된 '보충성의 원칙'(the principle of subsidiarity) 역시 EU 집행위원회나 지방정부의 영향력 강화를 논리적으로 뒷받침해 주고 있다. 보충성의 원칙은 마스트리히트조약 조항 3B에 규정된 것으로 "하위체에 의해 만족할 만하게 추구될 수 있는 기능의 수행을 상위체가 담당해서는 안 되며, 반면에 하위체는 그가 충분히 만족시킬 수 없는 기능의 수행에 있어 상위체의 도움을 받는다"는 것이다. 다시 말해 보충성의 원칙은 정치적 결정이 가능한 한 정치제도의 낮은 단위, 시민적 생활에 가까운 단위에서 내려져야 한다는 원칙을 천명한 것으로 이해할 수 있다. 이러한 보충성의 원칙이 개별국가에 미치는 영향은 양면적이다. EU보다 개별 회원국가가 실행할 수 있는 기능이라면 보다 하위단위인 개별국가에서 수행돼야 한다는 점에서 보충성의 원칙은 정책결정과정에서 개별 국민국가의 영향력을 인정하는 것이라고 볼 수 있다. 그러나 동시에 이러한 논리는 한 국가 내에서 중앙정부와 지방정부간에도 적용될 수 있기 때문에 개별 국민국가가 행사해 오던 영향력의 적지 않은 부분이 보다 하위단위인 지방에 이양돼야 한다는 주장도 가능해진다. 지방정부의 영향력 증대의 논리도 될 수 있다는 점에서 보충성의 원칙은 국민국가의 입장에서는 양면적 효과를 갖는 셈이다.[15] 또한 EU의 입장에서는 개별국가가 만족스럽게 수행할 수 없는 기능에 대해 EU의 정책결정을 합리화할 수 있는 논리적 근거가 된다. 실제로 '유럽바로미터'[16]의 한 조사에서는 마약방지, 제3세계 지원, 과학·기술연구, 환경보호, 대외교역, 성차별 해소, 외교정책, 그리고 지역에 대한 지원정책을 60% 이상의 응답자가 EU 차원에서 해결돼야 할 정책과제로 꼽았다.

2) 다층거버넌스와 국민국가

유럽의 통합운동이 진전됨에 따라 근대 이후 정치적 통치단위였던 국민국가는 EU라는 초국가기구에 권한을 이양해 가면서 역할이 점차 약화·해체되고, 국민국가 내 하부단위였던 지역이 통합된 초국가 내에서 정치적 활동의 주체로 영향력을 점차 확대해 가는 과정을 우리는 볼 수 있다. 특히 지금까지 구조기금의 확대와 집행에 대한 EU 집행위원회의 기능적 강화가 경제적으로 낙후된 회원국의 가입과 긴밀한 관계를 갖고 있었음을 고려할 때, 상대적 낙후의 정도가 보다 심한 동유럽국가들이 EU에 가입하기로 돼 있다는 것은 구조기금과 이에 대한 EU의 자율적 권한의 추세를 한층 강화시키게 될 것으로 예상해 볼 수 있도록 한다. 그러면 과연 이와 같이 다층거버넌스의 등장은 국

---

15) 강원택(2000), 5쪽.
16) Eurobarometer, 45 (December 1996), Figure 3.9.

민국가의 약화를 초래하는 것이라고 결론지어야 할 것인가?

다층거버넌스의 도래와 관련해서 우선 지적할 수 있는 것은 다층거버넌스가 상호 균등한 정치적 영향력 행사를 의미하는 것은 아니라는 점이다. 유럽에서 구조기금 등의 집행과정에서 현상적으로 EU 집행위원회나 지방정부의 역할이 과거에 비해 크게 부각되고 있는 것은 사실이며, 이는 통합의 심화에 따라 발생할 수 있는 자연스러운 통치구조의 변화로 이해할 수도 있다. 그러나 통합이 심화되고 그로 인해 '다층거버넌스'가 생겨났다고 해서 EU 집행위원회나 지방정부가 개별 국민국가의 중앙정부를 배체한 채 정책을 결정할 수 있는 권한을 갖게 됐다고 보기는 어렵다. 다층거버넌스는 그 권위의 대등성이 확보돼 있다고 하기보다는 오히려 여전히 국민국가가 최종 결정권을 가지고 있다는 점에서 불균등한 힘의 배분을 전제로 하고 있다. 실제로 구조기금의 증액 여부나 각 지방에 배분될 기금의 규모는 여전히 회원국 중앙정부 대표 간 협상과 타협의 산물이다. 예컨대 1992년 에든버러의 유럽이사회에서 결속기금을 스페인이 52~58%, 그리스와 포르투갈이 16~20%, 아일랜드가 7~10% 배분받기로 결정한 것은 기본적으로 배분규모의 결정이 여전히 개별 회원국을 단위로 하고 있음을 보여주는 예다.

두 번째로 들 수 있는 것은 회원국 각국 정부는 자신이 가진 기존 권한이 약화되는 것을 원치 않으며, 여전히 이러한 경향을 저지할 수 있는 힘이 있다는 점이다. 다층거버넌스에 대한 주장이 제기된 것은 구조기금 증액과 그로 인한 지역정책에 대한 집행위원회의 활성화와 관련이 있지만 이러한 증액이 일방적으로 EU 집행부나 지방정부의 영향력을 추가로 확대하는 추세를 반영한다고 보기는 어렵다. 오히려 이와 반대로 회원국들이 EU 집행부나 국가 하위단위 정부가 갖게 된 일부 권한을 약화시키려는 움직임이 1992년 에든버러 유럽이사회 이후 나타났다. 예컨대 1988년 구조기금 개정으로 유럽집행위원회가 지역문제에 대해 독자적 권한을 갖게 되는 등 영향력이 확대되자 유럽이사회는 1993년 이를 개정해 그 동안 집행위원회가 자율적으로 운용하던 '공동체프로그램'(CIs)을 통제할 '관리위원회'(Management Committee)를 새로 구성했고, 구조기금의 목적 2와 목적 5b에 해당하는 지역이 속한 국가의 중앙정부에도 유럽차원의 지역정책에 대해 일정한 역할을 부여하기로 했다. 추가성의 원칙

역시 상당한 정도 약화됐다. 파트너십의 원칙은 유지됐지만 실질적 권한은 여전히 개별국가의 중앙정부가 장악하고 있으며, 집행위원회의 파트너 선정이 일관성이 없다는 점에서 그것은 단지 상징적인 것 이상의 의미가 없다는 평가를 받기도 한다.[17]

세 번째는 다층거버넌스가 유럽통합의 심화와 관련이 있다면, 개별국가의 경계를 넘어서는 지역간 협조의 네트워크가 EU 집행위원회 주도로 확대돼 가는 경향이 나타나야 하지만 현실은 그렇지 못하다는 점이다. 개별국가의 경계를 넘어 같은 이해관계를 갖는 여러 지역이 연합해 개발을 추진하려는 프로그램의 비율은 아직까지 전체 예산집행액 가운데 그리 높지 않다. 예컨대 1994년부터 1999년까지 구조기금 사용액을 분석해 보면 이 가운데 90% 정도는 개별국가에서 추진한 개발계획에 사용됐고, 공동체 차원의 계획이 9% 정도,[18] 그리고 나머지 1% 정도가 EU 집행위원회가 추진한 '디오니소스'(Dionysus)[19] 같은 지역간 혁신프로그램에 사용됐다. 따라서 국민국가를 배제한 지역수준과 초국가수준의 직접적인 협력과 공동사업의 범위는 현실적으로는 아직까지 그리 대단한 정도는 아닌 셈이다.

따라서 EU의 정책형성 및 실행과 관련해서 살펴볼 때 구조기금의 결정과 집행에서 집행위원회와 지역정부의 영향력에 대한 평가는 보다 주의를 필요로 한다. 유럽통합의 심화로 회원 각국간 동질성이 높아졌고, 1988년 예산개혁 이후 구조기금에 대한 집행위원회의 영향력이 늘어났으며, 지역정부 활동 역시 보다 활발해졌다는 것은 분명하다. 그러나 EU 내 다층거버넌스가 상호 동등한 권한의 배분을 전제로 하고 있지 않다는 점에서 여전히 국가의 중심

---

17) 강원택(2000), 8-9쪽.
18) 공동체 차원의 프로그램은 지역정책위원회의 자문을 필요로 하지만, 집행위원회가 독자적으로 설정한 가이드라인에 기초해서 만들어진다. 그러나 그 실행은 이 프로그램에 따라 개별국가가 제안한 안에 의해 이뤄진다는 점에서 실제로 개별국가에서 추진한 프로그램과 커다란 차이는 없는 셈이다.
19) 와인 재배지역간의 자원 및 정보공유와 상호협조를 위해 프랑스, 이태리, 스페인, 포르투갈의 10개 지역이 참여해 지역간 네트워크 강화를 목적으로 하는 프로그램이다.

적 역할에는 큰 변화가 없는 것으로 보인다. 이런 점에서 다른 차원의 정치체에서 나타나는 통치는 실질적인 권한이양이라기보다는 대체로 효율적 집행을 위해 위임된 기능적 유사성을 갖는 기구의 성격을 갖는 것으로 볼 수 있다.

유럽통합 심화에 따라 유럽의 초국가기구나 혹은 각 지역정부의 정책적 중요성이 증대하는 경향은 분명하며, 통합이 진전되면서 이러한 경향은 계속될 것으로 보인다. 그러나 적어도 현수준에서 이러한 통합의 진전이 개별 국민국가를 약화시키는 것으로 보기는 어렵다.

결국 이러한 다양한 형태의 지방정책은 궁극적으로 국민국가의 중앙정부가 갖고 있던 권한의 일부를 지방에 이양한 경우라고 해도 근본적으로는 기존 체제 자체를 강화하거나 유지하는 방향으로 진행된 것일 뿐, 그것이 중앙의 권한을 약화시키고 이에 대한 대안으로 지방의 권한이 상대적으로 강화됐다고 보기는 어렵다. 즉 유럽통합과 함께 강조된 지방정책을 국민국가의 쇠퇴 혹은 공동화(空洞化)로 보는 것은 적절하지 않은 것으로 보인다. 따라서 유럽의 각 지방이 과거에 비해 정책집행상 중요성이 증대됐다 하더라도 이를 평면적으로 단순히 '다층적인' 거버넌스라고 부르는 것 역시 주의가 필요할 것으로 보인다.

그러나 구조기금의 실행과정에서 특히 유럽의 각 지방정부나 지방에 위치해 있는 기업과 같은 행위자의 중요성을 무시할 수는 없다. 이들은 EU 집행부나 각국 중앙정부를 상대로 활발한 로비활동 등 과거와 달리 이 과정에서 상당한 정도의 영향을 행사하려고 애쓰고 있고, 실제로 적지 않은 영향을 행사한다고 보아야 한다. 그러나 여기서 강조하고 싶은 것은 이것을 각국 중앙정부의 권위에 대한 도전으로 이해해서는 안 된다는 것이다. 즉 이러한 변화의 움직임은 기존 권위구조를 대체한다기보다는 EU라는 정치체제의 전반적인 통치능력을 고양시키는 것으로 이해해야 한다는 것이다. 그리고 그 과정에서 국민국가는 그러한 변화에 적응하며 자신의 영향력을 유지 혹은 확대시켜 나가고 있는 것이다.[20]

---

20) 강원택(2000), 14쪽.

5. 맺음말

유럽연합(EU)의 지역정책의 정책결정과정에 대한 지금까지의 연구를 통해 우리는 유럽연합체제가 다차원적 정책결정과정과 다층통치체제를 소유하고 있는 '복잡성과 통일성이 공존하는 체제'라고 이해했다. 다시 말해 복잡성과 통일성이 공존하는 체제로서 유럽연합은 초국가기구와 정부간기구, 그리고 국민국가와 시민사회, 지역·지방 등으로 구성되는 다양한 관리체제의 등장과 이들간의 경쟁과 협력의 관계하에서 성립됐다고 보았던 것이다.

EU는 현재 폭넓은 대중이 직접 관련되는 다양한 이슈에 대한 결정을 내리고 있다. 하지만 시민은 간접적으로, 그리고 불완전하게만 EU의 결정에 영향을 미칠 수 있다. 그 결과 EU의 제도적 구조와 개별정책이 갖는 정당성은 매우 취약하고, 종종 회원국들로부터 공격을 당한다.

2001년 발간된 EU 집행위원회의 백서는 EU 통치체제의 민주적 성격을 강화하기 위해서는 개방성(openness), 참여성(participation), 책임성(accountability), 효과성(effectiveness), 통일성(coherence) 등의 원칙이 반드시 준수돼야 한다고 강조하고 있다. 다시 말해 EU가 정책과정의 민주성과 효율성을 높이기 위해서는 정책결정과정 자체의 개방적 성격을 강화해 유럽시민과 회원국들의 참여를 확대해야 하며, 정책의 결정과 집행과정에서 책임성을 높이는 한편, 효과적인 정책집행을 위해 노력해야 하고, 다양한 분야의 정책 사이에 통일성과 일관성을 유지할 수 있어야 한다는 것이다. 이같이 복잡한 EU의 결정방법과 기구간의 역할분담 방식, 유럽 통합론자들에게 통합의 장애물로 인식되고 있는 '비민주성'과 '정책과 정치의 괴리'라는 문제의 해결은 더욱더 EU가 민주적 투명성과 결정과정의 효율성을 확보함으로써 이루어낼 수 있을 것이다.

참고문헌

강원택, "유럽통합과 다층 통치체제: 지역의 유럽 혹은 국가의 유럽?," 『국제정치논총』 제40집 1호(2000).
강원택·조홍식, 『유럽의 부활: 유럽연합의 발전과 전략』, 푸른길, 1999.
김광익·장철순, "유럽의 지역정책," 『국토』, 2000년 11월, 국토연구원.
박재정, "유럽연합의 공동체 권한과 회원국가 권한의 배분에 관한 연구: 보충성 원칙을 중심으로," 『국제정치논총』 제37집 2호(1997).
박찬욱, 구갑우, 김영순, "유럽공동체의 정책결정과정에서 국민국가와 초국가적 제도간의 상호작용에 대한 연구," 『지역연구』 제3권 2호(1994).
심상필·황두현, "유럽공동체 내의 지역간 경제 격차에 관한 연구," 『지역연구』, 제3권 제2호(1994).
유럽지역연구회, 『유럽의 지역발전정책』, 한울 아카데미, 2003.
윤영득, "EU의 지역정책," 『유럽연구』, 1996년 가을호 (통권 제4호).
이종원, "EU에서의 경제력 격차해소와 구조기금의 역할: 경제적 시민권을 중심으로," 『무역학회지』 제28권 제4호(2003년 9월).
정성훈, "정부간 거버넌스체제의 구축: EU 접경지역발전 프로그램을 중심으로," 『국토』, 2002년 10월, 국토연구원.
정홍열, "유럽연합(EU) 지역정책의 발전과 전망," 『유럽연구』, 2001년 여름호(통권 제13호).
최진우, "세계화와 지역발전정책: 유럽연합의 경험을 중심으로," 『한세정책』 제5권 제1호, 1998년 여름호(통권 43호).

Balchin, Paul Luděk Sýkora and Gregory Bull, *Regional Policy and Planning in Europe*, London: Routledge, 1999.
Benz, Arthur and Burkard Eberlein, "Regions in European Governance: The Logic of Multi-Level Interaction," Working Paper of the Robert Schuman Center, 1998, http://www.iue.it/RSC/WP-Texts/98_31:html(검색일: 2004. 1. 23)
Christiansen, T.m "Second Thoughts on Europe's Third Level: The European Union's Committee of the Regions," *Publius Journal of Federalism*, vol. 26, No. 2, 1996.
Clamen, Michel, *Le lobbying et ses secrets*, Bruxelles: Dunod, 1995.

Commission européenne, *Politique régionale et cohésion*, seconde édition, 1996.
Conzelmann, Thomas, "Europeanisation of Regional Development Policies? Linking the Multi-Level Governance Approcach with Theories of Policy Learning and Policy Change," European Integration Online Papers (ELoP), vol.2, no. 4, 1998, http://eiop.or.at/eiop/texte/1998-004.htm (검색일: 2004. 2. 12)
Cooke, Phil, "Institutional Reflexivity and the Rise of the Region State" in Benko and Strohmeyer (eds.), *Space and Social Theory*, Oxford: Basil Blackwell, 1996.
Cooke, Phil, Thomas Christiansen and Gerd Schienstock, "Regional Economic Policy and a Europe of the Regions," in Rhodes, Heywood and Wright(eds.), *Developments in West European Politics*, London: Macmillan, 1997.
Devuyst, Youri, *The European Union at the crossroads: The EU's Institutional Evolution from the Schuman Plan to the European Convention*, Brussels: P.I.E.-Peter Lang, 2003
Druesne, G., *Droit et politiques de la Communauté et de l'Union européenne*, Paris: PUF, 2000.
Funck, Bernard and Pizzati, Lodovico (eds.), *European Integration, Regional Policy, and Growth*, Washington: The World Bank, 2003.
George, Stephen, *Politics and Policy in the European Union*, Oxford: Oxford University Press, 1996.
Hancock, M. Donald and al., *Politics in Europe*, Palgrave Macmillan, 2002.
Hooghe, L. and M. Keating, "The Politics of European Union Regions Policy," *Journal of European Public Policy*, vol. 1, no. 3, 1994, 367-393.
Loughlin, John, "Regional Policy in the European Union," in Stavrides et al. (eds.), *New Challenges in the European Union: Policies and Policy-Making*, Dartmouth: England, 1997.
McAleavy, Paul and Stefaan De Rynck, "Regional or Local? The EU's Future Partners in Cohesion Policy," European University Institute, Working Paper RSC No. 97/55, 1997, http://www.iue.it/RSC/WP-Texte/97_55.html(검색일: 2004. 3. 20)
Marks, Garry, "Structural Policy and Multilevel Governance in the EC," in Cafruny and Rosenthal (eds.), *The State of the European Community*, Boulder, Col.: Lynne Rienner, 1993.
Newhouse, John, "Europe's Rising Regionalism," *Foreign Affairs*, vol. 76, no. 1, 1997, 67-84.
Quermonne, J.-L., *Le système politique de l'Union européenne*, Paris: coll. Clefs, Montchrestien, 2001.
Wallace, Helen, and Wallace, William (eds.), *Policy-making in the European Union*, Oxford: Oxford University Press, 2000.

키워드: 정책결정(policy-making), 다층거버넌스(multi-level governance), 지역정책(regional policy), 구조 기금(Structural fund)

제8장 유럽연합과 민주주의:
제도적 개혁과 국가주권의 강화*

최진우

1. 머리말

유럽통합이 첫 발을 내디딘 것은 1952년 7월이었다. 1950년 5월 9일 슈만플랜이 발표된 다음 프랑스, 독일, 이태리, 베네룩스 3국의 합의로 1951년 4월 18일 파리조약이 서명되고 이를 근거로 1952년 유럽석탄철강공동체(ECSC: European Coal and Steel Community)가 출범하면서부터였다. 이후 1957년에는 두 개의 로마조약이 체결돼 1958년 유럽경제공동체(EEC: European Economic Community)와 유럽원자력공동체(Euratom: European Atomic Energy Community)가 설립됐으며, 1967년에는 이상의 3개 공동체의 집행부가 통합돼 유럽공동체(European Community)를 구성하게 됐다.1) 나아가 1991년 체결된 마스트리히트조약이 1993

---

* 이 글은 『의정연구』 제12호(2001)에 게재된 논문 "유럽통합과 민주성의 결손: 초국가적 해법의 한계와 보조성의 원칙"을 수정·보완한 것임.

1) ECSC, EEC, Euratom의 집행부를 통합하기로 한 "유럽공동체의 단일 이사회와 단일 위원회를 설립하는 조약"(Treaty Establishing a Single Council and a Single Commission

년 11월 발효되면서 유럽공동체는 다시 유럽연합(EU: European Union)으로 거듭나게 된다.2)

유럽의 통합은 꾸준한 지리적 확대와 정책적 심화과정을 거쳐 왔다. 초기 6개 회원국으로 출범한 유럽연합은 지금까지 모두 다섯 차례의 확장을 통해 2004년 회원국이 25개국으로 늘어났으며, 늦어도 2010년까지는 불가리아와 루마니아도 유럽연합의 새 식구가 될 전망이다. 아울러 유럽연합은 1968년 관세동맹(Customs Union)을 완성하게 되고, 1993년에는 상품과 용역은 물론이요 자본과 노동의 이동까지 자유로워지는 단일시장(Single Market)을 출범시키게 됐다. 그리고 마침내 1999년에는 단일통화를 도입함으로써3) 명실상부한 '하나의 경제권'을 형성하게 됐고, 2004년에는 유럽헌법조약이 조인돼 비준절차가 진행되고 있기도 하다.

이와 같이 유럽연합이 거듭되는 통합의 심화과정을 거쳐 발전해 나오면서, 유럽연합을 무엇으로 간주할 것인가 하는 문제가 유럽통합 연구에서 중요한 이론적 쟁점의 하나로 대두되고 있다. 즉 유럽연합을 국가라는 단위체간의 상호작용에 의해 이루어진 협조체제로 볼 것인가, 아니면 조밀한 제도망을 구축해 어느 정도 내적 완결성을 가진 하나의 고유한 통치체제로 볼 것인가 하는

---

of the European Communities)은 1965년 체결돼 1967년 발효됐다. 이 조약은 일반적으로 "통합조약"(Merger Treaty)으로 불린다. 유럽공동체 주요 기구 중 의회와 재판소는 이미 1957년 두개의 로마조약과 함께 체결된 "유럽공동체에 공통되는 일정기관에 관한 협약"(Convention on Certain Institutions Common to the European Communities)에 의해 단일화된 바 있다. 김대순(1999), 229-230쪽.

2) 그렇다고 해서 기존의 유럽공동체(EC)가 사라진 것은 아니다. 사실 EU는 기존의 EC에 '공동외교안보정책'과 '사법·내무분야협력'을 더해 이른바 삼주체제(三柱體制: Three-Pillar System)로 이루어져 있다. 따라서 기존의 EC가 EU로 탈바꿈한 것이 아니라 EC가 EU를 구성하는 하나의 '기둥'으로 포함됐다고 하는 것이 보다 정확하다.

3) 유럽연합의 단일화폐가 시중에 유통되기 시작한 것은 2002년 1월을 기해서다. 1999년 1월 1일부터 2001년 12월 31일까지는 서류상의 결제수단으로만 단일통화인 유로(Euro)화가 통용됐다. 그러나 지금도 유럽연합 회원국이 모두 유로화를 사용하는 데 합의한 것은 아니다. 유로화는 2005년 현재 영국, 덴마크, 스웨덴을 제외한 12개국에서만 사용되고 있다.

것이다. 유럽연합을 '국가의 집합'으로 볼 경우에는 유럽연합의 제도적 과정과 의사결정을 국제정치이론의 관점에서 분석하는 것이 타당하겠지만, 유럽연합이 하나의 독자적이고 자율적인 정치적 실체를 구성해 유럽연합의 연구주제는 이제 더 이상 '통합'의 문제가 아니라 유럽연합이 어떻게 '작동'하는가의 문제로 본다면, 국제관계이론보다는 비교정치이론이 훨씬 더 적실성이 있다고 보는 것이다.[4]

이처럼 유럽연합의 속성이 국가간 협력이라는 표현으로 묘사되는 수준을 넘어 일정수준 통치구조로서 내적 완결성을 획득해 가고 있다고 했을 때 제기되는 문제 가운데 하나가 바로 민주성의 문제이다. 과거 주로 국가수준에서 이루어지던 유럽인의 삶에 지대한 영향을 미치는 많은 결정이 이제는 유럽연합 수준에서 이루어진다고 할 때, 유럽연합의 의사결정과정이 과연 민주적으로 작동하고 있는가 여부는 중요한 문제가 아닐 수 없기 때문이다.

사실 국제기구와 같이 의사결정의 궁극적 주체가 국제기구를 구성하는 국가인 경우에는 의사결정과정상의 민주성의 존재 여부는 별로 문제제기가 이루어지지 않는다. 그 이유는 크게 두 가지다. 첫째, 국제기구의 조직과 운영은 결국 국제체제 내에서 국가간의 힘과 이익의 분포를 상당부분 반영할 수밖에 없음을 상기한다면, 국제기구 내의 의사결정이 민주주의 원칙에 의거해 이루어지기를 기대하는 것 자체가 무리일 수 있다. 둘째, 국제기구의 의사결정은 정통성을 확보한 정부간 상호작용의 결과로, 이는 국가의 외교정책 영역에 해당되는 것이므로 의사결정과정의 민주성 여부는 쟁점으로 성립될 여지 자체가 없다.[5]

---

4) 이러한 문제가 본격적으로 제기된 것은 힉스(Simon Hix)에 의해서였다. Simon Hix, "The Study of the European Community: The Challenge to Comparative Politics," *West European Politics*, Vol.17, No.1, 1994. 이후 Hix의 문제제기에 공감한 많은 학자들이 신제도주의나 정책네트워크 등 비교정치학에서 주로 채용돼 온 이론과 개념을 사용해 유럽연합에 대한 연구를 수행하고 있다. 그 예로는 Peterson(1995), Pierson (1996), Bulmer (1998), Hix(1999) 등을 참조할 것. 아울러 유럽통합 연구의 초점이 국제정치학적 관심에 더해 비교정치학적 질문으로까지 확대되고 있는 경향을 잘 정리해 보여주고 있는 논문으로는 Pollack(2001)을 참조할 것.

5) Alex Warleigh, *Democracy in the European Union* (London: Sage, 2003), p.17.

하지만 유럽연합의 경우는 다르다. 유럽연합은 아직 새로운 형태 국가의 출현으로 보기에는 이르지만, 국제기구보다는 진화한 형태의 조직인 것만은 틀림없다.[6] 유럽연합은 이른바 '국가성'이라고도 불릴 수 있는 속성을 확보해 가고 있는 것이다.[7] 유럽연합이 국가성을 획득해 나가고 있는 한, 즉 과거 국가가 수행하는 많은 기능이 유럽연합의 관할영역으로 편입되고 있는 한, 국가운영의 원리로서 민주주의의 원칙이 얼마나 준수되고 있는가가 문제가 된다. 유럽연합의 조직과 운영이 회원국간의 힘과 이익의 분포를 그대로 반영하는 것도 아니고, 유럽연합의 의사결정이 회원국 외교정책의 집합적 결과인 것만도 아니다. 오히려 유럽연합의 의사결정은 정교한 제도적 메커니즘 속에서 이루어지는 회원국 정부, 회원국의 지방정부, 초국가기구, 그리고 민간영역의 다양한 행위자간의 다양한 경로를 통한 복합적 상호작용의 산물인 것이다. 그리고 유럽연합 수준에서 결정된 많은 정책이 과거 국가에 의해 결정된 정책을 대체해 유럽인의 삶에 지대한 영향을 미치고 있기도 하다. 바로 이런 맥락에서 유럽연합이 민주주의의 원칙 위에서 작동하는가가 문제가 제기되는 것이다.

유럽연합 설립의 법적 근거가 되는 유럽연합조약(Treaty on European Union, 일명 마스트리히트 조약) 전문에서 유럽연합의 회원국은 자유, 민주주의, 인권존중, 법에 의한 통치의 원칙을 준수할 것을 서약하고 있다. 민주주의의 수호 및 발전이 유럽연합의 핵심적 가치로 상정되고 있음을 보여주는 좋은 예다. 유럽연합에 있어 민주주의적 가치의 중요성은 유럽연합 회원국이 되기 위해

---

[6] Phillipe Schmitter, "Is It Really Possible to Democratize the Euro-Polity?," A. Follesdal and p.Koslowski (eds.), *Democracy and the European Union* (Heidelberg: Springer, 1998); *How to Democratize the European Union And Why Bother?* (Lanham, MA: Rowman & Littlefield, 2000).

[7] 유럽연합에 대한 이러한 인식은 이미 상당히 오래 전부터 많은 학자들 사이에서 공유되고 있다. 유럽연합은 "아직 새로운 국가의 출현을 의미하는 것은 아니지만 국가간 협력의 수준은 넘어선, 즉 국가의 형성과 국제협력 두 수준의 가운데에 위치하고 있는 것"이라는 관찰이나(Scharpf, 1988, p.242), 유럽연합은 "무정부상태에서의 협력이라는 은유적 표현이나 정치적 통합이라는 개념이 내포하는 중앙집권화의 이미지 중 그 어느 것도 정확히 감지해 내지 못하는 '주권의 통합과 공유'현상의 실례"라고 하는 주장(Keohane, 1990, pp.756-757) 등이 바로 그 예가 될 것이다.

가입 희망국이 충족시켜야 할 조건의 하나가 인권을 존중하는 자유민주주의 국가여야 한다는 것에서도 찾아볼 수 있다. 사실 원래 유럽경제공동체 창설조약인 로마조약에는 신규 회원국의 가입기준에 대해 특별한 언급이 없었다. 제237조에 "어떠한 유럽 국가도 공동체 회원으로의 가입을 신청할 수 있다"는 것이 명시돼 있었을 뿐이다. 그러던 것이 1992년 리스본에서 개최된 유럽이사회(European Council)에서 유럽연합 회원국 정상들은 인권존중과 민주주의 정치체제의 구현을 유럽연합 가입요건으로 명문화하기에 이르렀다.8) 민주주의와 인권이 리스본회담 이전에는 단지 명문화만 돼 있지 않았을 뿐, 실질적으로는 유럽공동체 가입의 필수조건으로 이미 기정사실로 받아들여지고 있었던 것이다.9) 실천적 수준의 규범이 리스본회담을 계기로 법적 효력을 부여받게 된 것이라 하겠다.

이처럼 유럽연합이 민주주의 발전을 중요한 가치로 상정하고 있음에도 불구하고 정작 유럽연합의 의사결정 구조와 과정에서는 민주주의 원칙이 작동하지 못하고 있다는 우려와 비판이 끊임없이 제기되고 있다.10) '민주성의 결손'을 둘러싼 논의가 바로 그것이다. 결국 유럽연합의 민주성 문제에 대한 논의는 유럽연합의 거버넌스 형태가 과거 국가중심적 체제에서 초국가적 체제로 변함에 따라 일반대중의 정치참여, 정책에 대한 책임성, 정책결정과정의

---

8) 마스트리히트 정상회담과 리스본 정상회담을 통해 확립된 유럽연합의 가입조건은 다음 8가지로 집약·정리될 수 있다. ① 유럽국가일 것, ② 민주주의 체제일 것, ③ 인권을 존중할 것, ④ 기존의 모든 EU법을 수용할 것, ⑤ 공동방위 및 외교분야의 기존 정책 및 마스트리히트조약에 의거 수립될 향후의 정책들을 수용할 것, ⑥ 유럽연합의 장기적 목표를 지지할 것, ⑦ 원활하게 운용되는 경쟁적 시장경제체제를 갖출 것, ⑧ 공공 및 민간부문 공히 적절한 법적·행정적 체제를 구비할 것이 그것이다. John Redmond (ed.), *Prospective Europeans: New Members for the European Union* (London: Harvester Wheatsheaf, 1994), p.6.

9) Neil Nugent, *The Government and Politics of the European Community* (Durham: Duke University Press, 1989), p.48.

10) 현재 유럽연합은 새로운 정치체제의 형성과정에 있기 때문에 유럽연합의 민주적 정당성을 확보하는 방안을 모색하는 것은 미래 유럽통합의 성공적 진행을 위해 필수적이라는 견해는 Larry Siedentop, *Democracy in Europe* (New York: Columbia University Press, 2001)을 참조할 것.

투명성 등을 확보하기 위한 노력이 뒤따라야 함에도 불구하고 현실은 그렇지 못하다는 인식에서 비롯된다고 할 수 있다.

2. 민주성의 결손

'민주성의 결손'이 의미하는 바의 핵심은 유럽인이 자신들의 삶에 영향을 미치는 정치적 결정의 과정에 영향력을 행사할 수 있는 여지가 유럽통합의 심화로 인해 점차 약화되고 있다는 점이다. 유럽통합이 심화됨에 따라 의사결정권한의 상당부분이 회원국에서 EU로 이양됐고, 의사결정권한의 이양 이후 과거 회원국의 의회가 입법권한을 가지고 있었던 분야에서 지금은 유럽연합이 결정권을 행사하고 있다. 그런데 문제는 이처럼 의사결정권의 소재는 회원국 정부에서 유럽연합으로 이동하고 있음에도 불구하고 이에 상응해 새로운 의사결정구조에 민의를 반영할 수 있는 장치는 아직 마련되고 있지 못하다는 점이다.

우선 개별 회원국 의회가 과거 자국의 정부에 대해 행사했던 영향력을 유럽연합의 의사결정기구에 대해서는 갖고 있지 못하게 됐다. 이는 곧 개별 회원국 의회가 발언권을 가질 수 있는 행동반경, 즉 정책분야의 범위가 축소됐음을 의미한다. 아울러 유럽연합의 주요기구 중 유일하게 일반시민의 투표로 선출된 유럽의회 또한 제도적 위상의 한계로 인해 그다지 강력한 영향력을 행사하지 못하고 있다. 유럽연합이 회원국 정부로부터 권한을 이양받은 부분은 확대됐지만 유럽의회의 기능과 역할이 이에 상응해 강화되지 못했음을 뜻한다. 결국 정책결정의 수준은 일반시민으로부터 더욱 유리되고 있는 가운데, 일반시민과 정책결정과정 사이를 이어 주는 연결고리 또한 약해지고 있다고 하겠다.

유럽통합 과정에서 민주성의 결손이 발생하는 이유는 유럽연합의 독특한 의사결정 제도에 기인하는 바 크다. 첫째, 앞서 소개한 회원국에 대한 유럽연합 법의 직접 적용성이 민주성의 결손을 낳게 하는 원인이 된다. 유럽연합 법의 직접 적용성이 갖는 비민주적 요소는 회원국 내에서 비준과정을 거쳐야 하는 조약의 개정 등을 제외한 유럽연합의 의사결정기구를 통해 내려지는 일상적인 결정, 즉 규제(regulations), 지침(directives), 결정(decisions) 등은 약간의 편차는 있지만 회원국 정부가 국내에서의 심의와 수정 또는 동의 절차를 거칠 여지 없이 거의 자동적으로 적용된다는 점에서 발견된다. 이는 회원국 의회가 고유권한인 입법권의 상당부분을 유럽연합에 양도했음을 의미하는 것이다. 하지만 회원국의 국민과 의회는 유럽연합 수준에서 이루어지는 실질적인 입법과정에 영향력을 투입할 수 있는 수단을 갖고 있지 못하다.

둘째, 유럽연합의 실질적인 입법기관인 각료이사회의 의사결정이 가중다수결로 이루어지는 점 또한 회원국 의회에 의한 유럽연합 정책결정 통제 가능성을 제한하는 요인이 되고 있다.[11] 그 이유는 유럽연합 각료이사회에 참여하는 자국의 각료에게 회원국 의회가 구체적인 지침을 주더라도 이는 각료이사회에서 다른 국가의 각료에 의해 거부될 수 있으며, 오히려 특정 회원국 의회의 의도와는 다른 방향으로 의사결정이 귀결될 수도 있기 때문이다. 따라서 설령 각료이사회의 결정사항이 회원국 의회가 바라는 바와 일치하지 않는다 하더라도 이를 번복 또는 수정할 기회가 주어지지 않게 되는 것이다. 결국 여기에서 문제는 전반적인 활동영역의 위축을 보이고 있는 회원국의 의회가 유럽통합으로 인해 그 영향력이 더욱 감소하게 된다는 데 있다.

셋째, 유럽연합의 민주성 결핍이 가장 적나라하게 노정되고 있는 것은 각

---

11) 물론 각료이사회의 모든 결정이 가중다수결로 이루어지는 것은 아니다. 하지만 1986년에 합의된 단일유럽법안(Single European Act)에서는 역내시장 단일화 조치와 관련되는 사안에 대해서만 가중다수결을 적용하기로 했으나, 이후 마스트리히트조약과 암스테르담조약을 거치면서 가중다수결 적용범위가 상당폭으로 확대되고 있는 추세이다. 그런데 실제 각료이사회에서는 표결에 의해 의사결정이 이루어지는 경우는 거의 없다고 한다. 보통의 경우 회원국 대표들은 사전협의와 의견조율을 거쳐 합의형태로 의사결정을 한다고 한다. 하지만 합의에 도달하기 전 협의의 단계에서 회원국 대표들은 합의가 이루어지지 않아 표대결로 갈 수밖에 없을 때 표의 분포가 어떻게 될 것인지를 염두에 둘 것이라는 점에서, 비록 표결권 행사가 이루어지지 않더라도 암묵적으로 가중다수결 제도가 회원국 대표의 입장 수립에 영향을 미친다고 하겠다.

료이사회와 집행위원회의 운영방식이다. 이들 두 의사결정기구의 회의진행은 철저하게 비공개로 이루어지고 있으며, 심지어는 회의록도 작성하지 않는다. 그러므로 회의진행시 누가 어떤 발언을 했는지, 또 누가 어떻게 투표했는지 쉽사리 밝혀지지 않게 된다. 따라서 회원국 국민과 의회는 자국 각료와 자국 출신 집행위원이 유럽연합의 의사결정과정에서 어떤 입장을 취했는지 알기 어렵기 때문에 이들에 대한 적절하게 제재할 여지가 없게 되는 것이다.

이러한 제도적 문제점으로 발생하는 민주성의 결손은 좀더 구체적으로 세 가지로 구분해 볼 수 있다.[12] 첫째, 책임성의 결손이다. 일반적으로 민주주의 정치체제하에서는 정부의 구성에 의회가 중추적 역할을 한다. 그러므로 국민은 의회선거 투표를 통해 간접적으로 누가 정부를 구성할 것인지를 선택하게 된다. 따라서 정부의 국정수행 능력에 만족하지 못할 시 국민은 다음 선거에서 투표를 통해 자신의 평가를 표출할 수 있게 된다. 하지만 유럽연합 수준에서는 유럽시민이 이러한 권리를 행사하지 못해 왔다. 마스트리히트조약 전까지만 하더라도 집행위원의 선임은 전적으로 회원국 정부에 의해 결정됐으며, 유럽의회나 회원국 의회는 집행위원 선임과정에서 배제돼 있었다. 각료이사회의 경우도 개별 회원국의 개별 각료는 국내선거의 결과에 따라 국민에 의해 제재를 받을 수도 있으나, 유럽시민은 각료이사회 전체에 대한 제재조치의 방법은 가지고 있지 못하다. 따라서 유럽의 시민은 집행위원회나 각료이사회의 행위에 대한 평가를 표출할 수 있는 방법과 기회를 보유하고 있지 않다. 이처럼 유럽연합의 가장 중요한 두 의사결정기구에 대해 시민이 선거를 통해 제재를 가할 수 있는 가능성이 원천적으로 봉쇄돼 있어 유럽연합의 의사결정은 유럽시민에 대한 책임성의 소재가 불분명한 채 이루어지고 있는 것이다.

둘째, 투명성의 결손을 들 수 있다. 전술한 바와 같이 각료이사회와 집행위원회의 회의 운영방식이 폐쇄적인 것과 더불어 유럽연합의 의사결정 절차는 각 기구간의 이해관계와 회원국의 다양한 이해관계의 타협의 산물인 관계로

---

12) Renaud Dehousse, "Constitutional Reform in the European Community: Are There Alternatives to the Majoritarian Avenue?" in Jack Hayward (ed.), *The Crisis of Representation in Europe* (London: Frank Cass, 1995), pp.121-126.

매우 복잡하다. 예컨대 어떤 절차가 어떤 사안에 적용되는지, 특정 사안과 관련된 위원회 등의 기구는 어떤 것이 있는지, 또 이들 기구가 어떤 식으로 의사결정과정에 관여하게 되는지는 몇몇 전문가를 제외하고는 알기 어려운 경우가 많다. 즉 어떤 기구가 언제 어떤 역할을 하는지 알지 못하는 상태에서 일반시민이 유럽수준의 의사결정과정을 추적해 감독기능을 발휘한다는 것은 사실상 불가능한 일일 것이다.

셋째, 지금까지 유럽통합이 주로 경제분야를 중심으로 진행돼 온 관계로 의사결정이 되는 사안은 주로 고도의 기술적 전문성을 띠는 사안에 국한돼 왔다. 물론 시간이 지남에 따라 환경정책이나 사회정책도 유럽연합의 관할영역으로 편입됐지만, 이들에 대한 고려도 사회정의 차원이나 거시적 통치구도 구축방안의 관점이 아니라 다분히 시장통합의 완성이라는 제한된 목표와의 연계 속에서 이루어지고 있는 실정이다. 더욱이 이러한 사안이 회원국의 다양한 이해관계의 상호작용 속에서 다루어지기 때문에 이에 대한 의사결정의 과정과 결과는 그 사안에서 훈련된 전문가이거나 그 사안과 직접 관련이 있는 이익집단 등이 아니면 사실상 관심을 가질 수도, 과정과 결과를 이해할 수도 없다. 즉 유럽연합의 기술관료적 성격은 유럽연합이 유럽 전체의 공익구현을 위한 다양한 방안이 제시되고 토론되는 정치의 장이라기보다는 국가이익 또는 부문별 이익을 관철시키고자 하는 기술관료들의 폐쇄적인 타협의 장이라는 인식을 강화시키면서 일반대중을 유럽연합으로부터 유리시키고 있는 것이다.

이와 같이 보다 많은 정책분야의 의사결정이 유럽연합 수준으로 이동함에 따라 회원국 시민은 물론이요 회원국 의회조차 영향력을 상실해 가고 있음에도 불구하고 이를 보전할 수 있는 대안이 뚜렷이 마련되지 않고 있다는 데 문제가 있다. 결국 일반대중과 유리된 상태에서 이루어지는 유럽연합의 의사결정에 대해 회원국의 의회가 실질적인 발언권을 행사하지 못하고 효과적인 견제기능 또한 발휘하지 못함으로써 의회민주주의 이념이 유럽연합 차원에서는 제대로 구현되지 못하고 있다는 비판이 민주성 결손에 대한 비판의 핵심이라 하겠다. 이러한 비판은 나아가 유럽의회의 제도적 발전을 주장하는 논거의 일부를 구성하고 있다. 즉 유럽의회의 발전은 유럽통합 과정에서 나타난 민주성 결손을 치유하는 하나의 유용한 처방이 되리라는 것이다. 이러한 관점에서 유럽연합의 주요 정책담당자의 선임, 법안 제정, 예산안 입안 및 결정 등의 분야에서 유럽의회의 영향력을 강화하는 방안 등이 유럽연합이 안고 있는 민주성 결손문제를 극복하기 위한 구체적인 대안으로 제시되고 있다.

3. 유럽의회의 강화와 유럽연합의 민주성

유럽연합의 민주성문제를 해결하기 위한 방안으로 가장 빈번하게 제시되고 있는 것이 바로 유럽의회의 위상을 강화하고 역할을 확대해야 한다는 주장이다. 유럽의회는 유럽인의 손으로 직접 선출된 의원으로 구성되는 민의 대표기구인 만큼, 민주국가에서 의회가 행사하는 권한, 즉 입법권, 감독권, 예산권, 인사권 등을 부여받아 행사한다면 의회민주주의의 메커니즘이 유럽연합 수준에서도 작동될 것이므로 민주성 결손문제가 해소되리라는 것이다.

과거 유럽의회는 '말잔치'(talk shop)에 지나지 않는 것으로 간주돼 왔다. 유럽의회가 유럽연합의 의사결정과정에 영향력을 발휘할 여지가 별로 없었기 때문이다. 유럽의회는 집행위원회, 유럽사법재판소와 함께 초국가기구로 불리면서 유럽통합 진전에 대해 적극적인 지지입장을 천명해 왔다. 하지만 제도적으로 유럽의회에는 유럽연합의 의사결정과정에 실질적으로 관여할 수 있는 권한이 주어지지 않았다. 1952년 유럽석탄철강공동체(ECSC)가 창설되면서 공동의회(Common Assembly)로 출발한 유럽의회는 오랜 기간 실질적인 권한을 결여한 취약한 기구에 머물러 왔다. 유럽의회가 유럽연합의 의사결정에 개입할 수 있는 제도적 장치가 자문절차에 국한돼 구속력 있는 영향력을 행사하지 못했기 때문이다.

유럽의회의 권한에 제약이 가해진 것은 유럽통합에 대해 근본적으로 다른 두 가지 견해가 서로 대립했기 때문이다. 1952년 ECSC가 출범할 당시 유럽에서는 ECSC의 성격과 향후 발전방향을 둘러싸고 두 가지 입장이 팽팽히 대립했다. 첫째, ECSC를 궁극적인 정치적 통합체로 나아가기 위한 첫걸음으로 인식해 ECSC에 가능한 한 초국가적 기구의 면모를 부여하기를 원하는 입장이 있었다. 둘째, 이에 반해 ECSC로 시작되는 유럽통합은 어디까지나 정부간 협력을 바탕으로 이루어져야 한다는 입장이 있었다. 이 두 입장은 유럽의회에 관한 한 근본적으로는 동일한 가정에서 출발하고 있었다. 즉 유럽의회 강화는 EU의 초국가성을 강화할 것이며, 따라서 궁극적인 정치통합의 전주곡이 될 것이라는 가정이다. 바로 이러한 가정에서 초국가주의를 옹호하는 측에서는 유럽의회 강화를 주장했고, 국가중심주의를 지지하는 측에서는 유럽의회의 강화를 저지하려고 했던 것이다. 이러한 두 입장이 팽팽히 맞선 결과 ECSC 공동의회는 결국 양측 입장의 타협적 산물의 성격을 반영하게 됐다. 즉 공동의회는 유럽통합의 민주성을 상징하는 기구로서 상징성은 부여받되 일반적으로 자유민주주의 체제하에서 의회가 향유하는 실질적인 의사결정권한은 결여된 형태로 귀결된 것이다.

하지만 1979년 유럽의회 의원선출에 직선제가 실시되고 1986년 단일유럽법안(Single European Act)에 협력절차가 도입되는 한편, 1991년 마스트리히트조약에 의해 공동결정 절차가 제도화되고, 1997년 체결돼 1999년 6월 발효된 암스테르담조약으로 공동결정 절차의 적용범위가 크게 확대되면서 유럽의회는 더 이상 유럽연합 의사결정과정의 주변에서 맴도는 명목상의 기구가 아니라 유럽연합의 의사결정과정에서 하나의 중요한 행위자로 자리매김하게 된다.

유럽의회의 영향력이 현저히 증가했음은 1999년 봄 쟈끄 쌍떼(Jacques Santer)를 위원장으로 하는 유럽연합 집행위원회가 일괄 사퇴하는 유럽통합 사상 초유의 사건에서 극명하게 드러난다. 집행위원회 총사퇴는 집행위원회가 유럽연합의 예산 집행과정에서 직권남용과 연고자 등용으로 인한 예산낭비에 대한 책임을 지고 이루어졌다. 특히 이 사건에서 주목할 것은 집행위원회의 사퇴가 유럽의회에 의해 촉발됐다는 점이다. 유럽의회는 특별위원회를 조직하고 집행위원회의 예산 집행에 대한 감사를 실시해 일부 집행위원의 비리 혐의를 포착·공개함으로써 집행위원회의 도덕성과 정당성이 치유 불가능할 정도로 손상됐음을 폭로하고 결국 집행위원회의 사퇴라는 전대미문의 사건을 빚어낸 것이다.

이 사건은 오랜 기간 유럽통합 과정에서 영향력의 결여로 무관심의 대상,

심지어는 조롱의 대상이었던 유럽의회도 이제 유럽통합 과정에서 중요한 행위자로 부상하고 있음을 웅변해 주는 계기가 됐다. 유럽의회의 이러한 제도적 발전과 권한강화는 오늘날 전반적으로 민주국가에서 의회의 기능과 역할이 위축되고 있는 추세임을 감안할 때 사실상 주목할 만한 일이라 할 수 있다. 심지어 일부 학자에 의하면 유럽의회는 그간의 꾸준한 제도적 발전의 결과로 오히려 유럽연합 회원국의 의회에 비해 보다 강력한 권한을 행사하고 있다는 주장까지 제기되고 있기도 하다.13) 물론 이러한 견해의 타당성에 대해서는 논란의 여지가 많다. 하지만 이 견해가 소수의견일지라도 이러한 주장이 제기되는 것 자체가 유럽의회의 위상이 과거와 같지는 않다는 것을 보여주는 것으로 이해할 수 있다.

그렇다면 문제는 유럽의회 강화가 과연 민주성 결손에 대한 적절한 해결방안인가? 그 대답은 그다지 긍정적이지 못하다. 유럽의회의 강화에도 불구하고 유럽의회 선거에서 보이고 있는 저조한 투표율 때문이다. 낮은 투표율이 문제인 이유는 유럽의회의 대표성에 손상을 가하기 때문이다. 대표성을 결여한 기구를 강화하는 것이 민주성 결손문제에 대한 해결책이 될 수는 없는 것이다.

유럽의회의 역할이 본격적으로 강화되기 시작한 것은 단일유럽법안에서부터이며, 암스테르담조약에 이르러서는 회원국 의회에 버금가는 위상을 확보한 것으로 평가된다. 그럼에도 불구하고 유럽의회의 역할강화가 유럽인의 유럽의회에 대한 관심 및 기대증가로 이어져 투표율에 반영되고 있지는 못하다. 우선 <표 8-1>에서 볼 수 있는 바와 같이 1979년 유럽의회 직선제가 도입된 이래 매 5년마다 치러진 유럽선거의 투표율은 지속적으로 낮은 수준에 머무르고 있다. 여기에서 특히 주목할 것은 투표율이 시간이 지남에 따라 오히려 낮아지고 있다는 점이다. 유럽의회의 위상이 그 동안 꾸준히 강화돼 왔음을 고려할 때 이는 예상 밖이라고 하지 않을 수 없다. 더욱이 1999년 6월 유럽선거 투표율은 당시로서는 역대 최저수준인 49%에 그쳐 이 선거는 심지어 '무관심의 승리'라고 불리기까지 했는데, 2004년 선거에서는 이보다도 더 낮은 44.2%에 머무르고 있다.

---

13) Page (1997), pp.91, 111.

〈표 8-1〉 유럽선거 투표율

연도	1979	1984	1989	1994	1999	2004
투표율 (EU 평균, %)	65.9	63.8	62.8	58.3	49.0	44.2

출처: 1979~1994년 자료는 Julie Smith, "The 1994 European Elections: Twelve into One Won't Go," in Hayward (ed.), *op. cit.*, p.210. 1999년 수치는 *International Herald Tribune*, June 14, 1999. 2004년 수치는 <국민일보>, 2004년 6월 14일.

1999년 5월 암스테르담조약이 발효됨에 따라 유럽의회의 '공동결정권'이 확대돼 그 제도적 위상이 한층 강화되고, 아울러 유럽의회가 유럽연합 집행위원회에 대한 감사를 주도해 20명의 집행위원 전원의 사임이라는 '사건'을 빚어냄으로써 유럽의회가 명실공히 무시할 수 없는 목소리로 부상하고 있는 마당임에도 불구하고, 이토록 투표율이 저조한 것은 유럽통합의 심화를 위해 유럽의회의 발전을 주창하는 사람들에게는 여간 실망스런 일이 아닐 수 없었다.

더욱이 유럽의회 강화가 유럽통합에 대한 대중적 관심과 지지의 확대로 연결되지 않고 있다는 사실은 유럽통합에 대한 신기능주의 이론에 정면으로 배치되는 일이다. 즉 신기능주의 이론의 대부라고 할 수 있는 하스(Haas)에 의하면 정책결정권한의 소재지가 개별 민족국가의 정부로부터 초국가적 기구로 이양됨에 따라 일반대중의 충성과 기대 또한 초국가적 기구로 전이된다고 보았던 것이다. 그러나 지금까지의 전개상황을 살펴보건대 유럽의회라는 초국가적 기구의 강화는 유럽의회 자체는 물론이거니와 유럽통합 전반에 대한 대중적 지지로 연결되고 있지 않음을 보여주고 있다.

유럽의회의 경우 제도적 위상의 강화와 권한확대는 무엇보다도 유럽의회 의원 자신들의 노력에 힘입은 바가 가장 크다. 이런 의미에서 유럽의회의 발전은 유럽사법재판소가 유럽통합 과정에서 주요 행위자로 흔들림 없이 뿌리를 내린 것과 유사하다. 즉 유럽사법재판소는 유럽연합을 구성하는 조약과 EU에 의해 내려진 결정에 대한 적극적 해석을 통해 자신의 입지를 강화해 왔던 것이다. 다만 유럽의회와 유럽사법재판소의 차이점이라면 유럽사법재판소는 유럽연합 전체 법조공동체의 강도 높은 신뢰와 협조를 획득한 데 비해[14]

---

14) Anne-Marie Burley and Walter Mattli, "Europe before the Court: A Political Theory of

유럽의회는 유럽연합의 입법공동체, 즉 회원국의 의회나 자신을 선출해 준 일반대중의 관심과 신뢰를 받지 못하고 있는 형편이다.[15] 왜 유럽의회는 일반시민의 관심을 동원하지 못하고 있으며, 왜 유럽의회 선거의 투표율은 이토록 낮은가?

그 이유는 유럽의회 선거가 유럽사회의 균열구조를 반영하는 대안의 선택을 제공하고 있지 못하고 있는 데서 찾을 수 있다. 지금까지의 선거에서 유럽의회의 최다 정파를 구성하고 있는 것은 중도좌파 유럽사회주의자당(Party of European Socialists)이나 중도우파 유럽인민당(European People's Party)이다. 그런데 그 어느 쪽도 지금까지 전체의석의 과반수를 차지한 바가 없다. 그 결과 유럽의회의 의사결정을 위해서는 두 정파가 반드시 제휴해야 하기 때문에, 사실상 유럽의회 선거에서 과거의 의정활동 기록을 내세워 서로가 서로를 차별화하는 선거운동 전략을 전개할 수 없었다. 따라서 유럽의회의 의정활동에는 일반시민의 주목을 끄는 데 필수적인 정치노선의 대립이 존재하지 않는다. 말하자면 유럽의회에는 '반대파'가 없다는 것이다. 정강정책의 차별성이 존재하지 않는 한 유럽의회 의원을 선출하는 선거는 쟁점이 없는 선거가 될 수밖에 없다. 쟁점이 없는 선거에 유권자가 관심을 두지 않는 것은 당연한 일이다.

아울러 유럽연합 회원국의 주요 정당은 모두 유럽통합과 관련된 사안에서 별다른 이견을 보이지 않고 대체로 통합 자체에 대해 지지입장을 표명하고 있다. 즉 유럽통합에 관한 한 정당간에 차별성이 존재하지 않는. 물론 유럽의 모든 정당이 한결같이 유럽통합에 호의적이었던 것은 아니다. 특히 유럽의 주요정당 중 몇몇 회원국의 중도좌파 정당은 유럽통합에 대해 회의적 입장을 보인 바 있다. 예컨대 유럽통합 초기의 독일 사민당, 그리고 1980년대 중반까지 영국 노동당과 덴마크 사민당이 보여준 유보적 태도가 바로 그것이다. 이들 정당이 유럽통합에 회의적인 시각을 갖게 된 이유는 크게 두 가지로 요약할 수 있다. 첫째, 유럽의 지역 경제통합은 중도좌익 정당이 표방하는 경제정

Legal Integration," *International Organization*, Vol.47, No.1 (1993).

[15] 따라서 유럽사법재판소의 발전에는 벌리(Ann Marie Burly)와 마틀리(Walter Mattli)가 주장하는 바와 같이 신기능주의 이론의 적용이 가능할지 모르나 유럽의회 발전과정에서는 신기능주의 논리가 작동하지 않고 있는 것으로 보인다.

책과 양립될 수 없는 부분이 있는 것으로 판단됐으며, 둘째, 유럽에서 진행되고 있는 형태의 지역통합은 노동계급의 이익과 배치되는 것으로 파악됐기 때문이다.16)

하지만 이들 정당도 지금은 전반적으로 유럽통합에 대해 긍정적 태도를 견지하고 있다. 이들 정당의 태도가 바뀐 것은 크게 두 가지 인식변화에서 비롯됐다. 첫째, 중도좌파 정당이 선호해 온 케인즈의 경제이론에 기반을 둔 경제정책, 즉 통화팽창, 복지지출 증가 및 인위적 경기부양책 등은 자본이동의 자유화가 이루어지고 국가경제에서 무역의 비중이 커지고 있는 오늘날의 상황에서는 효과적이지 못하다는 인식이 자리잡기 시작했다. 경제적 상호의존이 날로 심화돼 가고 있는 오늘날에는 오히려 국제차원을 진원지로 해서 발생하는 문제가 증가하고 있으며, 이들 문제는 많은 경우 국내차원의 해법만으로는 적절히 대응하기 어렵다는 것이 일반적 인식으로 된 것이다. 일국적 차원의 경제정책이 더 이상 효과적이지 못하다는 사실이 가장 극적으로 표현된 예는 유턴이라고까지 불린 1980년대 초반 프랑스 사회당정권하에서의 정책선회에서 보인다.17) 두 차례에 걸친 프랑화의 평가절하도 불사한 프랑스 사회당의 팽창적 재정정책은 결국 자본가의 투자의욕 감소와 자본이탈로 이어지면서 프랑스경제를 더욱 악화시키는 결과를 초래해 마침내 이를 수습하기 위한 방안으로 프랑스정부는 기존 정책노선을 포기하고 급속도로 자유주의적 경제정책으로 선회하게 된 것이다.

둘째, 유럽통합이 진행됨에 따라 노동계급의 이익이 침해받게 될 가능성이 있긴 하지만 노동계급의 이익을 보호하기 위해서는 어차피 진행돼 가고 있는 유럽통합을 반대하면서 주요 의사결정과정에서 소외돼 있는 것보다, 차라리

---

16) Jens Henrik Haahr, "European Integration and the Left in Britain and Denmark," *Journal of Common Market Studies*, Vol.30, No.1 (1992).

17) 미테랑정부의 정책선회에 대해서는 Geroge Ross, Stanley Hoffmann, and Sylvia Malzacher (eds.), *The Mitterrand Experiment: Continuity and Change in Modern France* (New York: Oxford University Press, 1987)를 볼 것. 그 중 특히 국제경제상의 상호의존성 증가에 따른 경제정책 변화에 관한 논의는 Ross의 "Introduction"과 Hall의 "The Evolution of Economic Policy under Mitterrand"을 참조할 것.

유럽연합 정책결정과정에 대한 적극적 참여를 통해 영향력을 행사하는 것이 노동계급의 권익보호에 더욱 효과적일 것이라는 판단을 하게 됐던 것이다. 단일유럽법안의 통과와 1992계획(1992 Project)의 착수를 출발점으로 마스트리히트조약 체결로 이어지는 1980년대 중반 이후 유럽통합의 가속화현상은 사실 자본의 논리에 의해 진행되는 경제관계의 재편과정이라 할 수 있다.18) 그래서 1980년대 중반 이후 유럽공동체의 경제통합이 심화되면서 유럽 일각에서는 경제통합 진전이 가져다줄 수 있는 부작용으로 사회경제적 불평등의 심화에 대한 우려가 제기됐다. 즉 경제통합의 진전에 따라 노동계층에 불리한 방향으로 유럽공동체 회원국의 복지 및 노동정책이 변해 갈 가능성에 대해 어떻게 대응할 것인가가 노동운동의 심각한 고민이었다. 결국 유럽 중도좌파 정당의 선택은 유럽통합에 대한 전면적 부정이 아니라 경제통합에 소위 '인간의 얼굴'(human face)을 부여하자는 취지에서 EC회원국 전체에 적용될 수 있는 공동 사회정책 수립의 필요성을 역설하는 방향으로 나아가게 된 것이다. 경제통합 과정에서 스스로를 소외시키는 것보다는 경제통합 과정에 참여하면서 자신들의 입장을 반영시키는 것이 유리할 것이라는 판단이었던 것이다. 중도좌파 정당의 이러한 태도변화는 궁극적으로 유럽통합 문제에 관한 한 중도우파 정당과의 차별성을 부각시켰으며, 영국의 경우에는 보수당보다 오히려 노동당이

---

18) 예컨대 드비니(Timothy Devinney)와 하이타우어(William Hightower)는 1992계획을 '유럽에 있어 기업의 르네상스(corporate renaissance)'를 가져다주는 조치로 규정하고 있으며 (Devinney and Hightower, 1991, p.125), 마틴(David Martin)도 "현재 진행되고 있는 유럽의 경제통합에 관한 논의는 전적으로 우파세력들에 의해 지배되고 있다"는 견해를 개진하고 있다. 1992년 말까지 역내 단일시장 결성을 목표로 하는 콕필드경(Lord Cockfield)의 계획안이 채택됐다는 사실은 유럽통합의 주도권이 우파세력의 수중에 있음을 적나라하게 보여주는 실례라는 것이다(Martin, 1988, p.35). 렘케(Christiane Lemke)와 마크스(Gary Marks)는 한 걸음 더 나아가 "유럽통합은 곧 사회민주주의와 모순적(antithetical) 관계"에 있다고 못박고 있다. Timothy M. Devinney and William C. Hightower, *European Markets after 1992* (Lexington: Lexington Books; 1991), p.125; David Martin, "Labor's Alternative Europe," *European Affairs* 2, No.2, 1988, p.35; Christiane Lemke and Gary Marks, "From Decline to Demise?: The Fate of Socialism in Europe," in Christiane Lemke and Gary Marks (eds.), *The Crisis of Socialism in Europe* (Durham: Duke University Press, 1992), p.15.

훨씬 더 유럽 친화적인 성격을 보여주는 양상으로 나타나고 있다. 이런 의미에서 일각에서는 "유럽과 관련된 문제는 정당정치의 영역을 벗어나 있다"는 주장까지 개진되고 있다.[19]

유럽적 쟁점이 선거의 쟁점으로 등장하지 않는 유럽의회 선거는 결과적으로 개별 회원국 집권세력에 대한 중간평가의 성격을 띠게 된다. 그래서 1999년의 유럽선거에서도 지금까지 그래 왔듯이 사실상 유럽통합에 관련된 쟁점보다 국내정치적 사안에 대한 논쟁이 선거마당을 좌우했던 것이다. 유럽의회 선거가 유럽적 쟁점보다 회원국의 국내정치적 상황에 좌우되는 상황을 빗대 유럽의회 선거를 부차적 선거(second-order elections)의 일종으로 부르기도 한다. 부차적 선거는 주로 전국수준의 정부구성과 관계가 없는 지방선거 등을 일컫는다. 부차적 선거의 특징이라고 한다면, 유권자가 대통령제하에서 대통령선거나 내각책임제하에서 총선과 같이 전국수준의 정부구성과 직결되는 우선적 선거(first-order elections)를 염두에 두는 투표행태를 보인다는 점이다. 즉 지방선거나 유럽의회 선거에서는 유권자가 그 선거에 고유한 쟁점보다는 유권자가 보다 중요하게 생각하는 우선적 선거와 관련된 쟁점에 대한 평가를 자신의 투표행태에 반영시키는 경향이 있다는 것이다.[20] 하지만 부차적 선거는 실제로 유권자의 주관심사인 전국수준의 정부구성에 영향을 미칠 수 없다. 따라서 유럽의회 선거이면서도 유럽수준의 쟁점은 불명확하고, 막상 쟁점은 국내정치이면서도 국내정치 판도에 별 영향을 미칠 수 없는 이 선거에 유럽인의 적극적인 관심을 기대하기는 힘든 것이다.

결국 유럽의회 선거는 유럽사회의 균열구조를 반영하는 대안의 선택을 제공하고 있지 못하다. 사실 유권자가 투표에 참여하는 주된 이유는 자신의 이익을 대변하는 정당의 정치적 입지를 강화시켜 주기 위한 것이다. 만일 자신의 이익을 위해 차별화된 정강정책을 가지고 다른 정당과 경쟁하는 정당이 없다면, 유권자는 굳이 투표에 참여할 이유가 없다. 유럽의회 선거의 낮은 투표율이 유권자의 선호가 유럽의회에서는 제대로 반영될 수 없기 때문에 나타

---

19) David P. Conradt, *The German Polity*, 5th ed (New York: Longman, 1993), p.216.
20) Julie Smith, *Europe's Elected Parliament*, (UK: Sheffield Academic Press, 1999), p.23.

나는 현상이라고 한다면, 유럽의회는 이를테면 대표성을 결여한 것이 된다. 결국 민의를 제대로 반영하지 못하고 대표성을 결여한 의회의 권한이 강화된다고 해서 민주성이 회복되기는 어려울 것이다.

4. 보조성의 원칙: 유럽연합의 민주주의를 위한 대안?

유럽의회 강화가 민주성문제를 해결하기 위해 초국가기구의 위상제고를 추구하는 초국가적 해법이라고 한다면, 이와 반대로 초국가적 수준으로 의사결정권한이 집중되는 것을 가능한 한 억제해야 한다는 입장이 있다. 보조성의 원칙(principle of subsidiarity)을 강화시켜야 한다는 주장이 바로 이에 해당한다. 보조성의 원칙이란 어떤 사안의 해결을 가능한 한 그 사안에 의해 직접 영향을 받는 하부수준의 의사결정 메커니즘에 맡겨 두고, 그 하부수준에서 문제해결이 어려워 상부수준의 개입이 요청될 경우에만 상부수준이 보조역할을 해야 함을 뜻한다. 이 입장에 따르면, 초국가적 기구의 강화는 결국 의사결정의 소재가 유럽의 일반시민으로부터 유리되는 결과를 가져오게 되므로 가능한 한 정책결정권한을 하향 분산하는 것이 유럽시민의 민주적 정치참여를 보장하는 길이 된다고 한다.

원래 보조성의 원칙은 가톨릭의 사회교리에 등장하는 개념이다. 가톨릭의 회칙 "노동헌장 40주년"에서 본격적으로 개진되고 있는 이 원칙은 "상위의 권위자가 하위 권위자의 권리를 존중하는 일, 또는 한 사회에서 권위자가 사회구성원의 여러 가지 권리를 인정해 주는 일"을 지칭한다. 이는 말하자면 하급수준의 기관이 잘 수행할 수 있는 역할에 대해서는 상급수준의 기관이 개입할 필요성이 없다는 것과, 상급기관의 기능은 하급기관이 보다 효과적으로 기능을 수행할 수 있도록 도와주는 데 있다는 것으로 풀이할 수 있다.

유럽연합의 맥락에서 이 원칙을 재해석하면, 초국가적 기구의 기능은 가능한 한 자신의 실정을 정확하게 파악하고 있는 갓 회원국 정부의 역할을 보조해 주는 데 중점을 두어야 한다는 것으로, 회원국 정부의 자율성을 최대한 보장하는 것이 효율성의 측면이나 정의의 관점에 합당하다는 것으로 이해할 수 있다. 이러한 보조성의 원칙은 1992년 6월 덴마크의 국민투표에서 마스트리히트조약 비준이 거부된 이후 유럽연합과 회원국 주민의 거리감 확대가 통합을 가로막는 중요한 걸림돌이 될 수 있다는 위기의식이 확산되면서 집중적 조명을 받게 됐다.

그 결과 덴마크의 2차 국민투표를 앞두고 1992년 12월 에든버러에서 개최된 유럽이사회에서는 유럽통합에 대한 덴마크 국민의 지지를 유도하는 한편, 유럽통합에 대한 여타 국가의 호의적 여론을 지속시키기 위한 방편으로 의사결정권의 하향화를 지향하는 보조성의 원칙을 유럽통합의 운영원리로 채택하게 됐다. 보조성의 원칙을 언급하고 있는 EC조약 3b조에는 다음과 같이 명시돼 있다.

> 공동체는 이 조약에 의해 정해진 범위 이내에서만 권한을 행사하고 정책목표를 추구해야 한다. 확실하게 공동체의 관할범위가 아닌 사안에 있어서는 보조성의 원칙에 입각하여, 정책의 목표가 회원국 수준에서의 행동에 의해서보다는 공동체 수준에서의 행동으로 더욱 만족스러운 결과를 얻을 수 있을 경우에 한해 공동체가 개입한다. 공동체의 어떠한 행동도 이 조약에서 명시하는 목표의 달성을 위해 필요한 범위를 초과해서는 안 된다.

그런데 문제는 보조성의 원칙이 과연 유럽연합의 민주성 구현에 어떻게, 얼마나 기여할 것인지 분명하지 않다는 것이다. 우선 의미의 모호성이 문제가 된다. 이 조항을 포함해서 유럽연합의 기타 공식문서에서도 보조성의 원칙이 구체적으로 무엇을 의미하는지 확실하게 정의돼 있지 않으며, 유럽사법재판소의 권위적 해석을 담은 판결 또한 아직은 내려진 바 없다. 의미가 불분명한 원칙이 어떻게 현실적으로 적용이 될지는 두고보아야 할 일이다.

현재 유럽연합 조약에 명시돼 있는 보조성의 원칙은 적용의 범위에 한계가 있다. 사실 보조성의 원칙은 이론적으로는 국가단위 또는 지방 및 지역단위의 의사결정이 활성화돼야 한다는 주장으로 연결된다. 초국가적 기구보다 국가가 더 적합한 행위자이면 국가가 주도적 역할을 하고, 지역 또는 지방 단위의 정부가 더 효과적으로 과업을 수행할 수 있으면 지역 및 지방 정부에게 권한을 부여하는 것이 보조성의 원칙을 제대로 반영하는 것이 될 것이다. 그러나 실제 유럽연합의 틀 속에서는 위의 조항에서도 나타나듯이 보조성의 원칙은 국가수준까지만 적용될 뿐 지역 또는 지방수준에는 적용되지 않고 있다. 말하자면 현재 보조성의 원칙은 유럽연합과 회원국 정부간의 분업에서 주로 국가주권의 옹호수단으로 사용되고 있다. 말하자면 의사결정의 소재를 가능한 한 이해당사자에 근접하게 한다는 원래 취지는 퇴색되고 있다는 인상이다.

끝으로 유럽연합의 민주성과 관련해서 살펴보았을 때, 문제는 보조성의 원칙이 현재는 주로 정책수행의 효율성이라는 측면에서 주로 논의되고 있다는 점이다. 반면 보조성의 원칙과 관련된 유럽연합의 공식문서 내용 속에서는 민주주의의 중요요소인 시민의 참여와 유권자의 이익대변에 대한 관심이 별로 눈에 띄지 않고 있다. 의사결정과 정책수행의 주도적 역할을 어느 수준의 행위자가 담당할 것인가의 문제에서 결정의 기준이 민주주의 구현보다는 목표달성의 적합성에 치중돼 있다는 느낌이다. 이렇게 볼 때 보조성의 원칙 또한 유럽연합의 민주성 강화에 얼마나 기여할지는 미지수이다. 현재상태로 간다면 그다지 크게 기여할 것으로 보이지 않는다.

5. 맺음말

유럽연합의 민주성 강화방안은 지금까지 두 갈래로 추진돼 오고 있다. 초국가적 해법과 보조성의 원칙 적용이 그것이다. 그러나 위에서 살펴본 바와 같이 현재 진행되고 있는 두 가지 방안은 모두 한계를 가지고 있다. 그렇다면 유럽연합의 민주성문제를 해결하기 위해서는 어떻게 해야 하는가?

일단 초국가적 수준에서는 유럽의회에 대한 대중적 관심을 환기하고 유럽선거 참여율을 제고하는 것이 무엇보다 시급한 과제이다. 사실 선거는 공직자 선출기능 외에도 정치체제에 대한 정당성 확인이라는 기능 또한 수행한다. 따라서 유럽선거의 저조한 투표율은 유럽인의 유럽의회에 대한 무관심을 반영하는 데 그치는 것일 수도 있지만, 나아가 유럽통합의 정당성 확보에 걸림돌이 될 수도 있다. 하지만 유럽선거와 유럽시민 자신의 삶 사이의 연결고리가 뚜렷이 가시화되지 않는 한 유럽인의 유럽선거 및 유럽의회에 대한 관심은 낮을 수밖에 없다. 따라서 이 연결고리를 부각시키는 방안이 우선 모색돼야 할 것이다.

이러한 연결고리는 역시 유럽의회 선거가 유럽연합 '정부' 구성에 직접적인 함의를 가질 때 가장 가시화될 수 있을 것으로 보인다. 말하자면 유럽선거가 부차적 선거의 수준을 넘어 우선적 선거의 면모를 갖출 때, 즉 유럽선거가 '유럽정부'의 구성, 좀더 구체적으로 표현해서 유럽연합의 행정부로 지칭되는 집행위원회 구성으로까지 연결될 때 비로소 유럽인은 유럽의회 선거에 의미를 부여하게 될 것이다. 물론 이러한 대안이 과연 어느 정도 실현성이 있을지 지극히 의문스럽다. 집행위원회의 실질적 임명권을 가진 회원국 정부가 이 권리를 선뜻 포기하기란 쉽지 않을 것이기 때문이다. 하지만 이러한 개혁이 수반되지 않는 한, 그래서 유럽의회의 활동에 대한 대중적 관심과 지지가 제고되지 않는 한 유럽연합의 민주성 결손문제는 계속 논란의 대상으로 남을 것이다.

아울러 보조성의 원칙을 더욱 확대 적용할 필요가 있다. 지금처럼 보조성의 원칙을 회원국의 주권보호 방편 또는 회원국과 초국가적 기구간 책임분담의 기준으로만 취급할 것이 아니라 유럽을 시민에게 좀더 가까이 다가가게 하는 도구로 사용해야 할 것이다. 말하자면 지금까지는 보조성의 원칙이 초국가적 기구와 회원국 사이에서만 적용됐다고 한다면, 사안에 따라 지역 및 지방정부 수준으로까지 적용범위를 확장할 필요가 있다고 본다. 이를 통해 지역 및 지방단위에서 주민이 정책수립 및 집행과정에 보다 많이 참여하게 될 것이며, 결정된 정책이 직접적인 이해당사자의 이익을 보다 정확히 반영할 수 있을 것이기 때문이다. 즉 민주주의의 내용인 '참여'와 '대의'가 현실화될 수 있다는 것이다. 물론 이러한 방안 역시 얼마나 실현 가능한 일인지는 알 수 없다. 무엇보다도 국가수준의 정책결정 및 집행 담당자들은 유럽통합을 통해 자신들의 권한이 초국가적 기구로 이양되고 있는 마당에 국가 내의 하부수준으로까지 자신들의 권한이 분산돼 내려가는 것을 반기지는 않을 것이기 때문이다. 하지만 보조성의 원칙이 지금과 같이 기능적 효율성에만 치중하거나 국가주권의 보호수단으로만 사용되는 한, 유럽의 민주성 결손문제는 계속 미결의 과제로 남을 것이다.

참고문헌

김대순. 『EU 법론』 삼영사, 1995.
김대순. "유럽공동체인가 유럽연합인가?: 파리에서 암스테르담까지." 『유럽연구』 통권 제10호(1999).

Bulmer, Simon. "New Institutionalism and the Governance of the Single European Market," *Journal of European Public Policy*. vol. 5, no. 2, 1998.

Burley, Anne-Marie and Walter Mattli. "Europe Before the Court: A Political Theory of Legal Integration," *International Organization*. vol. 47, no. 1, 1993.

Conradt, David P. *The German Polity*. 5th ed. New York: Longman, 1993.

Dehousse, Renaud. "Constitutional Reform in the European Community: Are There Alternatives to the Majoritarian Avenue?" in Jack Hayward (ed.) *The Crisis of Representation in Europe*. London: Frank Cass, 1995

Devinney, Timothy M. and William C. Hightower. *European Markets after 1992*. Lexington: Lexington Books, 1991

Haahr, Jens Henrik. "European Integration and the Left in Britain and Denmark," *Journal of Common Market Studies*. vol. 30, no. 1, 1992.

Hix, Simon. "The Study of the European Community: The Challenge to Comparative Politics," *West European Politics*. vol. 17, no. 1, 1994.

Hix, Simon. *The Political System of the European Union*, New York: Palgrave, 1999.

Keohane, Robert O. "Multilateralism: An Agenda for Research," *International Journal*. vol. 45, no. 4, 1990.

Lemke, Christiane and Gary Marks. "From Decline to Demise?: The Fate of Socialism in Europe," In Christiane Lemke and Gary Marks (eds.) *The Crisis of Socialism in Europe*. Durham:

Duke University Press, 1992.

Martin, David. "Labor's Alternative Europe," *European Affairs*. vol. 2, no. 2, 1998.

Nugentm Neil. *The Government and Politics of the European Community*. Durham: Duke University Press, 1989.

Peterson, J. "Decision-Making in the European Union: Towards a Framework for Analysis," *Journal of European Public Policy*. vol. 2, no. 2, 1995.

Pierson, Paul. "The Path to European Integration: A Historical Institutionalist Analysis," *Comparative Political Studies*. vol. 29, no. 2, 1996.

Pollack, Mark. "International Relations Theory and European Integration," *Journal of Common Market Studies*. vol. 39, 2001.

Redmond, John (ed.) *Prospective Europeans: New Members for the European Union*. London: Harvester Wheatsheaf, 1994.

Ross, Geroge, Stanley Hoffmann, and Sylvia Malzacher (eds.) *The Mitterrand Experiment: Continuity and Change in Modern France*. New York: Oxford University Press, 1987.

Scharpf, Fritz W. "The Joint-Decision Trap: Lessons From German Federalism and European Integration," *Public Administration*. vol. 66, 1988.

Schmitter, Phillipe. "Is It Really Possible to Democratize the Euro-Polity?" A. Follesdal and P. Koslowski (eds.) *Democracy and the European Union*. Heidelberg: Springer, 1998.

Schmitter, Philippe C. *How to Democratize the European Union... And Why Bother?* Lanham, MA: Rowman & Littlefield, 2000.

Siedentop, .Larry. *Democracy in Europe*. New York: Columbia University Press, 2001.

Smith, Julie. *Europe's Elected Parliament*. Sheffield, UK: Sheffield Academic Press, 1999.

Verdier, Daniel and Richard Breen. "Europeanization and Globalization: Politics Against Markets in the European Union," *Comparative Political Studies*. vol. 34, no. 3, 2001.

Warleigh, Alex. *Democracy in the European Union*. London: Sage, 2003.

키워드: 민주성의 결손(democratic deficit), 유럽의회(European Parliament), 보조성의 원칙(principle of subsidiarity), 유럽의회선거(European Parliament elections), 신기능주의(neofunctionalism)

제9장 유럽통합의 심화와 제도적 결속력의 강화

박래식

1. 머리말

　제2차 세계대전으로 인해 유럽은 말할 수 없을 정도의 피해를 감수해야 했다. 대부분의 도시와 산업시설은 철저하게 파괴됐으며, 수천 년간 이어 온 유럽의 문명과 인간의 자유, 평등, 존엄성 같은 소중한 가치는 심하게 모독당했다. 이러한 전면적인 파괴와 아울러 전쟁은 무고한 많은 사람들을 비극적인 역사의 수레바퀴 속에서 희생시켰으며 살아남은 이들에게도 다시는 돌이킬 수 없는 극심한 고통과 상처를 안겨 주었다.
　종전과 함께 찾아온 냉전의 대립과 피해복구 과정에서 유럽의 지도자들은 다시는 과거의 전철을 밟지 않고 평화체제 구축과 경제부흥을 위해 꾸준히 논의와 타협을 해 왔으며, 과거의 소모적인 경쟁의 잘못을 절실하게 실감하고 화해하고 협력하려는 의지를 다져 왔다. 이러한 노력은 1993년 유럽연합이라는 초국가적인 실체를 탄생시켰으며 현재에는 그 통합의 심화와 견고화 역시 급속한 속도로 진행중이다.
　유럽연합은 아직 국민국가(nation-state)와 그 주권개념이 상존해 있음에도 불구하고 유럽연합(EU), 유럽단일통화(EMU), 공동농업정책(CAP) 같은 초국가제도에 의한 통합이 진행돼 왔으며, 그 영역은 점차 경제·사회분야에서 정치분야로 확산되고 있다. 또한 이러한 정치적 목적을 실현하기 위해 초국가기구 EU는 제도 개혁을 추구함과 동시에 효율성을 강구하고 있고, 공동의 정책을 통해 국가간에 결속력을 강화함으로써 다양한 대립적이고 복잡한 정치적 가치를 단계적으로 해결해 가고 있다. 즉 EU는 점차 명목상의 통합에서 실질적 통합의 단계로 나아가는 심화의 과정을 거치고 있다.

이 장에서는 마스트리히트조약에서 규정된 바 있는 유럽통합 심화의 내용을 분석하게 될 것이다. 통합은 단편적인 여러 부분이 하나의 공동체로 힘을 이양해 새로운 조직체를 구성하는 것이다. 또한 통합은 새로운 조직체가 보다 효율적으로 작동하기 위해 구성원간의 결속력 강화를 저해하는 요소를 수정하는 과정으로서 진행형을 의미하기도 한다. 이러한 맥락에서 이 장에서는 첫째, 유럽통합에 대한 역사적·이론적 논쟁과정을 살펴봄으로써 여러 정치가와 학자들의 의견을 분석할 것이다. 둘째, 통합의 심화과정에서 걸림돌이 될 수 있는 큰 변수 중 하나는 민주적 정통성의 취약함과 그로 인해 야기된 일반시민의 무관심이다. 통합과정에 참여한 행위자는 각국의 정치가와 관료, 경제행위자들이었으며, 이들이 일반시민의 의사를 정확히 반영해 의사결정과정을 수행했다고 보는 데는 적지 않은 어려움이 있다. 이러한 상황은 심화과정에서 필수적인 심리적이고 정체성적인 통합을 이루는 데도 큰 장애물이 되며, 민주주의를 근간원칙으로 삼는 유럽 각국의 가치에도 부합되지 않는 것이다. 따라서 초국가기구 유럽연합과 유럽의회의 문제점과 그 개선방안으로 어떠한 제도적 개혁이 제시될 수 있는가에 대해 살펴볼 것이다. 셋째, 통합의 심화를 위해 제시된 유럽차원의 정책을 상위정치와 하위정치 이슈로 분류해 각각의 정책이 통합 심화과정에서 어느 정도 결속력을 강화시켰는가를 검토할 것이다.

2. 통합에 관한 역사적·이론적 논쟁

통합에 대한 역사적·이론적 논쟁으로는 국가중심주의, (신)기능주의, 거래주의, 연방주의 등 많은 주장이 있어 왔다. 모든 이론이 당시의 조건적 상황과 함께 나름대로 부분적 설명력을 갖는다는 것은 부인할 수 없으며, 그런 의미에서 이들은 일정 정도 이상의 차이점과 각각의 적실성을 가진다고 할 수 있다.

에치오니(A. Etzioni)는 통합을 "하나의 정치공동체가 폭력수단의 사용에 대한 효과적인 통제권한을 갖고 있으면 통합이라는 조건을 만족시키는 것이다"고 정의했다.[1] 통합에 대한 에치오니의 정의는 권력정치적 맥락의 통합이 어떤 것인가에 대해 많은 것을 시사해 주며, 이러한 정의하에 크게 소극적 통합과 적극적 통합으로 분류해 유럽통합의 심화과정을 설명하는 데 개념적 체계를 잡을 수 있게 한다. 결국 심화란 소극적 통합에서 적극적 통합으로 가는 이행과정이기 때문이다. 이 장에서는 통합에 대한 역사적 주장과 그 이행으로서 소극적 통합과 적극적 통합에 대한 역사 및 이론적 논쟁과정을 살펴보며, 그러한 논쟁이 통합의 심화를 어떤 방식으로 설명할 수 있는가에 대해 논하게 될 것이다.

1) 유럽통합의 필요성에 대한 역사적 전개과정

유럽의 역사를 고찰해 보면 유럽은 단결과 정체성을 띠고 있었지만, 분열·긴장·대립의 역사가 조화와 평화를 유지하기보다는 국민국가의 존재와 정체성을 우선시한 나머지 항상 긴장감이 도사리고 있었고 종종 전쟁으로 파

---

[1] Amitai Etzioni, *The Political Dynamics of European Economic Integration* (Stanford: Stanford University Press, 1963), p.4.

국을 초래했다. 이러한 특유한 역사과정에서 유럽인들은 운명공동체 의식을 갖게 됐고 분열보다는 단결, 전쟁보다는 평화와 안정, 그리고 국민국가 중심 보다는 유럽중심 의식을 싹트게 했다.2)

유럽에 대한 인식은 18세기 변화를 맞이하게 되는데, 이는 계몽주의와 시민혁명으로 인한 유럽사회의 변화에서 기인한다. 18세기 프랑스 사상가였던 생 피에르(St. Pierre)는 『영구평화론』(Le Projet de paix perpétuelle)을 저술해 유럽에서 초국가정부 수립을 주장했다. 또 이것이 집대성된 것이 칸트의 영구평화론이었다. 1795년 프로이센과 프랑스의 바젤조약이 체결되는 것을 본 칸트는 반복되고 가중되는 전쟁의 고통은 인류를 멸망하게 만들 것이라고 그의 저서『영구평화론』(Zum ewigen Frieden)에서 지적했다. 따라서 이를 극복하기 위해 각국이 주권의 일부를 양도해 전쟁을 막는 국제조직을 결성해야 한다고 했다. 또한 외교에서 비밀조약과 상비군의 폐지, 그리고 코스모폴리탄항 세계공민법의 제정을 제안했다.3)

그러나 유럽의 역사가 곧바로 세계의 역사로 인식되던 시대에 서로 이해가 상반되는 국가로 구성된 유럽의 평화안이라는 것은 지배·종속관계이거나 강대국간 세력균형을 통한 평화유지가 고작이었다. 1815년 메테르니히의 주선으로 대프랑스 전쟁에서 승리한 국가간에 비엔나회의에서 합의된 '유럽협조체제'(Concert of Europe)는 철저한 현상유지적 세력균형 개념으로 평화를 유지하는 위태로운 체제였다. 또한 러시아 차르 알렉산드르 1세가 제안한 신성동맹(Heilige Allianz)은 매우 관념적이고 이상주의적인 유럽통합 안에 지나지 않았다.4)

결국 양차 대전을 거치면서 유럽인들은 비로소 절실하게 통합의 필요성을 느끼게 됐다. 베스트팔렌조약 이후 300여 년간 유럽세계를 지배해 온 근대 민족국가 체제는 더 이상 유럽인의 안정과 번영을 책임질 수 없는 것으로 보였

---

2) Gerhard Brunn, *Die Europäische Einigung* (Stuttgart: Reclam, 2002), p.26.

3) Marie-Louise von Plessen, *Idee Europa: Entwürfe zum 'Ewigen Frieden'* (Berlin: Henschel, 2003), pp.60-62.

4) Gordon A. Craig, *Geschichte Europas 1815-1980: Vom Wiener Kongress bis zur Gegenwart 1984* (München: C.H. Beck Verlag, 1984), pp.153-155.

다. 파괴된 유럽을 재건하면서 많은 지식인과 정치인들은 '하나의 유럽'이라는 사상을 설파했다. 그러나 그들의 이상은 단번에 실현될 수 없었다. 그들이 꿈꿨던 '유럽연합'은 전쟁의 엄청난 피해로 야기된 경제난 극복이라는 현실적 과제 앞에 수그러들지 않을 수 없었고, 통합에 대해서는 각국의 이해관계에 따라 많은 이견이 발생할 수밖에 없었다. 또한 이런 상황에서 기능주의에서 연방주의에 이르기까지 학자들간의 통합에 대한 이론적 논쟁도 치열하게 진행돼 갔다.

2) 통합반대와 소극적 통합론: 국가주권의 불가침성

2차대전 종전 이후 유럽에서는 통합의 정도와 심화에 대해 많은 논란이 있었다. 일반적으로 대륙의 정치가들은 유럽통합의 필요성을 인식하고 초국가적 기구의 창설에 긍정적이고 적극적이었지만, 영국과 북유럽은 비교적 소극적인 자세를 취했다. 1945년 새로이 영국의 집권당이 된 노동당의 애틀리 수상은 야당의 처칠이 유럽통합의 필요성을 언급하고 있을 때 신중한 자세로 지켜보았을 뿐 어떤 대안의 제시나 언급을 자제했다. 한편 영국의 처칠은 유럽연합의 필요성을 취리히 연설에서 언급했지만 이에 대해 대륙의 연방주의자와는 다소 상이한 시각을 갖고 있었다. 그는 안보 면에서 프랑스와 독일이 화해해 평화적 관계를 유지하고 과거의 국위를 회복하기를 원했다. 그리고 미국, 영국, 심지어 소련까지도 유럽의 조력자가 돼야 한다고 주장했지만, 이것의 함축된 의미는 영국이 유럽연합의 회원국이 아니라 하나의 독립된 국가로 역할하기를 주장한 것이다.[5]

---

5) 처칠이 표면적으로는 적극적 통합과 유사해 보이지만 실질적으로는 느슨한 통합을 주장한 이유는 지극히 간명했다. 먼저 이 당시 영국은 안보적인 이유에서 소련의 위협에 대처하기 위해 미국과의 공조체제가 절실한 상황에서 유럽통합에 전념해 미국의 오해를 살 필요가 없었고, 영연방이라는 거대한 국가조직망에서 주도권을 소유한 국가가 유럽연합의 한 회원국으로 편입될 경우 국가위신이 하락하는 사태가 발생할 수도 있었다. Curt Gasteyger, *Europa zwischen Spaltung und Einigung 1945-1990* (Köln: Verlag Wissenschaft und Politik, 1990), pp.39-40.

1950년대 초 유럽연합의 모태가 됐던 석탄철강공동체부터 각국은 이해관계에 따라 상이하게 대처했다. 1950년대 영국은 안보적 이유에서 미국과의 공조체제 필요성과 영연방 내에서 국가위신을 고려해 유럽통합에 소극적이었다면,[6] 1960년대에는 드골로 대표되는 프랑스가 그들의 국익 때문에 유럽통합의 진전을 방해했다. 이 시기 유럽정치는 이전과 전혀 다르게 전개되고 있었다. 점차 유럽공동체(유럽경제공동체)의 목적이 달성되자 각국의 의견차이가 생기게 됐다. 드골은 영국의 공동체 참가를 반대하고 공동농업정책의 조기실현을 주장했으며, 로마조약에서 언급한 만장일치제에서 다수결방식으로의 전환을 반대했다. 다수결방식은 유럽경제공동체의 발전을 가져올 수 있지만 프랑스에게는 불리하게 작용할 것이기 때문이었다. 이 방식은 공동체 내 프랑스의 주도권 약화를 의미하기 때문에 프랑스는 이를 저지하기 위해 각료이사회에 불참했다.[7] 드골의 계획은 무산됐지만 공동체의 초국가적 성격을 약화시켰고, 다수결 표결방식의 선택이 제한됐으며, 영국의 가입이 무산되는 결과를 초래하게 됐다. 그러나 유럽경제공동체의 위기가 집행위원회의 중재가 아니라 정부간 협상에 의해 타결됨으로써 프랑스의 위상이 그대로 존재하고 있음을 보여주었다. 프랑스의 집요한 목적의식에서 시작된 이사회 불참은 공동체의 발전을 저해하고 공동체 의사결정 제도의 보완을 재고하게 했다.[8]

뒤늦게 공동체에 가입한 영국은 공동체정책에 협조적이지도 않았을 뿐 아니라 어떠한 획기적인 개혁안도 제시하지 못했다. 영국은 과중한 재정부담금을 지고 있지만 혜택이 상대적으로 적다는 불만을 갖고 있었으며, 근본적으로 국가의 주권을 강조하는 정부간주의적 통합을 선호하고 있었다. 영국은 유럽이 경제공동체에서 정치공동체로 전환하게 될 경우 마약, 테러리스트, 불법이

---

6) 유럽통합에 반대한 정치그룹이나 집단으로는 공산당과 민족주의자들이 있었다. 그리고 1950년대 초반 서독의 야당(사민당) 총재인 슈마허도 유럽 석탄철강공동체 가입에 반대했는데, 그 이유는 공동체 회원국이 모두 나토가입 국가로 서독의 외교가 친미적으로 흐를 경우 소련 및 동유럽과 외교적 협상이 불가능해져 독일통일이 어려워질 것이기 때문이었다.
7) Ernst Weisenfeld, *Charles de Gaulle* (München: C. H. Becks, 1990), pp.6-7.
8) Derek W. Erwin, 『유럽통합사』, 노명환 역(대한교과서, 1996), 170쪽.

민자들을 통제할 수 없다는 이유로 국가주권의 불가침성과 국가중심주의를 강조했다.9)

더구나 1980년대 중반 단일의정서 체결로 통합의 심화와 확대를 추진하던 유럽공동체는 다시금 반(反)연방주의를 주장하는 영국 대처 수상의 반발에 부딪치게 된다. 그녀는 유럽공동체의 관료주의적 경향에 반대입장을 표명하고, 정부간주의에서 초국가주의로 변하는 통화동맹 계획과 사회정책에 대해 국가주권을 제한한다는 이유로 거부입장을 표명했다. 또한 1990년 봄 독일통일 분위기가 조성될 무렵 통일 후 독일의 독자적 행보를 막기 위해 미테랑 대통령과 콜 수상이 협상주제로 더블린회의에 유럽연합의 민주적 정통성 강화, 제도적 효율성 제고, 공동행위의 일관성 확보, 공동외교안보정책을 상정했을 때, 회원국가의 주권을 훼손하면서까지 단일국가 창설을 주장하는 두 정상의 정치적 야심을 비난했다. 설상가상으로 영국은 제도개혁에서 집행위원회가 강력한 정책결정권을 소유하는 것은 연방주의 분위기가 성숙되지 않았다는 이유로 반대했다.10) 그러나 개별국가의 이해관계에 따라 순간적인 지체는 있었으나 공동체 전체의 유럽통합에 대한 집요한 노력과 통합을 지향하는 전체적인 대세는 진전돼 갔다.

위의 과정에서처럼 프랑스와 영국으로 대표되는 유럽 강대국은 국가적 위상을 유지하기 위해 기본적으로 국가주권의 양도 불가성을 강하게 표출했다. 국민국가 중심론자의 주장은 단지 국가의 부분적인 권한, 몇몇 정치적 활동과 국가 내 행위자의 협력을 증진시키는 한편 상호간의 교류로 친선과 협력을 도모한다는 지극히 교과서적인 원칙만 상호 확인하는 것이었다. 이와 동시에 통합을 위한 협상에 대해서는 자신들이 핵심적인 국익과 주권을 지키면서도 어떻게 통합을 이루어 낼 것인가 하는 이중적 고통 속에 빠지게 됐다. 국가중심적 관념하에서 통합은 국민국가의 과거에 대한 향수에 젖어 답보상태에 빠지게 했다. 그러나 이러한 국가중심적 현실주의 관념은 초국가적 행위자(transnational actors)와 비정부기구(nongovernmental organizations: NGOs) 같은 국가 외

---

9) Gerhard Brunn (2002), pp.133-134.
10) Derek W. Erwin (1996), pp.357-358.

행위자가 국제정치에서 중요한 부문으로 등장하게 되면서 희석되기 시작했다.

3) 적극적 통합론: 초국가주의와 연방주의를 통한 통합의 심화

통합이 가시화되기 위해서는 국가주권을 일정한 초국가기구에 양도해 공동의 목적을 추구하거나 혹은 공식적인 헌법적 조치를 통한 국가 정부제도의 해체와 공동의 군사, 경찰 및 사법제도를 포함하는 연방기구를 설립하려는 의지가 필요하다. 후자의 경우 다소 급진적이고 이상적으로 보이며 그것이 과연 통합과정과 심화의 정당한 지향점인가에 대해서도 정확한 결론을 내리기는 힘들다. 장 자끄 루소(Jean Jacque Rousseau)도 이러한 초국가정부에 대해 "세계정부는 필요할 때는 수립이 불가능하며, 수립이 가능할 때는 불필요하다"는 말로 그것의 이상적이고 실현 불가능한 점을 지적한 바 있다. 또한 2차대전 이후 일부 유럽의 정치가들은 새로운 유럽질서를 정립하기 위해 초국가기구의 필요성을 강조하기 시작했지만 당시로서는 유럽통합의 실현은 어려운 일이었다. 전후 유럽은 전체가 폐허의 상태로 심리적 위축감에 빠져 있었고 정치적 불안정으로 국가질서를 먼저 회복해야 했다. 따라서 개별국가의 통합과 심화에 대한 의지가 국가주권의 무제한적 양도와 실현 불가능한 연방정부의 추구를 의미하는 것은 결코 아니었다.

이러한 상황하에서 유럽사상 지지자들은 유럽통합의 가치와 역할에 대해 인식하고 있었다. 당시 유럽연합을 주장하는 대표적인 정치가는 프랑스의 슈망(Robert Schuman), 모네(Jean Monnet), 서독의 아데나워(Konrad Adenauer), 이탈리아의 카스페리(Alcide de Casperi), 벨기에의 스파크(Paul-Henri Spaak) 등이었다. 이들의 정치적 역할과 개인의 명성은 큰 영향력을 발휘했는데, 범유럽적 사상이 현실정치 영역에 스며들어 민족적이고 국가적인 관심을 약화시키는 데 기여하게 됐다. 유럽연방주의 사상이 초국가적 기구를 갈망하는 유럽연합 옹호론자들을 직접적으로 지원하거나 연결시키지는 않았지만, 통합된 유럽의 독립성과 그 영향력의 가치가 국익을 중시하는 현실주의자들을 자극했던 것이다.[11]

에른스트 하스(Ernst Haas)의 통합에 대한 해석에서 알 수 있는 것과 같이 유럽의 국제정치적 체제가 하나의 초국가기구를 통해 일정한 상호의존적 관계를 수립함으로써 국가간의 경계선이 흐려져 가는 현상이 가시화될 수 있으며,12) 여기서 만들어지는 꾸준한 접촉과 상호의존, 교류를 통한 국익의 극대화는 현실주의자들에게도 충분히 설득력을 가질 수 있었다. 이론적 측면에서 1972년 코헤인(R. O. Keohane)과 나이(J. S. Nye)가 현실주의이론의 문제점을 지적하며 보완한 "초국가적 관계와 세계정치"(Transnational Relations and World Politics)라는 제목의 글은 이러한 상황을 일정부분 인지하는 상태에서 초국가적 행위자의 중요성을 강조했다는 점에서 설득력이 있었다.13) 이는 현실주의와 국가주권의 불가침성을 주장하는 국가중심적 접근을 극복할 수 있는 하나의 이론적 근거를 제시한 것이었다. 초국가적 관계란 중앙정부에 의해 통제되지 않는 상호작용, 접촉, 협동에 그 초점을 맞추고 있으며, 이는 기존의 현실주의이론이 가정하고 있는 단일한 국가라는 가정에 대한 큰 도전이기도 했다.

따라서 '하나의 유럽'에 대한 열정은 갈수록 확산됐지만, 모든 국가의 현실적 의견과 관심이 일치됐던 것만은 아니었으며, 동기와 목표도 주어진 정치적 상황에 따라 차이가 있었다. 독일은 EU 회원국이 됨으로써 회원국가간 상호협조적 관계를 유지해 역사적으로 증명된 침략국이란 불명예를 벗을 수 있었다. 이는 주변국가들과 화해하고, 서방 강대국과 동등한 자격의 외교를 지향하는 서독외교의 기본입장이었다. 이탈리아의 경우 EU 회원국이 됨으로써 국내정치에서 공산주의자에 의해 야기될 수 있는 정치적·사회적 불안정을 서방세계와 연대를 통해 극복할 수 있었고, 프랑스는 서독을 유럽연합에 끌어들여 침략야욕을 저지하고 프랑스의 위신과 지도력을 회복할 수 있었다. 그리고 서독과 동맹관계 결성은 유럽에서 미국의 간섭을 배제하고 프랑스가 주도적 위치를 확보할 수 있게 해 준다는 판단이었다.14) 결과적으로 초기의 통합에 대한 논의는 '국익을 위한 통합'이라는 상호간 최대공약수만 확인하는 상태의

---

11) Curt Gasteyger (1990), pp.29-30.
12) Ernst B. Haas, *Beyond the Nation-State* (Stanford: Stanford University Press, 1964), p.29.
13) 박재영, 『국제정치 패러다임: 현실주의, 자유주의, 구조주의』(법문사, 1998), 342-343쪽.
14) Derek W. Erwin (1996), pp.42-45.

진전만 보였을 뿐이다.

한편 연방주의자들은 유럽공동체 결성으로 국가의 권한을 약화시키고 국가주권의 일부를 공동체에 이양해 초국가적인 공동체의 행위를 강화함으로써 유럽의 평화질서와 경제를 회복하자고 주장했다. 여기에는 개별국가의 주권도 중요하지만 공동체를 통한 회원국의 조화로운 발전을 추구하는 연방주의적 요소가 작용하고 있었다. 연방주의는 국가중심주의의 그늘에 가려 이상적이지만 현실성 없는 대안으로 비판을 받았지만, 유럽공동체가 꾸준히 발전하면서 부분적으로는 연방주의이념을 접목시킬 수 있었다는 점에서 그 공헌이 있다고 할 수 있다. 그 대표적인 경우가 EU에서 채택하고 있는 정부간주의로 각료이사회는 국가간 기구가 아닌 초국가기구로서 연방주의의 개량된 모습을 보여주고 있다. 유럽연방에서 채택되고 있는 수준의 연방주의는 헤게모니 장악이 아닌 공생과 조화의 질서라는 차원에서 소수민족의 자율성이 확보되고, 동시에 지역적 차이를 극복하는 데 이상적인 대안이 돼 왔으며 견고한 국가중심주의의 완화에 기여할 수 있었다.[15]

3. 제도개혁을 통한 민주적 정통성 확보

1) 민주적 정통성의 문제: 추진력과 신뢰성의 약화

유럽통합 심화과정과 관련해서 또 다른 쟁점은 민주적 정통성의 추구와 대중의 지지확보다. 현재 유럽은 민족국가(nation state)에서 초국가(supra-nation state)로 거버넌스의 중심이 이전되고 있다. 각각의 EU 회원국은 다양한 형태의 민주정치체제로 운영되고 있고, 민주주의의 가치와 기본이념을 실현하는 것은 EU의 운영원칙이기에, 초국가적 수준에서 민주주의를 어떠한 방식으로 극대

---

15) 김영일, "프루동의 연방주의와 민주주의의 이해: 연방주의적 유럽질서의 모색," 『국제정치논총』 제41집 1호(2001), 22-24쪽.

화할 것인가는 심화를 논의하는 데도 상당히 중요한 부분이다.[16]

그러나 정작 민주주의를 표방하는 EU의 의사결정 방식에는 민주주의원칙이 부족하다. 통합과 상호의존의 심화에서 하위정치 영역의 통합이 우선 실행되고 있다는 것은 최소주의적 접근만으로 생각한다면 매우 긍정적인 현상임을 부인할 수 없다. 그러나 이는 정치적 과정과 민주적 정통성을 능가하는 시장의 강화와 경제의 세계화(globalization)가 가속화되는 현상을 의미하기도 한다. 유럽경제의 세계화와 아울러 이에 대한 반작용으로 등장한 지역주의(regionalism)는 외양은 상이함에도 불구하고 개별국 차원에서는 민주주의에도 큰 위협으로 작용한다. 이것은 민주주의의 기본원리 중 하나인 책임(accountability)의 원리가 잠식되고 있다는 것이다. 이로 인해 유럽에서는 '새로운 길'이라는 명목하에 '제3의 길', '새로운 중도' 등 다양한 이름하에 사회복지와 공공지출을 감소시키고 있다.

권력은 책임을 지나 시장은 책임을 지지 않는다. 그리고 다소 상징적인 모습의 초국가기구로 시작했던 유럽연합은 이러한 변수에 대처하기에는 다소 미약했다. 민주적 책임성 같은 덕목은 종종 제도적 통합과 시장논리에 밀려야 했다.

따라서 이 부분에서 나타나는 논점의 핵심은 유럽연합의 추진력과 신뢰성에 대한 문제이다. 이는 최근의 이론에 따르면 정치적 통치체제가 반드시 가져야 하는 두 가지 핵심적 전제이다. 여기서 추진력이란 자동적으로 발휘되고 위기에 신속하게 대응할 수 있는 정치체제의 능력을 말한다. 그리고 신뢰성은 정치적 통치체제를 주민들이 합법적으로 수용하는 상태이다. EU의 추진력과 신뢰성은 다음과 같은 문제를 내포하고 있다.[17] EU체제는 돌발적인 위기발생 시 어떠한 조치도 취하기 어려웠으며, 단지 시장통합에 그 우선 순위를 부과한 정책에 대해서 이를 인정하고 동조하는 유럽시민이 많지 않았다는 것이다.

---

16) 유럽연합의 민주주의에 대한 사상은 유럽연합 회원의 가입조건이 바로 인권을 존중하고 자유민주주의 국가여야 한다는 원칙에서 찾을 수 있다. 마스트리히트 조약과 1992년 리스본 정상회담은 인권존중과 민주주의 실천의무를 명문화했다.http//europa. eu.int/comm/lisbon_strategy/index_eu.html(검색일: 2004. 4. 16).

17) Dietmar Herz, *Die Europäische Union* (München: C. H. Beck, 1999), p.16.

다시 한번 말한다면 초국가기구에 대한 유럽인의 인식에는 깊은 불신이 잔존해 있었다. 특히 EU는 계속적으로 확대됐지만 근본적으로 시민들의 통합의지를 구현하지 못했으며, 복잡하고 불투명한 EU에 대해 시민들은 지속적으로 실망할 수밖에 없었다. 또한 EU 기구가 주민들의 일자리, 국가 간의 경제능력 격차, 사회정의 등 중대한 현안문제를 해결하지 못한 탓도 있다.[18]

2) 유럽의회의 위상과 역할에 관한 논쟁

한편 구조적 측면에서 유럽연합체제는 세 입법기구(이사회, 유럽의회, 집행위원회), 두 행정기구(집행위원회, 이사회), 그리고 하나의 사법기구(유럽사법재판소)로 구성돼 있다. 여기에 내재해 있는 문제점으로 집행위원회나 이사회에 비해 유럽의회의 권한이 적다는 것은 유럽연합체제가 민주성 내지 합법성에 상당한 결함을 가지고 있다는 것을 의미한다.

민주성의 결함은 유럽연합 차원의 정책추진 과정에서 요구되는 투명성의 결여에도 나타나고 있다. 이러한 원인에서 '유럽시민' 의식이 아직은 확립되지 못하고 있다. "브뤼셀이 하나의 거대한 관료정치를 만들어 놓았다"[19]는 주장은 이러한 현상을 극히 잘 보여주고 있는 것이다. 대부분의 통합과 심화에 관련한 이슈가 하위정치 영역이기 때문에 정책결정과정에서 일반대중의 동의를 받은 대표가 아닌 전문가그룹이나 기술관료, 다국적기업 대표들의 참여가 중심이 돼 왔다. 이는 EU가 폐쇄적인 기관이라는 비난을 받으면서 일반대중의 지지를 받지 못하는 문제점을 안고 있다.[20]

여기에서 유럽의회의 발전과 민주적 정통성의 확립이 요구되는 것이다. 그 정당성은 첫째, 유럽통합 과정에 민주성이 부여돼야 한다는 것과, 둘째, 유럽통합에 대한 대중적 지지가 확보돼야 한다는 필요성이 그것이었다. 오늘날 유럽연합 내에 다양한 정치그룹이 존재함에도 불구하고 유럽의회는 정치과정의

---

18) Herz. D. (1999), p.18.

19) Jürgen Schröder, *Der offene Kontinent* (München: Olzog, 2000), p.39.

20) 최진우, "유럽의회의 발전과 유럽통합,"『국제정치논총』제39집 2호(1999), 135-136쪽.

민주성과 정당성문제에서 여전히 많은 문제를 노출했다. 유럽의회는 유럽연합의 각종 기구 중 명목상의 서열에서는 첫 번째이지만, EU 내에는 각국의 이해관계가 복잡하게 혼재돼 있고, 공동체 전체에 적용되는 EU헌법이 제정되지 않아 대부분의 권한은 각료이사회가 가지고 있는 상황이다. 민주주의국가에서는 의회가 입법부의 기능을 갖지만 유럽의회는 특정한 분야에서만 입법권을 갖고 있고, 그것도 각료이사회와 공동결정권을 갖고 있는 불합리한 측면을 안고 있는 것이다.[21]

이와 더불어 유럽의회의 위상을 약화시키는 문제점으로 유럽의회 선거의 낮은 투표율과 무관심, 지속적으로 나타나고 있는 반(反)유럽주의적 정서 역시 지적될 수 있다.[22] 이익정치 측면에서 통합의 심화는 결국 '가치의 권위적 배분과정'의 주체가 기존의 국민국가에서 이념을 같이하는 정당그룹이 돼야 하는 것이다. 그러나 유럽의회는 조직의 일체감이라는 면에서 동일한 정치그룹 내에서도 상이한 이념 혹은 정책적 문제가 도출되고 있고, 이는 회원 정당이 상당히 자국 정치에 의존할 수밖에 없다는 것을 의미한다.[23] 또한 유럽의회에 대한 일반인의 지나친 무관심과 낮은 투표율은 유럽의회와 정당그룹의 힘의 약화를 가져올 수도 있는 문제이다. 마지막으로 유럽의회 내 극단주의자 그룹과 지역주의자 그룹, 반유럽주의자 그룹 등의 존재이다. 이들은 통합의 진전을 반대하며, 그들 내부의 동질성과 공통된 이해관계를 바탕으로 강한 응집력을 보이고 있다.[24]

따라서 유럽통합의 심화를 위해, '개별국가들이 경쟁하는 유럽'이 아닌 '초국가적 정당그룹이 경쟁하는 유럽'으로의 이행이 필요한 것이다. 즉 국가중심의 갈등에서 이익과 이념중심으로 갈등의 재집합과 그러한 과정에서 나오는 갈등의 치유와 문제해결 과정이 의회민주주의 범주 내에서 일상화되는 것이 유럽통합에서 민주적 심화와 공고화의 과정일 것이다.

---

21) 최진우(1999), 132-133쪽.
22) Markus Jachtenfuchs, *Die Konstruktion Europas* (Baden-Baden: Nomos 2002), p.121.
23) Schröder, J. (2000), p.45.
24) Paul Ludwig Weinacht, *Wohin treibt die EU?* (Baden-Baden: Nomos, 2001), pp.88-90.

3) 제도개혁을 통한 운영의 투명성과 효율성 강화

EU는 정식 국가가 아니고 여러 개의 개별국가가 모여서 이루어진 공동체이기 때문에 정부조직체와 같은 제도의 틀 안에서 권위의식을 가지고 행정력을 집행할 수 있는 추진력이 결여돼 있다. 유럽통합이 심화됨에 따라 유럽시민들의 공적 및 사적 생활영역에 영향을 미치는 결정이 EU의 수준에서 이루어질 가능성이 높아질 수밖에 없는 상황에서 EU의 의사결정과정이 민주성을 결여하고 있는 한, 유럽통합의 정당성은 훼손될 수밖에 없으며 정당성을 인정받지 못한 통합은 정치적 실험의 의미밖에 없게 된다. 그러나 전 유럽을 대상으로 이러한 정치적 실험을 하기에는 그 실패의 대가는 너무나 막대하다. 따라서 그러한 부작용을 방지하기 위해 제도개선과 함께 운영의 효율성과 투명성 증대를 통해 유럽연합의 민주적 정통성을 보완해야 하는 것이다. 따라서 이러한 측면에서 거시적으로는 EU, 미시적으로는 유럽의회의 투명성과 효율성 강화를 위한 제도개혁의 필요성이 나타나는 것이다.[25]

결과적으로 EU 제도개혁의 핵심과제는 다음의 세 가지로 집약될 수 있다. 첫째, 유럽연합의 투명성을 높여야 한다. 마스트리히트, 암스테르담, 니스 같은 조약은 이전의 복잡한 조약을 단순화시키고 투명화시키는 것이 아닌 추가적 약속과 통합대상만을 만들어 냈다. 지속적으로 만들어지는 난해한 조약과 통합 적용대상의 확대는 오히려 관료 사이에서도 통합에 대한 실무작업에서 광범위한 과제만을 만들어 놓은 것이다. 기존 조약과 통합의 방식도 그다지 단순하지 않은 여건에서 더욱 복잡한 관료정치적 환경만 생성시켰을 뿐이다. 이로 인해 대부분의 의사결정은 관료정치 중심으로 이루어졌으며 일반시민과의 상호작용은 배제돼 왔다.

둘째, EU 각 기구의 권한과 위상이 보다 정확하게 균형을 이뤄야 한다. 집행위원회나 이사회에 비해 유럽의회는 권한의 범위가 매우 좁으며, 이것은 극심한 일반시민들의 무관심과 연결됐다. 1970년대 이후 유럽의회 선거의 투표

---

25) 최진우(1999), 143쪽.

율은 지속적으로 하락하는 추세를 보여왔다. 최근에는 유럽의회의 권한이 점차 확대돼 감에도 불구하고 투표율은 50%를 넘지 못했다. 이것은 유럽의 유권자들이 유럽연합에서 차지하는 유럽의회의 위상을 낮게 평가하고 있기 때문이다. 물론 현재까지는 유럽의회가 완전한 입법부 기능을 수행치 못하고 있다. 그 이유는 흔히 유럽연합의 조약에서 의회의 권한과 영역을 너무 작게 부여하고 있다는 데서 찾지만, 실제로는 그렇지 않다. 지난 10년 동안 꾸준히 의회의 권한을 확대시켜 왔고, 이미 전체 법률안의 80% 이상이 의회의 승인을 거쳐야 공포될 수 있다. 특히 의회의 영향이 큰 곳은 정치적 과정의 핵심분야인 유럽연합의 예산결정에서다. 그러므로 유럽의회의 나약함은 법적인 것이 아니라 정치적인 것이다.[26]

실질적으로 중요한 사안에서 유럽의회 의원은 자국 정부의 이해관계 때문에 결정을 내리지, 결코 정당이나 유럽차원의 이해관계에서 검토하고 결정하는 것은 아니다. 이로써 의원은 자국 정부의 업무 보조자로 전락한 셈이 됐다. 일반시민이나 언론에서는 유럽의회의 본래 기능이 어디에 있는지, 심지어는 그 존재의 정당성과 필요성에 대해서까지 회의를 품게 됐다. 설상가상으로 유럽의회 정당의 정치자금은 국내 정당의 자금에 의존한다. 선거비용도 국내 의회선거에서와 마찬가지로 국고보조가 주어진다. 이 점은 바로 실질적 유럽정당의 생성과 발전을 가로막는 요인으로 작용하고 있다. 이는 국내정치의 정당에 비해 늘 부차적인 것으로 유럽정당이 인식돼 왔으며 정치적 참여 역시 현재까지는 국내정당에 집중될 수 없는 상황을 만들어 놓았다.

유럽의회에서 정당이 제 역할을 찾고 유럽의회 정치의 주체로 기능하려면 스스로가 실질적인 유럽정당으로 탈바꿈해야 한다. 이를 위해 먼저 유럽정당이 유럽의회 후보자의 공천권을 지녀야 하며, 아울러 재정독립도 보장돼야 한다. 그럼으로써 의원, 정당, 의회가 유럽차원에서 상호 책임을 지도록 해야 하며, 그것이 유럽여론과 일반시민에게 신뢰를 얻을 수 있는 지름길인 것이다.

셋째, EU 기구가 민주적 합법성을 확보해 추진력을 가져야 한다. 특히 위원회와 같은 공동체기구의 합법성 결여와 이사회의 결정방법에 기인한 통제

---

[26] http//fes.or.kr/index_kor/kpuh/FES-IS/Europawahl.html(검색일: 2004. 5. 1).

능력 결여 등은 추진력을 떨어뜨리는 요인이 돼 왔다. 일반적으로 민주주의 정치체제하에서는 정부의 구성에 의회가 중추적인 역할을 해야 하며, 국민은 의회선거에서 투표를 통해 자신의 평가를 표출할 수 있어야 한다. 하지만 EU 수준에서는 유럽시민이 이러한 권리를 행사할 수 없었다. 마스트리히트조약 이전까지만 하더라도 집행위원은 전적으로 회원국 정부에 의해 결정됐으며, 유럽의회나 회원국의 의회는 집행위원의 선임과정에서 배제돼야 했다.[27] 이것은 전적으로 유럽의회에 대한 대중적 관심을 환기시키고 유럽의회를 일반 대중과 더 이상 유리되지 않도록 폭넓은 제도개혁을 통해 조치해야 한다는 것을 의미하는 것이다.

4. 결속력 강화와 통합의 심화

앞에서 논의한 통합과 심화에 대한 이중적 개념에서 알 수 있는 바와 같이 유럽통합 심화과정은 하스가 주장한 신기능주의적 관점과 아울러 코헤인과 나이가 언급한 초국가기구를 통한 체제수준의 협력강화 및 동질화의 수준으로 나아갔다. 또 일부에서는 더욱 심화된 통합을 달성해 '진정으로 하나의 유럽국가'를 만들 수 있다는 견해까지 확대되고 있다.

그러나 통합에 대한 하스와 에치오니의 개념이 보여주듯이 초국가기구가 그 하부 행위자에 대한 강제력의 독점적 행사가 가능한 수준까지 개별국가의 주권이 이양되는 심화가 이뤄질지에 대해서는 다소 속단하기 어려운 측면이 있다고 여겨진다. 따라서 국가 하부 행위자간의 협력과 '상호 양도가 가능한' 종류의 개별국의 권한을 기구에 위임하는 하위정치(low politics) 차원의 심화와, 국가의 고유권한이라는 군통수권 및 치안·사법기능까지를 대폭 위임하는 상

---

27) Renaud Dehousse, "Constitutional Reform in the European Community: Are There Alternatives to the Majoritarian Avenue?," in Hayward, J. (ed.), *The Crisis of Representation in Europe* (London: Frank Cass, 1995); 최진우(1999), 135쪽.

위정치(high politics) 차원으로 분류해 각 부문별로 실질적인 통합의 심화가 어떤 양상으로 이뤄지고 있는 것인지 규명해야 할 것이다.

1) 하위정치의 통합과 결속력의 문제: 부분적 결속력 강화

(1) 유럽공동체

독일의 통일이 완성되고 동유럽에서 정치체제의 전환이 이루어지던 1990년 로마에서 열린 유럽정상회담은 정치통합에 대한 기본합의를 도출하고 기본지침으로 유럽의회의 권한강화, 공동외교안보정책, 유럽시민권 규정, 유럽공동체의 관할영역 확대 등을 결정했다. 1992년 마스트리히트조약[28] 체결에 의해 EU가 탄생해 단일시장 및 단일화폐를 이룩하면서 경제통합을 추진하고, 또한 공동외교・안보정책, 공동내무・사법정책을 통해 정치통합을 추구하고 있다.[29]

유럽공동체는 EU를 지탱하는 첫 번째 기둥으로서 개별국가의 주권을 일부 넘겨받아 초국가적으로 운영되고 있다. 유럽공동체는 유럽석탄철강공동체를 기반으로 유럽원자력공동체, 유럽경제공동체 등의 과정을 거쳐 마스트리히트조약에 의해 EU가 탄생함으로써 유럽공동체로 이름을 바꾸어 초국가적인 단일유럽시장을 설립하는 데 주도적인 역할을 하고 있다.

1957년 설립된 유럽경제공동체는 경제적 통합을 위한 과정의 하나로 단일시장을 형성해 회원국간의 관세 및 상품의 수입과 수출에 관한 양적 제한 철폐, 제3국과의 무역에서 공동의 관세율과 공동의 무역정책을 도입하고, 회원국간에 인력, 서비스, 자본의 자유로운 이동, 공동의 농업정책을 추구한 결과 공동의 농업정책, 관세동맹, 공동의 무역정책을 실현하게 됐다. 이러한 문제를 해결한 공동체는 유럽연합이 탄생하기 전까지 공동체의 의사결정을 방해하는

---

28) 마스트리히트조약에 대한 자료는 인터넷사이트 http//europa.eu.int/eur-lex/en/treaties/dat/EU_treaty.html을 참조했다.
29) 이주영・김성형, 『현대유럽의 역사, 제2차 세계대전부터 현재까지』(삼지사, 2002), 280-281쪽.

만장일치제를 가중다수결의 방식으로 전환해 개별국가의 방해에 의해 공동체의 발전이 지연되거나 위험에 처하는 모순을 제거했고, 공동체에서 생산하는 제품의 질과 규격의 통일을 위해 최소한의 원칙을 규정해 소비자를 보호하고, 기술적 조화와 규격의 표준화를 위한 다양한 방법이 제시됐다.[30]

마스트리히트조약이 체결되고 유럽연합이 탄생함으로써 공동체에서는 인력, 물품, 서비스 및 자본 등이 자유롭게 이동할 수 있게 됐다. 인력의 자유로운 교환에서 유럽시민은 직업적 또는 개인적 이유로 공동체의 다른 나라를 여행하는 데 1993년 3월 26일부터 비자 없이 왕래할 수 있게 됐는데, 일차적으로 네덜란드, 독일, 벨기에, 룩셈부르크, 프랑스, 스페인, 포르투갈이 국경을 개방했다.[31]

서비스교류의 자유가 허용됨에 따라 공동체에서 국적에 상관없이 전화를 신청할 수 있고 소포배달의 선택도 넓어질 수 있었다. 서비스분야에서 역내의 시장이 자유로워짐에 따라 시민들은 선택의 폭이 확대돼 저렴한 가격에 질 좋은 서비스를 받을 수 있게 됐다. 따라서 기업은 상품의 질 개선과 기업의 효율성 추구를 통해 보다 나은 서비스를 제공함으로써 경쟁력을 강화하게 될 것이다.[32]

1999년 1월 1일 경제통합동맹이 효력을 발휘하면서 2002년 1월 1일 11개 회원국에서 유로화가 사용됐고 공동체 역내에서는 자본의 자유로운 이동이 가능해졌다.[33] 경제통화동맹에 대한 논의는 1970년 베르너 플랜에 의해 시작됐지만, 당시의 세계적인 불황 때문에 추진되지 못하고 1980년대 중반 단일유럽법에 의해 법적 토대를 마련하게 됐다. 통화동맹은 경제통합을 전제로 하고

---

30) Daniel-Erasmus Khan, *EU-Vertrag* (München: DTV-Beck, 2001), p.83-84.

31) Klaus-Dieter Borschardt, *Die rechtlichen Grundlagen der Europäischen Union* (München: UTB, 2002), pp.243-244; 독일연방정치교육원 편,『유럽연합의 실체와 전망』, 최경은·권선형 역(연세대 출판부, 1999), 161-165쪽.

32) 심상필,『유럽연합 (EU): 제도와 경제』(홍익대 출판부, 1996), 92-98쪽.

33) Hartmut Hausmann, "Die neue Agenda für die europäische Politik," in Bundeszentrale politische Bildung (ed.), *Aus Politik und Zeitgeschichte* (Bonn: Bundeszentrale politische Bildung, 1996), pp.5-6.

있기 때문에 각 나라의 경제정책이 동일한 안정도 기준을 충족할 경우에만 가능하게 됐다.34) 유럽연합조약은 경제통화동맹 수용에 대한 최저한의 수렴기준을 규정했는데, 가격안정, 예산의 원칙, 통화안정, 낮은 수준의 장기 이자율 등이다.

경제통화동맹 체결로 유로화가 통용됨에 따라 유럽시민은 역내에서 자유로운 구좌개설이 가능하고, 부동산, 채권, 기업에 투자할 수 있게 됐다. 그리고 전환비율에 따라 보유중인 외환 및 채권, 주식 등 각종 금융자산을 유로화로 표시하도록 했다.35) 그리고 유로화 사용으로 개별국가의 화폐가 사라짐으로써 EU 역내의 국가를 여행할 경우 환전해야 하는 불편과 수수료부담에서 자유로워졌다. 또한 기업은 역내거래시 수수료부담에서 벗어날 수 있고 제3국과의 거래에서도 달러가 아닌 유로화로 결제가 가능해져 환차손을 방지할 수 있게 됐다.

(2) 공동농업정책

오늘날까지도 통합된 유럽의 한 초석을 형성하고 있는 공동농업정책(Common Agricultural Policy: CAP)은 유럽공동체의 심화과정을 설명하는 가장 큰 사례이자 비교적 완성수준이 높았던 정책이다. 하지만 공동농업정책은 공동체 예산의 약 65%를 차지하는 가장 값비싼 정책이기도 했다. 시장정책과 농업구조정책을 근간으로 하는 공동농업정책은 세 가지 원칙, 즉 시장의 단일화, 공동체 농산물 호혜, 그리고 재정연대감 위에 기반을 두고 있으면서 농업생산력 증대와 농산물 비축의 안전보장에 기여해 왔다. 이러한 원칙은 적어도 하위정치 수준에서 공동체 농업경제 부문에 대한 수준 있는 합의를 이끌고 집행했다는 점에서 큰 의미가 있다고 볼 수 있다. 이러한 조건 위에서 회원국 각국의 농가소득을 증대하고 적절한 수준의 생활조건을 유지하며 시장을 안정시켜 농산물 공급의 안전을 기하고, 적절한 가격을 유지해 소비자의 생활편

---

34) Daniel-Erasmus Khan (2001), p.101.
35) 이주영·김성형(2002), 280-281쪽.

리를 도모하는 데 목적을 두고 있다. 유럽연합의 농업정책은 공동의 경쟁력에 관한 규칙을 정해 개별국가의 시장원칙을 균등하게 정돈하는데 비중을 두고 가격에 관한 규칙, 농업부조금, 작물의 분배, 농산물의 공급과 공급과 수요의 안정화를 위해 균형적인 조치와 공동의 계획을 수립하고 있다.36)

그러나 농업종사자의 생활수준과 수입이 지역에 따라 크게 다른 점, 구조적 잉여농산물(우유, 버터, 포도주, 설탕), 공동체의 재정원보다 빠르게 증가하는 농산품 통화보상액(MCA) 등의 심각한 문제에 직면해 있는 공동농업정책은 초창기부터 회원국 사이에 많은 논란의 대상이 돼 왔다. 새로운 상황에 적응하기 위한 일대 개혁이 요청되고 있다.

공동농업정책은 유럽연합 차원에서 농업시장에 보조금과 보호정책을 제공함으로써 외부시장으로부터 안전망을 구축할 수 있었다. 그러나 공동농업정책의 무제한적 농업보조금은 비효율적인 생산을 초래해 가격하락과 함께 공동체기금을 과다 지출하는 모순을 안고 있었다. 그 모순의 원인은 1960년대 초 수요에 비해 농산물의 공급이 부족한 상황에서 농업생산을 증가시키기 위한 수단으로 보조금을 지원하면서 비롯된다.37) 보조금지급 결과 농업생산성은 향상됐으나 지나친 과잉생산이 가격하락으로 이어지는 결과를 가져왔다. 유럽공동체는 무한대로 생산물을 매입해 재정적 부담을 안게 됐는데, 이는 단지 매입가격에만 한정되는 것이 아니라 추가적으로 발생하는 저장, 유통, 수출 등에 대한 부담으로 연결돼 심각한 재정적 위기를 겪게 됐다. 따라서 공동체는 농업정책 개혁을 단행했고, 그 결과 1988년 농업지출에 대한 연간상한선을 규정해 공동체 부담을 감소시켰으며, 농산물 구매가격을 상당히 낮게 책정해 농업생산량을 줄이게 됐다.38)

1980년대 식품산업의 발달로 농산물소비가 급격히 감소하자 1992년 유럽공동체는 생산량을 줄이기 위한 방법으로 휴경제도를 도입해 경작지를 휴경하는 토지에 보상금을 지불하게 된다. 한편 환경보호와 정책에 대한 유럽연합

---

36) Thomas Läufer, *Europäische Gemeinschaft Europäische Union, Die Vertragstexte von Maastricht* (Bonn: Europa Union Verlag, 1993), pp.40-47.

37) Gerhard Brunn (2002), pp.145-146.

38) 심상필(1996), 148-153.

차원의 관심강화는 1993년 생태학적 규정을 제정해 농약과 인조비료 사용을 엄격하게 규제하는 조치로 이어졌다.[39]

이러한 개혁의 결과 1996년부터 농산물 초과생산량이 상당히 감소했다. 1997년 발표한 'Agenda 2000'은 농업에서 지속적으로 비효율적인 가격지원을 낮추고, 대안적 방법으로 수입 가능성을 타진하여 효율적이고 친환경적인 농업을 지향하고 있다. 이러한 조치의 결과 농가수입 감소와 미래의 불안을 염려한 농민의 반발은 심화되고 있지만, 제3세계국가의 개방압력과 공동체 재정을 절감하기 위해 지속적인 개혁은 요구되고 있다.[40]

(3) 지역정책과 구조정책

유럽공동체 내부에서도 남북간 회원국들의 경제적 격차문제는 유럽통합에 적지 않은 걸림돌이었다. 따라서 지역정책과 구조정책은 공동체의 균형적 발전을 위해 농촌지역과 낙후된 지역의 후진상태 극복을 위해 투자됐다. 이를 통해 공동체는 전체적으로 조화로운 발전을 촉진하고 회원국들의 경제와 사회분야에서 결속력 강화를 시도하고 있다. 이러한 문제를 해결하기 위해 공동체는 로마조약 전문에 "상이한 지역간의 격차와 저발전국의 후진성을 줄여 회원국가 경제의 조화로운 발전을 보장한다"고 규정하고 있고, 유럽단일의정서(SEA)를 통해 EEC조약 130a항을 신설해 "공동체는 다양한 지역간 발전수준과 농촌을 포함한 낙후지역간 경제적 편차를 줄여 나간다"고 명시했다. 지역균등발전 정책 합의정신은 유럽연합조약 전문에도 '유럽연합 내의 연대', '경제사회적 진보', '강화된 결속'을 삽입하면서 재차 강조하게 된다.[41]

결국 1975년에 와서야 뒤늦게 제도화된 유럽지역개발기금 창설과 공동체 지역정책은 그 밖의 다른 구조기금(ESF와 EAGGF)의 협력하에 조금씩 보강됐

---

39) Ulrich Brasche, *Europäische Integration, Wirtschaft, Erweiterung und regionale Effekte* (München: Oldenbourg, 2003), pp.171-173.
40) 독일연방정치교육원 편(1999), 182-184쪽.
41) European Commission, *Regional Policy-Inforegio*; 국제지역연구소, 『유럽질서의 이해』 (오름, 2003), 278-279쪽.

다. 또한 지역간 격차가 계속 유지된다면 발생할 심각한 문제가 드러남에 따라 유럽단일의정서 내용에 경제 및 사회적 단합의 원칙을 삽입했다.

지역정책을 수행하는 제도적 장치로는 유럽사회기금(ESF)과 유럽농업지도기금(EAGGF), 지역발전기금(RDF)이 있는데, 이는 낙후된 지역의 경제적 향상을 위해 지원돼 왔다. 이러한 기금은 농업지출에 이어 두 번째로 큰 지출로 공동체 재정의 1/3을 차지하고 있다.[42]

유럽사회기금은 직업교육, 장기실업자의 직업능력 교육 및 상담, 교육구조와 고용구조 개선, 남녀기회 균등, 노동시장 향상, 과학·기술분야 인력충원을 위한 프로그램을 지원하고 있다.[43] 유럽농업 및 보장기금은 낙후된 지역의 농업보상, 청년농업 정착 지원사업, 기업구조의 효율성 향상, 농산물 가공시설과 시장향상, 농촌취락 개선사업, 농업 직업교육 등에 지원해 농업생산성뿐 아니라 농촌 생활환경을 개선해 장기적으로 농업을 현대화하는 데 기여하고 있다.[44]

한편 1975년에 제정된 유럽지역개발기금은 낙후지역이 이 기금의 수혜자로 주로 고용창출과 유지, 중소기업 지원, 낙후된 산업시설의 현대화, 지역발전 프로젝트 등에 투입해 지역간 경제적 차이를 극복하는 데 목적을 두었다. 이 기금은 이탈리아 남부와 유럽공동체가 남부로 확대된 후 그리스, 스페인, 포르투갈이 기금 수혜국이고, 독일이 가장 많은 재정 부담국이다.[45] 그러나 지역정책 분야에서 유럽공동체는 산발적으로 그리고 첨예한 문제에만 한해서 해결을 시도함으로써 지역간 격차를 좁히는 데 크게 기여하지 못했다는 반성이 있어 왔다.

---

42) Ulrich Brasche(2003), 250-254.
43) Hartmut Hausmann (1996), pp.6-8.
44) Ulrich Brasche (2003), pp.255-256.
45) 독일연방정치교육원 편(1999), 204-205.

2) 상위정치에서 통합과 결속력의 문제: 표면적 진전, 실질적 정체

(1) 유럽 공동외교안보정책

유럽의 안보방위정책은 1954년 유럽방위공동체가 무산된 후 나토(NATO)에 의존했지만 유럽공동체의 공동외교안보정책에 대한 논의는 룩셈부르크 보고서부터 시작됐다. 보고서는 외교안보정책 협력을 위한 초기 출발단계로 외교정책 협상과 동조적 표결방법을 채택했다.46) 그러나 이 당시의 공동외교정책은 국제적 사건과 조약에 대한 유럽공동체의 선언이나 입장을 발표하는 정도에 지나지 않았다. 무엇보다 유럽 내부에서도 정치가 사이의 드골주의와 대서양주의의 첨예한 대립, 그리고 국가주권의 가장 핵심적 부분인 '군통수권'의 부분적 포기문제에서 대부분의 사람들은 많은 두려움을 보여 왔기 때문이다. 비록 단일유럽의정서(SEA)에는 안보문제에 대한 긴밀한 협조관계의 필요성이 제시돼 있었으나, 이는 동서관계, 유럽 안보협력, 중동문제, 남아프리카와 아프가니스탄문제, 테러 및 핵무기 비확산과 인권문제 등이었다. 즉 이것은 기존의 외교안보 사안에 대한 재확인에 불과한 것이었다.

그러나 마스트리히트조약 체결 이후 유럽의 외교안보정책은 정치협력에서 공동외교안보정책으로 전환할 가능성을 갖게 됐다. 공동외교안보정책은 5가지 목표를 설정했는데, 유럽연합의 공동가치와 근본적인 이해를 도모하고, 독립성을 보존하며, 유럽연합과 회원국의 안전을 강화하고, 유럽헌장의 기본원칙과 헬싱키 최종문서, 파리헌장의 기본원칙에 입각한 세계평화 유지와 국제안보 강화에 주력하며, 국제협력을 통해 인권과 자유를 존중하고 실현하고 민주주의와 법치국가의 발전에 기여한다는 것이었다. 이와 같은 원칙 아래 EU 회원국들은 상호 협력체제를 구축하고 점진적으로 공동행위를 확대하기 위해 노력했다.47)

---

46) Thiel Elke, *Die europäische Union, Von der Integration der Märkte zu gemeinsamen Politiken* (Opladen: Leske+Budrich, 1998), pp.215-216.

이에 따라 공동외교안보정책은 지역안정을 촉진하고 분쟁을 예방하며, 민주주의 제도를 강화하고 인권을 존중하는 공동 활동목표를 가지고 있었다. 일례로 1997년까지 유럽공동외교안보정책은 60회 정도 공동활동을 할 수 있었는데, 그 중에는 러시아와 남아프리카에 감시단 파견, 보스니아와 헤르체고비나에 대한 인도적 개입, 중부유럽의 안정협정에 대한 발의 같은 것이 있었다.[48]

마스트리히트조약에서 서유럽동맹(WEU)은 EU의 군사적 역할을 담당하게 됐다. 따라서 그 동안 독립적으로 존재하던 두 기구가 연계성을 갖게 됐고, 안보에 관해 회원국의 의견을 조율할 수 있는 제도적 장치를 마련하는 성과를 거두었다. 이로써 서유럽동맹은 유럽방위를 위해서 NATO와 양립하게 됐고, EU의 안보와 방위에 관한 공동정책을 결정하고 이행할 의무를 갖게 됐다.[49] 이는 적어도 외연적으로는 EU를 신유럽안보 구축을 위한 주요기관으로 격상시켰다. NATO는 서유럽안보의 구심적 역할을 했지만 유럽통합이 진전되면서 유럽연합(EU), 서유럽동맹(WEU), 유럽안보협력기구(OSCE)의 지속적인 확대와 함께 유럽안보에 유럽 국가의 안보정책 참여부분이 늘어난 것이다.[50]

1997년 암스테르담 정상회담에서 공동외교안보정책에 대한 진일보한 합의를 이끌게 됐다. 결정에서는 만장일치를 고수하되 이사회가 특정 사안에 대해 공동입장, 공동조치를 취하고, 이행문제에 관해서는 가중다수결 방식을 허용했다. 이와 같은 의사결정은 외교안보 분야의 의사결정 범위가 확대됐다는 것을 의미하고 또 제도개혁이 이루어진 것으로 볼 수 있다. 또한 건설적 기권제를 도입해 정책결정에서 기권한 회원국에 대해서는 결정된 정책이 구속력을 갖지 않도록 함으로써 EU가 국제문제에 신속하게 대응할 수 있게 하고 개별국가에게 자율권을 부여했다.[51]

---

47) Thiel Elke (1998), p.217.
48) Thiel Elke (1998), pp.220-221.
49) 최수경·조명현·박재정,『유럽의 정치통합, 국제주의, 지역주의, 국가주의의 갈등과 조화』(집문당, 1997), 165-168쪽.
50) 이승근, "유럽안보환경의 변화와 NATO의 확대,"『국제정치논총』제38집 2호(1998), 241-243쪽.

그러나 이것은 냉전시기 '안보의 수혜자'였던 유럽이 냉전해체와 함께 유럽차원에서 그들이 부담해야 할 최소한의 안보를 재확인하는 과정을 보여주는 것일 뿐, 결코 초국가 군사기구로의 군사력 통합과 통합유럽군 창설을 의미하는 것은 아니었다. 1999년 헬싱키 정상회담에서 결의된 신속대응군 창설계획이 축소 및 지연되고 있는 것은 이러한 상황을 정확히 보여주는 사례라 할 수 있다. 즉 공동외교안보정책은 마스트리히트조약과 암스테르담조약을 통해 그 외연이 지속적으로 심화되고 있지만, 다양한 분야에서 각국간의 상호 신뢰가 결여돼 있으며 그 구체적인 내용과 수행능력, 구체성과 투명성이 부족한 것으로 보인다.

(2) 내무·사법분야의 통합과 심화의 시도

마스트리히트조약에 EU의 세 번째 기둥으로 채택된 내무사법정책은 단일시장의 완성을 끝내고 자유로운 인적교류를 촉진시켜 정치적 통합을 추구한다는 전략을 가지고 있었다.52) 내무사법정책에 대한 제안이 있자, 반대자들은 다양한 국가의 상이한 법률체제상 집행에 대한 구속력이 부족하며 협조체제도 쉽지 않다는 이유로 난색을 표명했다. 그러나 유럽의 내무장관과 법무장관들은 꾸준한 접촉을 가지며, 내무사법 분야의 협조를 시도했다. 결과적으로 1985년 룩셈부르크 쉥엔에서 체결된 조약에서 국경의 단계적 철폐에 관해 언급됐으며, 1995년 3월에는 7개 가입국 사이에 개인물품 통제가 폐쇄됐다. EU의 내무·사법정책은 자유이주 실현을 위해 공동체가 관할권에 구애받지 않고 망명, 이주, 이주통제, 국제사기 퇴치, 민·형사사건에 대한 협력, 세관사무영역, 테러, 마약거래 등 국제적 범죄 퇴치운동을 위해 정보교환 시스템을 구축하고 개별국 경찰조직의 협력을 시도했다. 사법 및 내무분야의 공조를 조정하는 관할권은 각료이사회에 있으며 집행위원회는 이에 관한 모든 분야의 업

---

51) Klaus-Dieter Borchardt, *Die Europäsche Union nach dem Amsterdamer Vertrag* (Baden-Baden: Nomos, 2000), p.17.
52) Thiel Elke (1998), p.228.

무에 관여한다. 유럽의회는 정규적으로 이 업무에 대한 보고를 받으며 중요한 분야에 대해서는 유럽의회의 의견을 고려한다는 원칙을 만들었다.53)

그러나 동유럽 붕괴와 내전에 따른 난민과 제3국 국민들의 이민이 계속 증가하고 있지만, 내무·사법정책 영역에서 다루는 난민과 이민정책은 이들을 수용하는 시설 및 사회적응 교육 등 재정적·사회적 문제가 수반되고 있기 때문에 각 개별국가의 분배원칙만 정했을 뿐 구체적인 공동의 해결안이 제시되지 못하고 있는 실정이었다.54)

그러나 2001년 벨기에 라켄에서 열린 EU 정상회담 직전 15개 회원국 내무·법무장관들은 특정범죄 용의자에 대해 공동체포영장을 사용하기로 합의해 이 분야의 진전에 있어 조금이나마 성과를 거둘 수 있었다. 과거 유럽연합 15개 회원국은 범죄인 인도협약을 맺은 회원국끼리만 범죄 용의자를 인도해 왔다. 이는 어디까지나 두 나라의 합의에 바탕을 둔 양자관계에 불과했다. 이런 이유로 지난 1995년 마약과 테러용의자 등에 관한 정보를 공유하기 위해 유럽경찰, 즉 유로폴(Europol)이 설립됐다. 그러나 개인정보 누출에 대한 우려와 범죄인 인도시 발생하는 문제에 대한 책임소재 등 여러 가지 문제가 얽혀있어 유로폴의 활동은 적잖은 제약을 받아 왔다. 그러나 라켄에서 합의된 공동체포영장을 통해 이러한 문제는 일단 사라지게 됐다. 테러리스트와 금융사기, 부패, 조직범죄, 아동에 대한 성적 학대, 무기거래, 마약밀매 등 32개 범죄 용의자에 대해 한 회원국이 발부한 체포영장이 다른 모든 회원국에서 그대로 통용되기 때문이다.55)

이러한 공동내무·사법정책은 유럽공동체 영역 내에서 질서와 치안이 안정될 수 있도록 초국가적 체제를 구축했다는 데 의미가 있지만, 공동체가 이를 실현하는 데는 법적 토대와 민주적 절차에 의문이 제기된다. 사실 공동체 포영장이 인권을 침해할 우려가 있다는 것은 늘 결정적인 문제점으로 지적돼 왔으며, 유럽통합에 소극적이던 영국은 이 영장의 도입이 인권침해와 주권상

---

53) Klaus-Dieter Borchardt (2002), pp.438-444.
54) 독일연방정치교육원 편(1999), 246-250쪽.
55) Klaus-Dieter Borchardt (2002), pp.441-443.

실로 가는 길 아니냐며 의문을 제기했다. 유럽통합에 반대하는 일부 여론은 "경제분야에서 유럽통합이 너무 많이 진전된 상황인데 국가의 고유영역으로 간주돼 온 내무·사법분야까지 유럽통합이 진전되는 것이 경악스럽다"는 반응까지 보였다. 또 각국에서 발생하는 수많은 사건은 유럽재판소나 개별국가의 법으로 통제하기에는 너무나 어렵다는 한계가 있다.[56]

5. 맺음말

유럽에는 상이한 문화적·역사적·정치적 차이를 가진 다양한 국가가 존재하고 있으며 각 국가마다 이해관계가 복잡하게 얽혀 있기 때문에, 통합된 의견을 형성하거나 단일의 공동체를 결성한다는 것은 쉬운 일이 아니었다. 그러한 어려움에도 불구하고 유럽이 40년의 역사에서 EU라는 공동체를 구체화할 수 있었던 요인은 파괴적인 전쟁을 지양하고 협력적인 유럽체제 구축의 필요성이 절실히 대두됐기 때문이며 그러한 노력은 일정부분 실효를 거두었다.

그러나 하나의 단일한 공동체를 구현하는 데 있어 현재까지의 통합과 심화과정은 지극히 최소한의 부분에 머물러 왔다. 물론 EU는 각 분야에서 범유럽 차원의 공동정책으로 개별국가간 결속력을 강화하고 조화로운 발전을 도모하고 있고, 또 협조체제를 유지해 EU의 위상을 강화해 나가고 있다는 것은 분명하다. 유럽통합은 단일시장의 완성으로 인적교류, 물품거래, 서비스 및 자본의 자유로운 이동이 가능하게 돼 기업의 효율성은 강화됐고, 질 높은 서비스와 상품개발로 유럽인의 삶의 질 향상에 크게 기여해 왔다. 또한 공동농업정책으로 농업기술 향상과 농업의 합리화, 노동과 생산요소의 투입을 통해 농업생산성을 최대화하고, 농가소득을 증대한 공헌을 부인할 수도 없다. 이렇게 경제나 사회정책 분야의 통합과 공동정책에 대한 동의는 순조롭게 이뤄져 왔

---

56) Klaus-Dieter Borchardt (2000), p.48.

으나, 외교안보나 내무치안 같은 주권국가 교유권한에 대한 문제에서는 다소 어려움이 있었던 것이 사실이다. 그러나 참여를 거부하고 있는 일부 국가가 '유럽방위의 유럽화'라는 명제에 동의하게 돼 신속기동군 창설이 가속화되고, 지난 6월 프라하 정상회의에서 유럽 각국 정상간에 공감된 유럽헌법의 필요성과 그것의 국민투표 통과 가능성에 대한 낙관론의 확산은 통합의 심화에 다소간 발전과 지향을 보여주는 것이라 할 수 있다. 통합된 유럽헌법의 기치 아래 공동의 사법·내무정책이 그 효력을 발휘하며, 공동의 군대가 NATO와 기능적인 협조하에 유럽의 안보를 담당할 수 있는 여건이 점차 조성되고 있는 것이다. 유럽헌법과 공동방위정책은 통합의 심화를 빠른 속도로 진행시킬 수 있는 핵심적인 요소이기 때문이다.

한편 유럽통합 과정에 참여했던 대부분의 주체는 일반시민이 아니라 관료와 정치가, 기업인이었다. 이것은 유럽통합이 '위로부터 주어진 통합'을 의미하는 것이었으며, 시민의 직접적인 참여와 동의에 기반하지 않았다는 한계를 갖는 것이었다. 따라서 EU는 연합체라는 특성상 각국 대표에 의해 운용되는 관계로 민주성과 책임성이 결여됐다는 지적을 받아 왔으며, 유럽연합법의 직접 효력성, 가중다수결에 의한 의사결정, 각료이사회와 집행위원회 운영의 불투명성 같은 문제점은 이러한 '위로부터의' 통합으로 인한 모순이었다. 따라서 이러한 문제점을 보완하기 위해 유럽연합은 제도개혁을 통한 민주적 정통성 강화와 아울러 일반시민의 적극적이고 건전한 참여를 유도해야 할 것이다. 시민이 유럽연합이라는 초국가기구에 참여할 수 있는 적법한 틀이 제공된다는 것은 동시에 '유럽시민'으로서의 정체성 확립과 함께 민주주의와 건전한 시장경제가 함께 하는 '하나의 유럽'을 건설할 수 있는 지름길일 것이다. 이러한 과정을 통해 국가의 고유권한인 국방과 내무치안 분야에서도 공통된 의식과 정체성을 확대해 나감으로써 보다 심화된 통합의 가능성이 열리게 될 것이다.

참고문헌

강원택, "유럽통합과 다층 통치체제: 지역의 유럽 혹은 국가의 유럽?,"『국제정치논총』제 40집 1호(2000).
김계동, 김명섭 외,『유럽질서의 이해』, 서울: 오름, 2003.
김영일, "프루동의 연방주의와 민주주의의 이해: 연방주의적 유럽질서의 모색,"『국제정치 논총』제 41집 1호(2001).
독일연방정치교육원 편, 최경은·권선형 역,『유럽연합의 실체와 전망』, 연세대학교출판부, 1999.
박재영,『국제정치패러다임: 현실주의, 자유주의, 구조주의』, 법문사, 1998.
이승근, "유럽안보환경의 변화와 NATO의 확대,"『국제정치논총』제38집 2호 (1998).
이주영·김성형,『현대유럽의 역사, 제2차 세계대전부터 현재까지』, 삼지사, 2002.
최수경·조명헌·박재정,『유럽의 정치통합, 국제주의, 지역주의, 국가주의의 갈등과 조화』, 집문당, 1997.
최영종, "현실주의 지역통합 이론: 그 가능성과 한계,"『한국정치학회보』제35권 2호 (2001).
최진우, "유럽의회의 발전과 유럽통합,"『국제정치논총』제39집 2호 (1999).

Baylis, John and Steve Smith, *The Globalization of World Politics*, Oxford: Oxford University Press, 2001.
Bergmann, Jan., Lenz, Christofer.(eds.), *Der Amsterdamer Vertrag, Eine Kommentierung der Neuerungen des EU-und EG-Vertrages*, Köln: OMNIA, 1998.
Borchardt, Klaus-Dieter, *Die Europäsche Union nach dem Amsterdamer Vertrag*, Baden-Baden: Nomos, 2000.
Borchardt, Klaus-Dieter, *Die rechtlichen Grundlagen der Europäischen Union*, München: UTB, 2002.
Börzel, Tanja A., *State and Regions in the European Union: Institutional Adaptation in Germany and Spain*, Cambridge: Cambridge University Press, 2002.
Brasche, Ulrich, *Europäische Integration, Wirtschaft, Erweiterung und regionale Effekte*, München: Oldenbourg, 2003.
Brunn, Gerhard, *Die Europäische Einigung*, Stuttgart: reclam, 2002.

Bulmer, Simon and Andrew Mayers, *The EU: Understanding The Brussels Process*, London: John Wiley&Sons, 1995.

Bundeszentrale politische Bildung ed., *Aus Politik und Zeitgeschichte*, Bonn: Bundeszentrale politische Bildung, 1996.

Calleo, David P., *Rethinking Europe's Future: With a new Afterward by the Author*, Princeton: Princeton University Press, 2001.

Carr, E. H., *Twenty Years' Crisis 1919-1939*, London: Harper Torchbooks, 1939.

Craig, Gordon A., *Geschichte Europas 1815-1980. Vom Wiener Kongress bis zur Gegenwart 1984*, München: C.H. Beck Verlag, 1984.

Dedman, Martin J., *The Origins and Development of the European Union 1945-1995*, London: Routledge, 1996.

Dinan, Desmond, *Ever Closer Union*, New York: Palgrave, 1999.

Dougherty, James E. and Robert L. Pfaltzgraff, Jr., *Contending Theories of International Relations: A Comprehensive Survey*, New York: Longman, 2001.

Elke, Thiel, *Die europäische Union, Von der Integration der Märkte zu gemeinsamen Politiken*, Opladen: Leske+Budrich, 1998.

Erwin, Derek W., 노명환 역, 『유럽통합사』, 서울: 대한교과서, 1996.

Etzioni, Amitai, *The Political Dynamics of European Economic Integration*, Stanford: Stanford University Press, 1963.

Gasteyger, Curt, *Europa zwischen Spaltung und Einigung 1945-1990*, Köln: Verlag Wissenschaft und Politik, 1990.

Haas, Ernst B., *Beyond the Nation-State*, Stanford: Stanford University Press, 1964.

Haas, Ernst B., *The Uniting of Europe; Political, Social and Economic Forces 1950-1957*, Stanford: Stanford University Press, 1968.

Hayward, J. (ed.), *The Crisis of Representation in Europe*, London: Frank Cass, 1995.

Held, David, *Democracy and the Global Order: From the Modern State to Cosmopolitan Governance*, Cambridge: Polity Press, 1995.

Herz, Dietmar, *Die Europäische Union* (München: C. H. Beck, 1999).

Hofmann, E., *Wirtschaftsordnung und Wettbewerb*, Baden-Baden: Klessman, 1988.

Jachtenfuchs, Markus, *Die Konstruktion Europas*, Baden-Baden: Nomos 2002.

Khan, Daniel-Erasmus, *EU-Vertrag*, München: DTV-Beck, 2001.

Keohane, Robert and Joseph Nye, Jr., eds, *Transnational Relations and World Politics*, Cambridge: Harvard University Press, 1972.

Keohane, Robert (ed), *Neorealism and Its Critics*, New York: Columbia University Press, 1986.

Läufer, Thomas, *Europäische Gemeinschaft Europäische Union, Die Vertragstexte von Maastricht*, Bonn: Europa Union Verlag, 1993.

Link, Werner., "Der Ost-West-Konflikt," *Die Organisation der internationalen Beziehungen im 20. Jahrhundert*, Stuttgart · Berlin · Köln · Mainz: Kohlhammer, 1988.

Onuf, N., *A World of Our Making; Rules and Rule in Social Theory and International Relations*, Columbia; University of south Carolina Press, 1989.

Pagden, Anthony (ed.), *The Idea of Europe: From Antiquity to the European Union*, Washington: Woodrow Wilson Center and Cambridge: Cambridge University Press, 2002.

Plessen, Marie-Louise von, *Idee Europa: Entwürfe zum 'Ewigen Frieden'*, Berlin: Henschel Verlag, 2003.

Roberts, J. M. *History of Europe*, London: Penguin, 1996.

Schröder, Jürgen, *Der offene Kontinent*. München: Olzog, 2000.

Seward, Desmond, *Metternich: The First European*, London: Penguin, 1991.

Stone Sweet, Alec, Neil Fligstein and Wayne Sandholtz, "The Institutionalization of European Space," in Alec Stone Sweet, Wayne Sandholz and Neil Fligstein (eds.), *The Institutionalization of Europe*, Oxford: Oxford University Press, 2001.

Weinacht.Paul Ludwig, *Wohin treibt die EU?*, Baden-Baden: Nomos, 2001.

Weisenfeld, Ernst, *Charles de Gaulle*, München: C. H. Becks, 1990.

Wendt, Alexander. *Social Theory of International Politics*, Cambridge: Cambridge University Press, 1999.

Wiener, Antje and Tomas Diez, European Integration Theory, Oxford: Oxford University Press, 2004.

http://fes.or.kr/index_kor/kpub/FES-IS/Europawahl.html
http://europa.eu.int/eur-lex/en/treaties/dat/EU_treaty.html

키워드: 유럽공동체(European Community), 초국가기구 (Supra-National Organization), 유럽의회(European Parliament), 민주적 정통성(Democratic Legitimacy), 투명성·효율성(Transparency, Efficiency)

제10장 유럽연합의 확대와 그 함의에 관한 고찰

이수형

1. 머리말

　창설 초기 6개국으로 시작한 유럽연합은 4차례의 확대과정을 거치면서 1995년에는 15개국으로 확대됐고, 2002년 12월 코펜하겐(Copenhagen) 유럽이사회에서는 키프러스(Cyprus), 몰타(Malta)의 지중해 연안국가, 에스토니아(Estonia), 라트비아(Latvia), 리투아니아(Lithuania)의 발틱(Baltic) 3개국, 체코공화국(Czech Republic), 폴란드(Poland), 슬로바키아(Slovakia), 슬로베니아(Slovenia), 헝가리(Hungary)의 중동유럽 국가 등 총 10개국을 새로운 회원국으로 받아들이기로 결정했다. 나아가 2003년 4월 16일 아테네의 비공식 유럽이사회 모임에서는 15개 유럽연합 회원국과 상기의 신규 10개국간에 가입조약이 체결됨에 따라 2004년 5월 1일부터는 유럽연합의 회원국이 25개국으로 확대됐다. 특히 오늘날 유럽연합의 확대는 유럽연합이 직면한 중요한 문제인 경제적 성취, 유럽연합의 내적 응집력, 유럽연합의 대외적 역할이 중요시되고 있는 시기에 이루어지고 있다. 따라서 유럽연합의 확대는 유럽연합 자체에 대해서뿐만 아니라 21세기 국제정치경제에도 상당한 함의를 가지고 있는 문제이기도 하다.

이런 맥락에서 이 장은 유럽연합의 중동유럽으로의 확대과정에서 나타난 확대전략 및 변화양상을 고찰함과 아울러 유럽연합의 중동유럽 확대가 내포하고 있는 역내외적 함의를 분석하고자 한다. 이러한 목적을 달성하기 위한 이 장의 논리구조는 다음과 같다. 먼저, 이 글의 제2절에서는 유럽연합의 중동유럽 확대 이전에 있어 왔던 4차례에 걸친 유럽연합의 확대과정을 역사적으로 고찰하고자 한다. 제3절에서는 유럽연합의 중동유럽으로의 확대를 도전과 기회라는 맥락에서 확대과정과 전략, 그리고 변화양상 등을 고찰하고자 한다.

제4절은 이 글의 핵심부분으로서 21세기 유럽연합의 확대가 갖는 역내외적 함의를 분석할 것이다. 먼저 유럽연합의 확대과정에서 나타난 초국가적 성격 강화에 따른 유럽연합의 행위자적 정체성을 분석하고 확대에 따른 대외관계의 영향력 증대라는 측면에서 유럽연합의 공동외교안보정책(CFSP: Common Foreign and Security Policy)의 실상을 분석하고자 한다. 마지막 결론부분에서는 이상의 내용을 정리함과 아울러 향후 유럽통합의 성격과 방향을 도출해 보고자 한다.

2. 유럽연합 확대에 대한 역사적 고찰

1) 제1차 확대: 영국, 아일랜드, 덴마크

1957년 유럽경제공동체(EEC: European Economic Community) 탄생 이후 유럽연합은 지속적인 확대과정을 걷게 됐다. 먼저 1958년 이스라엘이 유럽연합 회원국 신청을 했으나 실패했고, 1959년 6월과 8월에는 그리스와 터키가 회원국이 되기 위해 제휴지위(association status) 신청을 했다. 1961년 유럽연합과 그리스는 22년 안에 정회원자격을 부여한다는 약속하에 그리스에 제휴지위를 부여했다. 터키와 관련해서 유럽연합은 터키의 불안정한 국내상황과 민주주의에 대한 의구심으로 연속적인 가입신청에도 불구하고 오늘날까지 회원국자격을 부여하지 않고 있다.

유럽연합의 제1단계 확대과정에서 가장 중요한 사건은 1961년 영국의 가입신청과 관련된다. 특히 영국의 가입신청은 영국이 유럽자유무역지역(EFTA: European Free Trade Area) 창설을 주도한 지 2년밖에 안 된 시점에서 나왔다. 영국이 유럽자유무역지역을 포기하고 유럽연합에 가입신청을 낸 가장 중요한 이유로는 서유럽에서 프랑스와 독일의 협력에서 배제되는 정치적 함의를 두려워했기 때문이다.[1] 이와 더불어 영국은 유럽자유무역지역보다 훨씬 중요해지고 있는 유럽연합의 위상, 강대국으로서 자국의 역할쇠퇴에 대한 인식, 영국경제에 대한 우려감, 유럽연합의 성공적인 공동체로의 발전 등을 고려해 유럽연합에 가입하고자 했던 것이다.[2] 특히 영국은 1961년 8월 10일 가입신청서를 제출하면서 영국농업의 본질적인 이해관계와 유럽자유무역지역의 다른 회원국가들과의 관계, 그리고 영연방의 특수한 관계를 고려해야 한다는 조건을 내걸었다.[3] 덴마크, 아일랜드, 노르웨이도 영국과 마찬가지로 가입을 신청했다. 이들 3개국은 영국과 밀접한 무역관계를 맺고 있었다.

유럽연합의 소규모 국가들은 영국의 가입의도를 의심하긴 했지만, 영국이 프랑스와 독일의 지배에 대한 대항세력으로 행동하기를 기대하면서 영국의 회원국 자격을 선호했다. 그러나 프랑스의 드골 대통령은 유럽연합 내에서 영국이 프랑스의 지도력에 도전할 것을 우려해 영국의 가입에 반대했다. 따라서 영국의 가입신청 좌절과 더불어 다른 3개국의 가입문제도 흐지부지됐다. 1967년 들어 영국은 이번에는 과거와 같은 조건을 달지 않고 다시 가입신청서를 제출했으나 이전과 마찬가지로 드골은 영국의 가입을 반대했다.

유럽연합의 제1단계 확대과정에서 전환점은 1969년 12월 헤이그(Hague) 정

---

1) Hans Branner, "Small State on the Sidelines: Denmark and the Question of European Political Integration," in George Wilkes (ed.), *Britain's Failure to Enter the European Community, 1961-1963* (London: Frank Cass, 1997), p.149.
2) Christopher Preston, *Enlargement and Integration in the European Union* (London: Routledge, 1997), p.27.
3) Derek W. Urwin, *The Community of Europe: A History of European Integration Since 1945* (London and New York: Longman, 1995), p.120.

상회담이었다. 헤이그 정상회담에서 유럽연합은 자신들의 목표로 공동체의 확대와 심화를 승인했다. 이런 맥락에서 1970년 다시 가입협상이 시작돼 1972년 1월 유럽연합은 영국, 덴마크, 아일랜드, 노르웨이와 가입조약을 체결했다. 그 결과 1973년 노르웨이를 제외하고 상기 국가들은 유럽연합의 회원국이 됐다. 노르웨이는 유럽연합과 가입조약을 체결했지만, 노르웨이 정부가 이를 1972년 9월 국민투표에 부친 결과 53%의 반대로 유럽연합 가입이 부결됐다.[4]

2) 제2·3차 확대: 그리스, 스페인, 포르투갈

1960년대 지중해 연안의 3개국인 그리스, 스페인, 포르투갈은 유럽연합과의 관계강화를 추구했다. 그러나 이 당시까지만 해도 이들 국가의 권위주의정권은 유럽연합의 정치적 이상과 모순됐으며, 따라서 회원자격을 획득하는 것이 사실상 불가능했다. 그러나 1974년과 75년에 이들 국가에서 권위주의정권을 붕괴시키고 민주정권이 들어서면서 유럽연합 가입 가능성은 한층 높아졌다. 그러나 유럽연합에서 이들 국가의 가입은 제1단계 확대와는 다른 문제가 있었다. 이들 국가는 기존 회원국가의 경제력과 비교해 보았을 때 격차가 너무 컸던 것이다.[5]

그리스의 유럽연합 가입에는 무엇보다 나토 회원국이라는 정치적 요소가 크게 작용했다. 그렇지만 그리스의 가입과정은 그렇게 순탄치만은 않았다. 1961년 7월 유럽연합과 그리스간의 제휴협정(association agreement)은 가입의 첫 걸음이었다. 이 협정으로 그리스에 대한 재정지원과 관세동맹이 형성됐다. 그러나 1967년 4월 그리스의 군사쿠데타로 그리스 민주정권이 붕괴되자 협정은 동결됐다. 1974년에 등장한 그리스 민주정권은 1975년 6월에 공식 가입신청을 했다.[6]

그리스 가입에 대한 유럽연합 회원국가의 반응은 다양했다.[7] 프랑스는 자

---

4) Preston (1997), pp.32-45.; Urwin (1995), pp.143-144.
5) Preston (1997), pp.46-47.; Urwin (1995), p.206.
6) Preston (1997), pp.48-49.

신을 북유럽과 남유럽의 연결국가로 인식해 그리스의 가입을 지지했지만, 영국과 독일은 터키와 키프러스문제에서 비롯되는 안보적 함의를 우려했다. 또한 회원국들은 그리스의 허약한 경제적 상황에서 연유하는 일련의 문제, 즉 그리스의 허약한 산업과 농업부문을 강화시키기 위해 그리스에 대한 자원제공의 필요성으로 인해 전반적으로 확대에 대해 그렇게 열의를 보이지 않았다. 또한 지역적 상이성과 유럽연합의 통일성에 관한 회원국의 우려감 등도 그리스의 회원가입에 부정적으로 작용했다. 그럼에도 불구하고 유럽연합 회원국들은 안보적·정치적 측면을 고려해 그리스와 가입협상을 추진했다. 1976년 7월에 가입협상이 시작됐다. 유럽연합 회원국들은 향후 다른 지중해국가들의 가입을 고려해 1981년 1월 그리스의 가입을 받아들였다.

제3차 확대는 1986년 포르투갈과 스페인의 가입이었다. 1962년 스페인과 유럽연합은 장래에 정회원자격을 얻을 수 있다는 양해하에 제휴협정을 협상했으나 스페인의 비민주성으로 인해 커다란 진척은 없었다. 1977년 첫 민주적 선거로 탄생한 수아레스(Adolfo Suarez) 수상은 유럽연합 가입입장을 강력히 비추었으나 유럽연합 국가들은 호의적이지 않았다. 특히 프랑스와 이탈리아는 스페인의 농업부문에 대한 우려로 스페인의 가입을 강하게 반대했다.[8]

유럽자유무역협정의 창립국인 포르투갈의 경우 군사정권이 수년간 유럽연합 회원국자격에 가장 큰 장애물이었다. 1960년대 초반 포르투갈과 유럽연합 간에 회담이 있었으나 1963년 드골의 영국 가입반대와 더불어 포르투갈의 가입희망도 물거품이 됐다. 민주성을 회복한 포르투갈은 스페인보다 4개월 앞서 공식적으로 가입신청을 했다. 유럽연합 국가들은 포르투갈의 가입에 대해 전반적으로 부정적이지 않았다. 왜냐하면 포르투갈이 규모가 작기 때문에 다른 유럽연합 국가에 큰 위협이 되지 않았기 때문이다. 그럼에도 불구하고 포르투갈과의 가입협상은 커다란 진전이 없었다. 이는 기본적으로 스페인과의 동시협상 때문이었다.[9] 그후에도 이베리아반도 국가들과의 협상은 커다란 진척이

---

7) Preston (1997), pp.50-52.
8) Urwin (1995), pp.208-209.
9) Preston (1997), pp.66-67.

없다가 1984년 유럽연합이 통합지중해 프로그램(IMPs: Integrated Mediterranean Programmes) 정책을 형성한 것을 계기로 이들 국가의 가입이 가시화됐다. 1987~92년에 유지된 이 프로그램에 따른 기금은 3가지 구조기금[10]의 경제활동을 지중해의 연약한 국가들과 조정하는 것이었다. 그러나 포르투갈과 스페인의 유럽연합 가입은 사실상 그리스 가입에 따른 파급효과의 측면이 가장 중요한 요인이었다고 볼 수 있다.

3) 제4차 확대: 오스트리아, 스웨덴, 핀란드

1995년 유럽자유무역협정(EFTA: European Free Trade Agreement) 국가인 오스트리아, 핀란드, 스웨덴의 가입은 유럽연합 확대의 4번째 단계였다. 이들 국가 가입의 기원은 1984년으로 거슬러 올라간다. 1984년 유럽연합과 유럽자유무역협정국가, 즉 오스트리아, 핀란드, 아이슬란드, 노르웨이, 스웨덴, 스위스는 상호간의 무역교류에서 경제적 이득을 얻기 위해 유럽경제지역(EEA: European Economic Area)을 형성하기 위한 협상을 시작했다. 따라서 유럽경제지역은 유럽자유무역협정 국가가 유럽연합에 가입하기 위한 임시적 단계를 형성했다. 유럽자유무역협정 국가의 유럽연합 가입은 경제적 기회를 강화시키는 데 도움이 됐다. 게다가 냉전종식으로 인해 이들 국가는 지정학적 위치에서 연유하는 중립성의 문제에서 자유로울 수 있었다.[11] 특히 오스트리아, 핀란드, 스웨덴은 유럽연합에 가입하는 것이 득이 됐기 때문에 1995년 1월 1일 유럽연합에

---

10) 구체적으로 지역기금, 사회기금, 농업지침(Agricultural Guidance)기금이다. 1975년 들어 유럽연합은 회원국 발전프로그램을 지원하기 위해 유럽지역발전기금(European Regional Development Fund)을 도입했다. 구조기금(Structural Fund)은 저개발 회원국의 지원을 증대시키기 위한 것이다. 또한 유럽연합은 1992년에 최저개발지역의 환경 및 운송문제와 관련된 프로젝트를 대상으로 한 단결기금(Cohesion Fund)을 도입했다. Kristen Williams, "The Influence of the European Union," in Richard Rosecrance (ed.), *The New Great Power Coalition* (Lanham: Rowman & Littlefield Publishers, Inc., 2001), pp.161-162.

11) Thomas Pederson, *European Union and the EFTA Countries: Enlargement and Integration* (London: Pinter, 1994), pp.123-124.

정식으로 가입하게 됐다.

1990년대 초반 아이슬란드는 유럽연합 가입을 고려했으나 유럽연합의 공동어업정책과의 갈등으로 가입을 유보하게 됐다. 노르웨이는 1972년의 경우와 마찬가지로 1994년에 있었던 국민투표에서의 부결로 유럽연합의 회원국이 되지 못했다. 또한 스위스는 1992년에 있었던 유럽경제협정 조약 대한 국민투표의 부정적 결과로 유럽연합의 가입이 연기됐다. 이처럼 중립국가적 성격이 강했던 이들 국가에게는 정치적 비용이 유럽연합 가입에 따른 이득을 초과했던 것이다. 요컨대 중립성의 상실이 이들 국가의 유럽연합 가입의 정치적 비용이었던 것이다.12)

3. 유럽연합의 중·동유럽 확대: 도전과 기회

1) 중·동유럽 확대의 배경과 과정

유럽통합 과정은 그 역사를 통해 3개의 상이하지만 중첩적인 의제와 비전을 추구해 왔다. 첫 번째는 화해의 의제·비전이었다. 이것은 민족주의와 과거의 갈등유형을 극복하고 유럽의 심장부, 특히 프랑스와 독일의 전쟁을 불가능하게 만들기 위한 바램인 유럽통합을 위한 원래의 동기였다. 두 번째는 유럽이 성공적으로 경쟁하고 성공하고자 한다면 유럽은 경제적으로 통합해야 한다는 경제적 번영이었다. 세 번째이자 마지막 의제·비전은 궁극적으로 그 자신의 정치적, 경제적, 그리고 최종적으로 전략적 운명을 통제해 미국으로부터 독립적인 지구적 세력이 되는 하나의 유럽이었다.13)

이런 맥락에서 냉전종식을 계기로 이루어지고 있는 중동유럽으로의 유럽

---

12) Pederson (1994), pp.29-30.
13) David Gompert and Stephen Larrabee (eds.), *America and Europe: A Partnership for a New Era* (Cambridge: Cambridge University Press, 1998), 이수형 역, 『미국과 유럽의 21세기 국제질서』(한울 아카데미, 2000), 54-55쪽.

연합 확대는 두·세 번째 의제·비전과 불가분의 관계가 있다. 특히 그 동안 있었던 유럽연합의 확대가 서유럽 차원에 머물러 있었다면, 중동유럽으로의 확대는 냉전으로 분단된 유럽의 재결합이자 안정 및 평화와 경제적 번영간 불가분의 관계를 상징하는 역사적 사건이라고 볼 수 있다. 마찬가지로 중동유럽 국가의 유럽연합 가입은 유래가 없는 정치·경제적인 이중적 체제이행의 성공적 완성을 위한 유럽으로의 복귀임과 동시에 끊임없이 주변국가들로부터 외침을 당해 온 중동유럽 국가들의 과거사로부터의 탈출이라는 안보적 상징성을 갖고 있는 것이다. 따라서 유럽연합의 중동유럽 확대는 단순히 시장확대라는 경제적 차원 외에 냉전으로 분단된 유럽지역을 거대한 하나의 평화와 안정지대로 확대해 나간다는 정치적 의미가 있는 것이다.

중동유럽으로의 유럽연합 확대는 1993년 6월 코펜하겐(Copenhagen) 유럽이사회에서 기정사실화됐지만, 확대와 관련된 시기 및 대상국, 협상 출발점을 구체화시키지는 않았다. 따라서 1995년 12월 마드리드(Madrid) 유럽이사회에서 독일의 콜(Helmut Kohl) 수상은 확대와 관련된 모호한 상황을 타파하고자 했다. 그는 유럽이사회를 활용해 유럽연합이 협상파트너로 폴란드, 헝가리, 체코공화국을 선택하는 방안을 강구했다. 그러나 다른 회원국들은 콜의 방안에 반대했고, 1995년 12월에 확대문제를 결정할 필요성을 강하게 느끼지 못했다. 더군다나 다른 회원 국들은 독일의 방안을 공평하다고 생각하지 않았다. 다른 국가들은 상기 국가에 대한 독일의 지지는 독일의 직접적인 이웃국가이자 중요한 무역파트너라는 독일의 특정이익과 연계돼 있다고 생각했다.[14]

이러한 상황에서 중동유럽 국가로의 유럽연합 확대는 1996년 11월 집행위원회(European Commission)로부터 나왔다. 특히 집행위원회는 1997년 7월 중순경 유럽연합의 역사에서 가장 장문의 문서인 소위 "어젠다 2000"(Agenda 2000)을 발간했다. "어젠다 2000"은 유럽연합 확장이라는 문제에 직면해 한편으로는 유럽연합 내의 제도적 정비와 개혁을, 다른 한편으로는 가입예상 후보국의 인프라 정비에 대한 제안이었다.[15] 특히 동유럽으로의 확대와 관련해서 "어젠다

---

14) Lykke Friis, "The End of the Beginning of Eastern Enlargement-Luxemburg Summit and Agenda-setting," http://eiop.or.at/eiop/texte/1998-007.htm(검색일: 2004. 4. 6), p.6/15.

2000"은 가입후보 국가들의 차별성을 강조하고 있다. 왜냐하면 가입희망 국가들의 정치적·경제적 체제전환 과정에서 각국의 특수성 때문에 가입을 위한 준비의 성숙도가 각각 다르게 나타나기 때문이다. 또 이런 차별화현상은 가입국가 내의 거시적 지표보다는 미시적 지표, 사회 내적 특수성, 정치적 특성에 근거한다.[16]

코펜하겐 이사회에서 유럽연합은 유럽협정을 체결한 모든 국가에게 회원자격을 제공하기로 합의했을 뿐 아니라 일련의 회원자격 기준을 새롭게 설정했다. 코펜하겐의 회원자격 기준에 입각한 집행위원회의 객관적 절차에 따라 폴란드, 헝가리, 체코, 슬로베니아, 에스토니아, 키프러스는 확대협상을 출발할 수 있는 기준을 충족시킨다는 결론을 내렸다(소위 5+1모델). 나머지 가입신청 국가인 라트비아, 리투아니아, 슬로바키아, 루마니아, 불가리아는 협상을 시작하기에 충분치 않다고 여겨졌다. 따라서 나머지 가입신청 국가들은 회원자격 기준을 충족시키는 대로 실제적인 협상을 시작할 수 있었다. 원칙적으로 집행위원회는 소위 객관적 틀을 주장하면서 모든 국가들에게 가입문호를 개방한 것이다.[17]

그러나 확대와 관련해서 발틱국가와 남부국가들(불가리아, 루마니아, 슬로베니아)의 신청을 배제한다면 확대는 북부와 남부국가들의 지지를 받지 못할 것이라는 견해도 있었다.[18] 특히 스웨덴, 덴마크, 이탈리아는 유럽의 안정화라는 측면을 강조했다. 유럽연합은 모든 가입 신청국가와의 협상개방을 안정문제와 연계시켜야 한다는 것이었다. 이들 국가의 제안은 "어젠다 2000"에서 배제된 국가로부터 지지를 받았다. 리투아니아, 라트비아, 불가리아, 루마니아, 슬로바키아는 5+1모델은 신얄타(New Yalta)로 발전할 것이라고 주장했다. 스

---

15) 박채복, "동유럽국가의 EU가입과 유럽연합의 대응," 『유럽연구』 2000년 여름(통권 제11호), 76-77쪽.

16) 이규영, 『유럽연합의 중동유럽 확대: 라켄 유럽이사회까지 현황과 전망』, 대외경제정책연구원 지역연구회시리즈 01-11(2001), 43쪽.

17) Lykke Friis(1998-007), pp.6/15-9/15.

18) A. Mayhew, *Recreating Europe: The European Union's Policy towards Central and Eastern Europe* (Cambridge: Cambridge University Press, 1998), p.176.

웨덴, 덴마크, 이탈리아는 "어젠다 2000"은 유럽에서 새로운 분할선을 만들어 낼 것이며, 따라서 유럽의 안정과 평화가 가장 중요한 가입조건으로 작용해야 한다고 주장했다.[19] 사실 안정을 강조하는 이들 국가의 입장은 상당히 비전이 있는 것으로 여겨졌을 뿐 아니라 유럽연합의 확대는 모든 유럽국가에게 문호가 개방돼 있다는 측면에서 보았을 때에도 보다 더 정당성이 있는 것으로 여겨졌다. 따라서 10개국으로 유럽연합의 확대가 결정된 것은 결과적으로 "어젠다 2000"에 입각한 객관적 모델과 평화안정을 중시한 안정화모델의 타협이라고 볼 수 있다.

2) 유럽연합의 확대전략

(1) 코펜하겐과 마드리드 기준설정

냉전종식 이후 중동유럽으로의 확대를 성공적으로 추진하기 위해 1993년 코펜하겐에서 유럽이사회는 당면한 확대문제와 관련해서 가입을 적극 희망하는 중동유럽의 제휴국가는 유럽연합 회원국이 될 수 있다는 점에 동의해 중동유럽으로의 확대를 기정사실화 했다. 다만 확대시기와 관련해서 유럽이사회는 가입은 제휴국가가 경제적·정치적 요구조건을 만족시키면서 회원국의무를 이행할 수 있는 즉시 이루어질 것이라고 언명하면서 소위 코펜하겐 기준(The Copenhagen Criteria)이라 불리는 회원국 자격기준을 설정했다. 코펜하겐 기준에 따른 회원국 자격기준은 첫째, 민주주의와 법의 지배, 인권 및 소수민족에 대한 존중과 보호를 보장하는 제도의 안정성(정치적 측면), 둘째, 시장경제의 작동과 유럽연합 내에서 경쟁압력과 시장세력에 대처할 수 있는 능력(경제적 측면), 셋째, 정치·경제 및 통화연합 목표에 충실하면서 회원국의무를 이행할 수 있는 능력이다.[20]

---

19) Lykke Friis (1998-007), pp.7/15-9/15.

20) European Commission, *Enlargement of the European Union: An Historic Opportunity* (Brussels: European Commission, 2003), pp.7-8.

1995년 12월 마드리드에서 열린 유럽이사회는 이러한 코펜하겐 기준을 재확인함과 동시에 가입신청 국가들은 행정조직을 조정해 통합조건을 달성하는 것을 새로운 자격기준으로 제시했다. 유럽공동체 입법사항이 회원국의 입법사항으로 전환되는 것도 중요하지만, 보다 중요한 점은 적절한 행정적·법적 구조를 통해 그러한 입법사항이 충실하게 시행되는 것이다.[21] 이것은 유럽연합 회원국 자격이 요구하는 필수적인 상호신뢰의 조건이다.

(2) 제휴협정

1989년 베를린장벽 붕괴로 상징되는 냉전종식을 계기로 유럽연합은 중동유럽 국가와 외교관계를 수립했다. 1990년대 들어와 유럽연합은 중동유럽 확대전략의 일환으로 이들 국가와 일련의 협정을 체결했다. 소위 유럽협정(Europe Associations)이라 불리는 제휴협정(Association Agreements)은 가입신청 국가와 유럽연합의 제휴를 위한 법적 틀을 구성함과 동시에 정치적·경제적 관계를 포함하고 있다. 제휴협정은 이행과정을 겪고 있는 중동유럽 국가를 지원하고 자유무역지대 창설을 위한 초석을 마련하는 것이다.[22] 유럽연합과 중동유럽 국가간 무역관계의 비대칭성을 인정한 제휴협정에도 불구하고 유럽연합과 가입신청을 한 중동유럽 국가간의 전반적인 무역균형은 긍정적인 것으로 평가되고 있다.

(3) 예비가입전략 수립

1994년 12월 에센(Essen) 유럽이사회에서 유럽연합은 중동유럽 국가들의 유럽연합 가입을 위한 예비가입전략(Pre-accession Strategy)을 마련했다. 이 전략은 크게 3가지 중요한 요소에 근거했다. 즉 유럽협정의 이행, 재정·기술지원을

---

21) European Commission (2003), p.8.
22) Richard Faini and Richard Portes (eds.), *European Union Trade with Eastern Europe* (London: CEPR, 1995).

위한 페어 프로그램(Phare Program),23) 그리고 공동의 이해관계가 있는 쟁점을 함께 토의하기 위한 모든 회원국가와 가입신청 국가간의 구조화된 대화(structured dialogue)이다.24)

중동유럽 가입신청 국가의 예비전략에서 페어 프로그램의 핵심적 역할이 에센회의에서 확정됐다. 페어 프로그램은 중동유럽 가입신청 국가가 회원자격을 준비하는 데 있어 특히 이들 국가의 경제적 구조조정과 민주주의 강화 노력을 지원하기 위한 유럽연합의 주요한 재정적 수단이다. 1995~99년 기간에 페어 예산은 6,693백만 에큐(Ecus)였다. 1989~99년에 중동유럽 가입신청국을 지원하는 데 페어는 총 11십억 에큐를 전달했다. 2000~06년 기간에 페어 프로그램을 통해서 3,120백만 유로(Euro)가 매년 가용될 예정이다.25)

구조화된 대화는 보통 1년에 한 번 정도 국가수반과 정부 대표자간의 만남이 이루어지고, 다음과 같은 영역에서 각료회담이 이루어진다. 즉 대외문제(1년에 2번), 경제, 재정, 농업문제와 관련된 공동시장 발전(1년에 1번), 운송과 통신, 연구 및 환경(1년에 1번), 사법과 국내정치(1년에 1번), 문화와 교육(1년에 1번) 영역이다. 확실히 이러한 대화는 집약적인 접촉을 가져왔지만, 그럼에도 불구하고 중동유럽 국가들은 그러한 회담이 아주 일반적 수준에만 머물러 있다고 비난한다. 따라서 관련 전문가들의 보다 잦은 모임으로 이러한 대화를 뒷받침해야 한다.26)

---

23) 페어 프로그램은 금융지원 프로그램으로 1989년 사회주의블록 붕괴 이후 알바니아와 전 유고슬라비아연방공화국 지역국가를 포함한 중동유럽 국가를 지원하기 위해 마련된 것으로, 제도의 공고화, 전기·운송·통신 등의 기간산업, 교육과 직업교육, 환경보호와 핵안전, 농업구조조정, 민간부문의 발전과 기업지원 등을 주목적으로 사용됐다. 그러나 1994년 에센 유럽이사회를 계기로 이 프로그램은 가입지원국을 중심으로 운용됐고 지원목적도 후보국의 행정적·법적 체제를 유럽연합의 기준에 맞게 개선하려는 노력과 기간산업을 발전시키는 정책으로 조정됐다. 진시원, "유럽경제질서의 구조적 지속성과 변화: 근대 세계체제론적 접근," 김계동 외, 『유럽질서의 이해: 구조적 변화와 지속』(도서출판 오름, 2003), 287쪽.

24) European Commission (2003).

25) http://www.eurunion.org/legislat/extrel/enlarge.htm(검색일: 2004. 3. 8), p.4/7.

26) Hanns-D. Jacobsen, "European Union's Eastward Enlargement," http://eiop.or.at/eiop/texte/

(4) 확대를 위한 의사소통 전략

유럽연합 집행위원회는 중동유럽 국가의 가입과정을 가속화하기 위한 전략으로 2002년 5월 확대를 위한 의사소통 전략(Communication Strategy for Enlargement)을 채택했다. 2000년 12월 니스(Nice)에서 열린 유럽이사회는 협상일정표(road map)를 포함해 집행위원회가 제출한 의사소통 전략을 승인했다. 그 이전까지 유럽연합의 확대전략은 크게 예비가입전략과 가입협상에 기반해 있었다. 따라서 의사소통 전략의 발전은 확대준비에서 제3의 진로가 됐다. 2002년 3월 집행위원회는 의사소통 전략 채택 이후 확대와 관련된 포괄적인 보고서인 확대설명(explaining enlargement) 보고서를 발간한 바 있다.

의사소통 전략의 전반적인 목적은 기존 회원국 및 가입신청국 국민들에게 확대의 과정과 결과를 알리는 것이다. 의사소통 전략의 구체적인 목적은 다음과 같다.[27] 먼저 기존 회원국들에게 3가지 주요목표가 있다. 첫째, 확대가 미칠 영향 및 그것이 상정할 도전을 포함해 국민들에게 확대의 이유를 알리는 것이다. 둘째, 확대와 관련된 쟁점에 관해 정책결정자와 국민 사이에 전체 사회수준에서 대화를 증진시키는 것이다. 셋째, 일반적 이해증진을 돕기 위해 가입신청국에 관한 정보를 제공하는 것이다. 마찬가지로 의사소통 전략은 가입신청국에게도 3가지 주요목표가 있다. 첫째, 유럽연합에 대한 대중적 지식과 이해를 개선하는 것이다. 둘째, 개별국가 가입의 함의를 설명하는 것이다. 셋째, 가입자격 준비속도와 협상진척의 연계를 설명하는 것이다.

이러한 목적을 달성하기 위한 의사소통 전략의 이행은 3가지 원칙에 근거하고 있다. 첫째, 분권화(decentralisation)이다. 이것은 각 개별국가의 특별한 필요와 조건에 맞도록 기존 회원국과 가입신청국 모두에서 분권화된 방법으로 전략을 이행하는 것이다. 둘째, 융통성(flexibility)이다. 이것은 기본적으로 역동적 과정에서 연유하는 다양한 의사소통 도전에 적응시키기 위한 것이다. 셋째,

---

1997-014.htm(검색일: 2004. 4. 6), p.10/16.

[27] Explaining Enlargement: A Progress Report on the Communication Strategy for Enlargement, March 2002, p.4.

상승효과(synergy)이다. 이것은 집행위원회, 유럽의회, 기존 회원국, 그리고 사회의 다른 집단에 의해 이루어진 노력이 상호 보완적이고 강화시키는 데 필수적인 것이다.[28]

3) 유럽연합의 확대에 따른 도전과 기회

(1) 제도적 측면의 변화와 효율성과 민주성의 문제

유럽연합 확대와 더불어 중요한 변화 중의 하나는 확대를 가능하게 하는 법적·제도적 틀을 마련하는 것이다. 유럽연합은 암스테르담조약을 통해 확대시 필연적으로 예견되는 기구개편과 관련해서 첫째, 비록 확정적인 합의에 도달하지는 못했으나 집행위원회의 수와 각료이사회의 가중투표와 관련된 쟁점의 확인과 해결연기를 위한 의정서, 둘째, 유럽연합 확대를 예상해 유연성을 도입하기 위한 더욱 긴밀한 협력제도의 도입, 셋째, 보충성의 원칙, 넷째, 투명성의 원칙을 도입했다.[29]

특히 2000년 니스회담을 통해 유럽연합은 새로운 회원국 가입을 대비해 인구에 비례해 각료이사회의 투표권을 기존의 87표에서 345표로 확대하기로 합의했다.[30] 또한 각료이사회 의사결정 방식과 관련해서 집행위원회 인사권, 산업정책, 사법 등 총 29개 분야에 대해 그 동안 적용되던 전원일치 방식 대신 가중다수결 방식을 통해 결정하기로 합의했다.[31] 뿐만 아니라 니스회담에서는 유럽연합의 집행기관인 집행위원회 위원수를 조정해 니스조약이 효력을

---

28) Explaining Enlargement: A Progress Report on the Communication Strategy for Enlargement, March 2002, p.4.
29) 이규영(2001), 42쪽에서 재인용.
30) 니스회담에서 이루어진 정책결정 방식의 변화에 대한 자세한 내용은 다음을 참조. Bela Plechanovova', "The Treaty of Nice and the Distribution of Votes in the Council-Voting Power Consequences for the EU after the Oncoming Enlargement," European Integration online Papers, 7-6, 2003, http://eiop.or.at/eiop/texte/2003-006.htm(검색일: 2004. 4. 6), pp.1/15-15/15.
31) 이규영(2001), 54쪽.

발휘하는 2005년까지 20명으로 유지하되, 2명의 위원을 보유한 국가는 제2위원을 감축하고, 유럽연합 회원국이 27개국으로 확대되면 각료이사회에서 회원국수를 결정하기로 했다. 이 경우 2010년 이전까지 집행위원회 회원국은 27개 회원국의 숫자 이하로 될 것이다. 집행위원회 회원 숫자와 국적은 모든 국가에게 절대적으로 공정하도록 동등한 권리를 가진 순번제를 기준으로 선출될 예정이다.[32]

이러한 법적·제도적 개혁에도 불구하고 유럽연합은 해결해야 할 많은 문제에 직면해 있는 것도 사실이다. 특히 이러한 제도개혁이 과연 유럽연합의 효율성과 민주성을 제고시킬지는 유럽연합의 발전과 함께 계속 주목해 보아야 할 문제이기도 하다.[33] 사실 1990년대 후반 이후 유럽연합의 구조와 정책결정과정 개선의 필요성에 관해서는 심도 깊은 논의가 계속돼 왔다. 유럽연합의 제도적·법적 개혁문제는 그 동안 일반 유럽시민 사이에 팽배했던 유럽통합과 유럽연합의 정책에 대한 불신과 무관심을 극복하기 위한 전략적 방안으로 제됐다.[34]

이런 배경에서 2001년 집행위원회는 유럽연합 거버넌스(governance)에 관한 백서를 제출해 일련의 제도 및 정책적 개혁방안을 제안했다. 집행위원회의 백서는 유럽연합 거버넌스의 민주적 성격을 강화하기 위해서는 개방성, 참여성, 책임성, 효과성, 통일성의 원칙이 반드시 준수돼야 한다고 강조했다. 요컨대

---

32) 이규영(2001), 57쪽.

33) 유럽연합의 효율성 및 민주성문제에 대한 논의는 유럽연합의 거버넌스형태가 과거 국가중심적 체제에서 초국가적 체제로 변함에 따라 일반대중의 정치참여, 정책에 대한 책임성, 정책결정과정의 투명성 등을 확보하기 위한 노력이 뒤따라야 함에도 불구하고 현실은 그렇지 못하다는 인식에서 비롯된다. 유럽연합에서 민주성 결손을 치유하기 위한 처방은 크게 두 갈래로 나뉜다. 첫째는 초국가 수준의 민주성 제고방안으로 유럽의회를 강화하기 위한 움직임이며, 둘째는 국가중심적 처방으로 의사결정권한이 초국가기구에 집중되는 것을 제어해야 한다는 입장으로서 보조성의 원칙을 강화하려는 노력이다. 이에 대한 자세한 내용은최진우, "유럽통합과 민주성의 결손: 초국가적 해법의 한계와 보조성의 원칙," 『의정연구』 제7권 제2호(2001), 24-45쪽 참조.

34) 방청록, "유럽연합 연구의 현황과 과제: 정치경제학적 분석을 중심으로," 『국제지역연구』 제6권 제4호(2003), 40쪽.

유럽연합이 정책과정의 민주성과 효율성을 높이기 위해서는 정책결정과정 자체의 개방적 성격을 강화해 유럽시민과 회원국들의 참여를 확대해야 하며, 정책의 결정과 집행과정에서 책임성을 높이는 한편 효과적인 정책집행을 위해 노력하고, 다양한 분야의 정책 사이에 통일성과 일관성을 유지할 수 있어야 한다는 것이다.[35]

그럼에도 불구하고 유럽연합의 확대 및 심화과정과 맞물려 있는 유럽연합 정책과정의 효율성 및 민주성의 담보는 불확실한 상태에 있는 것도 사실이다. 따라서 유럽연합은 현재 및 향후의 확대를 위해서도 정책결정과정의 효율성 및 민주성을 담보하는 적절한 제도적·법적 개혁을 통한 제도화가 심도 있게 진행돼야 하며, 이와 관련된 구체적이고 실천적인 방안은 앞으로 유럽연합이 해결해야 할 중요한 과제이기도 하다.

(2) 경제·사회적 측면: 경제문제의 효율적 관리와 삶의 질 향상문제

유럽연합의 성공적 확대와 관련해서 가장 중요한 문제 중 하나는 확대에 따른 경제적 기회와 위험을 어떻게 관리하느냐 하는 문제일 것이다. 상대적 측면에서 현재의 유럽연합 확대는 인구와 영토의 측면에서 이전의 확대보다 더 크지 않다. 일례로 1973년의 제1차 확대가 인구의 측면에서 상대적으로 더 많았으며, 영토적 측면에서도 제4차 확대가 더 컸다.[36]

그럼에도 불구하고 중동유럽으로의 확대는 경제적 상이성의 측면에서 보면 이전의 확대와는 매우 다른 양상을 보이고 있다. 즉 신규 유럽연합 회원국의 평균GDP는 기존 유럽연합 회원국의 40%에 불과하다. 따라서 유럽연합 확대에 따라 기존 회원국의 경제적 부담이 더욱 커질 수 있다. 특히 공동농업정책(CAP)이나 구조정책 등의 정책분야에서 신규 가입국과 기존 회원국이 재정지원 규모를 놓고 계속 이견을 보일 가능성이 그 어느 때보다 높아졌다고 볼

---

35) 방청록(2003), 41쪽.
36) Wim Kok, Enlarging the European Union: Achievements and Challenges, Report of Wim Kok to the European Commission, 26 March 2003, p.33.

수 있다. 또 다른 차이는 유럽연합에 가입하고자 하는 중동유럽 국가 대부분은 과거 계획경제에서 시장경제로 이행과정에서 확대를 추진하고 있다는 점이다. 따라서 이러한 문제에 대한 체계적이고 종합적인 관리가 확대의 성공여부를 결정할 것이다.

구체적으로 유럽연합의 확대는 재화와 서비스, 규모의 경제, 치열한 경쟁성, 보다 많은 투자흐름을 가져와 기존, 신규 모든 회원국에게 경제성장을 가져올 것이다. 더군다나 신규 회원국은 1인당 낮은 소득과 맞물린 격차해소 가능성 때문에 상대적으로 높은 성장률을 기록할 수 있다. 무역부문에서는 1990년대 이래 유럽연합과의 무역이 자유화됐기 때문에 신규 회원국에 미치는 확대의 충격은 미미할 것이다. 다만 상대적으로 무역자유화가 잘 이루어지지 않았던 자동차, 금융서비스, 농업부문 등에서는 완전한 자유화가 이루어지지 않았기 때문에 확대에도 불구하고 제한적인 무역관계가 당분간 유지될 것이다.

〈표 10-1〉 유럽연합 확대에 대한 기존 회원국 시민들의 반응

	1+2 찬성	3+4 반대	1 적극적 찬성	2 소극적 찬성	3 소극적 반대	4 적극적 반대	5 기타	6 무응답
이탈리아	82	12	44	38	8	4	4	2
아일랜드	79	15	36	43	10	5	1	6
스페인	73	8	16	57	5	3	2	17
벨기에	72	18	23	49	12	6	3	7
덴마크	67	21	23	44	12	9	3	8
프랑스	66	27	12	53	18	9	4	3
EU-15 평균	66	21	20	46	14	8	3	9
네덜란드	66	25	23	43	17	8	2	7
그리스	66	10	30	37	6	4	9	14
룩셈부르크	64	23	30	34	14	8	8	6
독일	64	27	14	50	20	8	2	6
포르투갈	62	14	6	56	12	2	2	22
오스트리아	59	32	21	38	24	8	5	5
영국	54	26	16	38	14	13	2	18
스웨덴	52	28	23	29	15	13	1	20
핀란드	51	27	14	37	18	10	4	18

출처: Eurobarometer (2002. 11).

〈표 10-2〉 유럽연합의 확대에 대한 신규 회원국 시민들의 반응

	가입 지지	국민투표 찬성
헝가리	67	77
슬로바키아	58	69
폴란드	52	61
10개국 평균	52	61
리투아니아	48	53
키프로스	47	58
말타	45	47
슬로베니아	43	62
체코	43	50
라트비아	35	45
에스토니아	32	39

출처: Eurobarometer (2002. 11).

유럽연합의 확대는 역내주민 이동의 자유화에 따라 중동유럽 주민이 대거 서유럽으로 이주할 경우 대규모 실업과 노동문제를 심각한 사회적 문제로 부각시킬 수 있다. 특히 계절적 노동과 관련된 이주는 주로 주변국가인 독일과 오스트리아에 집중되는 양상을 보이고 있다. 물론 이주 및 노동시장과 관련해서 노동자의 이동은 수혜국에게 경제적 이득을 초래하기 때문에 유럽 확대에 따른 주요 혜택이 될 수 있다. 그럼에도 불구하고 유럽연합 확대에 따른 사회적 비용은 클 것으로 예상된다.

특히 예전부터 유럽연합 시민이 지대한 관심을 보여 왔던 범죄, 마약, 테러리즘과 불법이민 같은 문제는 더 복잡한 양상을 보일 가능성이 높다. 따라서 위의 표에서 알 수 있듯이 유럽연합 시민이 일반적으로 중동유럽으로의 확대를 지지함에도 불구하고 확대에 따른 역내안전(internal security) 문제에 보다 높은 관심을 보이는 것도 사실이다. 중동유럽으로의 확대는 유럽연합 역내에 걸쳐 재화, 서비스, 자본, 인간의 자유이동을 활성화시킬 것이지만, 다른 한편으로는 국경을 넘어서 활동하는 조직범죄를 더욱 활성화시킬 가능성도 높은 것이다.[37] 따라서 확대와 관련된 유럽연합은 역내 안전문제에 대해 회원국가간 긴밀한 협력관계를 구축할 필요성과 동시에 그것이 유럽연합 시민의 기본적

---

37) Wim Kok (2003), pp.51-59.

권리와 자유를 침해하지 않는 방안도 함께 강구해야 하는 새로운 도전에 직면해 있는 것이다.

4. 유럽연합 확대에 따른 역내외적 함의

1) 초국가적 성격강화에 따른 유럽연합의 정체성

제2차 세계대전 이후 서유럽정치의 주요한 특징은 지역통합 과정에 따른 유럽연합(European Union)이라는 새로운 정치체의 등장이다. 지역통합 과정에서 유럽연합은 점진적으로 국가간 관계뿐 아니라 국가 내부문제에서도 주요한 변수가 됐다. 초기에는 특정 경제분야(석탄, 철강, 농업)에 책임이 국한됐지만, 이후 유럽의 제도는 지속적으로 확대돼 새로운 과제를 책임맡게 됐다. 21세기에 들어와 유럽제도의 책임은 통화정책, 군사안보와 인권보호를 포함해 국가주권의 핵심으로 간주되는 영역으로까지 확대됐다. 유럽연합은 일련의 지속적인 확대과정을 거치면서 초국가적 성격이 지속적으로 강화돼 왔다고 볼 수 있다.[38] 따라서 현재 유럽연합의 구조는 이미 연합적(confederalism) 차원을 넘어 많은 측면에서 강하게 연방적(federalism) 성격을 보이고 있다. 문제는 유럽연합의 초국가적 성격강화와 유럽연합의 행위자적 정체성간의 상관관계이다. 이와 관련해서는 하나의 이상형(ideal type)으로 <표 10-3>에서처럼 새로운 웨스트팔리안 국가(Neo-Westphalian State)모델과 새로운 중세적(Neo-Medieval State) 모델을 상정해 볼 수 있다.

---

[38] 유럽연합의 확대과정에 다른 초국가적 성격강화에 대해서는 다음을 참조. Gerda Falkner and Michael Nentwich, "Enlarging the European Union: The Short-Term Success of Incrementalism and e-Politicisation," MPIfG Working Paper 00/4, July 2000, http//www.mpi-fg-koeln.de/pu/workpap/wp00-4/wp00-4.html(검색일: 2004. 3. 8), pp.1/27-27/27.

〈표 10-3〉 유럽연합의 미래와 관련된 두 가지 대조적 모델

웨스트팔리안의 초국가 (Westphalian super-state)	신중세제국 (Neo-medieval empire)
견고하고 고정된 외부 국경선	유입 가능하고 유동적인 국경지대
상대적 높은 사회·경제적 동질성	일관된 형태가 없는 사회·경제적 모순의 지속
범유럽적 문화정체성의 존속	다문화 정체성의 공존
사법, 행정, 경제, 군사레짐간의 중첩성	권위적 할당 및 기능적 경쟁성, 영토적 구성간의 분리
하나의 중심적 권위를 가진 뚜렷한 위계적 구조	다양한 형태의 정치 단위와 충성심의 상호침투
유럽연합 회원국과 비회원국간의 구분이 확실하고 그것이 가장 결정적임	유럽의 중심과 주변간의 구별이 가장 중요하나 모호함
폐쇄적인 유럽연합체제 내에서 중앙집권적으로 규제된 재분배	다양한 횡국가적 네트워크간에 상이한 결속력의 유형에 기반한 재분배
단일 유형의 시민권	상이한 권리와 의무를 가진 분화적 유형의 시민권
단일한 유럽군대와 경찰력	다양하고 중첩적인 군사·경찰제도의 다층성
절대적 주권의 회복	상이한 기능적·영토적 선에 따라 분리된 주권

출처: Jan Zielonka, "Enlargement and the Finality of European Integration," http://www.jeanmonnetprogram. org/papers/00/00f0801.html, pp.1/4-2/4.

　유럽연합은 지역통합의 결과 형성된 일종의 국제협력체의 성격이 있지만, 동시에 기존의 국가가 지니고 있던 많은 특성을 함께 공유하고 있는 것도 사실이다. 물론 유럽연합은 일반적으로 국가가 소유하는 대내외적 주권에 관한 규정을 마련하고 있지 않으며 또한 소속 국민을 통제·동원할 수 있는 법적 근거나 제도적 장치가 없다는 점에서 국가와 동등한 수준으로 이해하기는 어렵다. 그러나 동시에 유럽연합은 일반적으로 국제기구가 행사하는 일반적 권한을 훨씬 넘어서는 범위에서 정책을 수립하고 있으며, 이에 따라 회원국 국민의 일상생활에까지 많은 영향을 미치고 있다는 점에서 단순한 국제조직체 이상의 기능을 담당하고 있음 역시 사실이다.[39]

　이런 맥락에서 보았을 때, 유럽연합의 지속적인 확대는 행위자로서 유럽연합의 정체성을 새로운 웨스트팔리안 국가모델보다는 새로운 중세적 모델 쪽

---

39) 방청록(2003), 26쪽.

으로 정향시킬 가능성이 높다고 여겨진다. 왜냐하면 유럽연합의 지속적인 확대는 유럽연합 내에서 크게 다양성을 강화시킬 것이고 그 결과 유럽연합의 지정학적·기능적 경계선간의 괴리가 보다 커질 것이기 때문이다.

2) 공동외교안보정책 강화 필요성의 대두

제2차 세계대전 후 본격화된 유럽통합 과정에서 협력의 핵심은 언제나 경제적 쟁점이었지만 국가간 상호 의존도가 확대·심화됨에 따라 정치적 협력에 대한 필요성이 증대해 왔다. 상위정치와 하위정치의 경계가 모호해진 국제환경에서 효율적인 경제정책을 추진하기 위해서는 외교정책의 일관성과 신뢰할 수 있는 안보정책의 지원이 필요하게 됐다. 특히 냉전구조 해체에 따른 유럽 안보환경의 급격한 변화는 유럽연합의 확대·심화과정에 상당한 충격을 가하면서 그 어느 때보다 회원국가들에게 공동외교안보정책(CFSP)의 필요성을 절감케 했다.

사실 유럽연합은 그 경제적 비중에도 불구하고 대외관계에서 정치적 영향은 상대적으로 미약한 상황이다. 냉전체제 붕괴에 따른 국제환경 변화와 유럽연합의 정치적 영향력 확대를 위해 유럽연합은 1993년 공동외교안보정책을 수립했다. 따라서 공동외교안보정책은 냉전종식에 따라 변화된 유럽의 안보환경에서 유럽연합이 직면한 도전에 대한 대응책 모색과정의 산물로 등장한 것이다. 유럽연합은 마스트리히트조약과 암스테르담조약을 통해 나타난 가장 중요한 쟁점인 정책결정 규칙과 유럽연합, 서유럽연합(WEU), 북대서양조약기구(NATO)의 관계설정 문제에 대해 확고한 합의를 이루어 내지 못했다. 특히 이런 문제에 대한 대서양주의자와 유럽주의자간의 공통분모를 찾아내지 못한 결과 유럽연합의 공동외교안보정책은 마스트리히트 및 암스테르담조약 내용과 달리 아직까지 상당한 개정을 필요로 한다. 그렇기 때문에 유럽연합의 공동외교안보정책은 조약에 기반한 정책이라기보다 정치협력을 위한 과정으로 이해하는 것이 타당할 것이다.

암스테르담조약을 계기로 유럽연합은 국제안보와 유럽연합의 정치연합을 강화하기 위해 공동외교안보정책에 관한 일련의 조치를 취했다. 무엇보다도 먼저 1998년 영국과 프랑스간의 말로(Saint Malo) 정상회담에서는 유럽방위 프로젝트의 기반을 닦았고, 이를 계기로 1999년 6월의 쾰른(Cologne) 유럽이사회 및 12월의 헬싱키(Helsinki) 유럽정상회담은 공동외교안보정책의 발전에서 하나의 중요한 이정표를 제시했다고 볼 수 있다. 특히 헬싱키 정상회담에서 유럽연합은 코소보사태 같은 지역분쟁에 신속하고 효율적으로 대응하기 위한 유럽안보방위정책(ESDP)의 필요성에 의견을 같이했다. 즉 유럽연합은 유럽의 안보를 주도적으로 관리하고 있는 북대서양조약기구와는 별도로 2003년까지 역내 평화유지 작전수행을 위한 5~6만 명 규모의 군단급 유럽방위군 창설과 단일 지휘통제를 갖춘 유럽연합 정치·군사위원회를 신설키로 결정했다. 나아가 유럽연합은 2000년 6월의 페이라(Feira) 정상회담과 특히 2000년 12월 니스(Nice) 정상회담에서 유럽연합의 유럽안보 방위정책을 위한 상설 정치·군사 구조 창설을 제시했다.

그럼에도 불구하고 현재까지 유럽연합의 공동외교안보정책은 실제적으로 활동하고 있다고 보긴 어렵다. 특히 유럽안보 방위정책은 공동외교안보정책 강화에 따른 방위정책이라기보다는 그 허약성을 보충하기 위한 차원에서 등장한 것이다. 따라서 현재까지 유럽안보 방위정책을 포괄하는 유럽연합의 공동외교안보정책은 외부적 영향력 확대차원이 아니라 외적 환경변화에 따른 회원국가들의 내적 결속력 강화차원으로 이해하는 것이 타당할 것이다.[40] 따라서 중동유럽으로의 확대에 따른 유럽연합의 공동외교안보정책은 그 필요성이 보다 절실함에도 불구하고 실제적인 하나의 공동정책으로 작동하기 위해서는 아직도 많은 부분에서 변화와 발전이 필요한 것으로 여겨진다.

---

[40] Jan Zielonka, "Transatlantic Relations: Beyond the Common Foreign and Security Policy," in Hall Gardner and Radoslava Stefanova (eds.), *The New Transatlantic Agenda: Facing the Challenges of Global Governance* (Aldershot, UK: Ashgate Publishing Company, 2001), pp.65-80.

5. 맺음말

　창설 초기 6개국으로 시작된 유럽통합은 오늘에 이르기까지 5차례에 걸친 확대과정을 보여주고 있다. 5차례에 걸친 유럽연합 확대과정을 통해 나타난 분석결과는 다음과 같다. 첫째, 확대과정에서 나타난 주요요인과 관련해서 1차 확대과정에서 가장 중요한 요인이 경제적 요인이었다면, 제2·3차 확대과정에서 나타난 가장 중요한 고려요인은 경제적 측면이 아니라 정치적 요인이었다. 또한 제4·5차 유럽연합 확대과정은 무엇보다 냉전체제 종식이라는 국제체제 변화와 불가분의 관계에 있다고 할 수 있을 것이다.

　둘째, 유럽연합의 확대전략과 관련해서 1차에서 4차까지의 확대과정에서 나타난 것이 주로 정치적 민주주의의 보존과 경제적 시장주의의 작동, 그리고 이를 지원하기 위한 신규 가입국가간의 제휴협정을 통한 경제적 유대관계의 강화였다면, 제5차 확대과정에서는 이러한 확대전략이 보다 구체화·세밀화 되는 경향을 보였을 뿐 아니라 새로운 확대전략이 추가됐다는 사실이다. 즉 제5차 확대전략과 관련해서 유럽연합은 기존의 제휴협정 외에 가입 예비전략 및 의사소통 전략을 새롭게 채택해 확대를 보다 용이하게 하고자 했다. 아마 이러한 변화는 확대 대상국의 수가 보다 많아짐에 따라 이를 보다 효율적·성공적으로 관리하기 위한 차원인 동시에 향후 있을지도 모를 확대과정을 염두에 둔 유럽연합의 전략적 차원에서 등장했다고 볼 수 있을 것이다.

　셋째, 유럽연합의 지속적인 확대과정이 유럽연합 자체의 성격에 미친 영향과 관련해서 보았을 때, 확대가 지속됨에 따라 유럽연합의 성격은 국가연합적 성격보다는 초국가적 성격이 강화되는 경향을 보여주고 있다는 점이다. 물론 이것이 의미하는 바는 유럽연합의 행위자적 정체성이 하나의 거대한 연방국가적 양상을 보인다는 것은 아니다. 오히려 역설적으로 유럽연합의 초국가적 성격강화는 연방적 단일국가의 탄생보다는 신중세적 제국의 양상을 보일 가능성이 높다고 볼 수 있다.

마지막으로 유럽연합의 지속적인 확대와 관련해서 중요한 점은 그 과정에서 점차 정치적 통합의 필요성 및 그 함의가 증대되고 있다는 사실이다. 이는 기본적으로 다음과 같은 두 가지 측면을 반영하는 것이라고 볼 수 있다. 먼저 유럽통합 과정에서 경제·사회적 연합은 정치연합과 비교해 상대적으로 어느 정도 달성됐다는 유럽연합 자체의 판단 및 현실과 관련이 있는 것이다. 다음으로는 유럽연합 확대로 인한 회원국 수의 증대에 따라 유럽연합은 자체의 응집력과 결속력을 강화시킬 필요성을 인식함과 더불어 대외관계에서 자신의 정치적 행위자의 정체성을 명확하게 할 필요성이 강화됐다는 측면이다.

이상의 분석결과를 토대로 향후 유럽연합의 성격과 방향을 예측해 본다면, 우선 유럽연합의 확대과정은 계속 지속될 것이며, 또 그와 더불어 유럽연합의 성격 역시 보다 다원화되고 복잡해질 것이다. 전반적으로 보았을 때 이제까지 유럽연합의 확대는 성공적이라고 평가할 수 있다. 그러나 역설적으로 이러한 유럽연합의 성공적 확대과정이 하나의 종합적이고 체계적인 전략의 일환으로 이루어진 것은 아니었다. 이것이 의미하는 바는 향후 유럽연합의 발전은 지속적인 확대과정과 더불어 이제는 하나의 종합적이고 체계적인 전략적 차원에서 이루어질 필요성이 그 어느 때보다 강하게 제기된다는 점이다.

따라서 유럽연합 확대과정이 지속되고 있는 현실을 감안해 보았을 때, 향후 유럽연합의 성격과 그 방향성은 보다 거대해지고 있는 유럽연합을 보다 효율적으로 관리할 수 있는 새로운 거버넌스의 창출 및 회원국간의 내적 응집력을 강화시키고 대외관계에서 유럽연합의 정치적 정체성 확보에 따라 좌우될 가능성이 크며, 또 이러한 측면은 향후 유럽연합의 변화에 가장 큰 영향을 미칠 변수가 될 것으로 여겨진다.

참고문헌

박채복, "동유럽국가의 EU가입과 유럽연합의 대응," 『유럽연구』, 2000년 여름(통권 제11호).
방청록, "유럽연합 연구의 현황과 과제: 정치경제학적 분석을 중심으로," 『국제지역연구』제6권 제4호(2003).
이규영, 『유럽연합의 중동유럽 확대: 라켄 유럽이사회까지 현황과 전망』, 대외경제정책연구원 지역연구회시리즈, 01-11(2001).
진시원, "유럽경제질서의 구조적 지속성과 변화: 근대 세계체제론적 접근," 김계동외, 『유럽질서의 이해: 구조적 변화와 지속』, 도서출판 오름, 2003. 최진우, "유럽통합과 민주성의 결손: 초국가적 해법의 한계와 보조성의 원칙," 『의정연구』, 제7권 제2호 (2001).

Branner, Hans, "Small State on the Sidelines: Denmark and the Question of European Political Integration," in George Wilkes(ed.), *Britain's Failure to Enter the European Community, 1961-1963*, London: Frank Cass, 1997
European Commission, *Enlargement of the European Union: An historic opportunity* Brussels: European Commission, 2003
Explaining Enlargement: A Progress Report on the Communication Strategy for Enlargement, March 2002
Faini, Richard and Richard Portes(eds.), *European Union Trade with Eastern Europe*, London: CEPR, 1995. http://www.eurunion.org/legislat/extrel/enlarge.htm(검색일: 2004. 4. 11)
Falkner, Gerda and Michael Nentwich, "Enlarging the European Union: The Short-Term Success of Incrementalism and De-Politicisation," MPIfG Working Paper 00/4, July 2000, http://www.mpi-fg-koeln.mpg.de/pu/workpap/wp00-4/wp00-4.html(검색일: 2004. 3. 8)
Friis, Lykke, "The End of the Beginning of Eastern Enlargement-Luxembourg Summit and Agenda-setting," http://eiop.or.at/eiop/texte/1998-007.htm(검색일: 2004. 4. 6)
Gompert, David and Stephen Larrabee(eds.), *America and Europe: a partnership for a new era* (Cambridge: Cambridge University Press, 1998), 이수형 역, 『미국과 유럽의 21세기 국제질서』, 한울 아카데미, 2000
Jacobsen, Hanns-D., "European Union's Eastward Enlargement," http://eiop.or.at/eiop/texte/

1997-014.htm(검색일: 2004. 4. 6)

Kok, Wim, *Enlarging the European Union: Achievements and Challenges*, Report of Wim Kok to the European Commission, 26 March 2003

Mayhew, A., *Recreating Europe: The European Union's Policy towards Central and Eastern Europe*, Cambridge: Cambridge University Press, 1998

Plechanovova', Bela, "The Treaty of Nice and the Distribution of Votes in the Council-Voting Power Consequences for the EU after the Oncoming Enlargement," *European Integration online Papers*, 7-6, 2003, http://eiop.or.at/eiop/texte/2003-006.htm(검색일: 2004. 4. 6)

Preston, Christopher, *Enlargement and Integration in the European Union*, London: Routledge, 1997

Pederson, Thomas, *European Union and the EFTA Countries: Enlargement and Integration*, London: Pinter, 1994

Urwin, Derek W., *The Community of Europe: A History of European Integration Since 1945*, London and New York: Longman, 1995

Williams, Kristen, "The Influence of the European Union," in Richard Rosecrance(ed.), *The New Great Power Coalition*, Lanham: Rowman & Littlefield Publishers, Inc., 2001

Zielonka, Jan, "Enlargement and the Finality of European Integration," http://www.jeanmonnetprogram.org/papers/00/00f0801.html(검색일: 2004. 4. 22)

키워드: 공동외교안보정책(common foreign and security policy), 어젠다 2000(agenda 2000), 코펜하겐과 마드리드 기준(the Copenhagen and Madrid Criteria), 웨스트팔리안의 초국가(Westphalian super-state), 신중세제국(Neo-medieval empire)

제11장 유럽체제의 다원적 평가

이재원

1957년 로마조약 서명에서 시작된 유럽통합은 특히 1980년대 이후 회원국들이 유럽통합을 위한 일련의 합의를 이루어 내며 매우 빠른 속도로 발전해 왔다. 유럽통합의 진전에 따라 유럽연합(European Union: 이후 EU)의 성격과 구조, 정책에 대한 연구 역시 활발히 진행돼 왔다. 특히 EU가 지역통합 결과로 형성된 일종의 '국제협력체'의 성격을 지님과 동시에 기존의 국가가 지니고 있던 많은 특성을 함께 공유하고 있어 그 성격을 규명하고자 하는 학문적 논의는 계속돼 왔다. 물론 EU는 일반적으로 국가가 소유하는 대내외적 주권에 관한 규정을 마련하고 있지 않으며, 또한 소속 국민을 통제·동원할 수 있는 법적 근거나 제도적 장치가 없다는 점에서 '국가'와 동등한 수준에서 이해하기는 어렵다. 그러나 EU는 국제기구가 행사하는 일반적 권한을 훨씬 넘어서는 범위에서 정책을 수립하고 있으며, 이에 따라 회원국 국민의 일상생활에까지 많은 영향을 미치고 있다는 점에서 단순한 국제적 조직체 이상의 기능을 담당하고 있음 역시 사실이다.

이러한 배경에서 EU에 관한 정치·경제학적 시각에서의 초기논의는 주로 EU를 정부간 관계를 중심으로 설명하거나 혹은 초국가적 통합체의 성격을 강조하는 두 가지의 이론적 틀을 중심으로 이루어져 왔다. 이러한 논의에 기초해 1980년대 중반 이후에는 EU의 정치구조와 정책결정과정 그리고 정책 자체에 관심을 가지는 연구도 활발히 전개돼 왔다. 그러나 1990년대 중반 이후 EU를 다차원적 정책결정과정과 '다층거버넌스'(multi-level governance)를 가지고 있는 '복잡성과 통일성이 공존하는 체제'로 규정하는 분석이 등장하게 되고, 점차 EU의 정책으로부터 EU의 정체(polity) 혹은 거버넌스(governance)체계에 대한 관심이 높아지며, 유럽통합을 이른바 '제도화'(institutionalization)의 관점에서 이해하는 시각 역시 중요하게 고려됐다. 이러한 접근은 유럽연합을 기존의 국민국가와 초국가기구, 국가 하위단위의 정치체라는 다층적 수준에서 분석한다는 점에서 부분성과 편향성으로 특징지어지는 기존 연구에 비해 적지 않은 설득력을 지니게 된다.

이 장은 그 동안 EU 연구에서 중요하게 고려됐던 정치·경제학적 관점의 다양한 이론을 소개하고, 향후 유럽통합 과정에서 고려돼야 할 연구과제는 무엇인지 살펴보고자 한다. 다시 말해 우리는 유럽체제에 대한 다양한 접근을 비교하고, 그들의 적실성과 타당성 및 신뢰성을 구체적으로 평가하면서, 유럽체제에 대한 새로운 관점을 제시하고, 유럽체제의 변화방향을 전망해 보고자 한다.

1. 유럽체제에 대한 다차원적 연구의 필요성

1) 기존 연구의 한계

'체제'(system)란 다양성을 가진 물질적 사물, 과정이나 개념, 명제 등이 일정한 조직원리에 따라 질서지어진 것을 의미한다. 또 특정한 방식이나 양식으로 서로 결합된 부분 내지 요소의 총체라고도 정의된다. 따라서 유럽체제(European system)라 함은 유럽이라는 지리적(영토적)·문화적 단위체를 형성하고 있는 여러 구성요소, 예컨대 국가나 경제적·정치적·문화적 규범이 어떤 중심원리 또는 일정한 질서 아래 서로 관련을 맺으면서 상대적인 의미에서 통일성과 동태적 균형을 갖는 총체를 의미한다.

유럽체제가 정확히 무엇인지 한마디로 정의하기는 힘들지만, 1618년에서 1648년까지의 종교적이고 세속·정치적인 대립과 갈등의 산물인 '30년전쟁'을 종식하는 1648년의 베스트팔렌조약이 유럽체제의 형성에 중요한 의미를 갖는다는 것에 우리는 어느 정도 동의한다. 주지하다시피 이 조약에서 '국가이성'(state reason)에 바탕을 둔 '국가주권'(Sovereignty) 개념이 도입됐으며, 이 조약과 더불어 주권을 가진 국가가 국제질서를 형성하는 시대가 열렸다. 국가간의 세력균형이 국제평화를 지키는 기본원리로 주목을 받고, '기독교 유럽의 정체성'보다 국가주권의 의미가 더욱 커지게 됐던 것이다. 이는 과거 기독교를 바탕으로 했던 유럽 공동의 소속감(유럽의식)이 약화되고 유럽 각국의 소속감(국가의식)이 강해짐을 의미한다.[1]

이러한 맥락에서 우리는 국가주권의 원칙과 그로 인해 발생하는 국제체제의 무정부성으로 상징되는 '베스트팔렌체제'(Westphalian system)를 대표적인 유럽체제로 상정하고자 한다. 즉 지난 수세기 동안 유럽이라는 단위체는 일반적으로 국민국가 혹은 민족국가(nation-state)를 주된 행위자로 하면서 이들간의 권력배분 양상과 상호작용 유형에 따라 상이한 변화를 겪어 왔다고 보는 것이다. 실제로 20세기 초까지 유럽에서는 민족주의적 가치가 최고의 가치였고, 대부분의 유럽인은 그들의 정치경험상 민족국가가 인간사회 공동체 중에서 정점에 있고 최종의 열매라고 믿고 있었다. 그러나 19세기 후반 독일, 이탈리아의 통일과 함께 그 절정에 이른 유럽의 민족주의 내지는 국가주의 경쟁은 결국 제국주의 경쟁으로 이어졌고 이는 제1차 세계대전을 통해 폭발됐다.

제1차 세계대전을 통해 당시까지 전대미문의 군사적 파괴력과 이로 인한 가공스러운 고통을 겪으면서 유럽인은 민족주의적·제국주의적 경쟁의 문제

---

1) 노명환, 『역사와 문화의 차원에서 본 유럽통합의 제문제』(한국외국어대 출판부, 2001), 32-33쪽.

점을 뼈저리게 인식하게 됐다. 무엇보다도 그러한 파괴적인 전쟁이 문명화된 문화의 중심지 유럽에서 일어났다는 사실이 더욱 충격적이었다. 그들은 민족주의적·제국주의적 경쟁은 필연적으로 전쟁을 초래한다고 믿게 됐다. 즉 주권국가 사이에 세력균형의 원리를 적용해 평화를 유지할 수 있다는 기존의 통념이 뿌리째 흔들리게 됐던 것이다.

또한 유럽인은 식민지를 통한 시장확대를 위해 들이는 비용이 점점 커져 가는 것으로 인지하고, 더욱 강렬해지는 식민지 독립운동을 경험하면서 곧 더 이상 식민지정책을 수행할 수 없으리라 짐작했다. 이러한 배경에서 유럽인은 당시까지 가장 이상적인 형태로 여겼던 주권국가 원칙에 기초한 국제질서에 의문을 갖게 되고, 유럽 내 평화와 물적 생활토대의 보장을 위해서 하나의 유럽을 형성해야 한다고 주장하게 됐다. 즉 이들은 유럽 국가의 국가주의 내지는 민족주의에 대한 대안으로 '유럽 지역주의'를 추구하게 된 것이다.

그러나 1차대전 이후 상황에서 그 가치가 의문시되기 시작한 민족주의는 유럽을 하나의 공동체 단위로 보고 이를 통합체로 유지·보존하려는 사상으로 정의되는 '유럽이념'의 실현을 통해 대체되기보다는 파시즘의 형태로 극단적으로 강화된다. 전후문제를 처리하기 위해 성립된 '베르사유체제'(Versailles system)는 독일 민족주의를 심화시켰고, 결국 제2차 세계대전으로 폭발하는 것이다.

잔혹한 독일의 파시즘 지배와 히틀러 독일에 의해 촉발된 2차 대전을 겪으면서 유럽인들은 유럽이념의 가치를 다시 확인하게 됐다. 유럽인들은 이제 유럽에서 파시즘을 극복하는 길은 유럽자원을 공동 개발하고 단일시장을 형성하는 것이라고 보았다. 즉 유럽이 거대한 경제공동체를 이루고 공동의 정치기구를 가져야 한다는 것이었다. 또한 이들은 유럽연방을 형성하는 것만이 유럽국가들이 제국주의 경쟁에서 해방될 수 있는 유일한 수단으로 보았다. 즉 유럽연방이 이루어질 경우 국가간의 경쟁은 무의미하게 될 것이었다. 이런 맥락에서 비(非)독일인 저항운동가들도 나치스에 대항한 투쟁을 적국인 독일에 대항하는 싸움이 아니라 유럽 내부의 인권을 위한 투쟁으로 보았다. 히틀러체제를 극복하고 유럽을 재건하기 위해서는 변화된 경제, 사회구조, 그리고 국제질서에 맞는 유럽협조의 틀 즉 유럽연방의 달성이 급선무였다. 이것은 히틀러의 유럽정책으로 대표되는 독일문제를 유럽 내 민족주의가 극단적으로 왜곡돼 발전한 형태로 보고, 유럽통합 안에서 해결한다는 것이었다. 독일문제는 유럽의 문제이며 유럽적 차원에서 그 해결을 위해 접근해야 한다는 것이었다.[2]

결론적으로 과거의 유럽체제란 민족주의 내지는 주권국가를 기반으로 해서 형성한 유럽질서로부터 파생된 국가체제를 의미하는데, 여기서 말하는 주권은 주어진 영토 내에서 아무런 제한을 받지 않는 절대적이고 영속적인 최고의 권력을 의미한다. 국가가 주권을 가졌다고 할 때 그것은 국가의 관할권 내에서는 다른 어떠한 행위자도 국가의 의지를 거스를 수 없다는 뜻이다. 그러나 이러한 주권개념과 국가의 위상은 제2차 세계대전 이후 유럽통합의 움직임이 진행되면서 심각한 도전을 받게 된다. 즉 통합과정이 진전되면서 국가주권의 자율적 영역이 점차 축소되고 국가체계의 조화, 내적 응집성, 단합 및 상호 긴밀성도 약화됐던 것이다. 그 결과 유럽통합 과정은 국가의 기능과 주권에 원심력으로 작용해 권력은 국가에게만 귀속되지 않고 기능과 이슈에 따라 유럽공동체 차원의 네트워크 안으로 이전돼 재분배되고 있다고 볼 수 있는 것이다.

이에 우리는 다음 절에서 1945년 이후 실질적으로 전개되는 유럽통합 운동을 설명하는 다양하고 새로운 이론과 해석을 소개해 보고자 한다. 이를 통해 유럽인의 유럽체제에 대한 인식에 어떤 변화가 있는지 살펴보도록 하겠다.

2) 유럽체제에 대한 새로운 접근

제2차 세계대전 후 유럽 각국의 보다 밀접한 공동체 결성을 위한 노력은 유럽대륙에서 전쟁방지와 양차 대전의 주범이었던 독일에 대한 봉쇄로부터 출발했다. 이러한 유럽통합 운동은 국제적인 냉전질서하에서 서유럽의 결속과 정체성을 다져 나가는 정치적 기제가 됐고, 미국과 일본에 대응하는 거대

---

2) 노명환, "유럽이념의 형성과 발전: 주권국가 가치의 부정과 유럽 지역주의의 추구," 『유럽연구』 Vol.1, No.1, 112쪽.

한 서유럽 경제시장을 탄생시켰다. 초창기 6개국으로 출범해 현재 15개 회원국을 거느렸던 유럽연합은 서유럽 내의 심화와 확대단계를 끝낸 후 2004년 5월 1일부터 25개국으로 늘어나게 된다. 확대의 직접적 계기는 1980년 대 말부터 시작된 중동유럽 국가의 체제붕괴 사태와 1990년의 독일통일이 제공했음은 주지의 사실이다.

이러한 유럽통합 운동과 관련해서 유럽체제를 설명하려는 다양한 시도가 지금까지 지속적으로 행해진 것을 볼 수 있는데, 현대 유럽통합의 역사에서 주목해야 할 점은 그 동안의 국가주의 역사와는 다른 초국가주의 역사가 시작됐다는 것이다. 이는 1648년 베스트팔렌조약에서 비롯된 국가를 단위로 하는 유럽체제가 이제 더 이상 지탱될 수 없게 됐다는 것을 의미한다. 여기서 우리는 2차대전 이후 유럽체제를 설명하는 새로운 이론적 틀인 연방주의(federalism), 신기능주의(neofunctionalism), 정부간 협력주의(intergovernmentalism), 다층거버넌스(multi-level governance)3)의 분석틀로 신제도주의(new institutionalism)와 정책네트워크(policy networks) 등에 대해 설명해 보고자 한다. 각각의 내용과 특징은 무엇이고 한계는 무엇인지 살펴보면서 유럽통합 운동과 그 결과물인 유럽연합(Europena Union: EU)에 대한 올바른 이해를 얻고자 한다.

먼저 2차대전 이후 '연방주의자'(federalist)들은 국민국가를 비판의 중심에 올려놓았다. 그들은 두 번에 걸친 전쟁의 책임이 국민국가에게 있을 뿐 아니라, 국민국가는 파괴된 유럽을 재건하고 영구적인 평화를 보장하기에 부적합하다고 생각했다. 국민국가 대신 정치적 엘리트의 계몽된 의지를 통해 유럽주민의 광범위한 동의를 얻어 유럽 공통의 헌법적 기초 위에서 '연방적 질서'(federative order)가 수립돼야 한다는 것이었다. 즉 연방주의자들에 의하면 평화를 해치는

---

3) 다층거버넌스는 유럽연합의 다원화되고 복잡한 정책결정과정과 잘 연계되는 개념이다. 마크스(Marks)는 유럽연합의 지역정책에 관한 연구를 진행하면서 정책결정과정에 초국가기구, 국민국가, 지방정부, 이익집단 등이 다양하게 경쟁하며 참여하는 과정을 관찰했고, 따라서 국가는 더 이상 국내와 유럽연합을 연계하는 유일한 통로가 아니라고 지적하며 다층거버넌스 개념을 도입했다. Gary Marks, "Structural Policy in the European Community," in Alberta M. Sbragia (ed.), *Euro-Politics: Institutions and Policymaking in the "New" European Community* (Wasington D.C.: Brookings Institution, 1992).

국민국가의 개별적 이해관계는 주권을 공동체기구에게 양도할 때만 제어될 수 있다. 이때 회원국은 미국과 유사하게 특정한 정치영역에서 부분적 주권을 갖게 된다. 평화확보에 직접적으로 필요한 과업이나 국민국가 스스로 통제할 수 없는 과업이 이러한 정치영역에 속한다.

그러나 전후 국민국가는 외교·안보정치와 같은 영역에서 주권을 양도하지 않고 공고화하려고 했다. '유럽방위공동체'(European Defence Community: EDC)가 1954년 프랑스의 거부권에 의해 실패로 돌아간 후 이러한 생각은 이론적·정치적 영향력을 상실했다고 볼 수 있다.

그런데 정치경제학적 관점에서 유럽통합에 관한 이론적 논쟁은 크게 두 가지 축을 중심으로 진행돼 왔다. 즉 유럽통합 과정을 초국가적 행위자의 역할을 중심으로 설명하며 한 정책분야에서의 통합이 기능적으로 연관된 여타 분야에 함께 영향을 미치면서 유럽통합은 계속 강화될 것이라고 주장하는 '신기능주의'(neofunctionalism)와 유럽통합은 유럽국가들이 자국의 이익을 추구하기 위해 상호 작용해 온 과정이기에 정부간 관계가 가장 중요한 의미가 있다고 주장하는 '정부간 협상론'(intergovernmentalism)의 두 가지 접근법이 유럽통합에 관한 논쟁의 축을 형성해 온 것이다.

먼저 연방주의와는 반대로 신기능주의는 초국가성으로의 연속적인 이행을 주장한다. 이 이론은 국제 평화체제 건설과 관계된 미트라니(Mitrany)의 작업을 기초로 하스(Haas)가 서유럽 통합과정(공동체화 과정)을 분석하기 위해 1950년대 초에 발전시켰다. 신기능주의자들은 비정치적 영역에서의 협력과 통합이 다른 영역에서의 통합의 시발점이 된다는 것에서 출발한다. 이러한 '가지치기 논리'(Verästelungslogik, Mitrany), '통합확장 논리'(expansive logic of integration, Haas)는 필연적으로 종국적인 통합의 완성에 이른다. 이 이론에서 역동적인 요소는 '파급효과'(spill-over effect)이다. 이미 통합된 영역에서 공동체의 원칙은 기능적 필요성에 대한 고려 때문에 점차 다른 정치영역으로 전파된다. 여기서 국가성의 변화는 한 개별적 주체의 행위뿐 아니라 '기능적 효율성'의 원칙을 따른다.

더욱이 신기능주의는 초국가기구를 통한 정치적 권위체의 창조가 통합을 추진하기 위한 필요조건이라고 주장하기도 했는데, 현재 EU 제도의 자율성과 권위의 강화는 신기능주의의 주장과 일치하는 측면이 있기도 한 것이다. 즉 신기능주의자들은 파급효과의 확산과 초국가기구 권위의 강화, 그리고 비국가행위자의 초국적 연계와 교류확대는 결과적으로 국민국가 구성원들의 충성심이 초국가기구로 이전될 것이라고 예측하기도 했다.

신기능주의의 이론적 장점은 유럽통합이 불러오고 있는 다행위자의 등장과 초국가기구의 역할강화 및 파급효과를 통해 통합과정을 잘 설명하고 있다는 데서 찾을 수 있다. 그러나 신기능주의의 한계는 우선 통합의 심화는 국민국가 구성원의 충성심이 초국가기구로 이전되는 것을 통해 정치통합으로까지 연계된다고 주장한 단순한 판단에서 찾을 수 있다. EU가 공동체의 정체성을 인위적으로 창조하기 위한 노력을 행사하고 있음에도 불구하고, 그리고 유럽 차원의 교류와 상호작용이 증가했음에도 불구하고 '유로바로미터'의 설문조사는 충성심의 EU 초국가기구로의 이전은 전혀 보여주지 못하고 있다. 둘째, 신기능주의는 국가중심론에 심각하게 도전하는 탈국가 중심론의 대표적인 이론이다. 따라서 신기능주의는 국가의 약화를 주장하고 있으나 현실은 이와 다르게 펼쳐지고 있다. 즉 국가의 영향력은 유럽통합의 심화에도 불구하고 아직도 지속되고 있는 것이다. 현재 국민국가 중심의 거버넌스는 350년 정도의 역사성을 가지고 있는 구조로서 역사의 관성과 지속성을 상정해 볼 때, 국가의 후퇴나 약화를 너무 단시간에 이뤄지는 현상으로 인식하는 신기능주의의 주장에는 무리가 있는 것이다.

신기능주의가 탈국가 중심론을 주도하고 있는 반면, 정부간 협력주의는 국가를 통합과정의 가장 주요한 변수로 설정하고 이에 따라 국가간, 그리고 국가 내부의 정치에 분석의 초점을 둔다. 즉 신기능주의적 관점과 달리 일군의 학자들은 여전히 유럽통합을 국가가 자국의 이익을 추구하며 상호 작용한 결과 진행돼 온 일련의 과정으로 이해하고 있다.[4] 이들은 회원국가 정부와 유럽연합 정부간 제도라고 할 수 있는 유럽 정상회담, 정부간 협의회, 각료회의

---

4) 정부간 협상론의 대표적인 초기 연구로는 호프만의 다음 논문을 들 수 있다. Stanley Hoffmann, "Obstinate or Obsolete?: The Fate of the Nation State and the Case of Western Europe," *Daedalus*, Vol.95 (1966), pp.892-908.

등을 정책결정과정의 주요 행위자로 설정하고, 집행위원회와 유럽의회 같은 초국가적 기구는 국가이익을 보증하는 보족적인 행위자로 설정한다.

이처럼 유럽통합 과정을 국가중심적 시각에서 이해하는 방법에 기초해 특히 모랍칙(A. Moravcsik)은 1990년대 이후 이른바 '자유주의적 정부간 협상론'(liberal intergovernmentalism)의 관점에서 유럽연합의 발전과 정책결정과정을 회원국 정부 사이의 관계를 중심으로 설명하고 있다.[5] 모랍칙의 주장에 따르면 유럽연합 회원국 정부는 국내정치의 상황과 역학관계에 따라 특정 정책을 선호하는 입장을 갖게 된다. 이에 따라 각 회원국은 협상과정에서 자국의 정책적 선호를 전략적으로 추구하게 되고, 이러한 국가선호도에 근거한 협상결과 마침내 유럽연합의 주요정책이 결정될 수 있었다는 것이다.

이와 같이 유럽통합 과정에서 집행위원회와 유럽의회, 유럽법원 같은 EU의 초국가기관이 담당하는 주도적 역할은 '정부간 협상론자'에게는 그다지 높게 평가되고 있지 않다. 오히려 유럽통합에 중요한 의미를 갖는 사안에 관한 정책결정은 회원국간의 협상에 근거한 것이기에, 회원국 정부간의 관계가 유럽연합의 변화와 발전에 직접적인 영향을 미치는 가장 중요한 요소로 작용해 왔다고 본다.[6] 하지만 정부간 협상론은 유럽연합의 주요 정책결정과정에서 회원국 정부가 담당한 역할에 대해서는 주목하고 있는 반면, EU 집행위원회와 유럽의회 등 초국가적 기관의 역할에 대해서는 적절히 평가하지 못하는 한계가 있다.

신제도주의자들은 유럽통합에서 '제도화'(institutionalization)과정의 역동성에 주목할 필요가 있다고 강조한다. 즉 EU가 일련의 제도화된 정치제도적 구조를 형성하며 유럽차원에서 독특한 거버넌스체제를 구축해 왔다고 보고 있는 것이다. 그리고 이러한 구조의 틀 내에서 EU 회원국과 EU 정책기구, 그리고 이익집단의 대표들이 상호 작용하며 EU의 제도와 규칙을 마련하는 등 점차 EU의 제도화된 수준을 높여 왔다는 것이다.[7] 여기서 '제도'(institution)는 이미

---

[5] Andrew Moravcsik, "Liberal Intergovernmentalism and Integration: A Rejoinder," *Journal of Common Market Studies*, Vol.3 (1995), pp.611-628.

[6] 방청록, "유럽연합 연구의 현황과 과제: 정치경제학적 분석을 중심으로", 『국제지역연구』 제6권 제4호(2003), 31쪽.

그 자체로 특정의 가치와 문화 혹은 신념 등을 이미 내포하고 있는 것으로 고려된다.8) 이처럼 각 제도가 내포하고 있는 고유한 속성은 특정한 제도적 환경 가운데 활동하는 조직과 개인의 가치관 및 행위에 직접적인 영향을 미칠 뿐 아니라 이후 제도화의 방향성을 규정하는 중요한 요소가 되고 있는 것이다.

스톤 스위트(Stone Sweet)와 샌드홀츠(Sandholtz)의 연구에 따르면 특정 분야에서 EU차원의 정책 혹은 규칙이 한번 형성되면, EU 집행위원회와 유럽법원 같은 정책결정기관은 이 영역에서 초국가적 교류와 정책네트워크가 더욱 활발히 확대될 수 있도록 체계적인 제도적 환경을 마련하고자 노력하게 된다고 한다.9) 피어슨(Pierson)은 EU의 제도화과정은 '경로 의존적'(path-dependent) 성격이 있다고 설명한다.10) 즉 초기 로마조약에 명시됐던 정책과 제도는 유럽 내에서 활동하는 수많은 정치·사회적 행위자들에게 새로운 제도적 환경을 제공하는 결과를 낳았다. 이에 따라 유럽의 다양한 행위자는 유럽차원에서 조성되는 초국가적 거버넌스체제에 적응하기 위해 노력하면서, 자신의 이해관계와 합치하는 정책과 제도가 정착할 수 있도록 영향력을 행사하게 된다. 이 과정을 통해 이미 형성된 EU의 제도와 정책은 지속적으로 개발·발전해 가는 관성을 갖게 된다는 것이다.

신제도주의자들은 EU의 제도화가 강화되는 과정에서 위기상황이 발생할

---

7) Alec Stone Sweet, Neil Fligstein and Wayne Sandholtz, "The Institutionalization of European Space," in Alec Stone Sweet, Wayne Sandholz and Neil Fligstein (eds.), *The Institutionalization of Europe* (Oxford: Oxford University Press, 2001), pp.3-12 참조.

8) Dimitris N. Chryssochoou, *Theorizing European Integration* (London: SAGE, 2001), pp.112-118.

9) Alec Stone Sweet and Wayne Sandholtz, "Integration, Supranational Governance, and the Institutionalization of the European Polity," in Wayne Sandholz and Alec Stone Sweet (eds.), *European Integration and Supranational Governance* (Oxford: Oxford University Press, 1998), pp.7-15.

10) Paul Pierson, "The Path to European Integration: A Historical-Institutional Analysis," in Wayne Sandholz and Alec Stone Sweet (eds.), *European Integration and Supranational Governance* (Oxford: Oxford University Press, 1998), pp.27-58.

가능성이 있다는 점은 인식하고 있으면서도,[11] 궁극적으로는 이와 같은 위기 상황에 직면해 EU 기관과 회원국 정부들이 함께 관련된 제도와 정책을 계속적으로 수정하며 변화된 상황에 적절히 대응할 수 있을 것이라고 주장하고 있다.[12]

이러한 신제도주의적 접근법은 EU 연구에서 새로운 패러다임을 제시하고 있는 것으로 사료된다. 유럽통합이 제도화돼 온 과정과 또한 제도화된 EU체제가 다양한 정치적 행위자의 가치와 행위에 어떻게 영향을 미치고 있는지 연구하는 것은 유럽통합의 과정과 EU의 거버넌스체제를 체계적으로 이해하는 데 크게 기여할 수 있기 때문이다. 이런 관점에서 EU의 구조 및 정치과정을 분석할 경우 유럽통합의 거시적 이해는 물론, 회원국 정부와 초국가기관의 관계 및 역할에 대한 연구, 그리고 보다 구체적으로는 개별 정책분야에서 정책과정에 대한 미시적 분석까지 이루어질 수 있어 EU의 정체(polity) 전반에 대한 체계적 연구가 가능할 수 있을 것이다.[13]

'정책네트워크' 분석은 EU정체 안에서 파편화되고 복잡해진 정책결정과정을 설명하기 위한 미시적인 접근이다. 유럽통합이 심화되고 EU의 제도화가 가속화되면서 EU의 정책결정과정은 복잡해졌으며, 참여하는 행위자도 국가와 초국가기구뿐 아니라 지방정부, 이익집단, 비정부기구 등 다행위자(multiple actors)가 등장해 복잡성의 정도를 가속화하고 있다. 한마디로 EU의 정책결정과정은 복잡하게 다원주의화된 것인데, 이러한 다행위자의 등장과 권위의 분산, 파편화는 EU정체에서 다층거버넌스의 등장을 알리는 것이기도 했다. 리처드슨(Richardson)은 EU정치가 누가 언제 어떻게 무엇을 얻었느냐 하는 문제와 직결된다면, 정책결정과정에 참여하는 행위자의 동기와 이해관계를 파악하고

---

11) 예를 들면 첫째, EU 회원국이 15개국에서 25개국으로 확대될 경우 현재의 제도적 구조로는 효율적인 정책결정이 가능하지 않아 EU의 공동정책 개발과 운용과정에 위기가 초래될 수 있을 것이다. 둘째, 회원국 국민이 EU의 정책결정과정에 존재하는 '민주주의의 결핍'(democratic deficit)문제에 대한 불만이 지속될 경우 EU차원의 공동정책 결정에 대한 불신과 거부감이 증폭될 수 있을 것이다.

12) Alec Stone Sweet, Neil Fligstein and Wayne Sandholtz (2001), pp.27-28.

13) 방청록(2003), 48쪽.

그들간의 네트워크가 어떻게 형성돼 있는지 조사하는 것은 유럽정치를 이해하기 위해 반드시 필요한 조치라고 주장했다.[14]

따라서 리처드슨은 EU의 정책결정과정에 영향을 미치고 있는 이익집단과 로비그룹을 연구하기도 했으며, 정책결정과정에 영향력을 행사할 수 있는 능력은 이익집단과 로비력에 따라 불균등하게 배분돼 있다고 주장하기도 했다. EU 내에서 정책결정과정에 대한 행위자간의 불균등한 접근 가능성은 대기업과 같이 월등히 높은 인적·물적 자원의 동원능력을 가진 이익집단의 이해관계가 우선적으로 반영됨으로써 EU의 민주주의 결핍문제를 발생시키는 또 다른 요인으로 작용하고 있는 것이다.

'정책네트워크' 분석은 EU 내의 정책결정과정에 대한 미시적 분석에는 뛰어난 장점이 있다고 평가할 수 있으나, 동시에 있는 상황을 그대로 기술하는 현상기술적 접근이라는 비판에서 자유로울 수 없다는 한계가 있기도 하다.

2. 유럽연합체제의 다원적 접근

'다층거버넌스'(multi-level governance)는 제도적 기제에 따른 구조, 차별적 권한과 능력을 지닌 행위자가 다수준의 정책과정에서 경쟁을 통해 초국가 정책을 형성하는 구조적 조건이고 과정이다. 동시에 이는 국가의 협상원리로서 국가중심성과 문제해결 기제로서 초국가성을 모두 포괄하는 다원화된 통치과정이다.[15]

여기에서는 '유럽연합체제'를 다차원적 정책결정과정과 다층통치체제를 가지고 있는 '복잡성과 통일성이 공존하는 체제'로 이해하고자 한다. 다시 말해

---

14) J. Richardon, "Actor-based Models of National and EU Policy Making," in H. Kassim and A. Menon (eds.), *The European Union and National Industrial Policy* (London: Routledge, 1996), p.10.

15) 송병준, "유럽연합의 다층적 통치: 시스템, 행위자 및 정책과정에 대한 다원적 접근"(한국외국어대 박사학위논문, 2004), 1쪽.

복잡성과 통일성이 공존하는 체제로서 유럽연합은 초국가기구와 정부간기구, 그리고 국민국가와 시민사회, 지역(지방) 등으로 구성되는 다양한 관리체제의 등장과 이들간의 경쟁과 협력의 관계하에서 성립됐다고 보는 것이다. 이러한 가정하에서 유럽연합체제에 대한 다원적 분석과 평가를 통해 유럽인의 공동체 형성을 위한 노력과 의미를 이해해 보고자 한다. 보다 구체적으로 유럽연합체제에서 보이는 다층거버넌스를 구조 및 제도, 기능, 그리고 행위자의 차원으로 세분화해 각각의 특징과 한계를 살펴보도록 하겠다.

1) 구조 및 제도적 접근

사전적 의미에서 '제도화'(institutionalization)는 법적 기제를 통해 구조의 양태를 특징짓고 그 운영을 규정화하며 이러한 구조 내에서 행위자가 예측 가능한 상호작용을 일상화하는 포괄적 개념이다. 상술하면 제도화는 법적·헌정적 규범을 통해 구조 내 행위자의 행위패턴과 활동을 규제하고 기대수준을 특징짓는다. 행위자의 선택에 의해 생성된 구조, 그리고 구조에 의해 특징지어지는 행위자의 권한과 선호는 이렇듯 제도화의 정도와 조응하는 것임을 알 수 있다.

그런데 유럽연합(EU)의 제도화과정에 개입하는 행위자는 초국가기구 및 회원국 정부로 한정되지 않음을 우리는 발견하게 된다. 제도발전의 맥락을 볼 때 EU라는 공동체의 헌정적 발전은 제도적 개혁에 직접 개입하는 국가와 초국가기구 외에도 다양한 사적 행위자와 국가 내 '하위 정치단위체'(sub-national authorities) 역시 깊숙이 관여하고 있음을 알 수 있다. 여기서 제도적 구조에 영향을 미치는 행위자의 권한과 상호작용의 범위는 이미 제도화를 통해 규정돼 있다. 일례로 환경문제와 관련된 많은 입법과 정책은 1960년대에는 공동체의 제도적 구조 밖에서 개별국가 혹은 정부간 차원에서 이루어졌으나 1990년대에는 일련의 조약 수정을 통해 초국적 규정이 확장됐다. 그러므로 EU의 정치적 통합을 분석함에 있어 행위자간 구조적 연계와 그 변화는 제도적 관계양식의 변화로, 결국 통합은 제도화의 과정으로 귀결된다고 볼 수 있는 것이다.

다시 말해 다층거버넌스에 기반을 둔 것으로 파악되는 EU는 먼저 정부의 개념보다 확장된 제도적 조건을 배경으로 위계적 지배를 배제한다고 볼 수 있다. 여기에서 폭넓은 제도화는 행위자의 차별화된 선호와 권위를 수용하는 기제로 탈중앙화된 권력구조를 생성한다. 이와 같이 분산된 권위와 수평적 구조에 의해 공동체로부터 지방정부까지 다수준의 정부를 포함하며 정책과정 역시 분화된다. 그러나 이러한 분화는 산출에 주목한 효과적 통치를 의도하므로 시민사회의 지지를 동원한 민주적 정체는 아니다. 이에 공동체 통치는 간접적 적법성을 배경으로 이루어진다고 볼 수 있다.[16]

2) 기능적 접근

유럽수준에서 문제해결 능력이란 정책결정의 효율성과 인과적 관계로 이해해야 한다. 다층적 통치는 기능과 지정학적 분할을 다수준의 정책과정으로 포괄한다. 물론 이는 기능적 정책레짐과 지정학적 공간에 걸친 권위의 분산에 기인한 것이다. 그러나 행위자간 수평적 상호작용과 비위계적 구조는 논리적으로 다양한 '비토 포인트'(veto points)를 생성하므로 정책산출의 효율성을 상쇄한다. 특히 EU와 국가간 혹은 정부간 수준에서 정책결정이 이루어지는 '중층적 정책레짐'(multi-layered policy regime)은 이른바 행위자간 규제적 경쟁으로 효과적 정책산출을 저해하는 것이다. 따라서 다층화된 통치에서 다원화된 정책과정을 비판하는 시각은 국가간 갈등이 노정한 이른바 '공동결정의 함정'(joint decision trap)이 유럽적 문제해결을 저해한다고 말한다. 즉 복수의 정부가 중첩적 권한을 갖게 돼 상호간 부과되는 비용이 발생하고 산발적인 행위자간 목적과 선호는 최선의 산출을 억제한다는 것이다.

그러나 이러한 비판적 시각은 제도발전이 시차를 두고 이루어지는 과정적 진화임을 간과한 것이라고 볼 수 있다. 요컨대 EU의 정책과정과 레짐은 제도변화에 따라 경로 의존적 발전을 따르면서 탈국민국가와 '유럽화(Europeanization)'의 경우에는 '재국민국가화(re-nationalization)'를 통해 유럽적 재조절과정을 생성하는 것이다.

---

16) 송병준(2004), 71쪽.

이러한 문제해결 기제는 수평·수직적 차원을 망라한 행위자간 연합과 연계의 정도를 조정하는 구조적 조건에서 비롯된다고 볼 수 있다. 여기서 구조적 조건이란 정책과정과 레짐을 분권화하며 동시에 정책과정 내에서도 결정과 집행을 분화하는 것이다. 다층적 통치에서 구조변화는 행위자의 권한배분을 야기하며 이에 따른 행위자간 다양한 결합형태, '상호조정'(mutual adjustment)과 경쟁은 최종적으로 공동체의 정책과정을 특정짓는다. 이러한 정책과정은 다시 피드백 돼 구조적 조건에 영향을 미친다. 따라서 구조적 조건과 행위자의 권한은 상호간 독립변수이며 동시에 사후적 발전양태를 규정하는 종속변수로 기능한다. 여기서 문제해결을 위한 제도적 능력은 정책결정을 위한 공동체의 구조적 조건이며, 정책갈등은 다양한 정책레짐에서 생성된 행위자간 갈등을 의미한다. 공동체 수준에서 제도적 해결능력이 높고 정책과정에서 행위자간 갈등이 미약하다면 문제해결 능력은 높아진다. 그러므로 정책과정에서 융합된 합리성이란 분권화된 정책레짐에 따른 행위자간 적절한 권위배분 및 자원동원 구조를 의미한다.

한편 다층거버넌스는 기능적 효율에 주목하면서 정책시행 역시 용이한 진행을 위해 초국가영역에서 표준화된 절차와 규범을 보다 심화한다. 일반적으로 EU는 고유한 정책레짐에 걸쳐 다양한 수준에서 행위자간 갈등을 내포하므로 제도적 해결능력 역시 정책레짐에 따라 다르다. 이에 논리적으로 제도와 정책레짐 어느 한 부분에서 제도적 능력이 높거나 행위자간 갈등이 낮으면 공동체 수준의 문제해결 기제가 원활히 작동한다. 반대의 경우로 논쟁적 사안을 함유한 정책영역에서 제도적 해결능력이 미약하다면 유럽적 문제해결은 불가능하다.[17]

구체적으로 유럽적 문제해결은 제도분할, 즉 정책과정을 초국가로부터 지방정부까지 다수준으로 분산시킨다.[18] 이는 공동결정의 함정에 대한 해법으로 다수준에 위치한 각각의 정부가 고유한 정책을 책임짐으로써 정책과정과

---

17) 송병준(2004), 296-297쪽.

18) Fritz Scharpf, *What Have We Learned? Problem-Solving Capacity of the Multilevel European Polity*, Max-Planck Institute for the Study of Societies, Working Papers 01/04, Germany, pp.1-49 (http://www.mpi-fg-koeln.mpg.de/pu/workpap/wp01-4/wp01-4.html).

정책레짐의 분할이 가능하며, 그 결과 행위자간 권한의 중첩범위를 감소시킨다. 상술하면 유럽적 문제해결을 위한 제도분할은 '위계적 정책부과'(supernational/hierarchical mode)와 '공동결정'(joint-decision making)'을 포함한 초국적 정책과정, '정부간 조정' (intergovernmental mode), 그리고 초국가와 정부간 수준이 혼합된 유럽적 수준의 '공개적 조정'(open method of coordination: OMC)이다. 이러한 정책과정은 조직화된 이익을 관철하려는 공동체기구 및 구조 밖의 다양한 행위자의 참여를 동반한 집단적 협상시스템으로 특징지어진다. 또 정책분할은 시장창출에서 분배와 재분배정책 등 다변화된 정책발전이 각각의 목적을 갖고 동시적으로 진행되는데, 이러한 제도분할과 정책발전은 상호 연계된다고 본다.

3) 행위자적 접근

마지막으로 EU는 행위자간 수평적 연합이라는 상호 의존적 권력관계를 통해 집단적 정책결정을 한다고 볼 수 있다. 따라서 EU의 정책과정은 단순한 공적 제도화에 한정되지 않고 행위자간 지속적인 상호작용이라는 비공식적 협상과 '2차적 질서에 의한 제도화'(second-order institutions) 등 다양한 합의기제가 작동한다고 보는 것이다.[19] 즉 EU는 행위자간 수평적 연합을 통한 상호 의존적 관계양식과 네트워크를 통해 공적·사적 행위자가 망라된 '다행위자 시스템'(multi-actor system)을 생성하기도 한다. 여기서 다행위자 시스템은 행위자간 타협이 일상화되므로 결국 완화된 정책산출을 야기하고, 이 과정에서 통치의 책임소재를 희석시키는 한계도 노정하는 것이다.

다층거버넌스에서 유럽연합 같은 공동체는 국가 위에 존재하는 상위의 권력도 아니고 국가에 종속된 정치의 장도 아니다. 오히려 EU의 통치는 국내적 구조와의 다양한 수직적·수평적 연계구조를 전제로 한다. 그러므로 일상화

---

19) Tanja A. Bözel and Thomas Risse, "Who Is Afraid of a European Federation? How to Constitutionalize a Multi-Level Governance System," University of North Carolina at Chapel Hill, European Union Center, Conference Papers (2002), p.7.

된 EU의 정책과정에서 이사회와 집행위원회의 연계, 회원국 및 초국적 관료간 연합은 필연이다. 특히 공동결정이 일반화되면서 이사회 및 집행위원회 산하 국내 관료의 기능과 정체성이 새로운 학문적 관심으로 떠올랐다. 이들의 상호작용은 EU의 다층거버넌스를 특징짓는 가장 중요한 정치과정을 보여주기 때문이다.

다수준의 정책과정에서 국내와 초국가 관료간 연계는 EU와 국가간 위계적 구조가 아닌 양자간 수평적인 행정적 통합을 의미한다. EU 입법 중 80% 이상이 이사회 내부의 상주대표부와 실무그룹 혹은 전문가그룹이 주도하고, 이들은 회원국 정부에 의해 임명된다는 사실을 상기해야 한다. 특히 EU의 통치가 국가를 넘어 국내의 하위 행위자에게 직접 부과되는 중층적 정책레짐이 확장되면서 국가와 초국가 이익의 경계는 상당부분 퇴색했다. 따라서 초국가기구 내 국내 관료는 전통적인 외교적 교섭과는 다른 공동체 고유의 통치적 속성을 갖게 된다. 이 점에서 집행위원회 내의 다양한 전문가위원회는 지리적 분할에 따른 고유한 이익과 다원화된 정책영역이 복잡하게 얽힌 초국적 이익을 조정하는 다중적 정체성을 지닌 행위자인 것이다.

나아가 다층거버넌스는 전통적 국민국가 단위의 정치질서를 넘어 분화된 이슈를 중심으로 관련된 공적·사적 행위자가 망라된 정책과정과 레짐이다. 이에 다수의 학자들은 초국적 정책과정에 침투한 사적 이익집단과 지방정부의 영향력을 특정 정책레짐을 실례로 들어 그 동인을 제시한다. 대개의 경우 이러한 연구는 다양한 공적·사적 행위자의 자기 충족적 이해확장과 이들의 동원이 공동체와 국가의 문제해결 과정에서 야기됐음을 논증한다.

정리하면 EU의 정책과정은 수직적 차원에서 '다수준화'(multi-tired), 그리고 수평적 차원에서 '다변화'(multi-arena/dimensional/sectoral)돼 있다. 또한 EU의 모든 정책레짐은 다변적이며 개방적인 정책과정을 통해 외부의 이익집단과 전문가의 개입이 용이한 구조를 가지고 있다. 따라서 이익집단과 국내의 하위 정치단위체는 최소한 EU의 특정 정책레짐 내의 특정 정책단계에서 고유한 선호를 관철할 수 있다. 이에 EU구조 밖 행위자의 초국적 침투는 EU의 다층화된 구조와 국가의 능동적 권위배분에서 비롯된 것이라고 볼 수 있는 것이다.[20]

3. 통합의 진전과 유럽체제의 변화방향

1) 다층거버넌스의 지속 혹은 변화 가능성

다층거버넌스[21] 개념은 정의에 다소 애매함이 있지만, 권위가 하나의 중심에 축적돼 있는 것이 아니라 여러 층으로 나누어져 있고, 각각이 지닌 정치적 자원에 상호 의존적인 협력의 관계를 갖는 구조라고 이해할 수 있다. 다시 말해 과거와 같이 우월적 지위를 가진 한 국가의 중앙정부가 정책결정과정에서 독점적 영향력을 갖는 것이 아니라 유럽연합 집행위원회나 유럽의회, 유럽법원 등 초국가기구나 지방정부 등과 권한을 나누게 됐으며, 개별국가 역시 통합된 단일의 행위자가 아니고 국가 내 지방정부 및 기업은 한 국가의 국경을 넘어 다른 국가 내에서 동일한 이해관계를 갖는 이들과 협력을 추구하게 됐다는 것이다.[22] 이와 같이 다층적 통치모형에서는 국가가 국내적 행위자와 유럽적 행위자 사이의 연계를 독점하지 못함으로 인해 다양한 행위자 사이에 정책결정의 권한이 공유되고 있음에 주목한다.

1990년대 이후 EU의 정치체제와 정책결정과정을 분석하는 과정에서 다층거버넌스 개념은 널리 사용된다. 마크스(G. Marks)는 EU의 구조정책에 관한 연

---

20) 송병준(2004), 293-295쪽.

21) 일반적 의미에서 거버넌스(governance)는 정부(government)와는 구별되는 것으로 국가 혹은 조직의 다양한 규칙과 규범체계를 통칭하는 것으로 사용되고 있다. 그러나 유럽연합 집행위원회는 2001년 유럽연합의 거버넌스에 관한 백서를 제출하며 EU 거버넌스의 원칙과 일련의 제도 및 정책적 개혁방안을 제안하면서 거버넌스란 유럽차원에서 권력행사 방식에 영향을 미치는 일련의 규칙과 과정 및 행위를 의미한다고 정의하고 있다. Commission of the European Communities, *European Governance: A White Paper*, COM (2001) 428, Brussels, July 25.

22) 강원택, "유럽통합과 다층통치체제: 지역의 유럽 혹은 국가의 유럽?," 『국제정치논총』 제40집 1호(2000), 7쪽.

구를 통해 EU는 지역단위의 정치구조와 국가단위의 정치구조가 공존하는 독특한 통치체제를 구성하고 있다고 지적한다. 특히 EU 정책의 범위가 점차 지역정책 등과 같이 '자원의 배분'과 관련된 분야까지 확대되면서 EU 정책에 이해관계를 가지는 국가뿐 아니라 지역, 이익집단 등 다양한 수준의 행위자가 정책의 결과에 영향을 미치기 위해 노력하게 됐다는 것이다. 이에 따라 EU는 지역단위, 국가단위, 초국가 단위 등 다양한 수준에서 기능하는 정치적 행위자가 정책결정과정에 참여하는 '다층적 거버넌스'가 형성됐다고 주장하고 있다.[23]

이 관점에 따르면 EU의 정책결정과정에서 국가와 정부가 여전히 중요한 행위자로 역할하고 있는 것은 사실이지만, 회원국 정부가 일상적 정책과정까지 정책결정권을 독점할 제도적 권한을 갖지는 않으며, 오히려 다양한 정책분야에서 유럽연합의 초국가적 정책기관과 회원국 정부, 지방정부 등 여러 단위의 정치 행위자가 함께 정책결정과정에 참여하는 체제가 형성돼 있다. 특히 유럽연합의 지역정책을 결정하는 과정에는 집행위원회와 유럽의회 등 유럽연합의 정책기구, 회원국 정부, 회원국 내 지역정부, 그리고 심지어는 지역단위의 이익집단을 포괄하는 긴밀한 정책네트워크가 형성돼 있어, 유사한 이해관계를 가지는 다양한 정치 행위자가 함께 연대하며 EU의 정책결정에 영향을 미치게 된다. 이처럼 EU의 정치체제가 다층적 구조를 형성하고 있다는 관점에서 바라보면, EU의 정치과정에서 회원국 정부는 점차 축소된 역할을 담당하고 있는 반면, 다양한 정치적 행위자는 정책과정에 참여할 권한을 공유하며 영향력을 확대해 온 것으로 이해될 수 있다.[24]

그러면 다층거버넌스의 등장은 국민국가의 약화를 초래하는 것이라고 결론지어야 할 것인가? 다층적 통치구조의 도래와 관련해서 우선 지적할 수 있는 것은 다층통치의 구조가 상호 균등한 정치적 영향력 행사를 의미하는 것은 아니라는 점이다. 통합이 진전되고 그로 인해 '다층거버넌스'가 생겨났다고 해서 EU 집행위원회나 지방정부가 개별 국민국가의 중앙정부를 배제한 채

---

23) Gary Marks (1992), pp.191-224.
24) 방청록(2003), 34-35쪽.

정책을 결정할 수 있는 권한을 갖게 됐다고 보기는 어렵다. 다층거버넌스는 그 권위의 대등성이 확보돼 있다고 하기보다는 오히려 여전히 국민국가가 최종적 결정권을 갖고 있다는 점에서 불균등한 힘의 배분을 전제로 하고 있다. 또한 다층거버넌스가 유럽통합의 심화와 관련돼 있다면, 개별국가의 경계를 넘어서는 지역간 협조 네트워크가 유럽연합 집행위원회 주도로 확대돼 가는 경향이 나타나야 하지만 현실은 그렇지 못하다.

여기에 덧붙여 고려해 볼 수 있는 점은 정치적 일체감이 다층거버넌스의 등장과 유럽 각국 시민들의 정치적 충성심의 대상에 어떤 영향을 미쳤는가 하는 것이다. 이러한 다층적 구조가 안정적인 것이라면 정치적 충성심이 중복적·중층적으로 나타나거나 혹은 특히 국민국가로부터 초국가기구로 전이되는 경향을 나타낼 것이기 때문이다. 실제의 경험적 조사에 의하면 "개별국가의 국민이 우선이고 그 다음이 유럽시민"이라는 데 응답이 집중돼 있다. 정치적 충성심의 전이, 혹은 국민국가에 대한 소속감의 약화가 일어나지 않는 상태에서 다층거버넌스라는 것은 행정기능 혹은 정책집행 기능이 다층화됐다는 것일 뿐, 그것이 새로운 형태의 정치적 권위체의 등장을 의미한다고 보기는 어려울 것이다. 특히 이런 점은 EU의 '민주성의 결핍'(democratic deficit)을 고려할 때 더욱 그러하다. 구체적으로 '민주성의 결핍'이란 통합과정의 진전·심화와 더불어 초국가기구의 권한이 증대되면서 의사결정과정에서 정책의 투명성이나 책임성이 확보되지 못하는 의사결정 제도의 문제점을 말하는 것이다.25) 다시 말해 EU의 통치가 유럽시민의 분명한 정치적 위임의 과정을 갖고

---

25) '민주성 결핍'의 원인으로는 먼저 제도적인 문제를 거론할 수 있다. 즉 각료이사회와 EU 집행위원회의 의사결정과정은 비공개로 이루어진다. 따라서 개별국가의 의회나 국민은 자국 위원이 어떤 발언을 하며 어떻게 투표했는지 알 수 없다. 그리고 각료이사회와 EU 집행위원회의 의사결정과정에 개입할 유럽의회의 권한이 상당히 미약하므로 이들 기구를 견제할 장치가 사실상 전무하다. 또한 EU 기구의 결정사항은 조약의 개정을 제외하고는 개별 회원국에서 즉시 실행에 옮겨져야 하는 직접적인 효력을 갖고 있다. 그러나 이러한 결정에서 민의를 대변하는 유럽 및 개별 회원국 의회의 견제와 감독의 역할은 거의 부진한 상태다. 요컨대 이러한 점은 EU 기구의 폐쇄성과 더불어 유럽시민들을 EU로부터 더욱 유리시키는 결과를 가져왔다. 이러한 문제점에서 제도개혁을 주장하는 다양한 제안이 등장했다. 먼저

있지 못하다는 민주성의 결핍은 결국 그 통치가 관료적 통제라는 비판을 받을 수밖에 없게 되는 것이다.

유럽통합 심화에 따른 유럽의 초국가기구화 혹은 각 지역정부의 정책적 중요성 증대경향은 분명하며, 통합이 진전될수록 이러한 경향은 계속될 것으로 보인다. 그러나 적어도 현 수준에서 이러한 통합의 진전이 개별 국민국가를 약화시키는 것으로 보기는 어렵다. 결론적으로 다층거버넌스하에서 각 지방정부나 기업 같은 행위자의 중요성을 무시할 수 없고, 이들은 EU 집행부나 각국의 중앙정부를 상대로 활발한 로비활동 등 과거와 달리 정책결정의 과정에서 상당한 정도의 영향을 행사하려 애쓰고 있고 실제로 적지 않게 영향을 행사한다고 보아야 한다. 그러나 여기서 강조하고 싶은 것은 이것이 각국 중앙정부의 권위에 대한 도전으로 이해해서는 안 된다는 것이다. 다층거버넌스는 앞으로도 계속 지속될 것으로 보이지만, 이러한 변화의 움직임이 기존의 권위구조를 대체한다고 하기보다는 EU라는 정치체제의 전반적인 '통치능력'(governing capacity)을 높이는 것으로 이해해야 한다는 것이다. 그리고 그 과정에서 국민국가는 그러한 변화에 적응하며 자신의 영향력을 유지 혹은 확대시켜 나가고 있는 것이다.[26]

2) 유럽통합의 심화와 확대에 따른 유럽체제의 변화에 대한 전망

유럽연합은 1989년 동유럽 현실사회주의 체제가 붕괴하기까지 이들 국가와 실질적인 교류·협력을 하지 않았다. 왜냐하면 그때까지 상호 협상대상으로

유럽의회의 권한을 더욱 강화하자는 안이 있었다. 이에 의하면 법안 발의에서 각료이사회와 유럽의회의 공동결정을 도입해 유럽의회를 명실상부한 법안의 공동발의 기구로 만들자는 것이었다. 그러나 수 차례의 회의에서 민주성의 결핍을 치유하고 그 정당성을 높이기 위해 제도개혁이 급선무라는 점에는 인식의 공유가 있었으나, 보다 근본적인 문제에서는 합의가 선행되지 않았다. 즉 민주주의를 향상시키기 위해 어떤 개혁이 있어야 할 것인가뿐만 아니라 실제로 특정한 제도개혁에 의해 유럽연합이 보다 민주적이 될 수 있을 것인가에 대해서도 합의가 이루어지지 않았던 것이다.

26) 강원택(2000), 14쪽.

인정하지 않았을 뿐 아니라 양측 경제교류의 비중도 크지 않았기 때문이다. 그러나 지난 10여 년에 걸쳐 이 지역의 정치적·경제적 불안정이 결코 유럽연합에 유리할 수 없다는 판단에서 다양한 교류 및 협력조치를 취했다. 우선 이들 국가의 체제전환을 돕기 위한 조치를 취했으며, 1990년대 전반기 중동유럽 국가들의 대규모 EU 가입신청에 직면해 새로운 가입조건을 설정하고, 이후 여러 차례 EU의 제반 기구 차원에서 문제를 다뤄 왔다. 1997년 암스테르담 유럽이사회와 "어젠다 2000"은 중동유럽 국가 수용에 따른 EU 기구개편의 필요성과 중동유럽 국가를 동반자관계로 보고 공동의 단일 평가기준을 마련한다. 2001년 12월 라켄(Laeken) 유럽이사회는 가입 신청한 국가 중 10개국, 즉 키프러스, 에스토니아, 헝가리, 라트비아, 리투아니아, 몰타, 폴란드, 슬로바키아, 체크공화국 및 슬로베니아를 2004년 1월에 신규 회원국 후보로 받아들이기로 합의했다.27) 반면 불가리아와 루마니아는 상당한 가입노력에도 불구하고 가입대상에서 제외됐다. 오늘날 많은 나라가 다양한, 특히 경제적인 이유로 EU 회원이 되고 싶어한다. 그러나 이들이 과연 "유럽합중국(United States of Europe) 속의 진정한 유럽인이 되기를 원하고 있는가" 하는 물음에 대한 답은 여전히 회의적일 수밖에 없다.

이밖에도 유럽이 해결해 나가야 할 과제는 수없이 많다. 유로화 출범으로 시작된 '경제통화동맹'(Economic and Monetary Union: EMU) 결성과정은 경제동맹, 나아가 '하나의 유럽' 건설을 목표로 하는 EU의 운명과 결부돼 있다. 그러나 유로화의 성공 여부는 여전히 불투명하다. 이는 지금까지의 EU가 시민의 역할, 시민의 지지에 의존하기보다는 소수 '엘리트의 기획'(elite project)에 의해 발전해 왔기 때문이다. 따라서 EU가 정치적으로 발전하기 위해서는 민주적 정당성, 시민의 지지를 획득해야 하며, 유로화의 성공 역시 중요한 요인이 될 수 있다.

유럽 내에 존재하고 있는 인종적·종교적·문화적 갈등요인, 회원국가간 복지·노동·환경정책 수준의 차이, 산업구조의 차이에서 오는 갈등 등은 유

---

27) 주지하다시피 실질적으로는 2004년 5월 1일부터 EU 회원국은 25개국으로 늘어난다.

럽이 해결해야 할 또 다른 과제일 것이다. 한 예로 EU의 공동농업정책은 유럽인의 정체성을 약화시키는 요인이 되기도 한다. EU는 연간 예산 천억 달러 가운데 50% 정도를 농산물 최저가격 보장을 위해 사용하고 있다. 폴란드와 우크라이나, 체코와 헝가리, 에스토니아 같은 중동부유럽 국가의 출현이 농업 경쟁력을 약화시킬 것임을 서유럽은 두려워한다. 이와 더불어 중동부유럽의 확대는 값싼 노동력 유입과 국경의 약화라는 안보 측면에서 서유럽을 두렵게 할 수 있다. 또한 공동외교 및 안보정책에 대한 이견 역시 EU의 문제점으로 남아 있다. 결국 유럽통합의 미래는 역사적으로 유럽 내에 존재해 온 문화적 상이성과 유사성에도 불구하고, 다양한 가치관이라는 유럽인의 의식을 통합해 나가야 하는 한계를 가지고 있다고 할 것이다. 이러한 유럽의 한계에도 불구하고 오늘날의 유럽은 인류사에서 새로운 지역통합의 정치를 실험하는 중대한 계기를 제공하고 있다. 오늘날 EU의 유럽은 정치의 민주화, 복지국가의 수준, 노동과 인권의 보장, 여성의 권익과 환경문제 등에 여전히 다른 대륙 혹은 지역에 비해 높은 수준을 보이고 있고, 또한 새로운 정치를 염원하는 정치지도자와 국민의 비율이 상대적으로 높다. 그리고 오늘날의 유럽은 다양한 문화의 존재를 인식하고 이를 새롭게 조화시키려고 노력하고 있다는 점에서 여전히 세계의 정치적 실험실로서 우리의 주의를 끌고 있다. 즉 유럽통합이라는 전대미문의 새로운 정체형성 가능성에 세계인이 주목하고 있는 것이다.[28]

정리하면 중동유럽 국가의 가입은 새로운 차원에서 EU의 성격을 규정하는 계기가 된다. 중동유럽 8개국과 키프러스, 몰타의 가입으로 EU는 회원국간의 정체성 및 유럽을 지리적으로 어떻게 정의하며, 무엇이 '유럽적'(european)인가에 대한 논쟁도 제기했던 것이다. 어쨌든 이러한 일련의 확대과정을 토대로 현재 유럽연합의 중동유럽 확대는 다음과 같은 함의를 보여준다: ① EU시민들은 확대로 인해 EU의 국제적 위상 제고, 문화적 다양성, 유럽평화의 안정적 보장을 긍정적 효과로 지적하지만, 제반 결정과정의 복잡성, 재정부담 증가, 회원국 증가로 자국의 위상하락을 염려하고 있다. ② EU 확대로 독일의 잠재적 영향력은 정치적·경제적·지리적 측면에서 한층 더 강화될 것으로 전망

---

[28] 이헌근, 『현대유럽의 정치: 그 이상과 현실』(부산: 신지서원, 2000), 214-215쪽.

된다. ③ 중동유럽으로의 EU 확대는 대내적 정체성 확립에 커다란 어려움을 가져올 것이다. 즉 문화적·민족적 다양성의 증대로 유럽 정체성이 가까운 시일 내에 재정립되기 어려울 것이다.

결론적으로 말해 EU의 확대와 심화는 통합의 일환으로 나타나는 현상이라고 볼 수 있는데, 이러한 통합과 확대는 경쟁 또는 상호 배타적이기보다 보완적인 것이다. 또한 유럽통합은 통합을 위한 사전적 조건이 충족돼 나타나는 자연스러운 결과론적 상태라기보다 일정한 영역 내에서 구성원들간에 장기간에 걸쳐 평화적으로 변화하는 과정으로 이해될 수 있다. 이 과정에서 상호 신뢰할 수 있는 '공동체의식'을 달성하려는 노력이 대두되는 동시에 이를 뒷받침할 수 있는 충분히 강력하고 광범위한 제도와 제반 관행을 달성하려는 시도가 이루어진다. 유럽지역에서 공동체의식을 형성하려는 노력은 EU의 회원국 확대로 이어지고, 이는 회원국의 증가로 인한 다양한 이해관계를 조정할 수 있는 정책결정과정 및 제도의 변화에 대한 요구로 이어진다고 볼 수 있는 것이다.[29]

4. 맺음말

유럽의 통합과정은 이미 완성된 정태적인 그 무엇이 아니라 현재에도 역동적으로 변화·발전하고 있는 과정으로 이해돼야 한다. 유럽은 향후로도 각 시기의 정치·경제적 역학관계의 변화에 따라 그 통합의 형태와 수준을 달리할 것임에 분명하다. 따라서 EU의 제도화과정에 대해 주목하며 민주적인 거버넌스체제를 정착시키는 것은 유럽통합의 중요한 과제가 되고 있는 것이다.

EU의 정체와 유럽통합에 관한 이론 역시 이러한 측면을 반영하며 보다 정교해질 필요가 있다. 유럽통합에 관한 다양한 이론은 각각 나름대로 이론적

---

[29] 이규영, 『유럽연합(EU)의 중동유럽 확대: 라켄 유럽이사회까지 현황과 전망』(대외경제정책연구원, 2001), 9쪽.

유용성을 가지고 있음은 분명하나, 그 대다수가 유럽이 통합돼 온 근본동인과 제도화의 과정, 그리고 회원국 정부와 초국가적 기관, 그리고 국가 하위단위 정치체 사이의 관계를 포괄하는 이론적 설명을 제시하지 못하는 측면이 있다. 또한 정책분야별로 사례연구를 통해 EU 정책과정의 일반적 특성을 연구하는 접근방법 역시 구체적인 정책분야별로 정책이 결정되는 과정에 대해 많은 정보를 제공하고 있는 것은 사실이지만, EU의 구조 및 정치체계에 관한 종합적 시각을 제시하기에는 한계를 가지고 있는 것으로 보인다.

이러한 측면을 고려할 때 '다층거버넌스적' 접근법은 EU 연구에 새로운 패러다임을 제시하고 있는 것으로 보인다. 다층거버넌스는 이미 언급했듯이 모든 종류의 공공정책이 관리되고 전달되는 방식과 밀접히 관련돼 있다. 본질적으로 국가가 위로는 EU 집행위원회, 유럽의회 같은 초국가기구에, 그리고 아래로는 지방·지역정부에 대해 권력을 잃어 가고 있을 뿐 아니라 이전에 정부가 가지고 있던 기업의 민영화와 규제완화 등도 국가정부를 약화시키고 있다. 이에 따라 위계적인 '정부'(government)에서 거버넌스체제로의 변화가 나타나고 있다. 많은 결정은 상이한 조직간의 파트너십에 의해 이루어지는데, 이들 파트너는 지방자치단체와 같이 민주적으로 선출되기도 하지만 비정부조직과 같이 선출되지 않는 경우도 많으며, 이외에 민간기업이나 자원봉사조직 등이 파트너로서 모두 관련돼 있기도 하다.

이와 같이 유럽통합이 제도화된 EU체제가 다양한 정치적 행위자의 가치와 행위에 어떻게 영향을 미치고 있는지를 연구하는 것은 유럽통합 과정과 EU의 거버넌스체제를 체계적으로 이해하는 데 크게 기여할 수 있을 것이다. 이러한 관점에서 EU의 구조 및 정치과정을 분석할 경우 유럽통합의 거시적 이해는 물론 국민국가, 초국가기구, 시민사회, 국내 지역간 상호관계 및 역할에 대한 연구, 그리고 보다 구체적으로는 개별 분야의 정책과정에 대한 미시적 분석까지 이루어질 수 있어, EU의 정체 전반에 대한 체계적 연구가 가능할 수 있을 것이다.

참고문헌

강원택, "유럽통합과 다층 통치체제: 지역의 유럽 혹은 국가의 유럽?," 『국제정치논총』 제40집 1호 (2000).

구갑우, "지역통합이론의 재검토: 국가중심주의와 탈국가중심주의," 『한국과 국제정치』, 14권 1호 (경남대학교 극동문제연구소, 1998).

노명환, "유럽 이념의 형성과 발전: 주권국가 가치의 부정과 유럽 지역주의의 추 구," 『유럽연구』, vol. 1, n° 1 (1994).

박재정, "유럽연합의 공동체 권한과 회원국가 권한의 배분에 관한 연구: 보충성 원칙을 중심으로," 『국제정치논총』 제37집 2호 (1997).

방청록, "유럽연합 연구의 현황과 과제: 정치경제학적 분석을 중심으로," 『국제지역 연구』 제6권 제4호 (2003).

송병준, 『유럽연합의 다층적 통치: 시스템, 행위자 및 정책과정에 대한 다원적 접근』, 한국외국어대학교 박사학위논문, 2004.

이규영, 『유럽연합(EU)의 중동유럽확대: 라켄 유럽이사회까지 현황과 전망』, 대외경제정책연구원, 2001.

이상균, "현대유럽정치에 있어 주권과 통합," 『한국정치학회보』, 33집 3호 (1999).

이정희, 김웅진 외, 『유럽의 정치변동: 역학과 사례』, 동림사, 2002.

이헌근, 『현대 유럽의 정치: 그 이상과 현실』, 부산: 신지서원, 2000.

최진우, "유럽연합 확대의 동인: 이론적 이해를 위한 시론," 『세계정치연구』 제1권, 제1호 (2001).

Bözel, Tanja A. and Risse, Thomas, "Who Is Afraid of a European Federation? How to Constitutionalize a Multi-Level Governance System," University of North Carolina at Chapel Hill, European Union Center, Conference Papers, 2002.

Croft, Stuart et al., *The Enlargement of Europe*, Manchester: Manchester Baltas, Nicholas C., "European Union Enlargement: An Historic Milestone in the Process of European Integration," *Atlantic Economic Journal*, vol. 29, no. 3 (September, 2001).

Chryssochoou, Dimitris N., *Theorizing European Integration*, London: Sage, 2001.

Farrell, Mary et al., *European Integration in the 21st Century*, London: Sage, 2002.

Goetz, Klaus H., and Simon Hix (eds.), *Europeanized Politics? European Integration and National Political Systems*, London: Frank Cass, 2001.

Held, David, *Democracy and the Global Order: From the Modern State to Cosmopolitan Governance*,

Cambridge: Polity Press, 1995.

Lipgens, Walter, "General Introduction," in: W. Lipgens (ed.), *Documents on the History of European Integration*, vol. 1, Berlin/New York, 1985.

Marks, Gary, "Structural Policy in the European Community," in Alberta M. Sbragia (ed.), *Euro-Politics: Institutions and Policymaking in the "New" European Community*, Wasington DC: Brookings Institution, 1992.

Miles, Lee, Redmond, John, "Enlarging the European Union: The Erosion of Federalism?," *Cooperation and Conflict*, vol. 31, no. 3 (1996).

Nelsen, Brent F. and Stubb, Alexander (eds.), *The European Union: Readings on the Theory and Practice of European Integration*, Palgrave Macmillan, 2003 (3rd ed).

Pagden, Anthony (ed.), *The Idea of Europe: From Antiquity to the European Union*, Washington: Woodrow Wilson Center and Cambridge: Cambridge University Press, 2002.

Pierson, Paul, "The Path to European Integration: A Historical-Institutional Analysis," in Wayne Sandholz and Alec Stone Sweet (eds.), *European Integration and Supranational Governance*, Oxford: Oxford University Press, 1998.

Prodi, Romano, "2000-2005: Shaping the new Europe," Paper presented to the European Parliament, Strasbourg, 15. Feb. *Bulletin of the European Union*, Supplement, 1/2000.

Rumford, Chris, "European Cohesion? Globalization, Autonomization, and the Dynamics of EU," *The European Journal of Social Sciences*, vol. 13, no. 2 (June, 2000).

Scharpf, Fritz W., *What have We Learned? Problem-Solving Capacity of the Multilevel European Polity*, Max-Planck Institute for the Study of Societies, Working Papers 01/04, Germany, http://www.mpi-fg-koeln.mpg.de//pu/workpap/wp01-4/wp01-4.html)(검색일: 2004. 4. 6)

Stone Sweet, Alec and Wayne Sandholtz, "Integration, Supranational Governance, and the Institutionalization of the European Polity," in Wayne Sandholz and Alec Stone Sweet (eds.), *European Integration and Supranational Governance*, Oxford: Oxford University Press, 1998.

Stone Sweet, Alec, Neil Fligstein and Wayne Sandholtz, "The Institutionalization of European Space," in Alec Stone Sweet, Wayne Sandholz and Neil Fligstein (eds.), *The Institutionalization of Europe*, Oxford: Oxford University Press, 2001.

Wiener, Antje and Diez, Thomas, *European Integration Theory*, Oxford: Oxford University Press, 2004.

키워드: 유럽체제(European systeme), 유럽연합체제(Eurupean Union's systeme), 다층거버넌스(multi-level governance), 국민국가(nation-state), 유럽연합의 확대(enlargement of Euruopen Union)

제12장 결론

김계동

유럽지역이 봉건시대를 벗어나 근대화의 질서가 생성되면서, 이 새로운 질서에 대한 반응작용으로 유럽체제가 형성됐다. 이 유럽체제는 평화와 안전, 번영을 목적으로 기존의 질서에 편승하거나 새로운 질서의 창출을 모색하기도 했다. 이러한 관점에서 보면 질서와 체제의 상호관계는 순작용과 역작용을 기반으로 하면서, 질서는 체제를 형성하는 기본동인이 되는가 하면, 이와 같은 과정에서 형성된 체제는 기존의 질서를 전환시키는 반사작용을 하기도 한다. 이러한 질서와 체제의 선후 복합적 관계는 그 지역의 안정과 발전의 토대가 된다.

유럽의 질서는 상반되는 개념의 충돌에 의해 발전해 왔는데, 그것은 대립과 협력, 분열과 통합, 봉건화와 근대화, 발전과 쇠퇴, 독자성과 의존성, 배제와 포용, 집중과 분산 등이다.[1] 이러한 복합적 쌍개념에 기초한 질서에 대한

---

1) 김계동, "서론," 김계동 외, 『유럽질서의 이해: 구조적 변화와 지속』(오름, 2003), 33쪽.

대응으로 유럽인은 이러한 혼란한 질서를 극복하고 안정과 번영을 추구하기 위해 가장 효율적이고 공고할 수 있는 체제의 형성을 위해 부단히 노력해 왔다. 20세기 유럽의 특징을 분열로 개념화시킬 수 있는바, 유럽의 분열은 역동성(dynamism)의 원천이 될 수도 있었으나 점차 유럽을 약화시키는 원천이 돼 갔다. 1945년 이후 한 세대 내에 발생한 두 차례의 세계대전으로 황폐화된 유럽은 낡은 방식의 질서와 체제로는 생존할 수 없다는 것이 극명하게 드러났다. 이에 따라 유럽정치는 분열을 극복하기 위해 통합의 방향으로 나아가기 시작했다. 일부 관측자들은 로마제국보다 더 큰 유럽지역을 포괄하는 하나의 정치, 법률과 방위체제에 대한 희망을 부활시켰다. 이러한 희망의 최소 목적은 미국과 극동의 경제력에 필적할 만한 강력한 경제무역 블록을 형성하는 것이고, 최대의 목적은 유럽을 구성하고 있는 소규모 국가들을 통합국가로 창출하는 역동적인 것이었다.

전후 유럽체제를 형성하는 데 초기에는 하위구조인 국가가 매우 중요한 역할을 담당했다. 근대 이후 유럽의 역사를 보더라도 유럽체제는 자본주의, 자유민주주의, 세력균형에 의한 베스트팔렌체제를 기본으로 세 축이 상호 작용하는 가운데 유지·발전해 왔는데, 이 과정에서 국민국가는 세 축을 움직이는 추동인자의 역할을 수행했다.[2] 유럽의 근대체제에서 국민국가는 영토적 주권을 바탕으로 자국의 이익을 추구한 결과 타국과는 폐쇄적이고 배타적인 관계를 유지했다. 그러나 제2차 세계대전 이후 유럽국가간 통합추진을 계기로 새로 등장한 유럽연합체제는 국민국가에 기초한 정부간주의를 넘어 초국가적 기구, 비정부기구와 시민사회, 지방과 지역정부까지 그 역할과 활동영역을 확

---

[2] 자유민주주의의 발달은 자유와 평등을 지향하면서 획일적인 군주제 통치체제를 지양하고 시민계급의 성장을 가져옴으로써 민주주의의 대중화를 이룩했다. 자본주의는 자본가와 노동자간 계층분화를 야기했으며, 소득과 분배의 불평등의 결과 빈부차이가 극대화됐다. 이를 극복하기 위해 노동운동이 활성화됐으며, 사민주의의 등장과 함께 사회적 평등을 위한 복지제도의 활성화가 이루어졌다. 베스트팔렌체제는 세력균형의 측면에서 유럽의 평화와 안보를 구축하는 역할을 했다. 이 체제는 유럽 위기 때마다 새로운 변화를 겪게 되는데, 그것은 나폴레옹전쟁 결과 등장한 유럽협조 체제, 비스마르크의 독일통일을 계기로 형성된 동맹체제, 그리고 제1·2차 세계대전을 겪은 후 탄생한 베르사유체제와 냉전체제 등이다.

대해 나가고 있다. 따라서 현대 유럽연합체제의 통치구조는 국민국가가 중요 행위자였던 체제로부터 초국가적이고 다층적인 체제로 변해 가는 과정을 겪고 있다.

유럽통합 작업을 시작했을 당시 유럽연합체제를 구축하기까지의 점진적이고 단계적인 전략은 다음과 같았다. 첫째, 통합은 '하위정치'(low politics) 분야를 우선으로 해서 신중하게 추진되는데, 석탄 및 철강 같은 핵심 전략적 경제분야부터 시작한다. 둘째, 상위 권위체는 통합과정의 동인이 되는 국가이익을 저해하지 말고, 유럽의 통합체제를 건설하는 데 스폰서 역할을 해야 한다. 셋째, 국가간 특정 경제분야의 통합은 관련된 경제분야에 대한 기능적 압력을 창출하고, 그 결과 국가의 경제는 점진적으로 뒤얽히게 된다. 넷째, 국가적 권위체를 향했던 국가이익은 물질적 충족을 확보하기 위해 새로운 초국가적 틀에 투입된다. 다섯째, 경제통합의 심화는 유럽의 제도화(institutionalization)를 촉진하고 통합은 보다 확대된다. 여섯째, 경제통합의 여파는 불가피하게 정치통합을 유발시킨다. 일곱째, 초국가적 제도화(supranational institutionalization)를 수반한 점진적 경제통합은 유럽의 장기적 평화체제 건설에 효과적인 경로다.3) 이러한 점진적이고 단계적인 전략은 대체적으로 통합이론 중 기능주의와 신기능주의를 토대로 하고 있다.4)

유럽연합체제는 한편으로 기존의 개별 국민국가 단위를 인정하면서, 다른 한편으로 국가주권의 일부를 점진적으로 초국가기구로 이양하고 있는 중이다. 따라서 유럽은 개별국가의 정부나 수반이 주체가 돼 정부간주의적 협력과 협상을 통해 초국가기구로 권한을 양도하고 있다. 이외에도 유럽연합은 다층적 통치체제를 채택해 중요한 정책을 결정하는 과정에서 시민단체와 지방정부까지도 참여를 유도함으로써 다양한 의견을 정책에 반영하고 있다. 유럽의 민주주의와 자본주의 발전과정이 지역에 따라 차이가 있기 때문에 사회계층간에, 지역과 지방에 따라 차이가 있다. 사회계층간의 이질화와 차별성을 극복하기

---

3) Ben Rosamond, *Theories of European Integration* (New York: St. Martin's Press, 2000), pp.51-52.
4) 기능주의와 신기능주의 통합이론은 김계동, "지역통합이론 연구: 유럽통합을 중심으로," 『세계정치연구』 제1권 제2호(2002년 1월), 11-18쪽 참조.

위해 유럽차원의 사회정책을 통해 균형적인 삶의 질 향상을 도모하고 있다. 그리고 지역정책과 구조정책을 통해 지역간 격차를 줄여 나가고 있다.

유럽은 사회적 유럽 건설을 통해 전 유럽에 걸쳐 나타나는 여러 가지 문제를 극복하려고 시도했다. 그것은 바로 1990년대 초 마스트리히트조약의 발효로 큰 진척을 이루게 됐다. 여기서 유럽의회, 위원회 및 이사회가 사회정책 발전의 주행위자로 자리를 잡았고, 비정부기구(NGO)인 시민단체도 중요한 역할을 담당하게 됐다. 마스트리히트조약은 공동시장 확대와 공동체의 완성을 위해 회원국간의 경제·사회통합과 결속, 삶의 질 향상을 위한 고용안정과 사회보호 증진의 임무를 부여했다.

유럽의 특징 가운데 하나는 지역적 다양성이다. 유럽은 지역과 국가에 따라 소득, 사회간접자본, 생활수준, 인적자원 등 사회·경제적 부분에서 차이가 크게 나타나고 있으며, 이러한 차이는 유럽의 결속력과 통합에 장애물로 작용하고 있다. 유럽연합은 초국가적 다층통치체제를 도입해 지역간 경제적 격차를 줄이고 균형적 발전을 이루기 위해 다양한 정책을 펼치고 있다. 유럽연합의 지역정책은 균형적인 삶의 질 향상을 위해 지역간 불균형 해소를 위한 방법으로 유럽연합 내에서 균등하고 동질적인 발전의 단위를 국민국가의 하위단위인 지역을 중심으로 실행하고 있다. 오늘날 유럽지역 정책과 관련해서 개별국가의 정부는 여러 행위자 중 하나일 뿐이고, 지방정부의 영향력은 계속 확대하고 있는 추세이다.

제2차 세계대전 이후 서유럽 정치에서 나타난 가장 특징적인 양상은 아마도 유럽연합이라는 새로운 체제의 등장일 것이다. 1957년 로마조약을 모태로 정치적, 경제적, 사회문화적으로 동질성이 강한 서유럽 6개국으로 출범한 유럽연합은 자신이 구상한 의제와 이상을 실현하기 위해 지속적으로 통합의 과정을 겪어 왔다. 유럽연합의 지속적인 통합과정의 두 축을 이루고 있는 확대와 심화는 한편으로는 회원국간의 관계 및 국가 내부의 다양한 문제에 대해 중요한 변수로 등장했고, 다른 한편으로는 유럽연합 자체의 체제적 성격이나 특성에도 상당한 영향을 미쳐 왔다.

체제론적 관점에서 보았을 때, 지난 반세기 통합과정을 겪어 온 유럽연합은 하나의 통일된 연방적 국가체제(federal state system)의 모습도 아니고 또 일반적으로 국제관계에서 목격될 수 있는 국제기구도 아닌 양상을 보이고 있다. 이는 기본적으로 유럽연합이 통합과정을 거치면서 하나의 유럽을 건설하고자 하는 통합의 논리(유럽주의)와 국가주권의 고유성을 보유하고자 하는 다양성의 논리(국가주의)간 긴장관계의 상호작용을 통해 발전해 왔기 때문이다. 유럽연합의 통합과정은 특정 시기와 쟁점에서 다양성 논리를 강조하는 정부간주의와 통합논리를 강조하는 초국가주의를 왔다갔다하는 일종의 움직이는 시계추(swinging pendulum)와 같은 양상을 보여 왔던 것이다. 그 결과 행위자와 구조를 포함하고 최소한도로 상호 작용하고 있는 단위의 집합이라는 측면에서 정의해 볼 수 있는 오늘날의 유럽연합체제는 비교정치론적 관점에서 파악되는 특정 국가의 정치체제나 국제관계론적 측면에서 바라본 다양한 지역적 국제체제와는 분명 다를 것이다.

    오늘날 국제정치 영역, 특히 유럽연구와 관련해서 거버넌스(governance)라는 용어가 많은 학자들 사이에서 회자되고 있으나, 그 용어의 의미가 매우 불명확하게 사용되고 있는 것도 사실이다. 국제정치 영역에서는 일반적으로 정부 없는 거버넌스(governance without government)를 이용해 현대적 상황을 기술하는 것으로 사용된다. 로즈노(Rosenau)는 현대세계를 권위가 자동적으로 초국가적 그룹과 하위국가적 행위자로 이동하고 있는 것으로 파악한다. 따라서 이러한 두 세력이 보다 분화되고 탈권위적인 국가를 만들어 낸다고 주장한다.

    거버넌스 개념은 정부와 동의어가 아니다. 거버넌스와 정부 모두는 목적적 행위, 목표지향적 행동, 그리고 규칙체계를 언급한다. 그러나 거버넌스는 정부 이상의 현상을 포괄하는 것이다. 거버넌스는 정부의 제도를 포함할 뿐 아니라 비공식적·비정부적 메커니즘을 포함한다. 그래서 그러한 메커니즘의 사람과 조직은 그 범위 내에서 자신의 필요와 부족분을 만족·충족시킨다. 다시 말해 정부는 정부정책에 대한 광범위한 반대에 직면해도 기능할 수 있는 것과 달리 거버넌스는 다수에 의해 받아들여졌을 경우에만 작동하는 규칙체계인 것이다.

    이런 측면에서 거버넌스는 레짐(regime)과 유사한 특징을 보여준다고 할 수 있다. 거버넌스와 마찬가지로 레짐은 국제관계의 특정 쟁점영역에서 행위자의 기대하는 바가 수렴되는 명시적 혹은 묵시적인 원칙, 규범, 규칙, 정책결정

절차이지만, 거버넌스와 레짐이 반드시 동일한 것은 아니다. 레짐이 국제관계의 특정 쟁점영역에 국한된 원리, 원칙과 규범, 절차라면, 거버넌스는 레짐과 레짐간의 공백을 메워 주고 보다 중요하게는 두 개 이상의 레짐이 중첩되거나 갈등을 일으키거나, 아니면 경쟁적 이해관계 사이에서 조정을 용이하게 하는 메커니즘을 요구할 때 작동하는 원리, 규범, 규칙, 절차를 의미한다. 요컨대 레짐이 부분집합적 개념이라면 거버넌스는 레짐을 포괄하는 보다 광의적이고 상위의 개념이라 이해할 수 있다.

거버넌스에 대한 이러한 개념정의를 유럽연합과 관련해서 보았을 때, 유럽연합체제의 작동 메커니즘은 단순히 국가행위에 국한되는 것이 아니라 사회를 이끌어 나가거나 통제 혹은 관리하는 사회적·정치적·행정적 행위자의 모든 행위를 포함하는 것이다. 다층거버넌스로서 유럽연합체제는 배타적으로 국가 중심적이지도 않고 초국가주의적이지도 않다. 유럽이사회와 각료이사회의 행동논리는 정부간주의에 근거하고 있지만, 집행위원회, 유럽의회, 유럽사법재판소는 행위의 근거가 보다 초국가주의적이다. 따라서 국가구조에서와 달리 정책결정의 권위는 다양한 영역에 걸쳐, 그리고 다양한 행위수준에 걸쳐 점진적으로 분산되고 있다.

다층거버넌스 측면에서 유럽연합에 대한 연구는 상대적으로 최근의 현상으로, 특히 1980년대 중반 이후부터라고 볼 수 있다. 그 이전까지 유럽통합 과정에 대한 연구는 일반적으로 정부간주의와 초국가주의라는 이분법적 도식이 주류를 이루었다. 1960년대까지 유럽통합의 정책영역은 주로 정부간주의에 근거했고, 70년대 들어와서는 초국가주의적 성격이 보다 부각되는 현실을 반영했다. 따라서 유럽연합 다층거버넌스의 등장은 1970년대 중반 이후 유럽연합의 대외적 측면(국제 정치경제 환경)과 확대와 심화로 상징되는 유럽통합의 대내적 측면의 복합적 상호작용에서 연유했다고 볼 수 있다. 이런 측면에서 유럽연합의 다층거버넌스 등장배경은 크게 3가지 차원, 즉 1970년대 중반 이후의 국제 정치경제 환경, 유럽연합의 확대와 심화, 유럽연합 차원의 공동정책과 관련이 있는 것이다.

유럽연합의 다층거버넌스는 권위, 자원, 행위능력, 그리고 정당성을 구성한다. 또한 다층거버넌스의 정책결정은 기본적으로 일련의 연속적인 협상과정을 통해 서로 다른 구조적 조건과 행위자를 동반한다. 이런 의미에서 다층거버넌스로서 유럽연합체제는 하나의 협상체제라고 볼 수 있다. 협상체제로서 유럽연합이 보여주는 특징은 첫째, 유럽연합은 다수와 소수의 결정에 따라 기능하지 않는다는 점이다. 심지어 이러한 것이 가능한다 할지라도 협상을 통해 문제를 해결하고자 하는 선호가 강하다. 둘째, 협상과정에서 다양한 수준의 다양한 행위자가 정책결정을 공유한다는 점이다. 그렇기 때문에 특정한 정책결정의 결과에 대해 책임을 지는 명확한 권위가 존재하지 않는다. 동시에 이것은 전통적인 정치체제에서 나타나는 것과 같은 특정 정책결정에 대한 공식적인 반대세력이 존재하지 않는다는 것을 의미하기도 한다.

이처럼 협상체제적 성격을 보여주고 있는 다층거버넌스 유럽연합체제에서 정책결정은 기본적으로 초국가주의와 정부간주의에서 권위의 공유와 배분을 통한 탈중앙집권적 형태를 보임과 동시에 국가와 하위국가적 수준의 다양한 참여를 동반한다. 따라서 다층거버넌스는 각각의 정책결정과정과 그에 따른 정책단계는 기능적 효율성과 적법성을 고양시키기 위해 행위자의 참여 정도를 다양하게 차별화한다. 특히 다층거버넌스는 정책결정과 집행을 엄격하게 분리한다. 유럽연합은 특정의 초국가적 정책 및 재분배정책, 그리고 관리비용 등 일부 예산만을 자체적으로 집행하고 정책집행에 소요되는 예산은 국민국가의 재원에 의존한다. 따라서 공동체의 제도적 권한이란 공동농업정책 및 대외무역협상 등 특정의 위계적 정책부과를 제외하면 의제설정과 정책형성 단계에서만 유효하다. 요컨대 다층거버넌스 측면에서 바라본 유럽연합의 정책결정과정은 크게 초국가적 수준, 정부간 수준, 그리고 초국가적 수준과 정부간 수준이 혼합된 유럽수준을 들 수 있다. 먼저 초국가적 수준에서 나타나는 정책결정과정은 초국가적 행위자간의 권력균형과 기능적 분할을 통한 합의라는 공동체방식을 통해 이루어진다.

다층거버넌스로서 유럽연합체제의 특징은 기존의 정부간주의와 초국가주의적 성격 모두를 내포하고 있는 것이다. 그렇기 때문에 앞에서 논의했듯이 유럽연합체제의 정책결정과정은 각 수준에 따라, 즉 초국가주의적 수준, 정부간 수준, 그리고 이들의 혼합적 성격을 갖고 있는 유럽수준에 따라 권한과 권위가 다양하게 나타나고 또한 정책결정에의 참여 행위자도 다양하다고 볼 수 있다. 그러므로 다층거버넌스로서 유럽연합체제는 정책결정과정과 관련해서 지속적인 일련의 협상에 직면하게 되며, 이런 측면에서 유럽연합체제는 소위 '지속적 협상체제'라고도 볼 수 있다.

다층거버넌스로서 유럽연합체제를 연구할 때 가장 먼저 다루어야 할 분야는 유럽연합과 국민국가의 관계이다. 통합시장이 형성되고 국경을 가로지르는 교류가 증가하는 상황에서 유럽연합과 국민국가의 관계는 갈등과 협력을 포함하는 복합적 상호연관성 속에서만 제대로 규명될 수 있다. 이에 근거해서만 유럽연합체제의 역동적 메커니즘과 복잡다단한 현실을 보고 그 미래를 전망할 수 있다.

특히 베스트팔렌체제 수립 이후 지배적 통치체제로 존재해 온 국민국가는 지구적 관계의 강화와 전통적 경계의 약화와 제거로 특징되는 지구화로 인해 그 주권적 속성이 적지 않게 도전에 처하게 됐다. 이와 관련해서 전통적 국민국가가 약화·소멸되고 있다든가, 아니면 그 역할이 유지·강화되고 있다는 등 다양한 논의가 전개되고 있다.

그러면 과연 국민국가의 주권은 다양한 행위자에 의해 분할 점유되며 제한되고 구속되고 있는지 여부에 대한 의문이 생긴다. 이러한 변화가 사실이라면 권한의 분산이동을 초래한 요인은 무엇이며, 이것이 유럽연합과 국민국가의 관계에 어떤 영향을 미쳤는지에 대한 분석이 가능하다. 특히 권한의 층별 분산과 이들간의 상호의존적 협력관계 구축을 내용으로 하는 다층거버넌스의 틀 속에서 평가해 보는 것이 유럽연합체제를 심층적으로 이해하는 데 도움이 될 것이다.

유럽연합과 국민국가 관계를 국가와 시민사회, 국내정치의 특성에 따라 갈등과 협력, 배제와 포함이라는 네 가지 일반유형으로 구분해 살펴볼 수 있다. 여기서 갈등은 유럽통합 과정을 둘러싸고 내외적으로 심각한 논란을 가져오면서 극단적일 때는 통합대열에서 이탈하는 경우로, 유럽연합이 추진하는 공동정책에 대해서도 대부분은 비협조적이다. 이에 비해 협력은 유럽통합 과정에 적극적으로 참여하는 경우를 말하며 유럽연합의 공동정책에 대해서도 순응적이다. 또 다른 유형인 배제는 통합과정에서 일부 회원국을 동참시키지 않는 경우로 공동정책의 시행에서도 국내에 강한 반대세력이 있어 소수 사회집단의 이해관계를 대변하지 않는 경우가 많다. 포함은 유럽통합 관련 정책결정에 다양한 행위자를 참여시키는 것으로 유럽연합과의 관계도 갈등보다는 협력으로 이어지는 경우가 대부분이다.

이들 관계유형은 유럽통합이 진전되면서 단선적 관계에서 점차 다중심과의 관계로 변하고 있다. 이에 따라 국민국가와 유럽연합의 관계 역시 보다 복합적 양태를 보이면서 유럽연합체제 내의 다양한 층위의 행위자간 관계에도 영향을 미치리라 전망된다. 당장 유럽연합은 2004년 5월 10개국 가입으로 확대됐다. 또한 유럽 대통령제의 도입과 신속한 의사결정체계를 내용으로 하는 유럽헌법 제정도 추진중이다. 이 과정에서 국민국가간의 관계와, 국민국가와 유럽연합의 관계는 보다 복합성을 띠게 될 것이다. 한편 국민국가의 주권은 다양한 행위자에 의해 계속 분할 점유되며 제한되겠지만, 그럼에도 상당한 기간은 여전히 중요한 행위자로 남을 것으로 전망된다. 이는 탈국민국가화를 지향하는 체제정비 역시 국민국가가 주도하고 있다는 사실에서 잘 뒷받침된다.

다층거버넌스로서 유럽연합을 연구할 때 다음으로 살펴보아야 할 중요한 분야는 유럽연합체제와 시민사회의 관계이다. 지구화는 국민국가를 중심으로 하던 전통적 경계를 점차 약화시키는 한편 근대의 규범적 사회이론으로 존재했던 시민사회를 다시 부각시키고 있다. 다양한 행위자가 상호 작용하는 전지구적 조직망의 확대와 분화는 시민사회가 일국 차원에서 지역 혹은 전지구적 차원으로 확대됐을 뿐만 아니라 영향력도 증대되고 있다는 것을 보여주고 있다. 연구자들 역시 시민사회의 지역화 혹은 지구화와 이로 인한 새로운 형태의 생산과 파괴 같은 현상에 주목하게 됐다.

유럽에서 케인즈적 합의에 기초한 복지국가의 위기와 시장중심 패러다임에 입각한 유럽통합이 진척되면서 대두한 시장의 폐해는 국가와 시장 바깥에 있는 영역에 대한 관심과 기대를 증대시켰다. 실제적으로 기존의 국민국가 외에도 비국가영역의 다양한 행위자가 중요한 역할을 수행하는 보다 다원화된 구조가 형성됐다. 이로 말미암아 유럽연합과 국민국가, 시민사회, 지역간에 권력이동이 발생하면서 이들간의 관계 역시 점차 보다 복잡한 형태로 변하고 있다. 나아가 이러한 관계의 변화는 민주주의문제와 관련해서 다양한 평가를 자아내고 있다.

유럽연합과 시민사회의 관계는 시민사회 행위자의 다양한 행동양식에 따라 보다 복잡한 형태로 변하고 있다. 시민사회의 다양한 행위자는 여전히 특수한 경로를 향해 상이한 선호와 유형의 행동을 지속하고 있다고 할 수 있다. 유럽연합에 대한 시민사회 행위자의 행동특성을 중심으로 볼 때 시민사회와 유럽연합의 관계는 유형적으로 갈등·협력·포섭관계로 분류할 수 있지만 이는 시기와 정책별로 일정하지 않다. 이러한 시민사회 행위자의 차별적 행동은 시민사회의 고유한 성격뿐 아니라 국가·시민사회 관계의 특성, 그리고 해당 국가의 중앙정부가 추구하는 대내외 정책의 노선과 내용에서 비롯된다.

되풀이하건대 유럽연합은 더 이상 국민국가와 일부 초국가기구에 의해서만 정책이 수립되고 집행되는 것이 아니라 국민국가 내의 혹은 이들을 가로지르는 지역, 다양한 형태의 비국가행위자, 지구적 차원에서 이윤을 좇아 이동하는 초국적기업 등이 복잡한 네트워크를 형성하면서 정책결정에 영향을 행사하고 참가하고 있다. 다양한 층위와 방향에서의 압력이 행사되면서 유럽연합체제는 외교와 국가권력이 결정적 변수로 남아 있는 '국가중심적 세계'에서 다양한 조직, 집단, 개인이 국민국가 외부에서 상호작용의 네트워크를 구성하고 있는 '다중심적 세계'로 이전되고 있다.

이에 따라 유럽연합체제 내 다양한 층위간의 관계, 예컨대 국민국가와 유럽연합, 시민사회와 유럽연합 및 시민사회와 국민국가 관계는 보다 복합적인 양태를 띠게 됐다. 무엇보다 통합이 진척되면서 비국가영역의 다양한 행위자가 보다 중요한 역할을 수행하면서 국민국가와 유럽연합에 대한 시민사회의 영향력은 점차 커질 것으로 전망된다. 이러한 시민사회의 확대와 강화로 인해 유럽연합체제는 중앙집중적 통제가 부재한 다중심성 권력분할체제의 성격이 더욱 부각될 것으로 평가된다. 이에 비해 국민국가의 권한은 다양한 행위자에 의해 계속 분할 점유되며 제한될 것이라는 점에서 유럽연합에 대한 국민국가의 규정력은 점차 약화되리라 예상된다. 그러나 시민사회가 지닌 불평등과 분절화라든가 국민국가가 여전히 지닌 결정권한을 감안하면 유럽연합과 국민국가, 시민사회간에 일어나고 있는 권력이동의 방향과 정도를 단순하게 예단하기는 어려워 보인다.

중요한 것은 현재 다중심적 권력분할체제로서 유럽연합체제의 안정성과 지속성 여부라 할 수 있다. 아직 기존 국민국가에 권한이 잔존해 있는 상황에서 다중심체제는 불균등한 힘의 배분을 전제로 하는 것이라 할 수 있으며, 이런 점에서 그 안정성과 지속성은 흔들릴 수밖에 없기 때문이다. 또한 유럽연합이 구조적 취약성에 연원하는 민주주의문제가 있기 때문에 안정성문제는 더욱 부각될 것으로 보인다. 이는 유럽인이 유럽 차원에서 어느 정도까지 민주적인 공적 공간을 형성할 수 있을 것인가 하는 문제이자, 유럽연합이 얼마나 민주적 정통성을 확보해 나갈 것인가 하는 문제와도 직결된다. 이를 해결하기 위한 관건 중의 하나는 유럽의 시민사회가 얼마나 민주적 원리에 충실한 행위자를 확보하고 유럽연합체제에 대해 균형과 비판의 역할을 하는가에 달려 있다고 할 수 있다.

유럽연합체제 연구는 다양한 제도, 조직과 관계에 대한 연구를 기본으로 하고 있지만, 실제로 정책에 대한 연구를 소홀히 할 수 없는 것은 유럽연합이 하나의 국제기구가 아니라 점차 국가의 형태를 갖추어 가고 있기 때문이다. 특히 다층거버넌스 접근은 정책의 결정과정과 집행절차를 그 핵심적 연구대상으로 하기 때문에 더 중요하다. 다양하게 분출되는 수직적 제도의 관계와 수평적 조직의 경쟁과 협력은 다양한 분야의 정책을 기본변수로 해서 상호 연관돼 있다.

1987년 발효된 단일유럽의정서에는 유럽단일시장을 완성하고자 하는 계획과 더불어 유럽공동체의 정책결정과정 개선에 관한 규정이 포함돼 있다. 이를 통해 유럽통합이 보다 체계적이면서도 구체적으로 진전될 수 있는 중요한 근거를 마련할 수 있었다. 또한 1993년 유럽연합 출범에 따라 경제영역만이 아닌 외교·안보분야와 내무·사법분야에 이르기까지 유럽차원의 정책적 협력이 강화되면서 유럽연합의 공동정책에 대한 학문적 관심이 더욱 증가하게 됐다. 이에 따라 1980년대 중반 이후부터는 유럽연합의 정치구조와 정체성, 정책 자체, 그리고 유럽연합을 조직하는 구체적인 정책결정과정과 유럽연합의 입법과정에 대한 연구가 매우 활발하게 진행되게 된다.

유럽연합의 정책결정은 단순히 정부간 기구와 초국가적 기구에 의해서만, 더 나아가 이들 기구간의 연관관계하에서만 이루어지는 것이 아니라, 시민사회나 비정부기구의 활동 같은 영향력도 고려해야 되는, 즉 다층거버넌스에 의해 성립된다는 것이 최근 유럽연합 정책에 대한 연구의 기본논제이다.

1990년대 이후 유럽연합의 정치체제와 정책결정과정을 분석하는 데 다층거버넌스의 개념은 널리 사용되는데, 마크스(G. Marks)는 유럽연합의 구조정책에 관한 연구를 통해 유럽연합은 지역단위의 정치구조와 국가단위의 정치구조가 공존하는 독특한 통치체제를 구성하고 있다고 지적한다. 특히 유럽연합의 정책범위가 점차 지역정책 등과 같이 '자원의 배분'에 관련된 분야로까지 확대되면서, 유럽연합 정책에 이해관계를 갖는 국가뿐만 아니라 지역, 이익집단 등 다양한 수준의 행위자가 정책의 결과에 영향을 미치게 됐다는 것이다.

이 관점에 따르면, 유럽연합의 정책결정과정에서 국가와 정부가 여전히 중요한 행위자로 역할하고 있는 것은 사실이지만, 회원국 정부가 일상적인 정책과정에서까지 정책결정권을 독점할 제도적 권한은 갖고 있지 않으며, 오히려 다양한 정책분야에서 유럽연합의 초국가적 정책기관과 회원국 정부, 지방정부 등 여러 단위의 정치행위자가 함께 정책결정과정에 참여하는 체제가 형성돼 있다. 특히 지역정책을 결정하는 과정에는 집행위원회와 유럽의회 등의 정책기구, 회원국 정부, 회원국 내 지역정부, 그리고 심지어는 지역단위의 이익집단을 포괄하는 긴밀한 정책네트워크가 형성돼 있어, 유사한 이해관계를 갖는 다양한 정치행위자가 함께 연대하며 정책결정에 영향을 미치게 된다. 이처럼 유럽연합의 정치체제가 다층적 구조를 형성하고 있다는 관점에서 바라보면, 유럽연합의 정치과정에서 국가 정부는 점차 축소된 역할을 담당하는 반면, 다양한 정치적 행위자는 정책과정에 참여할 권한을 공유하며 영향력을 확대해 온 것으로 이해될 수 있다.

이러한 논거를 바탕으로 유럽통합 과정에서 가장 역점으로 추진한 정책 중의 하나인 지역정책(regional policy)이 정치적으로 유럽연합 내 각 국민국가의 주권에 미친 영향은 큰 의미가 있다. 유럽통합 과정에서 주요한 문제점의 하나는 "유럽차원의 사회정책 문제와 더불어 지역간 발전격차 문제를 어떻게 해소할 것인가"였다. 즉 통합과정에서 지역간 경제적 격차의 심화는 유럽연합 내 균형적 발전을 어렵게 하고 궁극적으로 유럽연합의 번영과 안정에 부정적 영향을 미칠 수밖에 없다고 생각됐기에 균형적 지역발전 문제는 통합 초기부터 중요한 문제로 인식돼 왔던 것이다.

유럽통합은 과정에 있으며, 정체돼 있는 것이 아니라 미래를 향해 끊임없이 역동적으로 발전하고 있다. 그 궁극적 목표가 연방국가이든 아니면 조금 더 가까워진 연합이든 간에 통합은 수직적이고 수평적인 발전을 하고 있다. 여기서 수직적 발전은 통합의 심화라 할 수 있고, 수평적 발전은 통합의 확대라 할 수 있다. 이 통합의 심화와 확대는 서로 분리돼서 일어나는 현상이 아니라 상호 연관성을 가지고 새로운 방향을 향해 꾸준히 나아가는 것이다.

두 번에 걸친 세계대전을 경험한 유럽의 지도자들은 다시는 과거의 전철을 밟지 않고 평화체제 구축과 경제부흥을 위해 꾸준히 논의와 타협을 해 왔으며, 과거의 소모적인 경쟁의 잘못을 절실하게 실감하고 화해하고 협력하려는 의지를 다져 왔다. 이러한 노력은 1950년대 초반에 시작된 유럽통합의 진전을 가능케 했고, 급기야 1993년 유럽연합이라는 초국가적인 실체를 탄생시켰으며, 현재에는 그 통합의 심화와 견고화 역시 급속하게 진행중이다.

통합은 구분되는 여러 부분을 하나의 공동체로 힘을 이양하는 과정이며, 이것은 새로운 조직체가 보다 효율적으로 작동하기 위해 구성원간 결속력 강화를 저해하는 요소를 수정하는 과정을 의미하기도 한다. 통합의 심화과정에서 걸림돌이 될 수 있는 큰 변수 중의 하나는 민주적 정통성의 취약함과 그로 인해 야기된 일반시민의 무관심이다. 통합과정에 참여한 행위자는 각국의 정치가와 관료, 그리고 경제행위자들이었으며, 이들이 일반시민의 의사를 정확히 반영해 의사결정과정을 수행했다고 보기는 어렵다.

유럽연합은 경제통합과 함께 사회적·정치적 통합을 꾸준히 진행해 왔다. 아직은 국민국가와 그 주권 개념이 상존해 있음에도 불구하고 유럽연합, 유럽단일통화, 공동농업정책 같은 초국가제도에 의한 많은 유럽차원의 정책이 이뤄져 왔고, 점차 그 영역은 경제·사회분야에서 정치분야로 확산됐다. 이러한 정치적 목적을 실현하기 위해 초국가기구로서 유럽연합은 제도개혁을 추구함과 동시에 효율성을 강구하고 있으며, 공동의 정책을 통해 국가간 결속을 강화하고 있다.

유럽의 통합은 단일시장의 완성으로 인적교류, 물자거래, 서비스 및 자본의 자유로운 이동이 가능하게 함으로써 기업의 효율성을 강화하고 질 높은 서비스와 상품개발로 유럽인의 삶의 질 향상에 크게 기여해 왔다. 또한 공동농업정책으로 농업기술의 향상과 농업의 합리화, 노동과 생산요소의 투입을 통해 농업생산을 최대화하고, 농가소득을 증대시킨 공헌도 부인할 수 없다. 경제나 사회정책 분야의 통합과 공동정책에 대한 동의는 순조롭게 이뤄져 왔으나, 외교안보나 내무치안 같은 주권국가의 고유권한에 대한 문제에서는 다소 어려움이 관찰된 것이 사실이다. 신속기동군 창설이 지연되고 있고 유럽헌법 역시 부결됐다. 이는 통합의 진정한 심화과정까지 해결해야 할 난제거 적지 않다는 것을 말해 준다.

유럽연합은 회원국 대표가 운용하는 관계로 민주성과 책임성이 결여됐다는 지적을 받아 왔으며, 유럽연합법의 직접 효력성, 가중다수결에 의한 의사결정, 각료이사회와 집행위원회 운영의 불투명성 같은 문제점은 이러한 '위로부터의' 통합으로 인한 모순이었다. 따라서 이러한 문제점을 보완하기 위해 유럽연합은 제도개혁을 통한 민주적 정통성 강화와 아울러 일반시민의 적극적이고 건전한 참여를 모색하고 있다. 시민이 유럽연합이라는 초국가기구에 참여할 수 있는 적법한 틀이 제공된다는 것은 유럽시민의 정체성 확립과 함께 민주주의와 건전한 시장경제가 함께 하는 '하나의 유럽'을 건설하는 데 지름길이 될 것이다. 이러한 과정을 통해 국가의 고유권한인 안보와 내무치안 분야에서도 공통된 의식과 정체성을 확대해 나감으로써 보다 심화된 통합의 가능성이 열리게 되는 것이다.

창설 초기 6개국으로 시작한 유럽연합은 5차례의 확대과정을 거치면서 1995년에는 15개국으로 확대됐고, 2004년 5월에는 10개국을 새로운 회원국으로 받아들여 회원국이 25개국으로 확대됐다. 유럽연합의 확대는 유럽연합이 직면한 중요한 문제인 경제적 성취, 유럽연합의 내적 응집력, 그리고 유럽연합의 대외적 역할이 중요시되고 있는 시기에 이루어졌다는 점에서 의미가 있다 하겠다. 따라서 유럽연합의 확대는 유럽연합 자체에 대해서뿐만 아니라 21세기 국제 정치경제에도 상당한 함의가 있는 문제이기도 하다.

유럽통합 과정은 그 역사를 통해 3개의 상이하지만 중첩적인 의제와 비전을 추구해 왔다. 첫 번째는 화해의 의제·비전이었다. 이것은 민족주의와 과거의 갈등유형을 극복하고 유럽의 심장부, 특히 프랑스와 독일간의 전쟁을 불가능하게 만들기 위한 바램인 유럽통합을 위한 원래의 동기였다. 두 번째는 유럽이 성공적으로 경쟁하고 성장하고자 한다면 유럽은 경제적으로 통합해야 한다는 경제적 번영이었다. 세 번째이자 마지막 의제·비전은 궁극적으로 그 자신의 정치적, 경제적, 그리고 최종적으로 전략적 운명을 통제해 미국으로부터 독립적인 지구적 세력이 되는 하나의 유럽이었다.

이런 맥락에서 유럽연합의 4차까지의 확대가 주로 첫 번째와 두 번째 의제·비전과 관계가 있다면, 이번에 이루어진 중동유럽으로의 확대는 두·세 번째 의제·비전과 불가분의 관계가 있는 것이다. 특히 그 동안 있었던 유럽연합의 확대가 서유럽 차원에 머물러 있었다면, 중동유럽으로의 확대는 냉전으로 분단된 유럽의 재결합이자 안정 및 평화와 경제적 번영간의 불가분의 관계를 상징하는 역사적 사건이라 볼 수 있다. 마찬가지로 중동유럽 국가의 유럽연합 가입은 유래가 없는 정치·경제적인 이중적 체제이행의 성공적 완성을 위한 유럽으로의 복귀임과 동시에 끊임없이 주변국가들로부터 외침을 당해 온 중동유럽 국가의 과거사로부터의 탈출이라는 안보적 상징성을 갖고 있는 것이다. 따라서 유럽연합의 중동유럽으로의 확대는 단순히 시장확대라는 경제적 차원 외에 냉전으로 분단된 유럽지역을 거대한 하나의 평화와 안정의 지대로 확대해 나가는 정치적 의미가 있는 것이다.

중동유럽 국가의 가입과정을 가속화하기 위한 전략으로 2002년 5월 유럽연합 집행위원회가 채택한 확대를 위한 의사소통 전략의 전반적인 목적은 기존 회원국 및 가입 신청국 국민들에게 확대의 과정과 결과를 알리는 것이다. 의사소통 전략의 구체적인 목적은 다음과 같다. 먼저 기존 회원국에게는 3가지 주요목표가 있다. 첫째, 확대가 미칠 영향 및 그것이 상정할 도전을 포함해 국민들에게 확대의 이유를 의사 소통하는 것이다. 둘째, 확대와 관련된 쟁점에 관해 정책결정자와 국민들 사이에서 전체 사회수준의 대화를 증진시키는 것이다. 셋째, 일반적 이해증진을 돕기 위해 가입 신청국에 관한 정보를 제공하는 것이다. 마찬가지로 의사소통 전략은 가입 신청국에게도 3가지 주요목표가 있다. 첫째, 유럽연합에 대한 대중적 지식과 이해를 개선하는 것이다. 둘째, 개별국가 가입의 함의를 설명하는 것이다. 셋째, 가입자격 준비속도와 협상진척간의 연계를 설명하는 것이다.

이러한 목적을 달성하기 위한 의사소통 전략이행은 3가지 원칙에 근거하고 있다. 첫째, 분권화(decentralisation)이다. 이것은 각 개별국가의 특별한 필요와 조건에 맞도록 기존 회원국과 가입 신청국 모두에서 분권화된 방법으로 전략을 이행하는 것이다. 둘째, 융통성(flexibility)이다. 이것은 기본적으로 역동적 과정에서 연유하는 다양한 의사소통 도전에 적응시키기 위한 것이다. 셋째, 상승효과(synergy)이다. 이것은 집행위원회, 유럽의회, 기존 회원국, 그리고 사회의 다른 집단에 의해 이루어진 노력이 상호 보완적이고 이를 강화시키는 데 필수적인 것이다.

중동유럽으로의 확대와 더불어 유럽연합이 직면한 도전과 기회는 첫째, 제도적 측면의 변화와 효율성과 민주성의 문제, 둘째, 경제·사회적 측면에서 경제적 문제의 효율적 관리와 유럽시민의 삶의 질 향상문제이다. 셋째, 유럽연합 확대에 따른 또 다른 문제는 초국가적 성격강화에 따른 유럽연합의 정체성 확립문제이다. 유럽연합은 지역통합의 결과 형성된 일종의 국제협력체의 성격을 갖지만, 동시에 기존 국가가 지니고 있던 많은 특성을 함께 공유하고 있는 것도 사실이다. 물론 유럽연합은 일반적으로 국가가 소유하는 대내외적 주권에 관한 규정을 마련하고 있지 않으며 또한 소속 국민을 통제·동원할 수 있는 법적 근거나 제도적 장치가 없다는 점에서 국가와 동등한 수준으로 이해하기는 어렵다. 그러나 동시에 유럽연합은 일반적으로 국제기구가 행사하는 일반적 권한을 훨씬 넘어서는 범위에서 정책을 수립하고 있으며 이에 따라 회원국 국민의 일상생활에까지 많은 영향을 미치고 있다는 점에서 단순한 국제조직체 이상의 기능을 담당하고 있는 것 역시 사실이다.

유럽연합의 확대와 관련해서 마지막으로 중요한 문제는 유럽연합의 안보적 정체성을 형성하는 문제와 관련이 있다. 사실 제2차 세계대전 이후 본격화된 유럽통합 과정에서 협력의 핵심은 언제나 경제적 쟁점이었지만 국가간 상호 의존도가 확대·심화됨에 따라 정치적 협력에 대한 필요성이 증대해 왔다. 상위정치와 하위정치의 경계가 모호해진 국제환경에서 효율적인 경제정책을 추진하기 위해서는 외교정책의 일관성과 신뢰할 수 있는 안보정책의 지원이 필요하게 됐다. 특히 냉전구조 해체에 따른 유럽 안보환경의 급격한 변화는 유럽연합의 확대·심화과정에 상당한 충격을 가하면서 그 어느 때보다도 회원국들에게 공동외교안보정책의 필요성을 절감케 했다.

현재까지 유럽연합의 공동외교안보정책은 실제적으로 활동하고 있다고 보기 어렵다. 특히, 유럽안보방위정책은 공동외교안보정책의 강화에 따른 방위정책이라기보다는 그 허약성을 보충하기 위한 차원에서 등장한 것이다. 따라서 현재까지 유럽안보방위정책을 포괄하는 유럽연합의 공동외교안보정책은 외부적 영향력의 확대차원이 아니라 외적 환경의 변화에 따른 회원국의 내적 결속력 강화차원으로 이해하는 것이 타당할 것이다. 따라서 중동유럽으로의 확대에 따른 유럽연합의 공동외교안보정책은 그 필요성이 보다 절실함에도 불구하고 실제적인 하나의 공동정책으로 작동하기 위해서는 아직도 많은 부분에서 변화와 발전이 필요하다고 여겨진다.

유럽통합의 진전에 따라 유럽연합체제의 성격과 구조, 정책에 대한 연구 역시 활발히 진행돼 왔다. 특히 유럽연합이 지역통합 결과로 형성된 일종의 '국제협력체'의 성격과 함께 국가의 특성을 함께 공유하고 있어 그 성격을 규명하고자 하는 학문적 논의는 계속돼 왔다. 물론 유럽연합은 일반적으로 국가가 소유하는 주권에 관한 규정을 마련하고 있지 않으며, 또한 소속 국민을 통제·동원할 수 있는 법적 근거나 제도적 장치가 없다는 점에서 '국가'와 동등한 수준에서 이해하기는 어렵다. 그러나 유럽연합체제는 국제기구가 행사하는 기능을 훨씬 넘어서는 범위에서 정책을 수립하고 있으며, 이에 따라 회원국 국민의 일상생활에까지 많은 영향을 미치고 있다는 점에서 단순한 국제적 조직체 이상의 기능을 담당하고 있음 역시 사실이다.

유럽연합체제에 대한 연구는 1980년대 이후 통합이 본격적으로 추진되면서 새로운 접근을 시도하게 돼 유럽연합을 다차원적 정책결정과정과 다층거버넌스를 갖고 있는 "복잡성과 통일성이 공존하는 체제"로 규정하는 분석이 등장하게 됐다. 이에 따라 유럽연합의 정체(polity) 혹은 거버넌스체계에 대한 관심이 높아졌으며, 유럽통합을 이른바 '제도화'(institutionalization)의 관점에서 이해하는 시각 역시 중요하게 고려됐다. 이러한 접근은 유럽연합을 기존의 국민국가와 초국가기구, 국가 하위단위의 정치체라는 다층적 수준에서 분석한다는 점에서 부분성과 편향성으로 특징지어지는 기존 연구에 비해 적지 않은 설득력을 갖게 된다.

유럽의 통합과정은 이미 완성된 정태적인 것이 아니라 현재에도 역동적으로 변화·발전하고 있는 과정으로 이해돼야 한다. 유럽은 향후로도 각 시기의 정치·경제적 역학관계의 변화에 따라 그 통합의 형태와 수준을 달리할 것임에 분명하다. 따라서 유럽연합의 제도화과정에 주목하며 민주적 거버넌스체제를 정착시키는 것은 유럽통합의 중요한 과제가 되고 있는 것이다.

유럽연합의 정체와 통합에 관한 이론 역시 이러한 측면을 반영해 보다 정교해질 필요가 있다. 유럽통합에 관한 다양한 이론은 각각 나름대로 이론적 유용성을 가지고 있지만, 대다수가 유럽통합의 근본동인과 제도화의 과정, 회원국 정부와 초국가적 기관, 그리고 국가 하위단위 정치체 사이의 관계를 포괄하는 이론적 설명을 제시하지 못하는 측면이 있다. 또한 정책분야별로 사례연구를 통해 유럽연합 정책과정의 일반적 특성을 연구하는 접근법은 구체적 정책이 결정되는 과정에 대해 많은 정보를 제공하고 있는 것은 사실이지만, 유럽연합의 구조 및 정치체계에 관한 종합적 시각을 제시하는 데는 한계가 있는 것으로 보인다.

이러한 측면을 고려할 때, 다층거버넌스 접근법은 유럽연합 연구에 새로운 패러다임을 제시하고 있다. 다층거버넌스는 모든 종류의 공공정책이 관리되고 전달되는 방식과 밀접히 관련돼 있으며, 이에 따라 위계적인 정부에서 거버넌스 체제로의 변화가 나타나고 있다. 많은 결정은 상이한 조직의 파트너십에 의해 이루어지는데, 이들 파트너는 지방자치단체와 같이 민주적으로 선출되기도 하지만 비정부조직과 같이 선출되지 않는 경우도 많으며, 이외에 민간기업이나 자원봉사 조직 등이 파트너로서 모두 관련돼 있다.

이와 같이 제도화된 유럽연합체제가 다양한 정치적 행위자의 가치와 행위에 어떻게 영향을 미치고 있는지를 연구하는 것은 유럽통합의 과정과 유럽연합의 거버넌스체제를 체계적으로 이해하는 데 크게 기여할 수 있는 것이다. 이러한 관점에서 유럽연합의 구조 및 정치과정을 분석할 경우 유럽통합의 거시적 이해는 물론 국민국가, 초국가기구, 시민사회, 국내지역간의 상호관계 및 역할에 대한 연구, 그리고 보다 구체적으로는 개별 정책분야의 정책과정에 대한 미시적 분석까지 이루어질 수 있어, 유럽연합의 정체 전반에 대한 체계적 연구가 가능할 수 있을 것이다.

결론적으로 유럽연합은 아직 국가가 갖추어야 할 요소를 완전히 갖추지 못했기 때문에 국가라 불릴 수 없다는 주장도 있지만, 일부, 특히 유럽통합을 초국가적 접근법을 활용해 분석하는 학자들은 유럽연합이 '민족국가와 유사한 의미'를 가진 체제를 갖추었다고 표현한다. '다층거버넌스 체제'(system of multi-level governance), '준연방정체'(quasi-federal polity), '정책네트워크의 복합체'(complex of policy networks) 등이 그러한 표현이다. 1990년대 중반 이전에는 국가 차원에서 결정되던 정책의 60% 정도가 유럽차원으로 이전됐다. 따라서 유럽연합은 적어도 근대국가가 가지고 있는 '정책생산적 권력'를 보유하게 됐다는 평가를 받기도 한다.[5] 최근 들어 유럽연합체제에 대한 다층거버넌스적 접근이 이루어지면서, 회원국인 국민국가의 쇠퇴론과 함께 초국가기구와 국가 하위체제의 중요성이 제고되고 있다. 유럽연합이라는 초국가기구가 일반국가의 성격을 가지면 가질수록 회원국 정부의 역할이 줄어드는 것은 당연한 귀결일 것이다.

---

5) Alec Stone Sweet and Wayne Sandholtz, "Integration, Supranational Governance, and the Institutionalization of the European Policy," in Wayne Sandholtz and Alec Stone Sweet (eds.), *European Integration and Supranational Governance* (Oxford: Oxford University Press, 1998), p.1; 조홍식, 『유럽통합의 이론』, 세종연구소 연구논문 98-10, 49쪽.

■ CONTENTS

CHAPTER 1 Introduction

Kim, Gye-Dong

CHAPTER 2 The History and Characteristics of the European System

Park, Rae-Sik

CHAPTER 3 A Comparative Theoretical Approach towards the Study of the European Union and Integration

Jin, Siwon

CHAPTER 4 The European Union System as Multi-level Governance

Lee, Soo-Hyung

CHAPTER 5 The Change of Relationship between the EU and National States

Hong, Ickpyo

CHAPTER 6 The European Union System and Civil Society: Focusing on 'Dynamics of Relations'

Hong, Ickpyo

CHAPTER 7 The Policy-making Process of Multi-level Governance:
           Focusing on Regional Policy in the European Union

                                                            Lee, Jae-Won

CHAPTER 8 Democratizing the European Union:
           Reform of Supranational Institution and Reinforcement of National Sovereignty

                                                            Choi, Jin-Woo

CHAPTER 9 The Deepening and Institutional Consolidation of European Intergration

                                                            Park, Rae-Sik

CHAPTER 10 European Union's Enlargement and its Implications

                                                            Lee, Soo-Hyung

CHAPTER 11 The Multi-Dimensional Evaluation of the European System

                                                            Lee, Jae-Won

CHAPTER 12 Conclusion

                                                            Kim, Gye-Dong

부 록

| 유럽통합 연표 |
| 유럽연합 주요 기구표 |
| 유럽헌법 요약문 |

유럽통합 연표

일 자	내 용
1948. 1. 1	베네룩스 3개국간 관세동맹 발효
1950. 5. 9	프랑스 외무장관 슈망, 유럽석탄철강공동체(ECSC) 창설 제안
1951. 4. 18	벨기에, 서독, 프랑스, 이탈리아, 룩셈부르크, 네덜란드 6개국, ECSC 설립을 위한 파리조약에 서명
1952. 5. 27	상기 6개국, 유럽방위공동체(EDC) 설립을 위한 조약에 서명. 프랑스 의회, 1954년에 비준 거부
1953. 5. 1	ECSC 설립
1957. 3. 25	6개국, 로마에서 유럽경제공동체(EEC)와 원자력공동체(Euratom) 설립을 위한 로마조약에 서명
1963. 1. 29	프랑스와 서독, 파리에서 우정과 협력조약(Elysee Treaty) 서명
1963. 7. 20	EEC, 17개 아프리카 국가 및 마다가스카르와 야운데에서 연합협약(Association Convention) 서명
1965. 4. 8	ECSC, EEC, Euratom 3개국 통합협약(Merger Treaty) 서명
1968. 7. 1	관세동맹 완성으로 공동대외관세 실시
1972. 1. 22	EC, 영국·덴마크·아일랜드·노르웨이와 가입조약 서명
1972. 9. 25	노르웨이, 국민투표에서 EC가입 거부
1972. 10. 20	파리 유럽정상회담에서 지역정책, 환경 및 에너지정책 시행결정, 유럽공동체(EC)를 Euratom Union으로 전환시키고 유럽통화제도(EMU)의 새 일정표에 합의
1973. 1. 1	EC, 9개국으로 공식 출범. EC, 공동무역정책에 관한 고유권한 확보
1974. 12. 10	파리 유럽정상회담에서 유럽이사회(European Council)를 창설해 정기적인 모임을 가질 것에 합의
1977. 7. 1	EC, 9개국간 관세 완전 제거
1978. 7. 7	유럽이사회에서 유럽통화제도 및 유럽통화단위 창설계획 승인
1979. 3. 13	EMS, 1979년 1월 1일부터 소급 발효
1979. 6. 10	9개국에서 최초의 유럽의회 직접선거 실시
1981. 1. 1	그리스, 열 번째 회원국으로 EC 가입
1982. 2. 23	그린란드(Greenland), 국민투표에서 EC 탈퇴 결정
1986. 1. 1	스페인과 포르투갈의 가입으로 EC 회원국 12개국으로 증가
1986. 2. 18	12개국 정부에 의해 유럽단일의정서(SEA) 서명
1987. 7. 1	SEA 발효
1990. 6. 19	제2차 셴겐협정(Schengen Agreement), 룩셈부르크에서 서명
1990. 10. 3	독일통일로 인해 구동독 5개 주가 EC에 새로 편입
1991. 3. 29	셴겐협정 참가국과 폴란드, 1991년 4월 8일부터 비자면제에 합의
1992. 2. 7	마스트리히트조약 서명
1994. 12. 10	에센(Essen) 유럽이사회에서 중동부유럽 확대에 대한 예비가입 전략수립
1995. 1. 1	오스트리아, 핀란드, 스웨덴, EU 가입
1995. 3. 26	셴겐협정 발효해 베네룩스, 프랑스, 독일, 포르투갈, 스페인, 오스트리아, 이탈리아, 아일랜드간 여권통제 철폐
1995. 12. 16	마드리드 유럽이사회에서 단일통화를 유로(Euro)로 명명. EMU 도입일정 불변. 유로 2002년부터 EMU 회원국의 유일한 법정화폐

일 자	내 용
1997. 10. 2	외무각료이사회에서 암스테르담조약 서명
1998. 6. 1	유럽중앙은행(ECB) 창설
1999. 1. 1	11개국(오스트리아, 벨기에, 핀란드, 프랑스, 독일, 아일랜드, 이탈리아, 룩셈부르크, 네덜란드, 포르투갈, 스페인)이 유로를 공식통화로 채택
1999. 5. 1	암스테르담조약 정식 발효
2001. 2. 26	니스 유럽이사회 결과에 따라 유럽연합 확대를 위한 조약개정에 관한 합의와 의사소통 전략 승인
2001. 12. 15	라켄(Laeken) 유럽이사회에서 테러리즘과 새로운 중동정세에 대비한 제도개선에 합의
2002. 1. 1	유로가 12개(오스트리아, 벨기에, 핀란드, 프랑스, 독일, 그리스, 아일랜드, 이탈리아, 룩셈부르크, 네덜란드, 포르투갈, 스페인) 회원국에서 통용
2002. 2. 28	유로가 12개 회원국에서 유일한 통화로 사용되기 시작
2002. 7. 23	ECSC 설립조약 50년 만에 소멸
2002. 12. 13	코펜하겐(Copenhagen) 유럽이사회에서 중동부유럽 및 지중해권 10개국(키프로스, 몰타, 에스토니아, 리투아니아, 라트비아, 체코, 헝가리, 폴란드, 슬로베니아, 슬로바키아)을 신규 회원국으로 받아들이기로 결정
2003. 3. 14	EU-NATO 안보문제 협의
2003. 3. 19	유럽의회, 신규 회원국가 가입승인
2003. 7. 14	스웨덴에서 유로에 대한 국민투표 개최, 대다수는 단일유럽통화 가입에 반대
2003. 10. 17	정부간 회의(IGC) 벨기에 브뤼셀에서 개최. 정상들은 유럽연합 차원의 이주민정책, 경제정책, 대외관계에 대해서 논의
2004. 5. 1	중·동유럽 및 지중해 10개국, 유럽연합 정식 가입
2004. 5. 5	유럽의회, 신규회원국 10개국으로부터 10명의 위원을 승인하는 공식투표를 실시, 각료이사회는 10명의 위원을 공식적으로 임명
2004. 10. 29	회원국 정상과 외무장관들이 유럽 헌법 조약에 서명
2004. 11. 5	유럽위원회가 벨기에 브뤼셀에서 열림. 자유, 안보, 정의와 '헤이그 프로그램', 유럽 의사소통에 대해 논의

출처: 이종광, 『유럽통합의 이상과 현실』, 일신사(1996); 이종원, 『최신유럽연합론』, 해남(2001); http://www.europa.(검색일: 2004. 12. 20).

| 유럽연합 주요 기구표 |

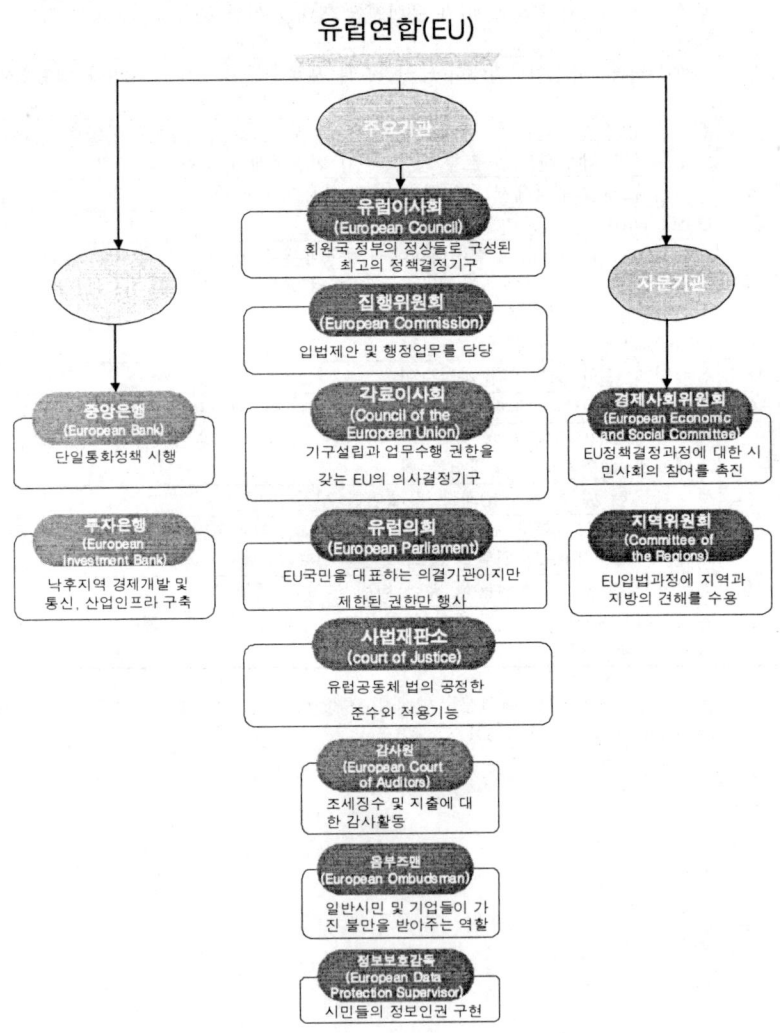

출처: EU 공식 web site www.europa.eu.int/index_en.htm(검색일: 2004. 12. 27)을 참조해 구성.

| 유럽헌법 요약문 |

* **편집자 주:** 2002년 2월 유럽연합의 구조개혁과 헌법제정을 위해 지스카르 데스탱(Giscard d'Estaing) 전 프랑스 대통령을 의장으로 하고 각국 대표 102명으로 구성된 유럽미래회의(European Convention)가 발족됐다. 유럽미래회의는 2003년 7월 유럽헌법 초안을 제출했는데 이는 회원국과 가입후보국 대표로 구성된 정부간회의의 논의를 거쳐 2004년 10월 29일 정식 서명됐다. 유럽연합헌법은 2007년까지 25개국 회원국에서 모두 비준돼야 효력이 발생한다. 아래는 2004년 6월 17~18일에 브뤼셀의 유럽이사회에서 채택된 헌법의 요약문(Summary of the Constitution adopted by the European Council in Brussels on 17/18 June 2004)이다.

개관

2004년 6월 17~18일에 브뤼셀에서 열린 정부간 회담에서 '유럽헌법을 제정하기 위한 초안 협정'(Draft Treaty establishing a Constitution for Europe)이 채택됐다. 헌법의 범위는 다음과 같다. 서문(2조)에서는 유럽연합(EU)이 기초로 하는 중심적 가치에 대해 설명하고 있고, 기본권헌장을 모두 포함(2장)[1]하고 있으며, 자발적인 연합탈퇴에 관한 조건을 포함하는 회원국의 조건과 연합기나 연합가 등 유럽연합의 상징에 대한 조건(6조 1항)을 정의하고 있다.

헌법은 명시적으로 현재의 '기둥'(pillars)체제를 폐기하고 유럽연합에 법인격을 부여한다. 유럽연합 단일화의 초기목적은 제1장에서 부분적으로 달성되며, 헌장을 구성하는 제2장과 함께 총체적인 헌법적 성격을 규정한다. 그러나 헌법의 내용은 정책의 최신 규정과 제3장을 구성하고 있는 기구운용에 관한 자세한 규정으로 인해 복잡하게 구성되어 있다. 제4장에서는 보다 일반적이고 최종적인 규정을 분명히 하고 있다. 본

---

[1] 헌법은 유럽인권재판소(ECHR)를 통한 EU의 동의에 의해 구성된다. 동의에 대한 합의는 유럽의회의 승인 이후에 각료이사회에서 가중다수결에 의해 채택돼야 한다.

문은 서문('유럽의 문화적 종교적 인본주의적 유산'을 언급하는)으로 시작해 많은 의정서(헌법적 지위를 가지는)와 선언을 담은 문서로 끝을 맺는다.

I. 기 구

헌법 초안은 각 기구의 역할과 유럽연합의 실체를 분명히 한다.

유럽의회(The European Parliament)

유럽의회는 각료이사회와 연계해 정치적 제재와 협의의 기능뿐 아니라 법을 제정하고 예산을 집행하는 기능을 할 것이다. (가중다수결로 채택된) 유럽 이사회 제안서에 따라 유럽 집행위원회 의장을 선출한다. 그러므로 선거의 결과는 중요한 의미를 갖는다. 유럽의회가 위원회를 승인하고, 유럽의회 의원의 수는 750석으로 제한한다. 현재 헌법은 회원국의 의석 할당에 대한 규정을 갖고 있지 않다. 그러나 1장 19조는 유럽이사회에 의한 법적 토대, 의회와 의회의 동의로부터 도출된 제안, 회원국당 최소 6석에서 최대 96석까지 가질 수 있는 체감적 비례대표(degressively proportional representation) 원리에 기초해 2009년 선거전에 의석배분을 결정할 책임성 등이 명시돼 있다.

유럽이사회(The European Council)

유럽이사회는 완전한 기구를 지향한다. 순번제 의장직은 폐지되고 제한된 권력을 가진 상임의장직으로 대체된다. 상임의장은 유럽이사회 회원국의 가중다수결로 선출되는데, 2년 반의 임기를 갱신할 수 있다.

유럽이사회의 정치적 우선권은 명시되어 있고 계속해서 강화될 것이지만 입법기능은 수행하지 않는다. 또한 범죄문제에 대한 사법적 협력을 수행하기 어려운 상황이지만, 유럽이사회는 정부간회의(IGC: Intergovernmental Conference)를 통해 이러한 원칙을 견지해 나갈 것이다.

각료이사회(The Council of Ministers of the EU)

헌법은 외교활동에 있어 일반 외무위원회와는 구분되는, 유럽연합 각료가 직책을 맡는 외무위원회를 구성했다. 외무위원회는 상임대표위원회(COREPER)의 도움으로 이사회 심의의 일관성을 확보해 나갈 것이다. 이사회의 특별구성은 두 부분으로 나누어질 것이다. 하나는 입법적·공적 심의를 실시하고 다른 하나는 투명성요구에 대응하기 위해서 비입법적 심의에 전념한다.

이사회 조직은 발전된 단계에 이르기까지 정부간 회의에서 활발히 논의된다. 이사회 의장직의 순번제는 다수의 회원국과 유럽의회의 결정에 따라 의장직 구조에 따른 순번제를 원칙으로 한다.

가중다수결(Qualified Majority)

가중다수결 정의와 적용범위의 주요 핵심은 협의회와 정부간회의에서 논의된다.

정의와 관련해서 정부간 회의에 의해 채택된 내용은 협의회에 의해 개정된 이중다수제 원칙에 기반한다. 하지만 가중다수결은 (회원국의 다수를 승인한 협의회에서) 최소 15개국을 포함한 주요 회원국 55%(협의회는 이 중 대부분을 추천), 전체인구 65%(협의회는 이중 60% 추천)의 추천에 의해 이루어진다. 그럼에도 불구하고 정부간회의는 이 결정을 채택하지 않고 방해하는 소국(인구의 35%) 중에서 적어도 4개 이상의 회원국을 포함한다는 것을 명확히 하는 예외조항을 포함시켰다. 이 체제는 2009년 11월 1일에 적용될 것이고, 특정 회원국가의 반대를 극복하기 위해서 회의는 '아이오니아'(Ioannina)타협[2])을 채택하고 있다.

위원회 승인이 요구되지 않거나 외무부 장관의 발의가 채택되지 않을 경우, 가중다수결은 적어도 전체인구의 65%(협의회에 따르면 60%)를 대표하는 회원국의 72%(협의회에 따르면 2/3에 이르는)로 높아질 것이다.

가중다수결은 각료이사회 내의 정책결정에 대한 일반규칙이 될 것이다. 만장일치는 조세관리의 규칙이고 부분적으로는 공동 외교안보정책과 사회정책에 적용된다. 나아가 만장일치는 자체자원체제와 다년간 재정구조에 적용될 것이다. 마지막으로 협의회가 가중다수결 투표를 변경하는데 합의를 이루지 못할 경우에는 일반조치(프랑스어로 알려진 '교량'<passerelle>)를 계획한다. 따라서 유럽이사회는 향후 이사회가 가중다

---

[2]) 만약 회원국이나 회원국 인구의 3/4을 대표하는 이사회 회원이 가중다수제에 따른 법령의 이사회 승인을 반대한다면, 이사회는 일정기간 이내에 포괄적 합의를 도출하기 위한 논의를 지속할 것이다.

수결에 의해서 행동하고 필요하다면 각 회원국의 비준을 요하는 헌법수정에 필요 없이 정상적인 법적 절차에 따라서 행동할 것을 만장일치로 결정할 기회를 갖게 될 것이다. 그러나 회원국들 중 어느 한 회원국 의회의 공식적인 반대가 있을 경우, 일반조치의 적용이 무산된다.

유럽 외무장관(The European Minister for Foreign Affairs)

유럽외무장관은 협의회에 의해 승인된 제도적 혁신이며, 위원회 의장의 동의와 함께 가중다수결로 유럽이사회에 의해 임명된다. 유럽외무장관은 위원회의 부의장의 역할을 수행하며, 외무부 이사회의 의장, 유럽연합의 공동외교안보정책을 관장한다. (그 자체로서 외무장관은 유럽의회에 의한 공동승인결의나 불신임결의를 받아야 한다.) 위원회와 이사회의 두 가지 역할에 있어서 외무장관은 연합의 대외정책을 총괄하여 실행할 책임을 진다. 외무장관은 발의권을 가지며, 유럽연합을 단독적으로 혹은 위원회와 함께 대표한다. 또한 유럽 대외정책사업(European External Action Service)[3]에 의해 도움을 받는다.

집행위원회(The European Commission)

위원회의 입법에 관한 주도권과 권한은 분명하게 강조되고 있다. 그러나 정부간회의는 집행위원회의 구성에 대해서 협의회의 승인을 받아들이지 않고 있다. 위원회는 2014년까지 각 회원국당 한 명의 위원으로 구성할 것이라고 합의했다. 이것은 회원국 사이의 동등한 순번제에 기초해서 선택된 것이며 회원국의 2/3에 달하는 숫자로 구성됐다.

유럽의회에 의해 선출된 위원회 의장의 정치적 역할은 강화될 것이고, 위원의 임명, 장관직의 할당, 위원의 사임 요청권을 가질 것이다.

사법재판소(The Court of Justice)

사법재판소의 권한은 자유, 안보, 사법과 특정 외교정책의 영역에서 더욱 확장될

---

[3] 이 서비스는 이사회 사무국이나 집행위원회의 공무원뿐 아니라 외교 행정 보조원으로 구성돼 있다. 그 조직과 운용은 유럽의회의 의견 수렴과 집행위원회 승인 이후, 이사회가 결정한다.

것이다. 또한 재판소4)에 개별적 접근의 정도에 대한 조항도 있다.

II. 권한과 운용방법

권한체계

헌법초안은 다음과 같은 기본적 원칙에 대해 명시하고 있다.
- 유럽연합의 권력배분을 결정하는 원칙.
- 권한집행의 균형성과 보충성의 원칙에 따른 입법활동.
- 만장일치제로 명시된 유럽연합법의 우선성.
- 연합법을 준수하는 회원국의 책임.

연합권력의 세 가지 범주에는 차이가 있다. 제3장을 적용해 볼 때, 배타적 권한의 범주, 공유된 권한의 범주, 그리고 유럽연합을 지지하는 범주로 분류될 수 있을 것이다. 일반적 분류가 적용되지 않는 특별한 경우에는 개별적으로 다룬다. 예를 들면 경제정책의 조정이나 공동외교안보정책을 들 수 있다.

헌법 발효를 위한 조항 부재시 헌법의 목적을 달성하는 데 필요한 수단의 채택을 위해 체제 유연성이 필요하다. 유연성의 적용범위는 EC조약의 308조 보다 더 광범위하다. 308조는 국내시장을 제한하고 있지만 위원회 내 만장일치를 요구하고 있으며, 이행조건이 엄격하다. 그래서 의회의 승인이 필요한 것이다.

보충성과 비례성 원칙의 적용에 있어서 의정서에서 이러한 조항이 보완되어진다. 이 의정서는 보충성의 원칙이 적절히 적용되고 있는지를 감독하기 위해 개별회원국의 회를 포함하는 조기경보체제를 준비하고 있다.

---

4) 헌법은 자연인 또는 법적 개인에게 그들이 직접적으로 연관이 있고 법안 이행을 수반하지 않는 규제법령에 대해 소송을 제기할 수 있는 권리를 부여한다.

입법수단의 채택과정

입법 및 규정

헌법은 위계적인 법률들의 토대에서 작동된다. 유럽연합의 권력이 기구에게 어떻게 채택되고 적용되는지를 명확하게 하기 위함이다. 여기에는 2가지 부수적인 특징이 있다.
- 법적으로 구속력 있는 활동(법률, 기본법, 규정과 결정)과 비구속적인 활동(의견과 권고).
- 법적으로 구속력 있는 활동 여부에 따라 입법적 활동(법과 기본법)과 비입법적 활동(규정과 결정[5])으로 구별.

입법활동

입법발의가 자유, 안보, 그리고 사법의 특수한 영역에 관해서 적어도 회원국의 1/4이 해당 문제에 직접적인 연관이 있더라도 입법발의 권력은 유럽집행위원회에 있다.

일반적으로 규칙, 법률과 기본법이 유럽의회와 유럽이사회의 공동결정방식에 의해 채택된다고 헌법초안에 명시되어 있다. 여기서 가중다수결의 절차를 채택하는 이사회는 현재 공동결정절차와 유사한 '통상입법절차'[6]로 알려져 있다.

비입법활동

엄격한 의미에서 비입법적 활동의 수행에 집중할 경우, 헌법초안은 법적 구속력이 있는 연합기구의 활동을 수행하기 위해서 회원국에게 책임이 있다는 것을 명시하고

---

5) '결정'이라는 단어는 헌법초안에 사용된 것으로 행정조치와 정치적 결정을 내포한다. 회원국의 권리유보에 관한 유럽이사회의 결정은 유럽연합의 회원자격과 관련돼 있다.

6) 헌법이 제공하는 예외적인 경우에 있어 법과 기본법은 유럽이사회(자체자원에 대한 법, 다년간 재정구조에 대한 법, 유럽의회 선거에 관한 법) 또는 의회(3가지 경우: 유럽연합 회원국의 지위에 관한 법, 옴부즈맨의 지위에 관한 법과 조사권의 활용을 관리하는 규정에 대한 법)에 의해 채택될 수 있다.

있다. 동일조건의 요구에 따라서 활동을 수행하기 위해 헌법초안은 필요한 활동을 수행하는 권한을 유럽위원회에 주거나 예외적으로 이러한 권력을 집행위원회에 부여한다. 헌법에 직접적인 토대가 되는 행동을 수행하는 경우에 공동외교안보정책은 별도로 한다. 코미톨로지(comitology)에 관해서 유럽법은 이러한 법령을 이행하는 회원국들에 의해 통제되는 메커니즘과 일반적 원리를 사전에 규정할 것이다. 이와 같은 이유로 유럽의회는 앞으로 중요한 역할을 할 것이다.

헌법은 유럽의회, 이사회와 같은 입법권위를 가진 집행위원회에 '위임규정'(delegated regulations)을 만들어 낼 것이다. 본질적 요소에 대한 변화 없이 법 또는 법률구성 체계의 특수한 부분을 수정하거나 보충할 수 있는 위임규정은 공동입법기관에 의해서 실행되는 특수한 통제체계이다. 이들 기관이 토대로 하는 헌법초안에서 특수한 권위를 요구한다. 이러한 두 가지 점에서는 위임을 철회할 수 있으며, 위임규정은 입법 권위체가 법 또는 법률구성체계에 의해 설정된 기간 안에 반대를 하지 않는다면 효력을 발휘한다.

예산과 재정조항

헌법은 유럽연합 공동재정의 구조적 상황에 대한 몇 가지 미세조정 조항(fine-tuning)을 포함하고 있다. 정부간회의는 협의회의 초안을 완전히 승인하지 않는다. 그러나 이에 대한 문제제기에도 불구하고 본질적으로 협의회에 의해 권고되는 균형재정에 주목하며, 유럽의회의 권한을 강화하려는 일부 유럽의회 의원들의 강화된 노력이 요구된다.

자체자원

유럽의회와 협의 후에 이사회에 의해 만장일치로 채택된 유럽법은 자체자원에 대한 제한범위를 결정하며, 새로운 자원의 목록을 설정할 수 있고, 기존의 자원을 폐지할 수도 있다. 이 법은 각 회원국의 헌법에 대한 요구조건에 따라 회원국에 의해 승인될 때까지 효력을 발휘하지 못할 것이다. 그러나 실제로 이 법의 이행은 유럽의회의 동의(consent)[7]를 얻은 후에 가중다수결로 채택된 유럽이사회 법에 의해 결정될 것이다.

---

[7] 현재에는 'assent'로 통용된다.

다년간 재정구조

다년간 재정구조는 한정된 자원 안에서 최소 5년 동안 유럽연합의 비용발생을 통제할 것이고, 각 비용의 목록에 대한 상한선을 결정할 것이다. 회원국 다수를 바탕으로 한 유럽의회의 동의를 얻은 후에 만장일치로 유럽이사회 법에 의해 채택될 수 있을 것이다. 그럼에도 불구하고 만장일치 합의에 반대하는 많은 위임자와 유럽의회의 대표자로부터의 제안에 대해 헌법은 유럽이사회가 가중다수결에 의해 다년간 재정구조를 형성할 법을 채택하고, 유럽이사회에 만장일치로 허가받은 결정을 채택하도록 하는 연결고리를 제공한다.

연간예산

다년간 재정구조의 틀 속에서 연간예산을 결정하는 법은 유럽의회와 이사회에 의해 공동으로 채택될 수 있다. 예산절차는 크게 수정되었지만, 연간예산의 본질은 유지될 것이다. 강제적·비강제적 지출의 구별은 더 이상 불필요하고, 유럽의회는 전반적으로 예산에 대한 최종승인을 얻는다.[8] 현재 '재정규정'으로 알려진 조항은 통상입법절차 아래서 채택된 법에 의해 다루어지고 있다.

---

8) 3장 310조에 따르면 예산절차는 다음과 같이 이해할 수 있다. 유럽이사회는 유럽집행위원회에 예산초안에 대한 지위를 처음으로 부여한다. 42일 안에 유럽의회가 유럽이사회의 지위를 승인하면 예산은 채택될 수 있다. 유럽이사회는 10일 안에 유럽의회의 모든 개정안을 승인하지 않더라도 다수 회원국에 의해 유럽의회가 유럽이사회 지위에 대한 개정을 채택하면, 두 기구의 의장은 조정위원회 회의를 소집할 수 있다. 조정위원회가 21일 안에 공동 문서를 채택하면 유럽의회와 유럽이사회는 가중다수결에 따라 유럽의회의 공동 문서를 채택하기 위해 14일의 기간을 갖는다(3장 310조 7항). 조정위원회가 공동 문서를 채택하지 못하거나, 유럽의회가 다수의 의원이나 3/5의 투표로 공동초안을 거부했을 경우, 유럽집행위원회는 새로운 예산초안을 제출해야 한다. 유럽의회가 그것을 승인한다면, 유럽의회는 투표결과의 3/5과 회원의 다수에 의한 첫 번째 독회(reading)에서 채택된 개정안을 추인하기 위해서 14일의 기간을 갖는다. 개정안을 추인하는 데 실패한다면, 예산안과 관련된 것은 조정위원회에서 채택된 것에 따른다.

협력강화

협력강화는 회원국 1/3의 참여가 필요하고, 연합의 포괄적 권한만을 적용할 것이다. 협력강화를 진행하기 위한 권한은 유럽의회의 동의를 얻은 후에 유럽위원회가 제출하며 가중다수결로 유럽이사회에 의해 부여될 것이다. 정책결정과 관계없는 회원국도 유럽이사회에 참석할 수 있다.

특히 위임자와 유럽의회 대표자에 의한 노력의 결과로, '교량'규정을 채택하며 만장일치로 채택된 결정을 통상입법절차 또는 가중다수결 선거에 대한 변화를 통해 협력강화에 참여한 나라에게 부여할 것이다.

III. 정책

헌법초안 제3장은 일반적 적용조항으로 시작하고, 정책적 일관성, 차별방지, 양성평등의 증진, 사회적 안전망, 환경보호의 요구, 소비자 보호, 그리고 '일반경제 이익서비스'(services of general economic interest)의 실체를 인정하는 조항에 의해 연합의 정책으로 받아들여질 것이다. 일반경제 이익서비스가 작동하는 원리와 상태는 법에 의해 정의되어야 한다.

대외정책

대외행동방침
헌법초안은 대외정책의 영역에서 유지되는 절차에 대한 개선보다, 유럽 외무장관의 지위가 만들어 내는 제도적 수정에 의해 가장 급격한 변화가 초래된다. 외교정책에서 유럽의회의 역할은 일반적 상업정책과 국제협정의 결과에 중요한 역할을 할지라도 근본적으로는 변하지 않을 것이다.

공동외교안보정책(CFSP: Common Foreign and Security Policy)
공동외교안보정책은 통상입법절차에 영향을 받지 않으며, 이에 대해 유럽의회는 현재까지 당연한 것으로 받아들이고 있다.

테러리스트의 공격 또는 자연재해가 발생했을 때, 회원국 사이에 연대조항과 인접 국가와의 국제협약 같은 몇 가지 새로운 법적 토대가 만들어질 것이다.

특히 방위분야에서 협의회가 파악하지 못한 중요한 발전을 정부간회의가 인정함으로 안보정책은 많은 부분에서 현대화됐다.

- 페테르스베르크 태스크(Petersberg task)[9]의 개정에는 제3국의 영역에서 수행되는 조치를 포함하며, 군비축소, 군사권고, 분쟁 후 안정, 그리고 테러리즘에 대항하는 전투를 수반하는 임무와 관련한 위임이 첨가된다.
- 방위문제에서 유연성과 협력에 관련한 새로운 형식이 만들어진다.
- 이사회가 연합의 가치를 지지하는 임무와 함께 회원국의 그룹을 신뢰할 가능성.
- 이사회의 결정이 가중다수결에 의해 채택됨에 따라, 헌법의 추가조서에 포함되는 군사능력과 관련한 표준을 합치고, 의안의 위원회 회부에 동의하는 국가 사이에 협력을 위한 영구적인 구조를 창조할 가능성.
- 특히 침략을 받기 쉬운 회원국을 원조하고 돕는 의무를 꾀해 회원국 사이의 안보와 방위정책에 대한 편견 없이 상호방위에서 한층 더 가까운 협력을 도입.
- 연합예산과는 무관한 군사방위를 위한 신생기금(start-up fund) 조성.
- 연합예산에서 신속하게 경비를 증대하기 위한 승인절차를 분명하게 하는 것.
- 유럽군비연구청(European Armaments, Research and Military Capabilities Agency)의 창조

공동상업정책
서비스산업과 지적재산권의 거래와 관련된 공동상업정책의 범위는 확장될 것이다.

공동상업정책이 실행되기 위한 조치를 설립함에 있어 우선순위를 정하는 통상입법절차와 관련해서 유럽의회에 좀더 중요한 역할이 부여 될 것이고, 국제협약을 주도하

---

[9] 1992년 6월 독일 본(Bonn) 근교 페테르스베르크(Petersberg)에서 개최된 서유럽동맹(WEU) 각료이사회는 WEU의 활동범위를 NATO와의 관계를 감안, 인도적 구조업무, 평화유지, 평화구축 및 위기관리에 한정하기로 결정했는데 현재 이 결정은 유럽 공동안보 방위정책의 본질적 부분을 구성하고 있다(편집자주).

는 협상은 정기적으로 유럽의회에 보고 될 것이다. 그러한 협약은 오직 유럽의회의 동의와 함께 결정될 것이다.

헌법은 각국의 '문화적 예외'[10]를 희석된 형식적 차원에서 유지한다.

협력발전
헌법은 예산에 포함되기 위한 유럽발전기금을 가능하게 하는 조건을 만들어 낸다.

인도주의적 원조
헌법은 인도주의적인 원조를 위한 특정한 법적 장치를 만들어 낼 것이다. 이러한 법적 토대를 통해 자발적인 인도주의적 원조단체(Voluntary Humanitarian Aid Corps)가 설립될 것이다.

대내정책

자유, 안보, 사법 영역
대내정책과 관련된 모든 정책 중의 하나는 헌법초안이 평형상태로 변하게 하는 자유, 안보, 그리고 사법영역이다. 이 평형상태는 적어도 유럽연합을 이루는 '세 번째 기둥'(third pillar)에 의해 다루어지는 것과 EC 조약에 의해 다루어지는 조치 사이의 구분을 없애는 결과로서가 아니라 공동결정의 일반적 적용(기초적인 입법절차)과 가중다수결 투표에 의해서이다.

유럽연합의 정치적 문제에 있어서 분명한 객관성을 지니게 될 것이고, 유럽연합의 행동은 명시된 기본권의 통제를 받는다. 정의에 대한 접근은 일반적 목적이 될 것이고, 다른 체계에 대한 상호인식과 입법행위의 접근에 의한 도전이 함께 다가올 것이다.

---

10) 이사회는 문화적 서비스 범위의 협약과 관련해서 만장일치의 합의를 필요로 한다. 여기서 '예외'는 사회, 교육, 보건사업을 총괄하는 정부간 협의에 의해서 확장된다.

정책결정은 심화될 것이고, 난민·이민정책은 회원국 사이에 연대의 원리와 공평한 책임분담에 의해 관리되는 공동연합정책으로 만들어질 것이다.

하지만 가장 혁신적인 변화가 있는 범죄문제는 사법적 협력과 연관돼야 한다. 무엇보다도 그것은 보편적 가중다수결 투표를 가정하기 때문이며 헌법초안은 범죄에 관한 법률제정을 통해 요구된다.

하지만 이 법률 제정에는 회원국들의 합법적 전통과 사법적 체계 사이의 상이성을 고려해야 한다. 더욱 확실하게 회원국의 두려움을 가라앉히기 위해서 정부간회의는 특별한 '비상 제동장치'(emergency brake)의 과정을 승인했다. 만일 이러한 영역에서 입법 제안서가 범죄에 관한 사법적 체계의 근본적인 견해를 위협한다고 회원국들이 판단하면, 그 문제는 유럽이사회에 다시 회부하고 그 절차에 대한 보류를 요구할 것이다. 그 절차를 계속하기 위해서나 새로운 입법제안이 위원회 또는 주도권을 가진 국가들에게 제출돼야 한다는 요구를 하기 위해서는 유럽이사회는 4개월 안에 그 문제를 이사회로 되돌리라고 요청해야 한다. 만일에 이사회가 4개월 안에 전술한 결정을 내리지 않거나 그 요구가 시작되는 새로운 법률제정 절차가 12개월 안으로 결과가 만들어지지 않는다면 자동적으로 협력이 강화될 것이다.

사법재판소는 이러한 영역에서 연합의 행동에 대해 감시하는 데 총체적인 역할을 한다.

몇 가지 제도적 특징에는 다음과 같은 것이 포함될 것이다. 유럽의회와 상관없는 입법과 운영계획을 위한 유럽이사회의 전략적 지침의 정의. 경찰 협력과 범죄문제에서 사법적 협동의 영역에서 위원회와 회원국의 1/4 사이에 입법 주도권 분배. 만장일치 제도는 가족법과 모든 치안협력의 국경을 넘어서는 영역에서 유지. 보충성의 원리가 존중되는지 그렇지 않은지를 점검하는 것과 관련된 국가의회의 좀더 중요한 역할 정의.

마지막으로 많은 대표단으로부터의 심각한 반대에도 불구하고 헌법은 이사회에 의해서 만장일치로 채택된 유럽법률 수단으로 유럽검찰청(European Public Prosecutor's

Office)의 구성을 꾀한다. 그것은 유럽연합의 재정적 이익에 대한 위반을 적발하기 위한 자격을 갖추게 될 것이고 법률위반에 대한 책임을 물을 것이다. '교량조항'(passerelle clause)은 유럽의회의 동의에 따라 이사회에서 만장일치로 채택된 결정수단으로서, 국경을 초월한 주요 범죄를 퇴치하기 위해 유럽검찰청으로 이송할 가능성이 더욱 커지게 되었다.

대내정책 변화

기타 분야의 정책에서 헌법이 초래한 변화는 주로 공동결정(codecision)의 결과에 의한 것이다. 그러므로 헌법에서는 가중다수결 제도, 통상입법절차, 입법조항과 비입법조항 사이의 명백한 구분에 대해 재정의하고 있다.

그러나 수많은 새로운 법적 토대가 조성 될 것이다. 이는 특히 에너지정책, 스포츠, 자연재해와 인재(人災)로부터 유럽연합 시민을 보호하는 것, 그리고 유럽법을 수행하기 위한 행정상의 협력 등 모든 분야를 포괄하고 있다.

비(非)차별과 시민권

이 분야와 관련된 조항은 각각 다른 제목으로 분류되어 있다. 차별에 대항하는 법과 유럽시민권을 획득할 권리를 증진하는 법이다.

내부시장/과세

현재까지 과세문제는 이사회의 합의에 의해서 처리되고 있다. 행정상의 협력과 사기행위와의 투쟁, 그리고 불법적 탈세를 다루는 법률을 만들기 위해 협의회가 제안한 가중다수결 선거로의 전환 가능성은 정부간회의에서 받아들여지지 않았다.

경제금융 정책

헌법은 부분적으로나마 실질적 변화를 이끌었다. 주목할 만한 변화는 유럽중앙은행의 지위향상, 경제정책과 고용정책 사이의 협조관계에 있어 명확한 법령 제정, 그리고 유로존(euro zone) 내 회원국 조항에 대한 강조가 포함되어 있다. 예를 들어 유로그룹(집행위원회가 제안한) 내에 새로운 회원국의 정식가입에 대한 이사회의 결정은 이미 유로존에 이미 속한 국가의 가중다수결로 도출된 제안에 우선되어야 한다.

유로그룹을 포함하는 합의는 첨부된 의정서에 분명히 드러나고 있으며, 정부간회의는 '안정과 성장협약'(Stability and Growth Pact)에 대한 선언을 받아 들였다. 이 협약은 대표자들 사이에서 첨예한 논쟁을 불러일으킨 주제였고, 협의회에서 채택된 헌법 본문에 대폭적인 개정을 이끌어 내었다. 따라서 비효율적인 절차라는 지적을 받아왔던 정부간회의는 집행위원회 회의의 제안에 따라 그들의 역할을 축소시켰다.

사회정책

'완전고용'과 '사회발전'은 유럽연합의 목표 중의 하나로써 유럽연합 헌법전문에 명시되어 있다. 하지만 중요한 점은 3장 도입부에 수평적 사회를 위한 조항이 언급돼 있다는 것이며, 따라서 유럽연합은 이 점을 염두해 두어야 한다. 정책을 규정하고 수행할 때 적절한 사회 안정망을 보장하는 '높은 수준의 고용', '사회적 배제에 대한 조치'와 '양질의 교육 및 의료' 등을 보장하는 것이 필요하다.

우리는 이 분야에서 제1장에서 언급한 '사회적 동반자'의 역할에 대해 명확히 인식해야 한다. 특히 사회적 대화에 기여하는 성장과 고용을 위한 3자간 사회대표자회담(Tripartite Social Summit for Growth and Employment)을 주지해야 한다. 만장일치의 합의는 이 분야에서도 지속될 것이다. 외국인 노동자의 권리를 포함한 사회적 보호망에 관한 법률은 통상입법절차에 의해 다루어질 것이다. 그러나 회원국이 이러한 법률이 사회보장 시스템의 기초적인 부분에 영향을 끼칠 경우에는 '비상 제동장치' 규정을 전제한 후에야 이러한 법률의 시행이 가능하다. 이 경우 유럽이사회에 안건을 회부해야 한다. 4개월 내에 이사회는 되돌아오는 문제를 이사회에 회부하거나 새로운 입법제안서를 제출하도록 집행위원회에 요청해야 한다.

공동농업정책(CAP: Common Agricultural Policy)

현재 이 분야의 모든 결정은 이사회의 가중다수결로 이루어진다. 헌법은 정책결정에 대한 유형을 다음과 같이 구분하고 있다.

- 입법성격을 가진 법령은 유럽법과 유럽법 체계가 기반하는 법률에 토대를 두며, 통상입법절차에 따른다. 이는 농업시장의 일반적 조직뿐 아니라 농어업정책의 목표를 추구하기 위해 필요한 다른 조항을 포함하고 있다.

- 비입법적인 것은 고정가격, 징수액, 원조 그리고 양적 제한뿐 아니라 조업기회의 할당 등과 같은 것이다. 이는 유럽규정의 방향이나 헌법초안에 대해 이사회가 받아들인 결정에 해당한다. 그리고 이러한 경우 유럽의회와는 논의하지 않는다.

연구, 기술발전과 항공우주정책

새로운 분야에는 유럽 항공우주정책을 포함한 기술연구 발전정책이 추가됐다. 유럽법이 될 기초연구 프로그램은 가중다수결에 의해 받아들여졌다. 동시에 연구원, 과학적 지식과 기술이 자유롭게 순환하는 유럽연구 분야는 통상입법절차가 승인됨으로써 마련되었다. 유럽 항공우주정책은 법 또는 법체계로써 받아들여졌다. 이 분야에서 의회에 대한 입법권 보장조항은 치열한 노력의 결과물이다.

에너지

에너지정책의 목표는 에너지시장의 효율적 기능과 에너지 공급에 있어서의 안전, 에너지 효율성의 향상, 재생에너지의 발전을 보증하는 것이다. 그러나 정부간회의는 유럽연합의 법률에 의해 제한받고 있다. 법률에 의한 제한은 에너지자원 탐사를 위한 조건을 결정하는 회원국의 권리에 영향을 미치지 말아야 한다. 다른 에너지자원과 에너지 공급의 일반적 구조 사이의 선택, 그리고 통상입법절차와 가중다수결 제도가 지배적이지만, 재정상의 본질에 대한 법안은 만장일치로 승인되는 이사회 법에 따라야 한다. 그러나 이는 유럽의회에서는 단지 논의차원에만 한정된다고 정부간회의에서 결정되었다.

공중보건

정부간 회의는 연합이 수행하는 지원법률—'중대한 초국적 보건재해'를 극복하기 위한 노력뿐 아니라 중대한 사안에 대한 경고와 전쟁을 감시하는 법률—을 추가했다. 특히 유럽연합은 의약품의 품질과 안전을 보증하기 위한 엄격한 기준을 세우는 법령과 담배와 술로부터 공공보건을 지키기 위한 법령을 제정해야 한다. 마지막으로 헌법은 유럽연합법이 보건서비스와 의료단체, 그리고 유럽연합 자원의 배분을 포함하는 보건정책을 수립하는 데 있어서 회원국의 책임을 존중한다.

IV. 개정

조약을 개정하기 위한 절차가 수정되었다. 의회는 헌법 발의권을 얻었고 집행위원회와 회원국도 같은 방법으로 얻게 되었다. 협의회는 회원국 정부대표 회의에 제출되는 제안서를 작성하며, 따라서 협의회의 권위가 강화될 수 있었다. 회원국 정부대표 회의는 만장일치로 헌법에 대한 개정안을 채택한다. 그러나 이사회는 제출된 헌법수정의 범위가 협의회 소집으로 정당화될 수 없다는 것을 명시하고 있다.

유럽연합의 권력확대를 수반하지 않는다는 조건에서 헌법수정을 위한 '단순화된' 절차는 제2장에서 다루어진 대내정책에 대한 개정 부분에서 언급된다. 유럽의회나 집행위원회(또는 유럽중앙은행)와 논의한 후 이사회는 정책을 수정하기 위한 결정을 만장일치로 채택하고, 그러한 절차는 모든 회원국의 법적 요구사항에 따라 승인된 후에 시행된다.

결 론

현재 통용되는 조약과 비교해서 유럽헌법은 유럽연합의 민주적 성격이 강화됐음을 보여준다.
- 유럽연합의 시민은 시민발의 국민투표(citizens' initiative referendum)라는 형식으로 유럽법률의 초안을 만들 수 있다. 또한 그들은 사법재판소의 권한증대의 결과로 포괄적 사법 보장권(greater jurisdictional guarantees)을 갖게 될 것이다.
- 유럽연합이 민주화를 강화하는 데 있어 각국 의회의 역할이 명확하게 인식되고 있다. 특히 보충성 원칙의 준수에 입각한 조기경보시스템(early-warning system)의 구성은 그러한 측면의 중요한 사례라고 할 수 있다.
- 의회의 입법상 그리고 예산상의 권력뿐 아니라 정치적 감시도구(집행위원회 의장 선거)로서의 권력은 확고하게 통합되어야 한다.
- 향후 헌법개정에 대한 방법으로는 협의회의 활용을 바탕으로 한 표준제도의 시행이라는 관례가 만들어질 것이다.

출처: http://europa.eu.int/constitution/download/oth180604-3-en.pdf.

■ 집필진 소개 (가나다순)

김계동
- 현 국가정보대학원 교수, 국제지역연구소 소장, 한국전쟁학회 회장, 한국정치학회·국제정치학회 이사, 민주평화통일자문회의 자문위원, 국가안보회의(NSC)자문위원.
- 한국국방연구원 연구위원, 대통령직인수위원회 자문위원 역임.
- 영국 Oxford 대학교 정치학박사.
  주요논저: 『북한의 외교정책: 벼랑에 선 줄타기 외교의 선택』(2002), 『한반도의 분단과 전쟁: 민족분열과 국제개입·갈등』(2000), 『탈냉전시대 한국전쟁의 재조명』(2000), Foreign Intervention in Korea(1993) 외 다수.

김명섭
- 현 연세대학교 정치외교학과 조교수.
- 한신대학교 국제관계학부 부교수 역임.
- 프랑스 파리 1대학교 정치학박사.
  주요논저: 『세계의 정치와 경제』(2003), 『대서양문명사: 팽창-침탈-헤게모니』(2001), "서유럽 집단안보체제의 기원, 1945~1955: 대서양주의와 범유럽주의에 근거한 군사적 협력논의를 중심으로" (1996) 외 다수.

박래식
- 현 국제지역연구소 연구위원.
- 독일 Hamburg대학교 역사학박사.
  주요논저: "분단국가 외교에서 언론의 역할"(2000), "독일 언론에 나타난 독일연방공화국의 동방정책과 대동독정책-특히 디 짜이트 신문을 중심으로"(1998) 외 다수.

이수형
- 현 국제지역연구소 연구위원.
- 인하대학교 국제관계연구소 연구교수, 국제평화전략연구원 연구위원 역임.
- 한국외국어대학교 정치학박사.
  주요논저: "정상외교의 유용성에 관한 고찰: 남북정상회담을 중심으로"(2002), "9·11뉴욕테러와 21세기 신전쟁"(2002), "군사분야혁명과 나토(NATO)의 방위능력구상: 동맹의 전력구조에 대한 함의"(2002) 외 다수.

이재원
- 현 국제지역연구소 연구위원.
- 프랑스 파리10대학 역사학박사.

주요논저: "디엔 비엔 푸(Dien Bien Phu) 전투를 통해 본 프랑스와 베트남의 문명충돌에 관한 소고"(2003), "인도차이나전쟁(1946-1954)을 통해서 바라본 프랑스인들의 식민지관"(2003) 외 다수.

이호근
- 현 노사정위원회 전문위원.
- 독일 Marburg대학교 정치학박사.
  주요논저: "사회와 경제체제의 정치경제적 시원-Karl Polanyi, The Grean Transformation"(2003), "세계화 경제 속의 국가의 변화와 서유럽 다층적 통치체제의 발전"(2001), "유럽 통합과정과 사회정책"(2000) 외 다수.

진시원
- 현 부산대학교 일반사회교육과 조교수.
- 고려대학교 평화연구소 연구교수, 국제지역연구소 연구위원 역임.
- 영국 Warwick대학교 정치학박사.
  주요논저: "사회 구성주의를 통해 본 유럽의 경제질서"(2003), "해외직접투자가 동아시아 경제체제의 변화에 미친 영향"(2003), "한국 발전주의 국가의 전환기 국가로의 변형"(2003), "한국 외국인 투자구조의 문제점과 개선책(2004), "동아시아 철도 네트워크의 기원과 역사"(2004), "국제안보레짐으로서의 PSI와 한국의 안보"(2004), "동북아 국제분업체계의 재편과 한국 노동시장에의 함의(2005) 외 다수.

최진우
- 현 한양대학교 정치외교학과 부교수.
- 미국 Washington주립대학교 정치학박사.
  주요논저: "유럽통합과 민주성의 결손: 초국가적 해법의 한계와 보조성의 원칙"(2001), "Globalization of Agriculture and European Integration: A Deeping Effect of the Urguay Round"(2001), "EU의 확장과 심화: 이론적 논의를 위한 시론"(2001) 외 다수.

홍익표
- 현 국제지역연구소 연구위원, 경남대학교 극동문제연구소 객원연구위원.
- 아태재단 책임연구위원 및 선임연구위원 역임.
- 독일 Hambrug대학교 정치학박사.
  주요논저: 『유럽의 민주주의: 발전과정과 현실』(2000), 『정치적 현실주의의 이론과 역사』(2003), 『남북한 통합의 새로운 이해』(2004), "남북한 사회통합의 새로운 지향: 합의제 민주주의를 중심으로"(2004) 외 다수

유럽연합체제의 이해

초판 제1쇄 찍은날 : 2005. 3. 10
초판 제1쇄 펴낸날 : 2005. 3. 20

지은이 : 김계동, 김명섭, 박래식, 이수형, 이재원,
        이호근, 진시원, 최진우, 홍익표(편집책임)

펴낸이 : 김 철 미
펴낸곳 : 백 산 서 당

등록 : 제10-42(1979.12.29)
주소 : 서울 서대문구 홍제동 330-288
전화 : 02)2268-0012(代)
팩스 : 02)2268-0048
이메일 : bshj@chollian.net

※ 저작권자와의 협의 아래 인지는 생략합니다.

값 20,000원

ISBN 89-7327-357-4 03920